中央司法警官学院特色专业系列教材

司法行政学

Judicial Administration

蒋若薇　齐蕴博　主编

法律出版社
LAW PRESS·CHINA
北京

图书在版编目(CIP)数据

司法行政学 / 蒋若薇, 齐蕴博主编. -- 北京 : 法律出版社, 2023(2025.7 重印)
ISBN 978-7-5197-6185-1

Ⅰ. ①司… Ⅱ. ①蒋… ②齐… Ⅲ. ①司法机关-行政管理-中国-高等学校-教材 Ⅳ. ①D926.1

中国版本图书馆 CIP 数据核字(2021)第 228075 号

司法行政学
SIFA XINGZHENGXUE

蒋若薇　齐蕴博 主编

责任编辑 慕雪丹
装帧设计 汪奇峰

出版发行 法律出版社
编辑统筹 法商出版分社
责任校对 赵明霞
责任印制 胡晓雅
经　　销 新华书店

开本 710 毫米×1000 毫米 1/16
印张 24.75　**字数** 443 千
版本 2023 年 1 月第 1 版
印次 2025 年 7 月第 3 次印刷
印刷 北京盛通印刷股份有限公司

地址:北京市丰台区莲花池西里 7 号(100073)
网址:www.lawpress.com.cn
投稿邮箱:info@lawpress.com.cn
举报盗版邮箱:jbwq@lawpress.com.cn
销售电话:010-83938349
客服电话:010-83938350
咨询电话:010-63939796

书号:ISBN 978-7-5197-6185-1
定价:59.00 元

凡购买本社图书,如有印装错误,我社负责退换。电话:010-83938349

编委会成员

（按照章节顺序排位）

前　言

随着司法行政工作的长足发展,司法行政基础理论研究越来越受到中国法学界的重视。特别是2018年以来,司法行政体制改革大力推进,司法行政各项职能的专项研究更是不断深入,这些研究成果和司法行政体制改革的实践探索,为司法行政学奠定了丰富的理论与实践基础,以司法行政工作为研究对象的司法行政学也逐渐发展成为一门新兴的法学学科。

中央司法警官学院作为司法部唯一的部属高校,作为全国司法行政系统后备人才培养基地、司法行政系统领导干部和高级警官培训基地、司法行政理论研究创新基地,对司法行政基础理论的研究具有义不容辞的责任。近年来,学校对司法行政的理论和实践颇为关注,批准若干相关项目作为重点课题立项研究;同时,受司法部和多地省市司法行政机关委托,进行了多层次、多视角的深入研究并取得了显著成果。2011年,为满足学校为司法行政系统服务,为司法行政系统干部培训及本科教学的需要,成立了司法行政概论教材编写组。经过多次研讨,反复研磨,编写出版了《司法行政概论》。近年来,随着司法行政体制改革的不断深化,尤其是2018年司法部重组之后,我国的司法行政体制发生了重大变化,原教材已不能适应当前教学、研究及实践的需要,有重新修订的必要。2020年,教材编写组在原有教材基础上,对既有的问题进行修正,并按照重组后的司法部职能,对教材的结构和内容做了重大调整,形成本部教材。

本教材适用于普通本科的教学及司法行政系统的业务培训。编写中力求既系统、准确地阐述司法行政的基本原理、基础知识,又详细介绍中国司法行政的具体职能,以期达到理论性和实用性的统一。

为方便学习,本教材每章开篇设有"本章要点",扼要说明该章需要掌握的重点内容或知识体系;每章之后附有"思考题",既有巩固本章基础知识的题目,又有扩展思维的题目,以引导使用者系统学习基础知识,深入思考。

本教材各章撰稿人(以章节为序):

蒋若薇:绪论、第一章;杨晓辉:第二章、第十八章;齐蕴博:第三章、第十四章、第十五章、第十六章;尹巧蕊:第四章、第十七章;苗泳:第五章、第六章;赵亮:第七章、第八章、第九章、第十章;李进:第十一章、第十二章、第十三章;刘轶:第十九章。

本教材由蒋若薇教授、齐蕴博副教授任主编,杨晓辉教授、赵亮副教授任副主编,完成最后的修改定稿工作。

本教材在编写过程中,参考和借鉴了国内外有关专家、学者的研究成果和论述,在此对原作者表示深切的谢意!本书在出版过程中,得到了法律出版社的大力支持,一并致谢!

虽然力求准确是我们的编写目标,但由于司法行政学尚属新兴学科,对其的研究还在不断探索中,加之时间仓促、学术水平有限,书中难免疏漏,敬请各位专家与同人批评指正。

编　者

2023 年 2 月

目录
Contents

绪　论

第一节　司法行政学的概念和特点

一、司法行政学的概念

司法行政学是以司法行政体制和司法行政实务为研究对象的一门学科，是关于司法行政规律和实务的基本原理、学说、主张等的总称。

从世界范围来看，司法行政起源于西方分权与制衡理论，与“司法”有密切联系，是服务与辅助司法审判的行政管理活动。作为司法行政学研究对象的司法行政体制和实务，是规范国家有关司法事务和保证国家司法权有效实施的行政管理活动。我国司法行政体制自1979年恢复重建以来，有关司法行政体制和实务的基础理论研究日益受到司法行政实务界与理论界的高度重视，司法行政学亦成为一门新兴的学科。

二、司法行政学的特点

从学科意义上讲，司法行政学是伴随近现代法治社会的建立产生的，以法学和行政学研究的日渐深入为基础发展起来的学科。其主要特点可概括为以下几点：

（一）独立性

司法行政活动从理论上可以划分为两部分：一是司法机关行政事务的管理，包括司法人员选任、司法经费预算、司法机关的基本建设、设备供给及司法统计、规则定制等，也就是司法机关人、财、物的管理及相应的司法政策等；二是为保证司法公正、公平及支持司法活动而提供的法律服务事务、技术性支持事务等服务管理活动，具体包括司法鉴定活动管理、律师事务管理、法律援助事务管理、仲裁事务管理、公证事务管理、普法教育管理、法律职业资格考试管理及司法外事管理等。由此可见，司法行政与司法密切关联，但又不同于一般意义上的司法活动与行政活动。它为司法活动正常运转提供必要和充分的保障,是现代法治国家一项具有自身独立性和特殊存在价值的法律制度。因此,司法行政同一般意义上的司法活动与行政活动相比,具有自身的独特品格和独立价值。基于此形成的司法行政学,有其独立的研究对象、研究范围、研究价值和独立存在与发展的知识体系、理论体系,是一门独立性学科。

(二)应用性

司法行政学是一门应用性的学科。其基本任务是研究解决国家如何为司法活动提供行政保障和法律服务,支持和服务于国家法治建设,以维护司法公正,促进社会公平正义。监狱、律师、公证、人民调解、司法鉴定等独立课程或学科,作为司法行政学的重要组成部分,其实践性均极为突出;司法行政学的研究成果更直接地指导着这些司法行政具体工作,并促进相关学科的进一步发展。由此可见,应用性、实践性是司法行政学极为凸显的特点。

(三)广泛性

司法行政学作为一门以司法行政体制和司法行政实务为研究对象的学科,其涵盖面十分广泛,不仅是对司法机关人、财、物管理制度的研究,还包括对审判检察工作提供法律帮助和技术支持的各类服务活动的管理,以及司法行政独有的职能及运行效果和规律的研究。同法学的其他学科如宪法、刑法、民法等相比较,司法行政学研究的对象广泛、内容庞杂、门类繁多,且各研究对象又自成体系,有的甚至已经形成独立的学科或课程,这使司法行政学形成了“点多、线长、面广”的鲜明特点。

(四)交叉性

司法行政学是一门交叉学科,是不同学科交叉的产物。首先,司法行政学是法学和行政学交叉的结果。司法行政学是与司法有关的行政或行政管理,故而其与法学密切相关。其次,司法行政脱胎于行政管理学,行政管理学的原理和要义对司法行政学同样具有指导价值。最后,在司法行政职能体系中,包括行政立法、行政执法、刑罚执行、律师管理、公证管理等诸多内容,涉及行政法学、刑罚学、律师学、公证学等诸多学科。因此,司法行政学不仅是法学与行政学的交叉学科,在法学体系中还与诸多学科存在交叉。

三、研究和学习司法行政学的意义

实践离不开科学理论的指南,司法行政工作也不例外。对司法行政基础理论和现象的研究,不仅是司法行政工作自身发展内在的、现实的需要,还是司法体制改革的理性需要。研究和学习司法行政学,其根本意义在于,有效地发挥司法行政职能,科学地处理国家司法行政事务,提升法律实施的效果,确保司法公正,全面推进依法治国,实现社会公平与正义。

(一)研究和学习司法行政学,有助于中国特色社会主义司法行政理论的改革和完善

随着我国经济体制和政治体制改革的不断深化,社会的上层建筑也进行了相应的改变,国家事务的管理模式也发生了变化。2018 年司法部重新组建,国家将原司法部和原国务院法制办公室的职责进行整合,赋予了司法部更为重要的政治责任和全新的历史使命,也给司法行政学带来了新的研究课题和研究内容。重视和加强司法行政基本理论的研究,了解司法行政工作的产生和发展,深化对司法行政现象的认识,探索司法行政的一般原理和基本规律,不仅有助于法学理论研究深入发展,还有助于司法行政学科建设和司法行政学理论体系完善,尤其是对于全面深化司法行政体制改革,不断创新司法行政工作,具有重要的理论意义和现实意义。

(二)研究和学习司法行政学,有助于全面把握司法行政的规律及相关理论知识

司法行政学是研究司法行政基本理论、司法行政现象以及司法行政机构对司法行政事务进行有效管理的学科,属于社会的上层建筑,是国家事务管理的重要组成部分。司法行政管理的状况,对整个社会的经济基础及上层建筑有着直接的影响。深入研究、准确理解司法行政有关基本概念的内涵与特点,科学探究司法行政的性质与功能,司法行政的职能与运行,司法行政的产生、发展与演变历史及司法行政体制等基本内容,有助于法律界人士乃至司法行政工作者准确认识司法行政工作,有助于全面把握司法行政的规律及相关理论知识,进一步推进司法行政体制改革,促进司法行政工作有效开展。

(三)研究和学习司法行政学,有助于充分认识我国司法行政工作的实践作用和重要价值

司法行政工作与审判工作、检察工作相比,更具基础性、社会性和群众性,在维护司法公正,推进法治国家、法治政府和法治社会建设,保障和促进社会经济发展方面发挥着不可替代的重要作用。在社会主义市场经济条件下,随着国家管理职能的变化、公民法律意识的增强,充分认识司法行政工作,对公民维护自身的合法权益同样具有重要的作用。然而,鉴于各方面的原因,公众对司法行政工作的作用和价值认识不足,甚至有的法律职业者对司法行政工作的作用和价值也存在模糊认识。研究和学习司法行政学,有助于不断提高全体公民特别是各级国家工作人

员司法行政基本原理和司法行政学基本知识的理论水平,从而充分认识我国司法行政工作的实践作用和社会意义,推进司法行政工作的进一步深化。

(四)研究和学习司法行政学,有助于迎接经济全球化对司法行政管理的挑战

随着我国改革开放的不断深入、世界经济全球化的进程加快,我国与世界各国的经济联系日益密切,与世界各国的交往日益频繁,涉外民事、经济纠纷不断出现,跨国的刑事犯罪也呈现上升趋势,导致跨国的司法调查取证、司法文书和涉外文书送达、引渡合作、被判刑人移管等事务越来越多,由此带来的国际司法协助和司法外事事务也日益繁重。这些方面对我国司法行政管理来说,是一个全新的领域。我国司法行政工作面临着新的挑战,应对新挑战需要强化理论指导;研究与学习司法行政学,有助于我们丰富相关理论,并运用这些理论指导具体工作。

第二节　司法行政学与相关学科的关系

司法行政学派生于行政学。但由于其产生就是为司法与国家法治建设提供服务的,因而从其产生之日起就与法学、行政管理学、政治学、社会学等学科有着密切的联系。

一、司法行政学与法学

司法行政学与法学的关系最为密切。司法行政活动主要是围绕司法活动展开的,司法行政的一些工作是直接服务于司法的,如法院人、财、物的管理,法庭秩序的维护,法院判决的执行等。司法行政内容中还有一些是与司法有关的各种公共法律服务,如公证、仲裁、鉴定、法律援助等;这些活动既为社会提供法律服务,又都与司法密不可分。另外,司法行政工作中还有一些服务于社会的法律事务也与法学密切相连,如法治宣传、法治教育、纠纷调解等,开展这些司法行政工作的工作人员必须精通法学专业知识、谙熟法律实务。同时,司法行政工作往往随着法学的发展与变化而不停地进行自我调适,以适应并服务于司法活动。因此,司法行政学与法学密不可分。

二、司法行政学与行政管理学

行政学是指以行政管理规律和行政管理活动为研究对象的学科;主要通过研究行政管理过程和行政管理行为,揭示行政管理的原理和规律,探索改善行政管

理、提高行政效率的途径和方法。行政管理学的研究范畴一般可以理解为:(1)政府及政府部门的活动。(2)行政的规律、基本原则和方法。(3)提高政府工作效率的方式方法。[①] 而司法行政本身的属性就是行政性,因此司法行政学的研究不能够脱离行政管理学。目前,我国司法行政包括"行政立法、行政执法、刑事执行、公共法律服务"四大类职能中,一是行政立法特别是行政执法,多涉及行政管理内容;二是刑事执行,包括监狱、社区矫正、强制隔离戒毒;三是公共法律服务中律师、公证、司法鉴定、法律援助、人民调解、安置帮教、法律职业考试、司法协助等与司法工作有关的行政管理。这些领域的研究,运用行政管理学的基础理论和方法是必然的,司法行政学与行政管理学密不可分。

三、司法行政学与政治学

政治现象是人类社会发展到一定阶段的产物。政治的本质是权力运作,也可以说,政治学是关于权力(或者说统治权)运作的一门学科。政治学的中心内容是国家政权问题,涉及以下几个方面:(1)如何认识国家,即国家的起源、本质、目的、作用和类型等;(2)如何组织国家,即关于政治制度的设计、论证与评价,以及政治改革、改良与革命等;(3)如何管理国家,这既涉及国家与个人、国家与社会、国家与民族、政府与市场、权力与权利等相互关系,也包括各种治国理政的战略方针、政策谋略等。[②] 科学的政治制度的建立,能够使国家权力的分配达到最优的状态,从而使权力运行达到最好的状态。

政治学中的很多内容与司法行政学密切相关。例如,司法行政机关的建立、司法行政权的配置、司法行政权的权限范畴都是政治制度设计的结果。目前,我国在司法行政权力的配置上还存在一定问题,如民事判决执行权、死刑执行权仍然归为法院,这种执行权的属性并不属于司法权,应该归属于司法行政权。而对这些权力归属及性质的界定,就需要从政治学的角度入手。因此,对司法行政学基本理论的研究离不开政治学的研究成果和理论支撑。

四、司法行政学与社会学

社会学是一门把社会作为一个整体来研究人和社会各个组成部分及其相互关

---

① 参见宋光周编著:《行政管理学》(第4版),东华大学出版社2015年版,第6页。

② 参见《西方政治思想史》编写组:《西方政治思想史》,高等教育出版社、人民出版社2011年版,第12页。

系,探讨社会的发生、社会发展及其规律以及人在社会中的行为规律的社会科学。①社会学有着广泛而弹性的研究范围。人们运用社会学的基本理论与研究方法,研究一个地方的社会发展、经济结构、社会体制、社会组织、人口、文化价值观念等。司法行政学的研究对象即司法行政现象,当然属于一类社会现象,其运行过程也会涉及诸多社会问题。例如,一个地方司法行政管理政策的制定与实施必须要结合当地的社会实际情况;又如,律师事务所的建设,就要结合当地法律服务的情况,而一个地方律师提供的法律服务往往与当地的经济发展情况、社会矛盾类型等有密切关系;再如,对社会纠纷的调解,对当地人民调解工作的指导,也必须熟知当地的风俗、习惯、文化、宗教信仰等。从这个角度来说,司法行政工作与社会学密不可分。

第三节　司法行政学的研究对象与研究体系

一、司法行政学的研究对象

任何一门具有独立价值的学科都具有自己相应的研究对象,以此区别和独立于其他学科。司法行政学的研究对象是客观存在的司法行政理论、规律和司法行政实务。司法行政学既要系统地考察司法行政现象发生、发展的历史变迁,总结司法行政的基本特征,研究司法行政的基本理论,又要对司法行政具体实践工作进行梳理,形成理论知识体系;既要科学地分析司法行政体制和制度的共性与个性,又要准确地阐述现行司法行政实务的具体职能、作用发挥等基本内容。据此,司法行政学的研究对象包括以下几个部分:

(一)司法行政学以司法行政基本原理为研究对象

司法行政的基本原理包含了司法行政、司法行政权、司法行政制度的基本概念及相关理论,涵盖了司法行政的性质、职权与功能,司法行政的发展历史和司法行政体制等基本内容。基本原理的研究是司法行政学的基础:通过对司法行政相关基本概念的厘定以及对司法行政活动的发展脉络和运行体制的研究,揭示司法行政的基本原理和内在规定性。从学科意义上讲,基本原理和内在规律的研究为司法行政学奠定了独立学科的地位和价值;从实践意义上讲,基本原理和内在规律的研究为一国司法行政体制的运行探寻理论支撑和指导,为确定司法行政工作范畴、工作方法提供依据,为改革司法行政体制、提高司法行政效率提供途径和方法。

① 参见王雪梅主编:《社会学概论》,中国经济出版社 2001 年版,第 8 页。

(二)司法行政学以司法行政体制和司法行政实务为研究对象

司法行政学以各国司法行政体制和司法行政实务为研究对象,通过对司法行政体制的研究总结归纳出基本原理和内在规律;通过对司法行政实务的研究,总结出具有普遍指导意义的规则。本书在总则中重点研究了我国司法行政的历史发展和有关国家司法体制,并力求总结司法行政的基本理论;分则中主要立足于我国司法行政工作实务,对司法行政机构的诸多业务职能,如刑罚执行、强制隔离戒毒、法律服务、安置帮教、法治宣传与依法治理、人民调解、法律职业资格考试、司法国际合作等职能的理论与实务研究,不仅为司法行政工作人员提供业务指导,也为其工作提供理论支撑。

(三)司法行政学以司法行政所涉及的相关学科为研究对象

司法行政业务职能中的监禁刑执行、社区矫正、律师管理、公证管理、司法鉴定管理、基层法律服务、法律援助、司法外事等问题,既涉及相关管理的法律制度和法律规定,还关系到管理对象本身的专业知识。例如,律师管理,主要是司法行政机关对律师的行政管理,包括律师的注册、奖励、惩戒,以及对律师事务所的行政管理,不可避免地会涉及律师的业务管理和律师制度等相关内容。因此,司法行政所涉及的相关学科亦是司法行政学的研究对象。

二、司法行政学的研究体系

我们从理论角度深入研究司法行政的基本属性、基本模式、司法行政权应有的权力配置,以及我国司法行政体制和职权的历史演进;根据我国目前司法行政机关的主要职能、具体实践和自身特点,基于司法体制改革的内在需要,结合司法行政基础理论的研究现状,特别是2018年司法部重新组建以来的职能转变,本书提出了新的司法行政学体系。

总论编,阐述和研究司法行政基本原理,包括:绪论;第一章,司法行政概述;第二章,中国司法行政制度的产生与发展;第三章,司法行政体制。

分论编,阐述和研究司法行政的具体实务工作,包括:第四章,全面依法治国;第五章,行政立法;第六章,行政执法协调与监督;第七章,监狱行刑;第八章,社区矫正制度;第九章,强制隔离戒毒制度;第十章,安置帮教;第十一章,律师管理;第十二章,公证管理;第十三章,法律援助管理;第十四章,司法鉴定管理;第十五章,基层法律服务;第十六章,人民调解;第十七章,法治宣传;第十八章,法律职业资格考试;第十九章,司法国际合作。

第四节 司法行政学的研究方法

研究司法行政学必须坚持马克思主义认识问题和解决问题的方法论,坚持辩证唯物主义和历史唯物主义的根本方法,才能确保其遵循科学的研究方向。具体方法为:

一、历史研究法

在司法行政学研究中运用历史研究法,是从研究司法行政的发展历史入手,归纳总结形成司法行政制度现状的原因,并推测司法行政在未来的发展方向。这是一种对事物进行纵向动态分析的方法,是以历史的、发展的观点进行研究的方法。众所周知,任何事情、任何社会现象都有其产生发展的历史,都有其来龙去脉。因此,对司法行政现象进行历史考察,不仅可以帮助我们弄清楚司法行政出现的背景和必然性,还能够使我们开阔视野,对司法行政的动态变化情况特别是与整个社会经济、政治和法制建设的互动情况,有一个深刻而全面的总体印象;对司法行政体制在整个国家政权体制中地位的演变研究,分析引起该演变的政治、经济、文化等方面在司法行政体制演变中的作用,可以帮我们把握和预测司法行政体制未来变化的趋势。通过纵向研究,分析国家未来的形势与发展的需要,总结经验,吸取教训,才能有效地推动司法行政体制的改革。

二、理论与实践相结合的研究方法

在研究司法行政现象时,不能凭主观想象设定司法行政体制的模式和内容,必须从具体的司法实践入手,要把其置于一定的政治、历史、社会、文化范围内进行考察,联系司法行政产生和发展的特定历史背景和环境来进行分析,研究各个时期司法行政的法律依据、机构设置、职权分配,逐步归纳总结出带有普遍性的结论和规律,然后再用普遍性的基本理论指导具体的司法行政工作,构建未来的司法行政体制。也就是说,司法行政的研究必须坚持从实践到理论再从理论到实践的方法,在这样一个不断反复的过程中发现司法行政的自身规律,并对其总结提炼。

三、比较研究法

比较研究法,即通过对不同国家或地区和不同时期本国的司法行政现象的相同点和不同点进行分析、比较,发现和总结能够体现的司法行政内在规律,剖析优劣,评述利弊,从而取其精华、去其糟粕的方法。随着我国社会经济的发展,对外交流越来越频繁,司法行政领域的对外交往也越来越多。不同国家的司法行政,尽管性质或内容不同或不完全相同,但在许多方面又有相同或相似之处。通过国家之间司法行政制度的比较研究,吸取他国可供借鉴的有益方法和经验,有利于推动我国司法行政体制改革,完善我国的司法行政制度。同时对本国各阶段司法行政现象进行比较研究,探究现象背后的原因,有助于我们对现行司法行政工作形成全面而深刻的认识。

四、价值分析法

价值分析法,也可以称为经济分析法。司法行政属于社会的上层建筑,归根结底是经济基础的反映。一国的司法行政体制是否科学,是否适应整个社会发展的需要,与该国的经济发展呈正相关的关系。一般而言,经济越发达,对司法资源的需求也越大,司法行政管理的地位也越显突出。司法行政权的配置、司法资源的国家供给和司法资源的市场化绝不能简单地理解为一种利害分析,而要从整个国家稳定、可持续发展的角度来进行价值分析。从价值角度来看,司法行政要保障司法公正、社会稳定,促进社会和谐,进而确保国家经济平稳、健康和可持续发展。

除了以上研究方法,对司法行政学的研究,还要经常使用其他一些方法,如社会调查的方法、逻辑分析的方法及案例分析的方法等。

第一章　司法行政概述

本章要点

本章主要介绍了司法行政、司法行政功能、司法行政价值、司法行政权等几个基本概念，重点阐述了司法行政所具有的服务、保障、管理、司法裁判执行、指导等功能以及秩序、公正、效率、和谐等价值。

第一节　司法行政的概念

“司法行政”与司法和行政工作密切相关，因此，充分理解“司法”和“行政”这两个概念是准确认识和把握司法行政概念的前提。

一、司法的概念

从历史上看，司法伴随法的产生而出现。人类进入近现代社会后，“司法”一词被广泛使用，耳熟能详。但在当代中国，定义和理解“司法”的概念，不仅需要借鉴世界各国对“司法”定义的精髓及其精神，还要与中国法治进程及法律文化背景紧密联系。

在我国，不同主体对于司法的概念与内涵有不同的理解和表述。

1. 法律规定中有关司法的不同表述

尽管我国立法中采用了“司法”一词，但在不同法律条文中“司法”的具体内含却并不一致，如《中华人民共和国刑法》（2020 年修正）第 94 条规定：“本法所称司法工作人员，是指有侦查、检察、审判、监管职责的工作人员。”据此可以认为，公安、检察院、法院以及负责执行监管职责的监狱等机关都属于司法机关。而《中华人民共和国未成年人保护法》（2020 年修订）第 100 条规定，“公安机关、人民检察院、人民法院和司法行政部门应当依法履行职责，保障未成年人合法权益”。由此可见，该法的司法是指公安机关、人民检察院、人民法院以及司法行政机关的活动。

2. 理论界的观点

我国的理论界对“司法”的理解也不尽统一，主要有以下四种观点：

第一种观点认为，司法是指审判机关、检察机关、侦查机关、司法行政机关运用法律，处理诉讼案件或非诉讼案件的活动。这是从最广义的层面理解司法；这种理解，不但把法院的审判、检察机关的起诉和法律监督以及公安的侦查纳入了司法的范畴，而且把刑罚执行、罪犯矫治、法律职业资格考试等包括在司法的范围之内。我国国务院的司法部，就是在此层面上考虑而设立的。在此层面上，司法包容了许多司法行政的事务。这种“大司法理论”认为司法是指除立法活动和行政管理行为以外的实施法律和为实施法律服务的活动。

第二种观点认为，司法是指公安机关、检察机关和审判机关等国家机关以国家强制力将体现国家意志的法律付诸实施的活动。该观点认为，在我国，人民法院是国家的审判机关，人民检察院是国家的法律监督机关，公安机关是治安机关并在刑事诉讼中行使侦查、拘留、预审职权，三机关都属于司法机关。

第三种观点最具代表性，认为司法是专门的司法机关，即人民法院和人民检察院运用国家司法权进行裁判、执行裁判或监督法律实施，以依法解决争端为主要职能的活动。[①] 这种“两权理论”是我国理论学界的主流观点，为众多学者所认同。

第四种观点是采用西方国家“小司法”的概念，认为司法仅指审判机关即法院依法对争议所作的具有法的权威的裁判活动。这是对司法最狭义的界定。

本书采用的是第三种观点。我国实行的是人民代表大会制度，由代表人民根本利益的国家权力机关——各级人民代表大会选举产生同级政府、监察委员会、人民法院、人民检察院，即“一府一委两院”。我国宪法对法院、检察院性质明确界定为：人民法院是国家的审判机关；人民法院依照法律规定独立行使审判权，不受行政机关、社会团体和个人的干涉。人民检察院是国家的法律监督机关；依照法律规定独立行使检察权，不受行政机关、社会团体和个人的干涉。根据人民法院、人民检察院的产生方式和宪法的规定，中国的司法机关包括人民法院和人民检察院。党的十五大报告指出应当“推进司法改革，从制度上保证司法机关依法独立公正地行使审判权和检察权”。由此可知，在中国，司法机关就是指行使审判权的法院和行使检察权的检察院。

---

① 参见刘武俊：《司法行政权的界说及其合理配置》，载《广西政法管理干部学院》2003 年第 4 期。

二、行政的概念

“行政”一词，通常被译为管理、经营、支配、实施、施行等意义。[①] 按照这种解释，行政的范围十分广泛，从总体上讲有“私行政”与“公行政”之分。“私行政”即一般意义上的行政，是指一般社会组织对其内部事务的组织和管理。我们所探讨的是“公行政”，不包括“私行政”。

“公行政”又被称为公共行政。但关于何为“公共行政”，国内外学者尚未形成统一的见解。其中，具有代表性的观点有以下几种：

第一种是“国家意志执行说”。这种观点源于美国行政法学家 F. J. 古德诺的政治、行政二元说。他认为，政治是国家意志的表达，而行政则是国家意志的执行，两者构成一个国家两种最基本的功能。[②] 据此，凡执行国家意志的管理部门、管理活动都是行政。该学说显然过于绝对化，因为行政决策、行政立法也是国家意志的表达。因此，如果行政是执行国家意志，就会不可避免地产生具体的行政行为偏离国家意志，而仅代表小集团意志或者各种政治力量的单个意志的现象。可以说，现代国家的行政活动都要体现国家的意志，这是国家对行政活动的基本要求，其本身并不一定是国家意志的体现或者说不全部是国家意志的体现。

第二种是“除外说”。该观点认为，行政是指除立法、司法以外的一类国家职能，或者说，除立法、司法之外的所有国家作用，就是国家的行政。[③] 该学说与西方三权分立原则相吻合，将行政视为与立法、司法并立的公权力，这三种国家权力分立并互相制衡，使行政管理职能相对地独立存在和发挥作用。但它并未揭示行政本身的特征，同时，随着现代行政的扩展，国家行政也包含部分立法、司法职能。这是对行政概念相对狭义的理解。

第三种是“国家事务管理说”。该说认为，行政即管理，国家行政就是对国家事务的管理。该学说主要源于马克思的观点。马克思曾在《评“普鲁士人”的“普鲁士国王和社会改革”一文》中指出：“所有的国家都在行政机关无意地或有意地办事不力这一点上寻找原因，于是它们就把行政措施看做改正国家缺点的手段。为什么呢？就因为行政是国家的组织活动。”[④]马克思关于“行政是国家的组织活动”的界

---

① 参见薛波主编：《元照英美法词典》，法律出版社 2003 年版，第 34 页；陆谷孙主编：《英汉大词典》，上海译文出版社 1989 年版，第 40 – 41 页。

② 参见[美]F. J. 古德诺：《政治与行政》，王元译，华夏出版社 1987 年版，第 12 – 13 页。

③ 参见张载宇：《行政法要论》，台北，汉林出版社 1977 年版，第 3 页。

④ 《马克思恩格斯全集》（第 1 卷），人民出版社 1972 年版，第 479 页。

定,被我国许多学者视为对"行政"下的一个经典定义。显然,马克思的这种界定揭示了行政的一个重要特点,即行政是一种组织管理活动,这是最广义的行政概念。

尽管以上观点见仁见智,各有所长,但均有一个共同的特点,即"公共行政"是一种"国家"的职能活动。事实上,在传统意义上,人们通常将公共行政仅仅理解为国家行政。随着国家对社会公共事务管理垄断的状态被打破,国家还权于民带来的国家与社会的分离使大量的非政府的社会公共组织应运而生,并开始越来越多地参与社会公共事务的管理,社会行政随之产生,与国家行政共同构成了公共行政不可或缺的"两翼",但是,"国家行政"仍然是公共行政的核心和基础。

因此,"公共性"就成为公共行政最根本的特征。对行政的公共性可以作如下解释:行政共同体通过对公共事务的管理,向社会成员提供公共服务和公共产品,以满足其人道生活需要。具体而言,行政的公共性可以从以下几个方面加以说明:

第一,现代行政的主体是社会成员基于公共生活需要所产生的共同体。在现代社会,公民个人之间始终是彼此联系、相互依存的,在追求自身利益最大化的过程中,社会成员之间的矛盾与冲突总是客观存在。为了协调各种社会利益关系、构建社会公共生活秩序和维护社会正义,拥有一定公共权力的行政共同体便是不可缺少的。"公共行政部门是一种凭借公共权力履行行政职责的机构。"①因此,行政共同体的存在并不是为了谋求其自身的利益,其是基于公众社会生活的要求而存在的。这是行政的公共性在主体上的具体体现。

第二,现代行政的客体是公共事务。由于公共权力来源于社会成员共同生活的需要,因而其作用的对象也必然是公共事务,即国家事务、政府事务以及社会的公共事务。公共事务不同于私人之事,它是一种为满足公众需要而存在的,由国家组织的,固定、持续地向公众提供的服务。凡经济、社会和文化生活等一切领域的公共问题,都需要公共行政部门及时进行规制、引导和供给,通过对公共事务的管理,行政共同体可以为成员的生存和发展营造良好的环境,从而极大地满足公众的社会需要。这也从一个侧面反映了行政公共性的特征。

第三,现代行政的功能是向社会成员提供有效的公共服务和合格的公共产品。从本质上讲,现代行政已不再是单方的权力宣示,用福斯多夫的话来说,就是利用公共资源对个人给予"生存照顾",并且这些公共服务、公共产品在涉及公众生活的

① [法]莫里斯·奥里乌:《行政法与公法精要》(上),龚觅等译,辽海出版社、春风文艺出版社1999年版,第13页。

各个领域为其提供服务和照顾。随着公共服务、公共产品内容、数量及质量的不断增多、增加、增强,社会成员从中的获益将不断增加,对行政共同体的依赖程度也会越来越明显。服务理念的深入是现代行政发展的基本走向,同时是行政公共性在功能上的具体体现。

第四,现代行政的价值取向在于不断满足社会成员人道生活的需求。对作为个体的社会成员而言,每个人的需求都是多元的、多层次的,不同的人之间也会有不同的需求;随着社会的不断发展和进步,人们的需求也总是处于变化的状态,无法得到彻底满足。因此,在有限的公共权力与无限的社会需求之间必然存在诸多的矛盾。因此,对行政共同体来说,提供每一个个人最低限度的生活标准所需要的公共服务就应当成为首要的职责。换言之,行政共同体应当以满足社会成员人道生活的需求为其行动的价值归依,这是行政公共性的又一写照。①

综上所述,我们认为,行政是行政主体对国家事务和社会公共事务以决策、组织、管理和调控等特定手段发生作用,向社会成员提供公共服务和公共产品的活动。

三、司法行政的概念与特点

(一)司法行政的概念

目前中国理论界或实务界对于司法行政还没有形成完全一致的定义。司法行政虽然由司法、行政两个词根组成,但其含义并非公权力意义上的司法与行政的简单结合。探究司法行政的概念,应从其产生、存在状况和社会作用等方面综合考量。

第一,司法行政作为一种社会现象,其产生有着久远的历史。可以说,伴随着人类社会司法活动的产生,司法行政活动就产生了,并随着司法活动的发展而发展。但在古代社会,司法与行政不分,自然也就无所谓司法行政了。近现代意义的司法行政是近代国家权力分立并单独设置相应机构的产物,特别是将司法权与行政权分离后,为保障司法权的运行,需要提供相应的行政以保障司法活动的顺利运行。

司法权的运作是一个复杂的运用法律解决纠纷的过程,离不开人、财、物等行政事务的保障和支持以及律师代理、裁判执行等制度的配合和服务。离开人、财、物的供给和法律服务及后续工作,司法活动就难以进行。司法机关并不是也不可能是物质生产部门,永远不可能在资源供给上获得自治,而且司法机关作为中立、独

① 参见杨海坤、章志远:《行政法学基本论》,中国政法大学出版社2004年版,第6-8页。

立的裁决者也不应该负责生效裁判的执行等具有行政性质的后续工作。如果司法机关因人、财、物受制于人,其运转也必然受人操纵,司法的相对独立性就无从谈起。为避免行政操纵司法,旨在为司法活动提供保障、服务和支持的司法行政这一特定制度就应运而生。

第二,司法行政在保障司法顺利运行方面发挥着不可替代的作用。司法行政从产生起就是为保障司法活动的有效实施而存在的;可以说,没有司法行政工作的保障,司法权就难以有效运行。

司法行政为司法运行提供保障体现在:一是为司法活动提供法律服务事务,这些事务与司法密切关联且贯穿司法活动的全过程,如对诉讼中的专门性问题进行判断鉴别的司法鉴定服务,为政府和公民应诉提供法律帮助或者法律援助,为国与国或地区的司法活动提供司法协助,特别是为司法机关进行司法活动需要的人、财、物提供保障和支持,即司法机关内部的行政事务管理等。这些事务与其他行政事务相比,具有很强的法律性、专业性,由国家专门的司法行政机关统一实施管理和监督,对保障司法权的有效行使极为有利。二是为司法活动提供后续性的司法行政事务,包括检察权和审判权行使终结后的刑罚执行、民事判决与裁定的执行,监狱管理、社区矫正与矫治、司法行政戒毒、安置帮教管理等。这类工作在性质上完全不同于司法权,属于司法行政权。尽管在中国上述工作分别由公安机关、司法机关、司法行政机关行使,但是这并不能改变这些事务司法行政的本质属性。

第三,司法行政是作为一种社会现象同时是一种特定的行政现象而存在的。这种"特定性"是因为司法行政不仅是一种有关司法事务的行政管理活动,也是国家行政管理体系的一个组成部分,为政府和社会提供"法治服务"。有关司法事务的行政管理包括司法机关的人、财、物的管理和有关的司法政策,以及为司法机关开展司法活动提供各类法律或技术保障的司法行政服务活动,如律师辩护与代理、司法鉴定、公证仲裁、生效裁判的执行等;同时,司法行政是国家行政管理体系的组成部分,行政立法对法治政府建设发挥着引领、规范、保障和推动作用,而行政执法则提高严格规范公正文明执法的水平。

综上所述,司法行政是保证国家司法权的有效实施、承担国家法治建设相应职责的行政活动。

(二)司法行政的特点

司法行政既作为一种社会管理事务,又作为一项法律制度,与其他社会事务和法律制度相比,具有其自身的特点和独特的属性。

1. 服务性。服务性是司法行政最为重要的特征和属性。一方面,它为保证司法诉讼活动和行政管理的正常进行提供相应的法律服务,如司法鉴定、公证、法律援助、律师辩护和代理等,多以国家专门机关依法强制性和对象人群的特定性为主要特征。另一方面,它为政府和不特定公众统筹提供法律服务,包括政府法律顾问、统筹行政立法、行政复议、行政执法监督、法律宣传、法律职业资格考试、人民调解等。这既是司法行政产生的基础,也是司法行政存在和发展的基本价值所在。

2. 保障性。为司法活动提供必要和充分的保障、维持司法正常运转,是司法行政的基本功用和效能。司法行政存在的基本价值就是为司法活动正常进行提供各种法律和技术保障。司法活动的顺利运行,离不开司法行政在人、财、物等方面的保障,以及裁判执行、律师辩护和诉讼代理、司法鉴定等技术性保障。可以说,没有司法行政的服务和保障,司法活动将寸步难行。

3. 管理性。司法行政归根结底依然是一种行政权,带有浓厚的行政管理属性。行政管理是司法行政权的核心元素,上传下达、上命下从的管理特征是司法行政的突出特点。在国外,法院的人、财、物、政府法律事务等通常都属于司法行政权的管理范畴。在中国,司法行政机关依法承担着律师管理、公证、法律援助、人民调解、基层法律服务、法律职业资格考试、普法宣传、监狱戒毒、司法鉴定等司法行政事务的管理职能。当然,随着律师协会、公证协会等社会团体的成熟,随着自治程度的增强和自治水平的提高,司法行政机关的行政管理也在趋于宏观性和指导性。同时,随着全面依法治国的推进,行政立法的制度化和行政执法的规范化,无疑需要更为严格的制度约束和更为科学的管理体系,司法行政顶层设计和全面统筹恰恰体现了其鲜明的管理属性。

4. 广泛性。这是司法行政的一个外在特点,即司法行政涉及一国法律制度、法治实践的方方面面,具体体现为司法行政的职能范围广泛,业务门类众多,且各职能部门之间的业务衔接不明显,工作性质的关联性不强。中国司法行政的这一特点表现得更为突出。中国司法行政是以全面依法治国为统领,以行政立法、行政执法、刑事执行、公共法律服务为主要内容的职能体系,具体包括行政立法、行政执法、监狱、社区矫正、强制隔离戒毒、安置帮教、律师和法律顾问、法律援助、“148”法律服务专用电话、公证、司法鉴定、基层法律服务、人民调解、法治宣传和依法治理、法律职业资格考试、司法外事与司法协助等内容。这些职能需要跨学科、跨行业甚至跨国界的相互支持和相互配合。这种“层多面广、条块分割”的业务种类充分体现了司法行政广泛性的特点。

第二节 司法行政的功能与价值

一、司法行政的功能

功能的中文含义,为“事物或方法所发挥的有利的作用、效能”①。司法行政功能是指国家特定的司法行政机构对国家司法行政事务进行的管理活动,在建设法治国家方面发挥的客观效果或作用。

司法行政功能,是与政府行政功能相对应的;它反映着国家政体的性质和国家政治活动的基本方向,反映国家政治、经济、社会发展的客观需要。因此,不同历史类型、不同政体和国体的国家,或者相同类型的国家在不同的历史时期,司法行政功能的表征是不同的。

(一)服务功能

服务功能是司法行政的重要功能,是司法行政权的应有之义,体现在为司法活动、为政府及为社会提供的法律服务三方面。

1. 为司法活动的正常进行提供服务。如法律援助、律师法律服务、司法鉴定活动等都是为司法诉讼活动的正常进行提供的有效的服务。

2. 为政府提供法律服务。为政府提供法律服务就是统筹办理政府法律事务,这是由司法行政权的行政属性决定的。严格地讲,司法行政机关作为综合性的政府法治工作部门或政府法律事务部门,通过行政立法、行政复议、行政应诉、为政府决策提供法律意见和提供法律咨询等方式为政府提供法律服务。尽管各国的政治体制不同,司法行政的职能机关也不尽相同,但在倡导依法行政和建设法治政府的背景下,各国都在进一步重视和强化司法行政为政府提供法律服务的功能,如美国、法国、加拿大、德国、澳大利亚等国的司法部都担任了政府的法律顾问,承担了立法工作职责。有些国家按照责任政府和归口管理的原则,政府通常只设立一个综合性的法治工作部门,这个部门就是司法部。司法部部长被称为政府的“首席法律执行官”“首席法律官员”“首席政府律师”“首席法律顾问”等。一般来讲,一个国家的司法部,其理想模式应当是该国政府法律事务的大管家,担负着统筹处理政府法律事务的功能。根据中国共产党第十九届中央委员会第三次全体会议审议通过的《中共中央关于深化党和国家机构改革的决定》《深化党和国家机构改革方案》和第

---

① 李德顺:《价值论》(第2版),中国人民大学出版社2007年版,第39页。

十三届全国人民代表大会第一次会议批准的《国务院机构改革方案》，司法部进行重组，国务院法制办并入司法部。重组后的司法部被赋予更加广泛而重要的法治职能，行政立法、行政执法、行政复议、行政应诉、为政府决策提供法律意见和提供法律咨询等职能的增加，使司法行政的为政府提供法律服务的特色更为鲜明和突出。

3. 为社会提供法律服务。在法治社会，各类法律服务起着十分重要的作用，是维护社会安定和谐的基础性法治力量。司法行政机关通过对律师、公证、司法鉴定、法律援助等法律服务业进行指导、管理，为社会提供法律服务；既有利于保障公民、法人和社会组织及时获得法律救济，维护他们的正当的合法的利益，又可以保障司法活动的运行，实现对社会的法律调控，从而提高社会管理的法治化水平。

（二）保障功能

通过对司法机关行政事务的管理，保障司法的正常运转，确保依法独立行使司法职权，实现社会公平与正义，是司法行政产生的前提和存在的价值。保障功能是司法行政最原始、最基本与最核心的功能；司法行政的其他功能，从一定意义上讲，都可以视为保障功能这一核心功能的延伸和拓展。这种保障是一种行政性保障，带有明显的行政色彩，这一色彩源于司法行政首先是一种典型的行政保障性权力。司法行政的保障功能主要包括以下两个方面的内容：

1. 管理司法行政事务的功能。司法行政事务是指除了司法权以外的行政性事务，就是通常说的司法机关的人、财、物的管理，具体包括司法官的选任、人员编制、经费预算、设施装备、固定资产管理以及司法统计等。这些往往是司法机关履行司法职责的基础性和前提性的条件；没有这些保障，司法职能就无法实现。因此，为司法活动提供必要的保障，是司法行政最传统、最核心的功能。

2. 支持司法审判活动的功能。司法行政的保障功能还体现在，在司法活动的不同阶段为司法权的行使和落实提供法定的必要的法律服务或技术保证，如律师的辩护与代理、法律援助、司法鉴定、司法裁判执行以及相关的司法政策等，以保证司法诉讼的正常运行。这种保障功能正是司法行政产生和存在的基本价值所在。

大部分国家对司法行政的制度设计包括管理司法行政事务和支持司法审判活动的内容。有些国家特别是普通法系国家，出于司法审判至上的理念，甚至把侦查、公诉等列为司法行政的范畴。传统的司法行政就是专为司法而设的一种行政性的保障制度，这是司法行政制度比较核心的部分。

管理司法行政事务、保障司法的运行，是司法行政的首要功能。这是司法权和行政权相分离这一原则的基本要求，也是设立司法行政这一相对独立的法律制度的初衷和价值所在，是为各国所普遍奉行的国际惯例。中华人民共和国成立后，司法行政职能几经改变，司法行政对司法机关（人民法院、人民检察院）的人、财、物的管理职能经过了从有到无，又从无到有，再到司法机关自行承担司法行政事务管理的几次变化。从1983年起，司法行政机关的司法行政事务基本上由司法机关即法院和检察院自行管理，实行的是司法业务和司法行政合一的管理体制，绝大部分司法行政事务，如司法人员的选任、培训和管理，司法经费预算，司法机关的基本建设、设施配备等，都是司法机关自己办理。宏观的人员调配、基本建设、经费供给等基础性和保障性的司法行政事务，即对人、财、物的宏观掌管和控制，则统一由政府的计划、财政、人事、编制等综合部门负责。所以，中国司法行政的保障功能并不像大多数国家那样首先体现为对司法机关人、财、物的管理上，而是表现为律师的辩护与代理、法律援助、司法鉴定、司法裁判执行（仅限于部分刑事裁判的执行）等技术层面或后续的执行环节上。中国这种由司法机关自行管理司法行政事务的做法，与世界上很多国家是不同的。

（三）管理功能

尽管脱胎于司法权的司法行政权与司法权关系极为密切，但司法行政权归根结底依然是一种行政权，上传下达、上命下从的管理功能是行政的突出功能，也是司法行政的一个重要功能。对司法行政事务的管理功能，是司法行政权的核心元素，包括对法院司法行政事务的管理，对政府法律事务的管理，对法律服务业指导管理，刑罚执行的管理，法律职业资格考试事务的管理等。如前文所述，许多国家通常都将法院的人、财、物，政府的法律事务等归属于司法行政权的管理范畴。

在中国，司法行政机关主要承担着律师服务、公证、法律援助、人民调解、基层法律服务、法律职业资格考试、普法宣传、监狱管理、司法鉴定等司法行政事务的管理职能，在这些方面发挥着管理功能。

（四）司法裁判执行功能

司法行政机关作为国家权力机关的组成部分，执行功能是司法行政的又一重要功能；司法行政的执行功能体现在执行国家有关司法行政领域的法律、法规，以及执行法院生效裁判的两个方面。其中，前者的执行性具有一定的主动色彩，后者的执行性则具有一定的被动色彩。

司法活动主要就是对纠纷、争议进行判断和裁决，司法权主要是审判权、裁决权。对判决、裁定的执行在理论上显然不是司法活动，不能把执行看成裁判的必然延伸。对裁决的执行，是以裁判为根据的行政执行活动，具有确定性、命令性和强制性等行政特点，属于典型的司法行政活动。司法执行既包括刑事裁决的执行，如死刑的执行、有期徒刑的执行等，也包括民事、行政裁决的执行。对司法裁判的执行凸显了司法行政权的准司法色彩。

司法裁判由司法行政机关执行是世界各国的普遍做法。如英美法系中的美国、澳大利亚、加拿大等国家的民事判决由司法行政官员负责执行;大陆法系中的法国和德国也是由司法部负责执行民事判决。在强制执行过程中,可以采取查封、扣押、限制人身自由等强制手段。

在中国,司法行政机关只负责执行一部分的刑事裁判,不负责民事裁判的执行。民事行政裁决一般由当事人自愿执行,必要时可申请由国家强制执行,由法院承担执行功能。刑事裁决的执行由国家强制执行,分别由公安机关、人民法院、司法行政机关等多个机关负责。监狱作为司法行政机关的组成部分主要负责有期徒刑、无期徒刑裁判的执行。第十三届全国人民代表大会常务委员会第六次会议于2018年10月26日审议通过的《关于修改〈中华人民共和国刑事诉讼法〉的决定》明确规定对判处管制、宣告缓刑、假释或者被暂予监外执行的罪犯,依法实行社区矫正,由社区矫正机构负责执行。2019年12月28日,第十三届全国人民代表大会常务委员会第十五次会议通过的《中华人民共和国社区矫正法》第8条第1款明确规定,"国务院司法行政部门主管全国的社区矫正工作。县级以上地方人民政府司法行政部门主管本行政区域内的社区矫正工作"。上述规定使司法行政机关的刑事执行权进一步扩展,是司法行政权的合理回归。

(五)指导功能

行政指导是现代行政学意义上的一项重要功能。按照法治社会的要求,现代政府对公共事务的管理侧重于行政指导:以行政指导为主,以行政管制为辅。在越来越重视发挥行业协会作用的背景下,更应重点强调政府的行政指导功能;就司法行政工作而言,发挥司法行政机关的行政指导功能势在必行。① 例如,强化对律师、公证等法律服务的行业性指导,对法律援助、法制宣传等社会公益性事业的行政指导等,特别是随着律师协会、公证协会等社会团体的成熟,行业自律、行业自治水平的提高,司法行政机关对这些特定行业的行政指导功能将进一步得以发挥。

二、司法行政的价值

按照中国哲学界通说,"价值"指的是一定客体对一定主体的意义或用处,其对应英文"value"一词的权威解释为"能使物体可供利用或为人所欲之性质,又此等性

---

① 参见刘武俊:《司法行政基本概念新论》,载《中国司法》2007年第12期。

质之程度或总量”。“价值”的中文含义,是指事物的用途或积极作用。[①] 与“价值”密不可分的另一个概念是“意义”(significance)。“意义”的中文含义是“价值;作用”。[②] 在哲学上,通常将价值与意义相等同,主张价值即世界对人的“意义”,价值关系即意义关系。[③]

司法行政的价值是指司法行政工作的用途、积极作用及所具有的独特意义。司法行政的价值在同政府内部其他相关部门、司法权力机关、人民群众等各范畴的关系态中方能存在,司法行政价值本身即司法行政工作在上述关系态中之于各具体范畴的潜在或现实性意义。司法行政价值是司法行政基本理论研究中最重要的环节之一,与司法行政目的、构造、功能及伦理等方面均有紧密联系,是司法行政基本理论系统的灵魂和中枢。[④]

“任何司法体制改革目标模式及体制设计都应有其明确的价值取向”[⑤],研究司法行政价值,就是探讨司法行政工作的意义及有用性,真正厘清司法行政在整个国家权力系统中的独特地位和贡献,对司法行政学科及司法行政事业的发展具有极其重要的意义。

(一)效率价值

效率价值是将经济效率加以引进、转化而产生的,是指投入的成本与产出的产品、成果两者之间的比例关系。讲求效率,就是要以最小的投入获得最大的产出。司法行政的效率价值从以下两个方面体现:

第一,司法行政权作为一种兼具司法权和行政权某些特征但更为偏重后者的权力类型,其价值体现首先便是行政权属性为之烙印的“效率”价值,即行政注重投入与产出的关系,管理贵在神速高效,行政的任务是促进产出更大的“蛋糕”。[⑥]

第二,效率价值也是司法活动的价值目标,司法行政所具有的“准司法性”亦使该价值成为司法行政的首要价值。司法行政从产生之初就以为司法活动提供保障和支持为己任,其各方面的活动都集中体现出司法行政的效率价值。司法行政对司法机关的行政事务进行管理,讲究司法资源的合理配置,使资源消耗达到合理的最低限度,避免人、财、物的浪费;这既是以最小司法资源的投入获得最大司法效果的诉讼效率价值的体现,也是司法行政工作本身所具有的效率价值的体现。

---

① 参见《辞海》(缩印版),上海辞书出版社1979年版,第220页。

② 参见张涌主编:《现代汉语辞海》(全新版),中国书籍出版社2003年版,第1284页。

③ 参见李德顺:《价值论》(第2版),中国人民大学出版社2007年版,第39页。

④ 参见王舸:《司法行政价值论》,载《中国司法》2009年第8期。

⑤ 王公义:《司法体制改革的理论基础和价值趋向》,载《中国司法》2004年第2期。

⑥ 参见王舸:《司法行政价值论》,载《中国司法》2009年第8期。

（二）公正价值

公正，又称为正义，是人类不断追求的重要价值。社会公正往往是凭借司法予以保证，司法公正是司法活动的内在价值；而司法行政的准司法属性，也使司法行政在一定程度上担负着维系公正的使命。具体而言，司法行政的公正价值包含以下两个方面：

一是帮助司法机关实现司法公正的价值目标。司法公正包括实体公正和程序公正，司法行政通过具体职能达到维护司法公正的价值目标。司法行政通过对司法机关内部涉及司法行政内容事务的统一管理，可以有效避免司法活动陷入科层制管理、行政干预审判、司法行政化等泥潭中，实现司法职权依法独立行使，保障案件审理的公正；通过加强司法队伍、改善司法环境、健全司法管理制度等司法行政工作，保证案件质量，实现实体公正；通过对律师、法律援助、公证及司法鉴定等活动进行管理，为当事人获得程序方面的公正待遇提供制度保障，实现程序公正。

二是促使社会公正价值的实现。司法行政通过为社会提供法律服务，如对律师、法律援助及公证等活动所进行的管理，以满足社会公众普遍的法律需要和对司法公正的期待；其对犯罪嫌疑人、被告人、刑释解教人员、社会贫困人员等社会特殊群体的法律服务需求的关注，体现了司法行政为实现普遍社会正义所付出的努力。

可以说，司法行政制度设立之初，考虑更多的就是如何保障司法，实现司法公正。随着社会进步和民主法治的健全，司法行政的公正价值受到了前所未有的重视，维护社会公平正义已经成为司法行政的价值目标。

（三）秩序价值

保障社会有序且良性运转是行政权管理属性的内在要求；司法行政权所具有的行政管理特征，也使秩序价值成为司法行政价值体系中的一个重要因子，并通过司法行政的管理职能实现社会秩序和社会安全。行政立法为保障社会秩序进行顶层设计；行政执法保障法律在行政管理层面的规范公正执行；司法行政对司法活动的保障和支持，也是为了及时解决刑事或民事纠纷，使被刑事犯罪或民事冲突破坏的社会秩序得到修复或弥补，并通过司法行政保障司法活动的顺利进行，实现其秩序价值。同时，司法行政的诸多管理职能也体现着秩序价值，如《中华人民共和国律师法》《中华人民共和国公证法》对良性政治经济秩序的促进作用，这就是司法行政的秩序价值。

（四）和谐价值

从司法行政各项职能来看，无论是行政立法还是行政执法，无论是法治宣传教育还是律师、公证、法律援助，无论是监管改造还是安置帮教，都与社会的和谐、稳定息息相关。特别是非诉讼纠纷解决方式、社区矫正等职责明文赋予了司法行政机关排查矛盾预防纠纷激化或者先行处理某些民间纠纷有效防止矛盾恶化的职责，使司法行政具备了非常重要的和谐价值，在一定程度上具有不可替代的作用。“在认识和把握司法行政与构建和谐社会的关系时，不仅要强调司法行政的工具价值，而且要关注司法行政的目标价值，也就是把司法行政作为构建和谐社会的一个必要的内容或组成部分来对待。”①保和谐促和谐，应该是司法行政工作必须遵行的基本价值基调。

第三节　司法行政权

一、司法行政权的概念和特征

司法行政权，是指司法行政机关依法拥有和行使的司法行政管理权及其他职权。司法行政权是国家权力体系的组成部分，是现代司法制度中不可缺少的内容，是随着司法权的分工细化从司法权中分离出来的一种行政管理职权。

司法行政权相对于其他国家权力，具有以下四个特征：

1. 服务性。司法行政权具有鲜明的服务性。司法行政是围绕司法而运转的，司法行政存在的基本价值就是为司法活动正常运行提供各种法律和技术保障。这种服务性突出体现在三个方面：第一，对司法机关的人、财、物统一管理，以及制定司法政策和裁判执行等，为司法机关司法权公正、高效地运行提供服务和保障；第二，为政府提供法律服务，包括办理立法事务、处理涉诉事务、为政府出具法律意见和提供法律咨询等；第三，为社会提供法律服务，包括对律师、公证和司法鉴定等法律服务行业进行管理，对人民调解、基层法律服务等具有明显服务社会效应的工作进行指导，普法工作也是一项服务大众的政府推进的公益性工作。

2. 管理性。司法行政权归根结底依然是一种行政权。从司法行政机关行使的职权层面，司法行政权的核心权力还表现在对司法行政事务的管理权上，具有明显上命下从的行政管理特征。具体表现为对司法行政事务以及政府法律事务的管理，对律师、公证、仲裁、司法鉴定等行业的指导、管理和监督，对刑罚执行的指导和管理等方面，这些都属于司法行政管理范畴。

---

① 董开军：《构建和谐社会视野下司法行政的几个问题》，载《中国司法》2005 年第 10 期。

3. 执行性。司法行政机关属于国家权力机关的司法执行机关,执行性是司法行政权的重要特征。其主要任务是执行与司法行政有关的一般性法律、法规、规章,也应该包括执行法院已经生效的判决和裁定。执行权不具有司法权的立场中立性、启动被动性和裁决终局性的特点,而恰恰具有确定性、主动性、命令性、服从性和强制性的行政化特点,属于比较典型的具体行政行为。这充分说明司法行政权从性质上更接近行政权。

4. 多元性。司法行政事务涉及面极广,从司法机关的后勤管理到社会法律事务再到政府立法起草,司法行政几乎无所不在,涵盖行政立法、行政执法、法治宣传、监狱管理、法律服务等诸多领域,涉及一国法律制度、法治实践的方方面面。相对于法院专司审判、检察院专司刑事追诉和法律监督,司法行政机关主管的司法行政事务具有明显的多元性。

二、司法行政权与司法权的关系

司法行政权与司法权关系紧密,在人类社会早期这两者就是合二为一的。直到近代,司法权与司法行政权才逐渐分离,显现出明显不同的权属特征;尽管如此,两者仍存在一定的内在关联。司法行政权与司法权是既有内在联系又有区别的两种国家权力,具体表现为:

(一)司法行政权与司法权的内在联系

1. 司法行政权保障司法权的有效实施

司法权与行政权分离后,司法仍然需要行政的支持。没有司法行政权,司法权就难以运行。首先,司法行政权必须为司法审判权的正常运行提供足够而充分的司法经费保障,并且不得利用此项权能对法院的审判活动施加压力和影响。其次,司法行政权负责执行司法判决,保证裁判的实现与维护司法权威。否则,司法活动没有物质保障,裁判无法执行。司法行政权以为司法权提供辅助和保障为使命;没有司法行政权,司法权的正常运行就会受到影响。

2. 司法行政权与司法权常常出现权力上的衔接与融合

正是由于司法权与司法行政权具有极为密切的关系,因此在司法实践中常常出现这两种权力的衔接。比如,判决生效后由司法行政机关执行;有时司法所主持调解的纠纷、达成的协议,法院可以进行司法确认。因此很多论著常将二者混同,但二者在本质上是不同的。

(二)司法行政权与司法权的区别

1. 两者的性质不同

司法行政权本质上属于行政权,具有行政权的强制性、服从性、主动性等特征,而司法权是与行政权平等并列的国家权力,具有被动性、独立性与终局性的特征。

2. 两者的目的不同

司法权以追求公正为最终价值目标,中立是实现该目标的重要保障;司法行政权则追求司法体制的制衡,以实现司法公正和保障人权为价值目标。

三、司法行政权与行政权的关系

司法行政权与行政权也是既有联系又有区别的两种国家权力。

1. 司法行政权与行政权的联系

司法行政权本质上即属于行政权。司法行政权是与司法有关的行政事务管理权,如对律师、公证的管理,对部分刑罚的执行,参与国际司法协助以及司法外事活动等,这均属于一个国家行政权的范畴。可以说,司法行政权归根结底仍然是一种行政权。

2. 司法行政权与行政权的区别

尽管司法行政权本质上是一种行政权,但又与一般意义上的行政权存在明显的区别。一般意义上的行政权主要为行政事务管理职能;司法行政权除拥有一般的行政事务管理职能外,还具有一般行政机关不具有的预防犯罪、惩治犯罪和改造罪犯以及司法裁决执行等特殊的职能。在行政事务管理方面,司法行政权也是一种管理司法行政事务为主而不是管理一般行政事务的行政权。

思考题

1. 简述司法行政的概念及特点。
2. 简述司法行政价值、司法行政功能的概念。
3. 简述司法行政功能的内容。
4. 如何理解司法行政的价值?
5. 什么是司法行政权?有哪些特征?

第二章　中国司法行政制度的产生与发展

本章要点

本章内容主要介绍了中国古代、近现代及当代的司法行政制度发展历程。了解古代中国司法行政工作的主管机构及其职能与运作；重点掌握中国近代司法行政机构的设立、职责，新民主主义革命时期中国司法行政制度的独创性及贡献，中华人民共和国成立后司法行政制度的三个发展阶段。

第一节　中华人民共和国成立之前的司法行政制度

一、中国古代的司法行政制度

（一）中央的司法行政制度

中国古代的司法与行政职权不分，但有明确的职能分工。在中央一级逐渐形成了以刑部、大理寺、都察院为核心的中央司法体系，地方逐渐分设了一些主管司法的机构；这对司法行政职权产生了一定的影响。

在西周时期，中央形成了以周天子为核心的权力机构。"周天子"作为天下大宗，既是周王朝统治区域的最高行政官，又是最高司法官，亲自裁决全国重大案件及诸侯之间的争讼。"三公"作为周天子的辅官，以行政官员的身份，辅佐周天子审理、复核各类重大案件。大司寇是专职的最高司法官，以审理各类重大案件、处理全国司法事务为职掌。①《周礼·秋官·大司寇》记载大司寇职责为："掌建邦之三典，以佐王刑邦国，诘四方。"在中央司法机构中，除了周天子、三公、大司寇之外，还设有小司寇、士师、司刑、司圜、掌囚等职官，分别掌管不同司法事务。在诸侯国，诸侯

① 《礼记·王制》："大司寇以狱之成告于王，王命三公参听之。三公以狱之成告于王，王三又，然后制刑。"

本人掌握本地方最高司法权与行政权，同时设立了专职司法官以辅佐诸侯管理司法事务，并主持审判。诸侯国的专职司法官，称作“司败”“司寇”“大理”等。

秦汉至明清，中央司法机构逐渐发展为刑部、大理寺、都察院。这一时期的中国司法官或专职法司是具体执掌治安、督察、审判、解纷事务的机构。专职法司的职务，对其他负责军事、征税、教化等事务的机构而言，是相对专业化和相对独立的。

明清以后，在中央的三法司中，兼有中央最高司法行政权的机构是刑部。刑部原属尚书省，为中央六部之一。明初朱元璋废除丞相后由皇帝直接统领六部，刑部直属于皇帝。清朝的刑部职权超过明代。按照《大清会典》的规定，刑部“掌天下刑罚之政令，以赞上正万民。凡律例轻重之适，听断出入之孚，决宥缓速之宜，赃罚追贷之数，各司以达于部”[①]。即此时的刑部在皇帝之下行使国家主要的审判权，参与或主持国家的重要立法，负责全国的司法行政工作。刑部事务繁杂，职责主要包括：办理各种造册汇题；管理刑部监狱，考核各省命盗案犯的办理，以记功过，管理狱政，查核有无私设班馆监房；掌点刑具，定其种类，尺寸规格，并检验颁发，查核非法用刑；督察赃款收缴，掌握减免；管理考核本部的司员以下官员（郎中、员外郎、主事等），定其升降功过；管理本部书吏、手书、禁卒、杂役等；颁发刊刻经奏准皇帝通行全国的案例、事例、章程等；管理筹集秋审经费等。按照清朝的制度，刑部之下分设十七清吏司，分管各省的司法事务。

（二）地方司法行政制度

在中央三法司逐渐健全的过程中，地方司法行政权也开始发生变化。宋代以前，地方司法权完全归属于地方各级行政机关。郡守县令不但掌握案件的批准权与疑难案件的上报权，而且掌握死刑案件的判决权。史称“刺史守令杀人不待奏”[②]。隋唐时期地方官尚有行使死刑的权力。虽然唐律规定，县一级的司法权只限于对人犯进行决笞、杖，但现实中县官决死人犯往往不受罚。宋朝以后，中央开始加强对地方的控制和监督，“州郡不得专杀之例始严”[③]。宋太祖开宝末年，针对“五代诸侯，有枉法杀人者，朝廷置而不问”的弊病，下令“自今诸州决大辟，录案闻奏，付刑部覆视之”[④]。从此，开创了死刑必经中央朝廷定夺的制度。元、明、清时期，地方长官的司法权力更小。忽必烈即位之初便宣布：“今后凡有死刑，仰所在官司推

① 《光绪会典·刑部》卷五三。
② （清）赵翼：《咳余丛考》卷一六。
③ （清）赵翼：《咳余丛考》卷一六。
④ （元）脱脱等撰：《宋史》卷三。

问得实,具事情始末及断定招款,申宣抚司再行审复无疑,呈省闻奏,待报处决。”①正式把死刑的终审和判决权收归中央,特别是皇帝的手里。明清时期进一步加强了地方政权中专职司法官的建设。明朝地方政权分为省、府(直隶州)、县(散州)三级。与历代一样,省级以下知府知县亦兼理司法审判事务,在省级机关中专设提刑按察使司,为省级最高审判机关,“掌一省刑名按劾之事”,属下有副使、佥事等分治各府县事,②直接受皇帝和中央司法机关的领导。清朝地方审判分为省、司、府、县四级,实行“逐级审转复核制”。清代规定,除户籍、继承、婚姻、土地水利、债务等民事案件,及斗殴、轻伤、小额偷盗等应责以笞杖刑的轻微刑事案件属州县自理案件外,其余重案都要进入审转程序,督抚也仅有徒刑的判决权力,而流刑、死刑案件的审理由中央三法司管辖。③

除了司法审判权,州县在地方行政中行使着广泛的行政管理权。清朝有所谓“天下治权始于州县”④,“万事胚胎,皆由州县”⑤。州县官是真正的行“政”之官,他们的上司——知府、道台、巡按使、布政使、巡抚或总督,都只是监督官⑥。《清史稿·职官三》云:“知县掌一县管理,决讼断辟,劝农赈贪,讨滑除奸,兴养立教。凡贡士、读法、养老、祀神,靡所不综。”他们是行政官,也是法官、税官。

从司法行政职权来看,虽然随着历史发展,地方各级的司法权限发生了一些变化,受到了一定的制约,但是地方的司法权与行政权仍然由地方政府统一掌握与行使,司法行政权亦没有从权力体系中剥离出来,由地方行政官员统一行使与承担。

二、清末的司法行政制度的建立

清朝末年,随着甲午战争的失败,清政府认识到仅拥有西方的船舰大炮还不能达到富国强兵的目的,需要从制度改革入手才能从根本上解决问题。1901 年 1 月 29 日(光绪二十六年十二月初十),慈禧太后以光绪皇帝名义下谕变法,开启了以仿行宪政为核心的、自上而下的全面变革。这项变革涉及政体、官制、法律、文化等诸多领域。1906 年清廷仿照西方分权制度改革官制,“刑部著改为法部,专任司法;大理寺,著改为大理院,专掌审判”⑦。即将法部独立设置为专门的司法行政机关,大

① (元)《元典章·圣政卷之二》。
② 参见(清)张廷玉等:《明史·职官四》卷七五。
③ 参见郑秦:《清代法律制度研究》,中国政法大学出版社 2000 年版,第 91 - 94 页。
④ (清)《皇朝经世文编》卷二三。
⑤ (清)万维翰:《幕学举要》。
⑥ 参见瞿同祖:《清代地方政府》,范忠信、晏锋译,法律出版社 2003 年版,第 29 页。
⑦ 《清实录·德宗景皇帝实录》卷五六四。

理院成为独立的司法审判机关。

变革之后，大理院在名义上是最高审判机关，但必须受制于司法行政机关，有限地行使独立审判权。法部为中央司法行政机关，负责司法行政事务，且对大理院拥有司法监督权，同时拥有全国重罪案件的复核权，重大案件还须法部核定之后上奏皇帝定夺。由于此种权力分配与预备立宪的精神背离，因而引发了法部与大理院之间基于审判权和人事权归属的争议，史称“部院之争”。后经协调，法部与大理院协商，提出修改和补订条款，经过清廷谕准之后，司法权限之争遂告一段落。1910年，清廷正式颁布《法院编制法》，并下谕，“自此次颁布《法院编制法》后，所有司法之行政事务，著法部认真督理；审判事务，著大理院以下审判各衙门，各按国家法律审理。从前部院权限未清之处，即著遵照此次奏定各节，切实划分”①。至此，最高审判权悉归于大理院，所有司法行政事务归于法部，将中央审判机关（大理院）与司法行政机关（法部）权限作出严格区分。

三、南京临时政府及北洋政府时期的司法行政制度

辛亥革命之后，政府颁布了宪法性文件《中华民国临时约法》。《中华民国临时约法》规定了审判公开、审判独立原则以及司法官地位的保障，并将诉讼制度设计为普通诉讼与行政诉讼分流的二元制度。1912 年 3 月，在北京就任临时大总统的袁世凯下令，在中华民国法律未经议定颁布以前，暂行援用前清法律（与民国国体抵触者除外），1910 年《法院编制法》亦被援用。由此，此时的司法行政职权仍然归于司法部。

北洋政府时期的司法部上承清末之法部，其职能与欧洲大陆国家的司法部接近，掌管司法行政并监督各级检察机关。另外，清末司法改革除区分了司法审判与司法行政，还将审判与起诉分离，自大理院以下，对应各级审判机关，设立总检察厅和各级检察厅以行使检察职权，各级检察机关归司法部统一管理。

四、南京国民政府时期的司法行政制度

1927 年南京国民政府成立，改北洋时期大理院为最高法院，成为全国民刑案件终审机关，亦行使法律解释之权；同时设司法部，掌理全国司法行政。1928 年 10 月，国民政府第三次修正颁布《国民政府组织法》，根据孙中山先生五权宪法学说，国民政府设置行政、立法、司法、考试、监察五院。该法规定，“司法院为国民政府最

---

① 《清实录·宣统朝政纪》卷二八。

高司法机关,掌理司法审判、司法行政、官吏惩戒及行政审判之职权”。

1928年10月,国民政府公布《司法院组织法》,又于同年11月修正并公布。根据该法,司法院院长综理全院事务、指导司法行政,组织最高法院院长及相关庭长统一解释法律、命令。司法院成立之初,原司法部亦隶属于司法院,并于1928年11月改组为司法行政部。司法行政部监督高等法院以下各级法院及分院、全国各级检察机构,但司法行政部监督权的行使不影响审判独立。司法行政部与最高法院、行政法院、公务员惩戒委员会同为司法院内平行单位,而司法行政部管辖权不及其他三个院会,各院长(委员长)掌理其内部行政事务,由司法院院长总理司法院内的重要行政事务。

从司法院设立之初到1947年先后颁布《中华民国宪法》和修正《司法院组织法》,司法院的权限始终存在争议,其中之一就是司法行政权的归属。1928年司法院成立时司法行政部属司法院,1932年它被划给行政院,1934年又回归司法院,直至1943年司法行政部最终归于行政院。

1943年《国民政府组织法》修正以后,高等法院以下法院和各级检察部门的司法行政长期由行政院下设的司法行政部管辖。由于宪法没有明文规定司法院掌理司法行政,司法行政部(附带还有各级检察部门)于1943年划归行政院,所以司法院虽是宪法上的“最高司法机关”,但其司法行政权却是不完整的,只及于其直接隶属的最高法院、行政法院和公务员惩戒委员会。这一时期司法行政机关的职责,概括起来主要有:(1)负责法官、检察官的任免、惩戒和培训。(2)负责司法经费稽查、财物管理,负责罚金、赃款赃物及没收等事项。(3)负责法院机构设置、废止及管辖区域的划分及变更,负责检察的行政事项。(4)负责民事刑事诉讼中司法行政事项。(5)管理律师,负责公证事务。(6)负责刑罚执行中的有关事项,包括监狱、感化所的管理。(7)负责引渡罪犯等司法协作事项。

五、新民主主义革命时期的司法行政制度

(一)工农民主政权时期的司法行政制度

1. 司法行政机关的设立

1931年11月,在中央革命根据地瑞金成立了中华苏维埃共和国,同年11月27日成立了人民委员会。人民委员会是中华苏维埃共和国中央执行委员会(最高权力机关)的行政机关,由主席、副主席和各人民委员会组成。按照《中华苏维埃共和国中央苏维埃组织法》的规定,司法人民委员部是当时10个人民委员部之一。中央司法人民委员部的组织机构有:中央司法委员会,负责对司法机关实行总的领

导；刑事处，负责掌管刑事诉讼的行政事宜；民事处，负责掌管民事诉讼的行政事宜；总务处，负责管理司法人民委员部的一切事务。

苏维埃政权也在地方设立了司法行政机关。省、县、市、区各级地方设裁判部；红军部队中设军事裁判所，军事裁判所分为初级军事裁判所、阵地军事裁判所及高级军事裁判所。地方各级裁判部和高级、初级军事裁判所之下均设裁判委员会，讨论司法行政、检察、审判等问题，并对司法行政、检察、审判等问题提出建议。地方裁判部和军事裁判所既是司法行政机关，又是审判机关，管理司法行政和审判工作。《中华苏维埃共和国地方苏维埃暂行组织法（草案）》第150条、第157条规定，省裁判部和高级军事裁判所"在司法行政上隶属于中央司法人民委员部，在检察、审判方面则受临时最高法庭的节制"①。这说明当时中央一级的司法行政机关与司法审判机关是分立的；在地方，司法审判机关与司法行政机关是合一的。但是，地方裁判所既受中央司法人民委员部的领导，也受临时最高法庭的领导。

在红色革命根据地时期，审判与司法行政事务是在司法人民委员部统一领导之下的；由于省以下并未建立司法人民委员部的分支机构，省以下的司法行政工作由法院负责。司法人民委员部对司法机关包括法院、检察院、政治保卫局实行总的领导，并负责司法行政工作。中央政府下设司法人民委员部，领导苏区的人民法制和人民司法建设。这是中国共产党领导的红色政权中第一个中央司法机构，由此也揭开了中国司法行政事业的新纪元。

2. 司法人民委员部的主要职能

这一时期，司法人民委员部的主要职能是：

（1）建立地方各级审判机关。中央司法人民委员部根据中央执行委员会1931年12月颁布的第六号训令的精神，于1932年1月通令各地省、县、区各级苏维埃政府成立临时司法机构——裁判部，到同年6月，县一级裁判部就全部建立。

（2）检察和指导审判工作。中央司法人民委员部确定司法机关的中心任务是适应革命战争的需要。为夺取战争的胜利服务，当时的各种命令和有关指示，也都要求各级司法机关的工作要从完成革命战争的任务角度出发。

（3）建立审判制度和审判程序。为了建立审判程序，司法人民委员部还颁发了各种表册样式，如案卷、审判记录、判决书、传票、拘票、搜查票、预审记录、工作报告表、搜查记录等，以统一各级裁判部的公文格式。

（4）起草法律，颁布法令。

---

① 韩延龙、常兆儒编：《中国新民主主义革命时期根据地法制文献选编》，中国社会科学出版社1981年版，第65－66页。

(5)领导和管理劳动感化院工作。1932 年 8 月 10 日司法人民委员部颁布实施《中华苏维埃共和国劳动感化院暂行章程》,规定劳动感化院是裁判部下的一个附属机关,负责看守、教育及感化违反苏维埃法令的一切犯人,目的是使这些犯人在监禁期满后不再违反苏维埃法令。县以上裁判部设立劳动感化院,各劳动感化院仅隶属于该级的各裁判部,没有上下级的隶属关系。

(6)训练司法干部,提高其能力。一是采用实习工作的方法,把县裁判部的工作人员调到省裁判部实习,把省裁判部的工作人员调到中央司法人民委员部实习,经过一段时间的实习后仍回本地工作。二是举办短期训练班。根据中央司法人民委员部计划1933 年8 月至12 月5 个月内共举办为时10 日至15 日的训练班。三是在实际工作中,有计划地训练司法人民委员部的工作人员。另外,为培养法律专门人才,苏维埃大学设有司法特别班。

(7)法制宣传教育工作。通过文字材料,利用各种会议向群众解释有关司法方面的各种法令:指导各级裁判部组织巡回法庭到案件发生地就地审判;在案件审判过程中,通过发布告吸引群众旁听,使群众明了案件的内容和处理结果,从中受到法制教育①。

从 1931 年至 1934 年,在司法人民委员部的组织领导下,基本上建立了审判、检察制度的雏形。1934 年 2 月 27 日,中华苏维埃共和国中央颁布《中央苏维埃组织法》。该法第 34 条规定,在中央执行委员会下设最高法院;第 39 条明确了审检合署的体制。检察工作属于行政性质。这样,在中央执行委员会形成了最高法院与司法人民委员部的分权体制。1934 年至 1936 年红军长征,司法体制处于不稳定状态,司法人民委员部简称为司法部,其职能基本没有变化。

(二)抗日战争时期的司法行政制度

抗日战争爆发后,由于国共合作的前提是共产党名义上受国民党中央政府的管辖,因而抗日民主政权的司法机构只能作为地方政府组成部分,带有地方司法制度的特色。1937 年 9 月 6 日撤销中华苏维埃中央政府西北办事处,成立陕甘宁边区政府;撤销了各省、县、区裁判部,成立陕甘宁边区高等法院。边区不设司法部,原司法部部长谢觉哉被选举为边区高等法院院长,司法行政与审判工作都由边区高等法院统一管理。

这一时期的司法行政工作虽然归法院管理,但已经明确区分了司法行政工作

① 《当代中国》丛书编委会编:《当代中国的司法行政工作》,当代中国出版社 1995 年版,第 5 – 9 页。

和法院内部的行政事务这两个截然不同的概念。如《晋察冀边区法院组织条例》在高等法院院长的一项职权中就规定："综理全边区司法行政及全法院行政事务。"①

（三）解放战争时期的司法行政制度

解放战争前期，各解放区的司法行政工作，除有的地方由当地人民政府管理外，基本上沿用了由法院管理的体制。解放战争后期，一些解放区的人民民主政权为了适应民主政权建设和法制建设的需要，设立了专门的司法行政机关，统一管理辖区内的司法行政工作。1948年5月，晋察冀和晋冀鲁豫两解放区合并，成立华北人民政府，同年10月6日建立华北人民政府司法部。1949年3月，中原临时人民政府成立，也设立了司法部。根据中原临时人民政府秘政字第53号令，河南省人民政府设立了司法厅，主管全省的司法行政事宜。山东省、湖北省也相继建立司法厅，改变了红色根据地政权时期只在中央设置司法行政机关的做法，开始确立了省一级地方也专设司法行政机关的制度。根据《华北人民政府各部门组织规程》的规定，这一时期司法行政机关的任务有下列八项：关于法院、监所之设置与变更事项；关于各级司法人员之铨叙、教育事项；关于民事行政事项；关于刑事行政事项；关于监所人犯之教育管理事项；关于华北人民法院判决重大案件之复核事项；关于司法法规之编拟事项；其他有关司法行政事项。

新民主主义革命时期司法行政工作的建立和发展过程表明，司法行政工作一开始就是根据马克思列宁主义原则，在中国共产党领导下建立和发展起来的。它为建立地方各级审判机关，建立健全人民的审判制度和审判程序，建立监狱制度，培训司法干部，做了大量有创造性的工作。它作为人民民主政权的职能部门，对人民民主政权和法制建设作出了重大贡献，起到组织、指挥和领导作用。新民主主义革命时期，司法行政机关的建立和司法行政工作的开展，为我国创造和积累了丰富的经验，为中华人民共和国的司法行政工作奠定了基础。

第二节　中华人民共和国司法行政制度的发展

中华人民共和国成立后，根据《中华人民共和国中央人民政府组织法》（已失

① 韩延龙、常兆儒编：《中国新民主主义革命时期根据地法制文献选编》，中国社会科学出版社1981年版，第91页。

效)，于1949年10月30日设立中央人民政府司法部(以下简称中央司法部)。1954年《中华人民共和国宪法》颁布后，改称中华人民共和国司法部，同时在各大行政区成立了行政区司法部，大行政区撤销后又陆续建立了省、自治区、直辖市司法厅、局，地区、市一级设有专管司法行政工作的机构。1979年9月召开的第五届全国人民代表大会常务委员会第十次会议决定加强司法行政工作，重建司法部。同年10月，中共中央和国务院发出《关于迅速建立地方司法行政机构的通知》，中国的司法行政工作揭开了健康发展的新篇章。

一、1949年至1959年，司法行政体制初步建立时期

中华人民共和国成立初期，根据中共中央《关于废除国民党的六法全书与确定解放区的司法原则的指示》《中国人民政治协商会议共同纲领》《中华人民共和国中央人民政府组织法》的规定，成立中央司法部。1949年9月27日，中国人民政治协商会议通过的《中华人民共和国中央人民政府组织法》第18条规定：在政务院设政治法律委员会、公安部、司法部、法制委员会等。司法部是国家司法行政机关，主持全国的司法行政事宜。总结革命根据地时期司法工作经验，实行司法行政与审判的“分立制”。1949年10月30日，司法部在原华北人民政府司法部的基础上建立起来，史良任第一任部长。

1949年12月20日，中央人民政府委员会批准了《中央人民政府司法部试行组织条例》。这个条例对中央司法部的任务和组织机构作了明确规定。根据该条例，司法部人员编制为200名，机构设置为一厅五司一室和一个部长专家顾问室。一厅即办公厅，负责机关的文书、人事和行政等事务。第一司主管司法机关的司法行政事务；第二司主管公证和律师工作；第三司主管狱政工作；第四司主管司法干部的教育训练；第五司主管法制宣传和视察工作。一室为专门委员室。

《中央人民政府司法部试行组织条例》第2条规定了司法部主持的司法行政事宜，主要有15项职能：(1)关于司法行政政策之厘定事项；(2)关于地方审检机关之设置、废止或合并及其管辖区域之划分与变更事项，但应商同最高人民法院、最高人民检察署及大行政区人民政府或省(市)人民政府办理；(3)关于司法干部之教育训练事项；(4)关于司法干部之登记、分配、任免事项，但司法干部的任免另有规定者依其规定；(5)关于全国诉讼案件种类、数量及其社会原因之统计事项；(6)关于犯人改造监押机关之设置、废止、合并及指导、监督事项；(7)关于司法经费之厘定事项；(8)关于司法法令政策之宣传事项；(9)关于律师之登记、甄拔、分配、组织与指导事项；(10)关于公证管理事项；(11)关于各地方司法机关有关司法行政事务之

询问解答事项;(12)关于各地方司法机关司法行政事务处分抵触法令或不适宜之撤销与纠正事项;(13)关于各地方司法机关司法行政之督导与检查事项;(14)关于各地方司法机关积案之调查事项;(15)关于其他属于司法行政之事项。

中华人民共和国成立初期,司法行政机关、公安机关和法院均有管辖权,监所设置和管理比较混乱。为此,1950 年 11 月 30 日,由时任司法部部长史良、公安部部长罗瑞卿签发《关于监狱、看守所和劳动改造队移转归公安部门领导的指示》,自 1950 年 12 月开始,看守所、监狱和劳动改造队统一由公安部管理,司法部不再管理狱政工作。司法部将监所移交公安部后,新增加了政策研究指导任务。司法部第三司由主管监狱工作改为主管政策指导、调查研究、督导视察等工作。

1952 年 7 月 16 日,中央司法部成立了由司法部和最高人民法院组成的中央司法改革办公室。同年 7 月 26 日,史良部长向周恩来总理作了《关于彻底改造和整顿各级人民法院的报告》的汇报,对开展司法改革提出了具体的意见。同年 8 月 13 日,政务院第 148 次会议批准了这个报告。依据该文件,中央司法部和各大行政区司法部在接收、改造旧法院,建立人民法院,建设人民司法,纯洁司法队伍,改变作风等方面做了大量工作。法院和司法行政机构合理分工且密切配合,在司法行政工作和审判工作方面均取得显著成绩。1954 年《中华人民共和国宪法》颁布。根据此部宪法的规定,中央人民政府司法部改称为中华人民共和国司法部(以下简称司法部),隶属国务院领导。司法部的机构再次作了调整,设一厅、六司、一独立处,即办公厅、普通法院司、专门法院司、人事司、宣传司、教育司、公证律师司、财务处。这一阶段,司法行政工作是围绕法院审判工作展开的,主管各级人民法院的思想建设、组织建设、业务建设和物资装备工作。虽然中华人民共和国成立初期司法行政工作尚处于探索阶段,机构设置和职能还不稳定,但是司法部作为司法行政机关的性质和地位是确定的,特别是主管法院司法行政的业务司即普通法院司和专门法院管理司始终处于相对稳定的状态,以保障法院审判职能的实现。直至 1959 年司法部被撤销。

二、1979 年至 1982 年机构改革前,司法行政体制恢复重建时期

1978 年召开的中国共产党第十一届中央委员会第三次全体会议,提出了"发展社会主义民主,健全社会主义法制"的战略方针,拉开了社会主义法制建设的序幕,也开启了中国特色社会主义司法行政制度恢复重建的新篇章。1979 年 6 月,中共中央政法小组向中央报送《关于恢复司法部机构的建议》;1979 年 7 月 1 日,第五届全国人民代表大会第二次会议通过了新的《中华人民共和国人民法院组织法》,规

定“各级人民法院的司法行政工作由司法行政机关管理”，“各级人民法院的设置、人员编制和办公机构由司法行政机关另行规定”，从法律上确定了司法行政机关的地位。同年9月13日，第五届全国人民代表大会常务委员会第十一次会议进一步决定：为了适应社会主义法制建设的需要，加强司法行政工作，设立司法部，任命魏文伯为第二任司法部部长。1982年12月4日，第五届全国人民代表大会第五次会议通过的《中华人民共和国宪法》规定国务院有“领导和管理民政、公安、司法行政和监察等工作”的职权，从根本上确定了司法行政工作的法律地位。司法部的主要职责是：管理各级人民法院的司法行政工作，负责人民法院的设置、人员编制、办公机构；管理和培训司法干部；协同有关部门，管理政法院校，培养各类司法专业人员；管理律师公证工作；组织开展法制宣传和法制教育活动；编纂法律法令；协同科研单位进行法学研究，组织出版法律书刊和著作；有关司法外事活动。

1979年10月28日，中共中央和国务院发出《关于迅速建立地方司法行政机关的通知》，要求各省、自治区、直辖市中共党委和革命委员会（人民政府），尽快建立相应的司法行政机关，负责管理各该地区人民法院的设置、机构、编制；有关司法制度的建设；管理和培训司法干部；领导律师组织、公证机关的工作，组织开展法律宣传和法制教育活动；协同有关部门管理政法院校，培养各地司法专业人员；指导人民调解委员会等专项工作。1980年7月21日，国务院又批转了司法部《关于迅速建立省属市（地区）、县司法行政机构的请示报告》，要求各省属市、地区（自治州、盟）应设立司法局（处），各县（旗）应设立司法局（科），建立健全各级司法行政机关。1981年6月14日，中共中央批转中央政法委员会《京、津、沪、穗、汉五大城市治安座谈会纪要》关于“配齐司法助理员”的指示，同时根据1982年1月13日中共中央《关于加强政法工作的指示》中“有关农村、公社（乡）或集镇设置司法助理员”的精神，全国各地开始在农村区、乡、镇和城市街道设置司法助理员。司法助理员是基层政权的司法行政工作人员，在乡、镇、街道办事处和县（区）司法局的领导和基层人民法院的指导下进行工作，主要担负管理调解委员会和法制宣传教育的工作。1982年以前，司法行政机构在社会主义民主法制建设中担负着组织、宣传、教育和后勤保障等重要工作。

经过这些建设，司法行政机关在组织建设上不仅恢复重建了中央和省、自治区、直辖市两级机构，还全面新建了近代以来一直未曾建立过的地（市、州）和县级的司法行政机关，并在乡、镇和城市街道配备了司法助理员，形成了从中央到基层政权多层次的司法行政机构系统。

三、1982 年机构改革后至 2017 年，司法行政体制稳定发展时期

自 1982 年 6 月机构改革以后的 20 多年来，司法行政机关职能虽然在几次机构改革中有所调整和变化，但是大的格局没有变化，处于稳步发展时期。1982 年以后，司法部的职能转变主要有以下几个方面：

1. 1982 年《中华人民共和国宪法》明确规定国务院负责司法行政工作，确立了司法行政与司法审判分离的原则。1982 年 6 月 8 日，司法部和最高人民法院以(82)司发办字第 218 号文件《关于司法厅(局)主管的部分任务移交给高级人民法院主管的通知》，将司法部主管的审批地方各级人民法院、各类专门人民法院的设置、变更、撤销，拟定人民法院的办公机构、人员编制，协同法院建立各项审判制度，任免助理审判员以及管理人民法院的物资装备(如囚车、枪支、司法人员服装等)、司法业务经费等有关司法行政工作事项，移交给最高人民法院管理。各省市(区)司法厅局管理的同类工作移交各省市(区)高级人民法院管理。

2. 1982 年机构改革，司法部将法律法规汇编工作交国务院法制局承担。

3. 1987 年，国务院批准司法部成立司法协助局，统一领导和管理我国和其他国家的司法协助工作。

4. 1988 年 10 月 25 日，国家编委批准司法部的"三定方案"。① 机构设置改为办公厅、教育司、劳动改造工作管理局、劳动教养工作管理局、宣传司、律师司、公证司、基层工作司、外事司、司法协助司、法规司、人事司、计划财务司、行政司等 14 个司局及机关党委、机关纪委和老干部局。

5. 1992 年，司法行政机关主管刑释、解教人员的过渡性安置帮教工作。

6. 1994 年，随着《中华人民共和国仲裁法》的颁布和实施，省、自治区、直辖市司法行政机关承担了仲裁登记管理职能。

7. 随着 1999 年政法院校划归教育部及有关省市管理，中央政法管理干部学院被撤销，国家法官学院和国家检察官学院的成立，法院、检察院干部培训工作职能已停止。

8. 1996 年，司法行政机关被赋予监督和管理法律援助的职能。

9. 1997 年，司法部成立法律援助中心，负责全国的法律援助工作。

10. 2000 年 1 月，根据国务院《关于进一步调整国务院部门(单位)所属学校管理体制和布局结构的决定》，将司法部直接管理的中国政法大学、西南政法大学、华

① "三定方案"是国务院的规范性文件，是各职能部门履行职责的重要依据。"三定"主要指定部门职责、定内设机构、定人员编制。

东政法学院、西北政法学院、中南政法学院划归教育部及有关省(市)管理,司法部只留下中央司法警官学院。

11. 2001年11月21日,根据《中华人民共和国律师法》第6、12条,《中华人民共和国检察官法》第13条,以及中央机构编制委员会办公室的《关于司法部设立国家司法考试司的批复》,司法部增加了司法考试职能,设立司法考试司。

12. 2003年7月,最高人民法院、最高人民检察院、公安部、司法部四部门联合印发的《关于开展社区矫正试点工作的通知》,赋予司法行政机关社区矫正的管理职能。

2011年2月25日审议通过的《中华人民共和国刑法修正案(八)》又进一步明确规定将缓刑、假释、被暂予监外执行、被剥夺政治权利并在社会上服刑的犯罪分子交由基层司法行政机关进行社区矫正。2012年《中华人民共和国刑事诉讼法》规定,对管制、缓刑、假释、被暂予监外执行的人员进行社区矫正,剥夺政治权利的由公安机关执行,自愿参加社区矫正。根据中央机构编制委员会《关于设立司法部社区矫正管理局的批复》(中央编办复字〔2012〕4号),司法部设立社区矫正管理局,具体负责:监督检查社区矫正法律法规和政策的执行工作;拟定全国社区矫正工作发展规划、管理制度和相关政策并组织实施;监督管理对社区服刑人员的刑罚执行、管理教育和帮扶工作;指导开展社区矫正社会工作和志愿服务。

13. 2005年10月1日起实施的全国人大常委会《关于司法鉴定管理问题的决定》,赋予司法行政机关管理司法鉴定的职能,司法部成立司法鉴定管理局。

14. 2006年,法学研究和法学交流的社团管理工作移交中国法学会。

15. 2008年,国务院批准了司法部"三定方案",新增了"指导、监督司法行政系统戒毒场所的管理工作""指导管理社区矫正工作""指导仲裁机构登记管理工作"等三项职能,增设了法律援助工作司,劳动教养管理局加挂"戒毒管理局"牌子;同时,首次明确"履行司法协助条约中指定的中央机关有关职责"。

16. 1983年9月26日,根据(83)国函字第204号国务院《关于将公安部劳改局、劳教局及其编制划归司法部的通知》,公安机关将劳动改造机关整建制移交司法行政机关管理和领导,同时劳动教养工作也划归司法行政机关管理和领导,"公安部的劳改局、劳教局及其编制110人划归司法部。司法部编制为370人"。2013年12月28日第十二届全国人民代表大会常务委员会第六次会议通过全国人民代表大会常务委员会《关于废止有关劳动教养法律规定的决定》,废止1957年8月1日第一届全国人民代表大会常务委员会第七十八次会议通过的《全国人民代表大会常务委员会批准〈国务院关于劳动教养问题的决定〉的决议》及国务院《关于劳动教养问题的决定》,废止1979年11月29日第五届全国人民代表大会常务委员会第十二次会议通过的《全国人民代表大会常务委员会批准国务院关于劳动教养的补充规定的决议》及《国务院关于劳动教养的补充规定》。司法部劳动教养局也随之撤废。至此,在我国实行了57年的劳动教养制度废止。

1997年9月,中国共产党第十五次全国代表大会提出"依法治国,建设社会主义法治国家"。2012年11月8日在中国共产党第十八次全国代表大会通过《坚定不移沿着中国特色社会主义道路前进,为全面建成小康社会而奋斗》,对今后党和国家中心工作作出重要部署;2013年11月12日中国共产党第十八届中央委员会第三次全体会议进一步部署推进法治中国建设,就健全社会普法教育机制、人权司法保障制度、强化司法监督制度等问题进行了安排部署,明确提出"建设法治中国,必须坚持依法治国、依法执政、依法行政共同推进,坚持法治国家、法治政府、法治社会一体建设。深化司法体制改革,加快建设公正高效权威的社会主义司法制度,维护人民权益,让人民群众在每一个司法案件中都感受到公平正义"。2014年10月,中国共产党第十八届中央委员会第四次全体会议作出《中共中央关于全面推进依法治国若干重大问题的决定》。随着中国经济社会发展和民主法制建设的推进,中国共产党的十五大至十八大连续15年部署开展司法体制改革工作,特别是中国共产党的十八届四中全会对全面推进依法治国进行重要战略部署,司法行政机关的职责不断调整完善,社会地位不断提高,职能作用日益增强。在这一时期,经历了几次机构改革,但司法部职能大局未变,部分职能有所增减。经过多次职能改革与调整,中国特色社会主义司法行政制度日臻完善。

四、2018年至今,司法行政体制改革深化阶段

中国共产党第十九次全国代表大会和十九届二中、三中全会围绕新时代党和国家事业发展新要求,对全面深化改革、全面依法治国提出了新任务,对深化党和国家机构改革、深化司法体制改革作出了新部署。党中央从全面依法治国的全局和战略高度,决定将原司法部和原国务院法制办公室的职责进行整合,重新组建司法部,将中央全面依法治国委员会办公室设在司法部,赋予了司法部更大的政治责任和全新的历史使命。全国各省、市司法行政机关也作出了相应的机构改革和职能调整,司法行政体制改革不断深化。

思考题

1. 中国古代司法行政制度的特点是什么?

2. 民国时期司法行政制度有哪些发展?
3. 新民主主义革命时期司法行政制度的特点是什么?
4. 1982 年国务院机构改革以后,中国司法行政制度有哪些重大发展?

第三章　司法行政体制

本章要点

本章主要介绍了司法行政体制的概念，司法行政体制与司法行政制度的关系，中国司法行政机关的组织体系与职权配置，以及部分外国的司法行政体制。本章需重点掌握中国司法行政机关的组织体系、职权配置与基层司法所的建设。

第一节　司法行政体制概述

司法行政体制是司法行政学研究的基本内容，主要包含司法行政机关及其内部机构的设置、司法行政机关的职责、司法行政职权的分配等内容。

一、司法行政体制的概念

在研究司法行政体制的概念前，首先要理解“体制”的含义。“体”一般有“原则”“规制”“众人结合的组织”等含义。“制”的本义是裁衣的“形制”，有“式”“制式”的意思。根据《辞海》的解释，体制主要指的是“国家机关、企业事业单位在机构设置、领导隶属关系和管理权限划分等方面的体系、制度、方法、形式等的总称”①。故此，司法行政体制主要是指一国有关司法行政机关的组织体系、权力配置、内部职权划分、活动原则、工作程序的总称，是制度化、规范化的司法行政组织结构及其运作方式。

对于司法行政体制的概念一般有广义与狭义的不同理解。广义的司法行政体制认为，司法行政体制的研究对象不仅包含专门的司法行政机关，还包括拥有司法行政职权的其他国家机关。狭义的司法行政体制的研究对象则仅仅包含专门的司

① 辞海编辑委员会编纂：《辞海》（上），上海辞书出版社 1999 年版，第 644 页。

法行政机关,其他拥有部分司法行政管理权的国家机关不在其研究的范围内。本书采用的是狭义的司法行政体制学说。

二、司法行政体制与司法行政制度的关系

(一)司法行政制度的概念

司法行政制度一般指有关司法行政组织、司法行政人员和司法行政活动的制度的总称,包含了司法行政组织制度、司法行政人事制度与司法行政活动制度。具体而言,司法行政制度研究的是司法行政的性质、任务、工作原则、程序、司法行政机关以及相关司法行政法律法规的总和。

(二)两者联系与区别

需要说明的是,司法行政制度与司法行政体制两个概念既有相同之处又有区别。广义上的司法行政制度几乎可以与司法行政体制概念重合,二者往往可以在同一意义上使用。在现实中,这两者也常被混用。但是,两者的概念并不完全相同,有必要厘清两者之间存在的差别。

1. 从运行层面上看,司法行政制度更侧重司法行政的有效运行及其相关的规章制度。司法行政体制则更强调司法行政机关的组织结构及其职权分配。

2. 从内容上看,司法行政制度包含的内容相对广泛,一些具体的规则都属于司法行政制度的范畴,如刑罚执行制度、法律服务制度、司法行政事务管理制度等。司法行政体制则相对狭窄,通常指司法行政机关的组织结构、职权划分、管理原则等基本性制度。

3. 从稳定性上看,司法行政制度由于涉及诸多具体规则、制度,易受各种客观因素影响,容易变化;而司法行政体制是一定历史阶段经济、政治、文化综合的、宏观的反映,面对的是稳定规范的体系,因而从研究范畴上来看,其比司法行政制度更加稳定。

三、司法行政体制研究的内容

(一)司法行政职权

司法行政职权是司法行政机关依法享有和行使的司法行政管理权以及其他相关职权。从世界各国的规定来看,司法行政职权一般包含司法行政事务的管理权、检察机关的领导权、生效裁判的执行权、承担政府法制部门的职能等。

(二)司法行政组织体系

司法行政组织体系主要研究的是司法行政机关的机构设置,具体包含司法行

政机关纵向与横向两方面的组织结构。

1. 纵向组织结构

纵向组织结构是按照司法行政机关的级别将司法行政机关进行划分。划分的意义在于:(1)通过上级司法行政机关对下级的指导监督,保证司法行政工作的质量;(2)与司法机关相对应,便于保障司法权的有效实施;(3)司法行政机关的设置一般与行政区划相对应,有利于服务社会。

2. 横向组织结构

横向组织结构主要研究的是司法行政机关内部工作机构的设置。其研究意义在于将权力与职责在各机构之间合理分工,以保证司法行政工作顺利、协调、有序地展开。

(三)司法行政机关内部的职权配置

司法行政机关内部的职权配置主要是指司法行政职权在司法行政机关内部的分工、配置,以期保障权力配置合理,使司法行政活动有效运行。

第二节　司法行政机关的职权

司法行政职权是司法行政机关依法享有和行使的司法行政管理权以及其他相关职权,是一个国家司法行政工作的主要内容。随着现代社会司法活动的增加和司法社会功能的扩大,司法行政职权本身也在不断扩大,多数国家建立了专门的司法行政机关行使这一职权。但是,由于各国国情不同,在政治、理念、文化、历史传统等方面自有其本国特点,司法行政机关的设置和权限各有不同,因此,司法行政职权的职能配置、具体内容和范围不可避免地存在一定差异。但一般而言,司法行政职权主要包括以下内容:

一、司法行政机关的一般职权

(一)行政立法权

自20世纪以来,各国行政权力逐渐膨胀,出现了所谓"行政国家"现象。各国为了提高行政管理效能,往往将议会的立法权限以委托或授权的方式授予行政机关,由其主要承担组织起草法律和制定行政条例、规章的具体职能。随着行政立法为世界各国所采用,行政机关已经不再是单纯地、消极地、被动地执行法律和依法行政,而是主动地制定法律法规,积极地介入和干预社会经济生活,以提高行政效率,应对纷繁复杂的行政管理事务。行政立法已经成为当代世界各国的一种普遍性的制度:一部分国家的行政立法工作主要是由司法部负责或主持进行的;也有一部分国家,司法行政机关承担部分行政立法和法律起草工作,与其他主管机构的立法活动相互配合。

司法行政机关为更好地完成行政立法工作,设立了专门的调研机构,集聚国内有关领域的著名专家、学者,研究力量雄厚,立法经验丰富,立法技术相对娴熟。这种由一个机构负责法律草案起草工作的模式与分散式的立法草案起草模式相比较而言,更有利于全面权衡不同地区、不同主体、不同利益集团的需要,也有利于立法的整体平衡统一以及长期完善,避免法律体系内部的冲突。

(二)政府法律事务管理权

政府法律事务管理权就是统筹为政府办理法律事务的权力。政府法律事务是一个弹性很大的概念,在不同国家和不同时期有关机关对其理解当然不同。从法理上讲,司法行政机关属于典型的政府法治部门。一般来说,除了负责行政立法事务外,还往往承担着政府法律顾问的职能,担当政府的法律参谋,进行行政复议、起诉应诉,提供法律意见,解答法律咨询等。总之,司法行政机关为政府提供法律服务主要体现在统筹办理政府的各类法律事务上。

(三)司法人事管理权

对司法官员进行选任、培训和管理的职权由国家专门部门进行统一规范化管理,这是司法职业共同体的内在要求,是司法人事制度的独立和规范化要求,是保证审判权独立行使的前提。

对法官、检察官、律师等法律职业者的考试、选任、管理等工作,当代世界各国有由议会直接负责的,也有由最高法院负责的,但多数国家是由司法行政机关全面负责。具体而言,司法行政机关负责法官、检察官和律师的考试和资格评定,向议会或国家专门机构推荐司法官人选,由议会或国家元首等任命。同时,为了避免司法行政机关通过人事任命权对司法进行干预,各国家和地区均严格规定司法行政机关不得干涉审判,并通过法官身份保障制度确保审判权的独立行使,使其不会因司法行政机关的权限受到干扰。

由司法行政机关专门负责行使司法人事管理权,有利于法院专司审判职能,减少法院审判职能受行政事务的困扰;有利于加强对法律职业者的规范性管理,提高法律职业人员的素质,统一法律职业的标准,实现法律职业者管理的职业化、规范化和标准化;有利于行政权对司法权的制约,防止出现司法垄断和专横。

(四)司法财务及设施装备管理权

保证司法机关在财政和物质设施等方面有充足的资源保障,是审判权独立行使的前提条件之一,也是国家的一种责任和义务。许多国家司法机关的财政投入和物质设施装备等司法行政事务由司法行政机关统一管理,或在司法委员会的监管下由司法行政机关负责实施。从这个意义上讲,司法行政机关是司法工作的“财政部”“后勤部”“装备部”。国家通过统一规划和管理,首先能够保证对司法的财政投入,保证司法机关的物质基础和工作条件;同时,可以减轻司法机关的行政管理负担,有利于保证司法权的有效行使和司法公正的实现。

(五)法律类职业资格与职业培训的组织管理权

统一的法律职业资格考试和司法职业培训是法律职业共同体的内在要求。一般而言,为了保证法律职业的统一标准和基本素质,法律职业资格和法律教育应该由一个机构统一实施和管理。在当代,世界各国一般都由司法行政机关负责该类事务。司法行政机关除了组织全国法律职业资格考试、职业培训外,还可以对法律教育以及法律信息管理和法律学术研究活动直接进行领导和管理。许多国家的司法行政机关负责组织和管理各种法律职业培训机构,如法官学院、律师学院等。

(六)法律服务行业的指导和监督管理权

法律服务行业的指导和监督管理权包括对律师行业、公证行业、仲裁行业、司法鉴定行业等行业的各种司法行政事务、机构和法律职业的管理。尽管律师行业、公证行业等法律服务行业大多实行行业自治,但并非放任自流,依然需要司法行政机关代表政府予以指导监管。世界各国的司法行政机关大都承担着对律师行业的监管职责,如对律师执业资格、律师执业机构资格的审查、认定和监管,对在职律师的培训,对律师自治组织和律师执业活动的监管,等等。此外,公证员和公证机构、调解员和调解机构、仲裁员和仲裁机构、司法鉴定人和鉴定机构,以及其他法律职业的人员、执业、培训、监督管理等,大都是由司法行政机关负责指导和管理的。

(七)司法裁判的强制执行权

司法行政职权的执行性主要体现在其负责司法裁判的强制执行,包括刑事裁判执行权、民事裁判执行权等。在多数国家,裁判的强制执行权通常由司法行政机关负责行使,且刑事执行只能由司法行政机关承担。在这方面,司法行政机关的职权往往与审判机关、检察机关、行政机关等权限形成互动和协作关系。

大多数国家的司法行政机关还承担民事裁判的强制执行权。英美法系国家如美国、英国、加拿大、澳大利亚等国,民事判决的执行由不设在法院内部的司法行政官员负责;大陆法系国家如法、德等国由司法部负责民事判决的执行,由司法部派驻法院的执达员负责。[①]

(八)司法协助事务管理权

世界各国的司法协助事务管理权通常是由司法行政机关负责行使。同时,执行移民法、国际法,出入境管理,执行犯人引渡及国际侦查协助等国际司法协助事务也都属于司法行政机关的职权范围。例如,日本法务部和韩国法务部的出入境管理局负责出入境管理事项和难民的认定等。美国司法部移民归化局负责移民、出入境管理。美国、法国、俄罗斯和韩国的司法部负责国际司法协助工作。

(九)其他司法行政事务

世界各国司法行政机关还承担着许多公共性的司法行政管理职能,如户籍登记、委托保管等,这方面的权限范围各国不尽相同。

二、中国司法行政机关的职权

随着2018年司法部的重新组建,司法行政机关的职能进行了调整,主要包括:

1. 承担全面依法治国重大问题的政策研究工作,协调有关方面提出全面依法治国中的长期规划建议,负责有关重大决策部署督察工作。

2. 承担统筹规划立法工作的责任。负责面向社会征集法律法规制定项目建议。

3. 负责起草或者组织起草有关法律、行政法规草案。负责立法协调。

4. 承办行政法规的解释、立法后评估工作。负责地方性法规、规章的备案审查工作。组织开展规章清理工作。

5. 承担统筹推进法治政府建设的责任。承办申请国务院裁决的行政复议案件。指导、监督全国行政复议和行政应诉工作,负责行政复议和应诉案件办理工作。

6. 承担统筹规划法治社会建设的责任。负责拟订法治宣传教育规划,组织实施普法宣传工作,组织对外法治宣传。推动人民参与和促进法治建设。指导依法治理和法治创建工作。指导人民调解工作和人民陪审员、人民监督员选任管理工作,推进基层司法所建设。

7. 负责全国监狱管理工作,监督管理刑罚执行、罪犯改造的工作。指导、管理社区矫正工作。指导刑满释放人员帮教安置工作。

8. 负责司法行政戒毒场所管理工作。

9. 负责拟订公共法律服务体系建设规划并指导实施,统筹和布局城乡、区域法律服务资源。指导与监督律师、法律援助、司法鉴定、公证、仲裁和基层法律服务管

---

① 参见孙业群:《司法行政权的历史、现实与未来》,法律出版社2004年版,第110页。

理工作。负责香港、澳门特别行政区的律师担任委托公证人的委托和管理工作。

10. 负责国家统一法律职业资格考试的组织实施工作。

11. 负责国家法治对外合作工作。履行国际司法协助条约确定的对外联系机关（中央机关）职责，参与有关国际司法协助条约谈判。承担报送国务院审核的中国缔结或者参加的国际条约法律审查工作。组织开展法治对外合作交流。承办涉港、澳、台地区的法律事务。

12. 负责本系统枪支、弹药、服装和警车管理工作，指导、监督本系统财务、装备、设施、场所等保障工作。

13. 规划、协调、指导法治人才队伍建设相关工作，指导、监督本系统队伍建设。负责本系统警务管理和警务督察工作。协助省、自治区、直辖市管理司法厅（局）领导干部。

14. 完成党中央、国务院交办的其他任务。①

中国司法行政职权同世界各国相比，有鲜明的特色，特别是承担了党依法治国委会办公室的职能，实现了党政机关合并设立和职能优化，体现了中国国家治理的创新。另外，在中国司法行政职能配置上，如法院的司法行政管理权、部分判决的执行权、看守所的管理权等，这些权力的性质属于司法行政权，但并未由司法行政机关行使，在权力合理配置方面还有待深化改革。

第三节　中国司法行政机关的机构设置

2018 年司法部重组后，司法部被赋予了新的职能，机构设置也发生了相应的改变，各省市司法行政机关的机构设置也作出了相应调整。

一、司法部的内设机构及职权

（一）司法部主要业务部门

司法部是国务院组成部门，为正部级。中央全面依法治国委员会办公室设在司法部。司法部负责贯彻落实党中央关于全面依法治国的方针政策和决策部署，在履行职责过程中坚持和加强党对全面依法治国的集中统一领导。司法部共设有 23 个机关厅局。本书对部分机关职能进行介绍。

---

① 司法部官网，http://www.moj.gov.cn/jgsz/jgszjgzn/，最后访问日期：2023 年 1 月 13 日。

1. 法治调研局

法治调研局的主要工作职责为:开展全面依法治国理论与实践调查研究工作,提出政策建议。承办全面依法治国工作规划建议的协调工作。承办立法规划和年度立法计划建议的协调工作,组织拟订国务院年度立法工作计划建议。组织起草全面依法治国有关重要文件。研究提出建设法治政府、推进依法行政的意见和措施。负责行政法规编纂工作,编辑国家出版的法律、行政法规汇编正式版本。负责拟订本系统发展战略、中长期规划、重大政策。负责推进司法行政改革工作。

2. 法治督查局

法治督查局的主要工作职责为:负责拟订全面依法治国决策部署的年度督察工作计划,开展重大专项督察,提出督察意见、问责建议。接受各地区各部门法治工作重要决定和方案的备案。组织办理地方性法规、规章备案审查和对地方性法规、规章合法性审查申请事项,组织开展行政法规和规章清理工作。

3. 立法一局

立法一局的主要工作职责为:负责国家政治和文化建设方面的立法工作,承担相应法律、行政法规的草案起草、审查和行政法规解释、具体应用问题的答复工作。负责相关行政法规立法后评估,承办相关行政法规、规章清理和相关地方性法规、规章备案审查工作。承办司法部规章、规范性文件审查工作。

4. 立法二局

立法二局的主要工作职责为:负责国家经济建设方面的立法工作,承担相应法律、行政法规的草案起草、审查和行政法规解释、具体应用问题的答复工作。负责相关行政法规立法后评估,承办相关行政法规、规章清理和相关地方性法规、规章备案审查工作。

5. 立法三局

立法三局的主要工作职责为:负责国家社会建设方面的立法工作,承担相应法律、行政法规的草案起草、审查和行政法规解释、具体应用问题的答复工作。负责相关行政法规立法后评估,承办相关行政法规、规章清理和相关地方性法规、规章备案审查工作。

6. 立法四局

立法四局的主要工作职责为:负责国家生态文明建设方面的立法工作,承担相应法律、行政法规的草案起草、审查和行政法规解释、具体应用问题的答复工作。负责相关行政法规立法后评估,承办相关行政法规、规章清理和相关地方性法规、规章备案审查工作。

7. 监狱管理局

监狱管理局的主要工作职责为:负责监督检查监狱法律法规和政策的执行工作。指导、监督监狱执法、管理和罪犯改造工作。

8. 社区矫正管理局

社区矫正管理局的主要工作职责为:负责监督检查社区矫正法律法规和政策的执行工作。指导、监督对社区矫正对象的刑罚执行、管理教育和帮扶工作。指导社会力量和志愿者参与社区矫正工作。

9. 戒毒管理局

戒毒管理局的主要工作职责为:负责监督检查本系统执行戒毒相关法律法规和政策情况。指导、监督本系统强制隔离戒毒措施的执行和戒毒康复工作。对社区戒毒和社区康复工作提供指导、支持和协助。

10. 行政复议与应诉局

行政复议与应诉局的主要工作职责为:负责承办申请国务院裁决的行政复议案件。指导、监督全国行政复议和行政应诉工作。负责行政复议和应诉案件办理工作。

11. 行政执法协调监督局

行政执法协调监督局的主要工作职责为:负责行政执法的综合协调工作。指导、监督各地区各部门行政执法工作,推进严格规范公正文明执法。负责协调行政执法体制改革和行政执法的普遍性重要性问题。负责国务院"放管服"改革措施的法制协调工作。指导行政裁决工作。

12. 普法与依法治理局

普法与依法治理局的主要工作职责为:负责拟订法治宣传教育规划并组织实施。指导、监督各地区各部门"谁执法,谁普法"的普法责任制落实工作,推进全民普法。指导、监督国家工作人员学法用法工作。指导各地区各部门各行业依法治理和法治创建工作。组织对外法治宣传工作。指导社会主义法治文化建设工作。

13. 人民参与和促进法治局

人民参与和促进法治局的主要工作职责为:负责制定保障人民群众参与、促进、监督法治建设的制度措施。负责面向社会征集法律法规制定项目建议有关工作。指导人民团体、群众自治组织和社会组织参与、支持法治社会建设工作。指导推进司法所建设。指导人民调解、行政调解和行业性专业性调解工作。指导人民陪审员、人民监督员选任管理工作。指导帮教安置工作。

14. 公共法律服务管理局

公共法律服务管理局的主要工作职责为:负责规划和推进公共法律服务体系

和平台建设工作。指导、监督法律援助、司法鉴定、公证、仲裁工作。编制国家司法鉴定、公证和仲裁名册并公告。指导社会组织和志愿者开展法律服务工作。

15. 律师工作局

律师工作局的主要工作职责为:指导、监督律师工作。承办特许律师执业考核工作。指导、监督党政机关、企事业单位法律顾问工作。指导公职律师、公司律师和基层法律服务工作。承办委托香港、澳门律师担任委托公证人工作。

16. 法律职业资格管理局

法律职业资格管理局的主要工作职责为:负责国家统一法律职业资格考试组织实施工作,编审国家统一法律职业资格考试大纲和考试试题,协调确定合格标准。负责国家统一法律职业资格审核、授予和资格证书管理工作。负责组织制定法律职业人员入职前培训规划并组织实施。参与指导法学教育工作,参与指导本系统高等法律职业教育工作。

17. 国际合作局

国际合作局的主要工作职责为:履行国际司法协助条约确定的对外联系机关(中央机关)职责,参与国际司法协助条约的草拟、谈判工作。负责被判刑人移管条约的缔结和执行工作。从法律角度审查报送国务院审核的我国缔结或者参加的国际条约。承办外交方面的法制工作。组织协调参与联合国预防犯罪和刑事司法领域活动,以及有关司法领域的多边或者双边交流合作。组织翻译、审定行政法规外文正式译本。负责办理涉港、澳、台地区法律事务。负责管理机关和直属单位外事工作,审核本系统出国(境)项目。

另外,司法部还设有中央依法治国办秘书局、办公厅、装备财务保障局、机关党委、离退休干部管理局等机关厅局。[①]

(二)司法部直属单位

司法部目前直属单位共计 24 个,本书就部分单位职责进行简要介绍:

1. 法治宣传中心

法治宣传中心主要承担为中央全面依法治国委员会提供舆情、新闻、宣传等方面保障与服务,开展法治舆情监测、分析和引导等职责。

2. 全面依法治国研究中心

全面依法治国研究中心主要承担习近平法治思想研究阐释、全面依法治国基

---

① 参见司法部官网,http://www.moj.gov.cn/pub/sfbgw/jgsz/jgszjgtj/,最后访问日期:2022 年 9 月 19 日。

础理论和应用政策研究、国内法治与涉外法治研究等工作。

3. 信息中心

司法部信息中心主要承担司法部网络安全和科技信息化领导小组办公室工作,在司法部网络安全和科技信息化领导小组领导下开展全国司法行政网络安全与信息化工作,协调推进全国司法行政科技、标准化工作;承担司法部本级网络安全、科技与信息化建设的管理与服务保障等工作;承担司法部交办的其他工作。

4. 法律援助中心

司法部法律援助中心主要负责组织开展法律援助宣传、培训和理论研究;承办法律援助对外交流合作等工作;负责组织开展法律援助案件质量评查工作;承担最高人民法院、最高人民检察院受理的申诉案件的法律援助工作;负责中国法律服务网的服务运营,监督管理驻中国法律服务网的法律服务机构和法律服务人员的工作;指导各地法律服务网服务运营工作;负责全国“12348”公共法律服务热线管理工作;负责法律援助信息管理系统维护运营工作;负责法律援助案例库建设工作;承办司法部交办的其他事项。

5. 预防犯罪研究所

司法部预防犯罪研究所是司法部直属的正局级科研事业单位。主要承担刑事执行、戒毒、犯罪预防、国外犯罪与刑事司法等领域基础研究和应用研究,开展重新犯罪问题调查研究、犯罪与改造研究理论宣传、培训以及国内外学术交流等工作;承办中央依法治国办、司法部交办的其他事项。

6. 中华全国律师协会

中华全国律师协会是全国性的律师自律组织,依法对律师实施行业管理。中华全国律师协会的最高权力机构为全国律师代表大会,每届四年,选举产生理事会、监事会。理事会选举产生会长、副会长和常务理事,监事会全体会议推举产生监事长、副监事长。在全国律师代表大会和理事会闭会期间,常务理事会主持协会工作。监事会是全国律师代表大会的监督机构,对全国律师代表大会负责。中华全国律师协会履行下列职责:(1)加强律师行业管理,规范律师执业行为;(2)保障律师依法执业,维护律师的合法权益;(3)总结、交流律师工作经验;(4)制定行业规范和惩戒规则;(5)组织律师业务培训和职业道德、执业纪律教育,对律师的执业活动进行考核;(6)组织管理申请律师执业人员的实习活动,对实习人员进行考核;(7)对律师、律师事务所实施奖励和惩戒;(8)受理对律师的投诉或者举报,调解律师执业活动中发生的纠纷;(9)法律、行政法规和规章规定的其他职责。

7. 中国公证协会

中国公证协会是由公证机构、公证人员、地方公证协会以及其他公证事业有关的专业人员、机构组成的全国性公证行业自律组织，是非营利性的社会团体法人。协会的主要职责是：(1)依照本章程对公证机构和公证员的执业活动进行监督；(2)协助政府主管部门管理、指导全国的公证工作，指导地方公证协会工作；(3)制定行业规范；(4)维护会员的合法权益，保障会员依法履行职责；(5)举办会员福利事业；(6)对会员进行职业道德、执业纪律教育，协助司法行政机关查处会员的违纪行为；(7)负责会员的培训，组织会员开展学术研讨和工作经验交流；(8)负责全国公证赔偿基金的使用管理工作，对地方公证协会管理使用的公证赔偿基金进行指导和监督；(9)负责公证宣传工作，主办公证刊物；(10)负责与国外和港、澳、台地区开展有关公证事宜的研讨、交流与合作活动；(11)负责海峡两岸公证书的查证和公证书副本的寄送工作；(12)负责公证专用水印纸的联系生产、调配，协助行政主管部门做好管理工作；(13)对外提供公证法律咨询等服务；(14)履行法律法规规定的其他职责，完成司法部委托的事务。

8. 中国监狱工作协会

中国监狱工作协会是全国监狱实践工作者、监狱理论工作者和社会各界有志于监狱学科理论研究的人士以及有关社会组织自愿组成的行业性、全国性、非营利性社会组织。其主要职责是：(1)组织广大会员学习、贯彻党的基本理论、基本路线和基本方针，提高政治理论水平和业务素质，遵守职业道德和业务纪律，坚持正确的政治方向；(2)制定理论研究课题规划，组织、协调、推动各地监狱协会开展监狱理论研究活动，召开全国性或地区性的监狱理论、学术研讨会，交流和推广科研成果；(3)承担司法部和有关部门委托开展的监狱业务培训、调研和科研等工作，提高监狱人民警察的执法能力和执法水平，为监狱工作提供建议和咨询意见；(4)参与有关监狱立法工作的调研、咨询、论证等活动；(5)加强本会与有关单位、团体和组织的联系，积极开展交流与合作；(6)开展同各国、各地区之间的学术交流、业务合作和友好交往活动；(7)在会员中发现、培养监狱学科理论研究人才，对科研成果显著的给予表彰、奖励；(8)主办本会会刊，编辑出版监狱学理论专著、资料，收集、储存、通报科研信息；(9)协调单位会员的工作，联络和团结广大会员，组织开展健康向上的文体活动，反映会员的意见和要求，维护会员的合法权益；(10)开展与本会宗旨有关的其他活动。

9. 中国司法行政戒毒工作协会

中国司法行政戒毒工作协会主要工作职责为：(1)宣传、贯彻党的戒毒工作方针、政策和《禁毒法》、《戒毒条例》及其他有关法律法规,组织、协调、推动司法行政系统戒毒科学研究,为戒毒工作实践服务;(2)承担戒毒业务调研和科研等工作,为戒毒工作提供建议和咨询意见;(3)开展国内外戒毒工作业务合作、学术交流活动,动员社会力量参与戒毒工作;(4)联络和团结广大会员,丰富会员生活,反映会员的意见和要求,维护会员的合法权益。

10. 中央司法警官学院

中央司法警官学院是司法部直属唯一全日制普通高等警察院校,肩负着为全国司法行政系统特别是监狱、戒毒和社区矫正机关培养高素质后备人才的重任,被誉为我国"司法警官的摇篮"。中央司法警官学院设有监狱学学院、法学院、矫正教育系、信息管理系、警察管理系、马列主义教研部、基础课教研部、警察体育教研部、研究生教育部、继续教育学院等10个教学单位以及法治政府研究中心、罪犯改造理论研究中心、戒毒与康复研究中心、社区矫正研究中心等11个研究机构。建有全国唯一的监狱戒毒文献信息中心、律师文献信息中心,拥有现代矫正技术司法部重点实验室和戒毒康复技术实验室、司法信息安全实验室等16个现代化实验室,在全国司法行政机关遴选建立了30多个校外教学科研实习基地。目前开设监狱学、法学、侦查学(狱内侦查方向)、行政管理(警察管理方向)、司法警察学、禁毒学(戒毒方向)、数据警务技术等25个本科专业及专业方向,其中监狱学、行政管理被教育部、财政部批准为高校特色专业建设点,监狱学、侦查学获批国家级一流本科专业建设点,"狱内侦查学"入选教育部首批国家级线下一流课程。

11. 司法行政学院

司法行政学院的工作职责为:主要为司法建设提供培训服务。承担涉外经济法律人才培训;县以上司法局局长培训;高级律师高级公证员培训;基层法律人才专项培训;司法行政系统人员国际交流培训与合作办学;面向社会法律培训。

12. 国家司法考试中心

国家司法考试中心负责国家法律职业资格统一考试的相关事宜,具体职责为:负责国家统一法律职业资格考试组织实施工作;承担国家统一法律职业资格考试题库建设、参与试题组拼工作;组织实施国家统一法律职业资格考试试卷评阅工作;承担国家统一法律职业资格考试信息化建设;参与国家统一法律职业资格考试的理论研究和国际交流;承担司法部交办的其他事项。

13. 中国法律援助基金会

中国法律援助基金会是经国务院批准,于1997年在民政部依法登记成立的公募基金会,是目前我国唯一一家致力于发展法律援助事业的全国性公募基金会。

中国法律援助基金会的宗旨是保障全体公民享受平等的司法保护，维护法律赋予公民的基本权利。中国法律援助基金会的主要任务是募集法律援助资金，为实施法律援助提供物质支持，促进司法公正，维护社会公平与正义。近年来，在司法部的领导下，在慈善企业、爱心人士的关心和支持下，中国法律援助基金会根据不同人群和地区的需要，先后设立了22个专项基金，分别是中国优秀学子法律援助专项基金、“592”法律援助专项基金、农民工法律援助专项基金、中国民间对日索赔法律援助专项基金、残疾人法律援助专项基金、妇女家庭权益保障专项基金、老年人法律援助专项基金、未成年人法律援助专项基金、生态环保法律援助专项基金、5·12孤残法律援助专项基金、灾区县级法律援助重建基金、“1+1”中国法律援助志愿者行动专项基金、中央专项彩票公益金法律援助项目、法治阳光基金、维护民营企业合法权益专项基金、立德树人法律援助专项基金、复员转业军人法律援助专项基金、互联网法律援助专项基金、法治文化公益基金、矿山能源行业法律援助专项基金、寰宇法律援助专项基金、医药卫生行业法律援助专项基金。

14. 司法协助交流中心

司法协助交流中心是司法部负责司法协助和司法外事工作的职能部门和工作机构之一，其主要职责为：履行民商事司法协助中央机关职能，参与条约缔结谈判；开展国际法律交流合作，组织实施因公出国（境）培训以及有关国际合作项目；证照办理；法律翻译等。

15. 司法鉴定科学研究院

司法鉴定科学研究院创建于1951年，前身是1932年成立的司法行政部法医研究所。新中国成立后，曾分别隶属于华东军政委员会司法部、最高人民法院华东分院、司法部、公安部，1960年因故撤销。1983年经国家科委批准正式复建司法部司法鉴定科学技术研究所。2017年10月14日，经中央机构编制委员会办公室批准更名为司法鉴定科学研究院，是司法部直属的司局级科研事业单位。

研究院设有法医病理学、法医临床学、法医精神病学、法医物证学、法医毒物化学、微量物证学、文件鉴定学、声像鉴定学、痕迹鉴定学、电子数据鉴定、道路交通事故技术鉴定、环境损害司法鉴定、司法鉴定制度与法规等专业。办有中文核心期刊《中国司法鉴定》和《法医学杂志》，英文期刊 *Forensic Sciences Research*。

16. 中国法律服务（香港）有限公司

中国法律服务（香港）有限公司是经中华人民共和国司法部批准，在香港注册的中国法律服务专业机构。公司遵循中央“一国两制”方针和香港特区基本法，秉持公正、客观、严谨的宗旨，认真履行职责，竭诚为内地和香港居民、机构提供跨境法律服务。公司致力于增进内地与香港的法律交流,促进两地司法机构、法律服务机构的联系与合作;积极参与我国内地和香港特区、澳门特区、台湾地区以及世界其他国家和地区的法律交往和民商事活动;研究两地间在“一国两制”下因不同法律制度产生的冲突及解决机制,为促进和保障内地同香港民商事往来健康有序进行提供意见。

17. 中国法律服务(澳门)公司

中国法律服务(澳门)公司是中华人民共和国司法部在澳门的窗口单位,是在澳门登记注册提供中国法律服务的专门机构。公司选派了内地公证员和律师常驻澳门,为澳门居民、法人和其他当事人提供涉及内地法律的信息、咨询和其他法律服务。公司竭诚为澳门、香港、台湾及海外各界人士介绍中国法律并提供全面、准确、便利、优质的法律服务。

18. 司法部港澳台法律培训交流中心

司法部港澳台法律培训交流中心负责为港澳与内地、台湾与祖国大陆律师业务交流提供法律培训服务;律师业务交流培训;面向社会法律培训;相关咨询与会议服务。

19. 中华全国人民调解员协会

中华全国人民调解员协会于 1993 年 5 月经民政部批准成立。业务范围是对会员进行建设有中国特色社会主义理论教育,组织会员学习党和国家关于人民调解工作的法律、法规、规章、政策和人民调解专业知识;发动会员积极调解矛盾纠纷,促进社会和谐,维护社会稳定;总结交流人民调解工作经验,开展人民调解理论研究,推动人民调解制度改革发展;支持人民调解员依法履行职责,维护会员的合法权益;向政府和有关部门反映民间纠纷情况、人民调解工作情况、加强基层民主与法制建设方面的意见及建议;指导省、自治区、直辖市人民调解员协会工作;开展与国外和港、澳、台地区调解组织的交流活动;办理中华人民共和国司法部委托办理的事项。

另外,司法部还设有燕城监狱、法治日报社、法律出版社有限公司、中国法制出版社、机关服务中心等直属单位。①

---

① 参见司法部官网,http://www.moj.gov.cn/pub/sfbgw/jgsz/jgszzsdw/,最后访问日期:2023 年 1 月 16 日。

二、省级司法行政机关

(一)省级司法行政机关地位

省、自治区、直辖市司法厅(局)是同级人民政府主管司法行政工作的职能部门。

(二)内部机构及职权

省级司法行政机关内设机构与司法部相似。一般设有依法治省(区、市)委员会办公室、调研督察处、立法处(依情况分设若干处室)、监狱管理局、戒毒管理局、社区矫正管理局、行政复议处、应诉协调处、政府法律事务处、普法与依法治理处、人民参与和促进法治处、公共法律服务管理处、律师工作管理处、法律援助工作处(法律援助中心)、法律职业资格管理处、装备财务保障处等业务部门。其中部分司法厅(局)也有附属的事业单位。

三、市(地)、县(区)司法行政机关

1979年10月,中共中央、国务院发出《关于迅速建立地方司法行政机关的通知》,要求各省、自治区、直辖市“尽快建立相应的司法行政机关”。1980年7月,国务院批转司法部报告,决定在各省属市、地区设司法局(处),各县设司法局(科)。到1980年年初,各省、自治区、直辖市先后建立起司法厅(局)以及市(地)、县(区)司法局。

(一)市(地)司法局

市(地)司法局是本级人民政府中主管司法行政工作的职能部门。市级及以下司法行政机关,一般不再管理监狱、戒毒等工作。其机构设置主要根据其职权,比照上级司法行政机关设置,一般包含:依法治市委员会办公室、法治督察与合法性审查处、立法处、社区矫正管理处、行政复议与应诉处、行政执法协调监督处、普法与依法治理处、人民参与和促进法治处、律师工作管理处、公共法律服务管理处、司法鉴定管理处、装备财务保障处(审计处)等业务处室。

(二)县(区)司法局

1. 县(包括县级市、市辖区)人民政府普遍设立了司法局,是中国司法行政工作的基层管理机关。县级司法局一般设依法治县委员会办公室、普法与依法治理股、法律顾问与规范性文件审查股、行政复议与应诉股、行政执法协调监督股、社区矫正管理股、公共法律服务管理股等部门。此外,在乡镇(街道)设立司法所,作为其派出机构。

2. 司法所(办)

根据司法部1996年发布的《关于加强司法所建设的意见》,基层司法所是县区司法局在乡镇人民政府(街道办事处)的派出机构,是司法行政机关最基层的组织机构,承担乡镇人民政府(街道办事处)管理司法行政工作的职能,在县区司法局和乡镇人民政府(街道办事处)领导下进行工作。

(1)司法所职能

司法所作为司法行政体系最基层的机构,司法行政的绝大多职能由司法所具体完成和落实。具体包括:指导管理人民调解工作,参与调解疑难、复杂民间纠纷;承担社区矫正日常工作,组织开展对社区服刑人员的管理、教育和帮助;指导管理基层法律服务工作;协调有关部门和单位开展对刑释解矫人员的安置帮教工作;组织开展法制宣传教育工作;组织开展基层依法治理工作,为街道办事处依法行政、依法管理提供法律意见和建议;协助街道办事处处理社会矛盾纠纷;参与社会治安综合治理工作等。

(2)司法所建设

司法所是基层政权的重要组成部分,也是基层司法行政机关的派出机关。司法所承担着重要的司法行政工作,尤其是在指导人民调解、社区矫正和指导基层法律服务等方面的工作最为繁重。司法所的任务艰巨,但是司法所的建设略显薄弱:在我国部分乡镇没有独立的司法所,部分司法所没有办公场所,或者工作人员不足3人。近年来,国家已经开始逐步加强司法所的建设。

2009年司法部下达《关于进一步加强乡镇司法所建设的意见》,对司法所的建设提出以下要求:第一,司法所一般按行政区划单独设置,原则上每个乡镇(街道)设置一个司法所。根据工作需要,也可在经济技术开发区、农林牧区、大型集贸市场等区域设置司法所。第二,司法所实行县(市、区)司法局和乡镇人民政府(街道办事处)双重管理,以司法局为主的管理体制。第三,在人员方面,要求司法所应当由3名以上人员组成,实行所长负责制。司法所工作人员一般应具备国家公务员条件,热爱司法行政工作,具有相关的法律专业知识和一定的工作经验。司法所工作人员的录用必须坚持"凡进必考、省级统考"的原则,由省级司法行政机关会同人事部门按照规定程序和标准,面向社会公开招考。新任命的司法所长应当具有大专以上法律专业学历或相当学历。第四,在基础设施方面,按照一乡镇一所,完善司法所规划。尤其是要以"办公用房"为建设重点,进一步加强基层司法所建设。第五,在业务方面要求各级司法行政机关要高度重视加强司法所业务建设,指导司法所加强业务学习,开展经常性岗位练兵活动,接受实战磨炼,提高业务能力,提高执法规范化水平。第六,要加强技能培训,开展符合基层特点的、形式多样的培训活动,引导司法所干部更加注重向社会学习、向群众学习。第七,要强化对基层工作的指导,使司法所紧紧围绕人民群众需要开展工作,在实践中进一步提高业务能力。

2014 年 7 月,司法部又下发了《关于进一步加强乡镇司法所建设的意见》,再次强调:要大力加强乡镇司法所组织机构建设;深入推进乡镇司法所规范化建设;切实加强对乡镇司法所业务用房管理和使用;认真履行乡镇司法所职责;切实加强乡镇司法所建设的领导能力。要完善基层司法所的软硬件建设,强化基层司法所的职能。

随着国家对司法所的投入不断加大,司法所的规范化建设成效显著,为中国司法行政工作的顺利开展和不断深入夯实了基础。

思考题

1. 试述中国司法行政机关的职能。
2. 论述基层司法所的职能。
3. 论述基层司法所的建设。
4. 结合中国司法行政体制,讨论司法行政工作的重要性。

第四章 全面依法治国

本章要点

熟练掌握依法治国的含义；深入理解依法治国概念的层次化内涵；重点学习并总结从依法治国到全面依法治国的社会原因；熟悉全面依法治国的科学内涵；懂得分析与阐释全面依法治国与司法行政改革之间的内在互动性。

法治是推动现代民主社会与经济发展的重要治理方式，正所谓“小智治事，中智治人，大智治制”。古今中外，成功的治国典范，无不视创制良法、遵循善治为立国之要务、理政之圭臬。当代中国正处在转型发展的关键过渡期，既有对过往的继承，又有对未来的希冀。因此，在坚持和发展中国特色社会主义、确保党和国家长治久安的战略指引下，在新的历史条件和新的前景趋势下必须赋予“依法治国”更深刻的时代内涵，才能对未来发展产生更深远的影响，由此“全面依法治国”将成为中国当下及今后基本治国方略的升级版。

第一节 依法治国

法治在中国治理进程中已从理论层面到行动实践，大踏步地走进社会发展与国民生活的方方面面。无论是快速前行的法律制度建设，还是力求社会公正的精彩诉讼，抑或法律意识的进步与权利诉求的增强，都在体现着“依法治国”这一崇高信仰的成长历程，展现出了法治理念不断浸润社会文化、民族精神、人文素养的多重领域。历史性地回顾依法治国方略的确立，对于我们弘扬社会主义法治理念，坚定不移地沿着依法治国道路前进，无疑具有重大的意义。

中华人民共和国成立以后，中国共产党一直在不断探寻治国理政的基本方略。为了保障人民民主，必须加强法制。在实践中，中国共产党逐步确立了解放思想、实事求是的思想路线，同时提出了加强社会主义民主、健全社会主义法制的任务目标。“有法可依、有法必依、执法必严、违法必究”就成为精准概括健全法制基本要求和描述法治基本精神内核的“十六字方针”，为中国依法治国基本方略的雏形奠定了理论基础。

此后，中国共产党十二大、十三大都反复强调加强社会主义民主法制建设，进行政治体制改革，并在实践中取得了积极的成果。这是中国法制建设非常重要的一个阶段，中华人民共和国的若干主要法律，如 1982 年的《中华人民共和国宪法》《中华人民共和国民法通则》《中华人民共和国刑事诉讼法》等重大法律，都是在这个时期制定或修订并颁布实施的。在这一阶段，依法治国方略虽然尚未明确提出，但“十六字方针”和《中华人民共和国宪法》及一系列重要法律，清晰阐释了依法治国的基本精神，社会主义法制体系开始形成；这为依法治国方略的形成奠定了思想基础和制度基础。①

1997 年召开的中国共产党十五大是中华人民共和国法治建设历程的关键点，这次会议正式提出了将“依法治国”作为治理国家的基本方略。1999 年，第九届全国人民代表大会第二次会议正式将“依法治国”写入《中华人民共和国宪法》，由此，正式将依法治国确立为宪法的基本原则，为依法治国提供了宪法保障。

2001 年，第九届全国人民代表大会第四次会议通过的《“十五”计划纲要》则进一步将“依法治国”从治国方略的手段层次，上升为社会主义现代化重要目标的目的层次，将建设社会主义法治国家统一于建设社会主义现代化国家的目标之内。同时，《“十五”计划纲要》要求“健全依法行使权力的制约机制，加强对权力运行的民主监督、群众监督和舆论监督”。

2002 年，在中国共产党十五大提出的依法治国基本方略的基础上，中国共产党十六大提出：“发展社会主义民主政治，最根本的是要把坚持党的领导、人民当家做主和依法治国有机统一起来”，不仅确立了中国特色社会主义依法治国方略的根本原则，并将民主、法治、人权建设从以往的“精神文明”范畴中独立出来，正式提出“政治文明”的概念；这就进一步丰富了依法治国的内涵，明晰了依法治国与其他治理方式的关系。2004 年，中国共产党十六届四中全会提出“科学执政、民主执政、依法执政”的理念，把依法执政作为中国共产党执政的基本方式之一。中国共产党十七大提出“全面落实依法治国基本方略，加快建设社会主义法治国家”，把深入落实依法治国基本方略列入了实现全面建设小康社会奋斗目标的新要求中。

---

① 参见王利明：《依法治国方略是怎样形成和发展的?》，载《求是》2014 年第 21 期。

2004 年依法治国进入高阶发展时期。标志性的事件有:(1)在首都各界纪念全国人民代表大会成立 50 周年大会上,强调要更好地把坚持党的领导、人民当家做主和依法治国统一于社会主义民主政治建设的实践;(2)宪法修正案中,把“国家尊重和保障人权”写入宪法;(3)依法执政成为党中央确立的基本执政方式;(4)党中央提出以人为本的科学发展观、以人为本的法治观;(5)国务院颁布《全面推进依法行政实施纲要》,提出“建设法治政府”;(6)构建社会主义和谐社会首次作为科学命题提出,民主法治成为中国特色社会主义基本特征之首。2006 年,“十一五”规划提出“贯彻依法治国基本方略,推进科学立法、民主立法,形成中国特色社会主义法律体系”。此后,在中国民主法治生活中具有重要意义的《中华人民共和国各级人民代表大会常务委员会监督法》于 2006 年颁布,关系国计民生的《物权法》在 2007 年获得高票通过。这一切都说明中国法治进步已逐步迈入高阶时期。

中国共产党十八大强调,依法治国是党领导人民治理国家的基本方略,法治是治国理政的基本方式。同时,确立了依法治国的新任务和目标,即到 2020 年全面建成小康社会时,实现“依法治国基本方略全面落实,法治政府基本建成,司法公信力不断提高,人权得到切实尊重和保障”。[①] 2013 年,中国共产党十八届三中全会正式提出了“推进法治中国建设”的战略构想,明确了依法治国、依法执政和依法行政的治国理政原则,确立了法治国家、法治政府和法治社会一体化的现代国家建设目标。

一、依法治国的内涵

(一)依法治国的基本内涵

在我国,依法治国的实质,就是广大人民群众在党的领导下,依照宪法和法律规定,通过各种形式和途径管理国家事务、管理经济文化事业、管理社会事务,保证国家各项工作都依法进行,逐步实现社会主义民主的制度化、法律化,使这种制度和法律不因领导人的改变而改变,不因领导人看法和注意力的改变而改变。换言之,依法治国是把坚持党的领导、发扬社会主义民主和严格依法办事统一起来,从制度和法律上保证党的基本路线和基本方针的贯彻实施,同时,依法治国更是发展社会主义市场经济的客观需要,是社会主义文明进步的重要标志,是社会主义国家长治久安的重要保障。

---

① 胡锦涛:《坚定不移沿着中国特色社会主义道路前进　为全面建成小康社会而奋斗》,人民出版社 2012 年版。

(二)对依法治国内涵的深层次理解

依法治国在中国制度语境中是具有丰富内涵的,需要立足于中国社会治理实践,结合依法治国在中国逐步确立和不断完善的发展史,并借鉴世界法治发展的先进理念,对依法治国的基本内涵进行更为全面、深入的阐释与说明。

1."依"的意蕴涵盖丰富化

在治国理政层面,"依靠"的是法律作为治理国家、管理社会、调整公民行为的基本准则与核心制度:既不能以政策、道德等其他社会规范为依据,也不能依靠领导干部的个体权威与意志好恶进行,而应尊崇"法律至上"的价值理念。在权力运行层面,"依照"的是法律作为行使权力的标准规范,依法执政、依法行政、依法司法、依法治军等所有关涉权力运行的机制设计,都须尊重"于法有据"的制度运转。在权利保障层面,"依从"的是法律作为公民社会生活中权利主张、维护、救济的凭据,在法律面前平等地享有权利、履行义务、承担责任,需要遵守"权义平衡"的规则要求。

2."法"的主旨标准清晰化

依法治国之"法"是指既符合中国历史文化背景与社会制度发展需求的良法,也是指能够体现世界法治主题的公平、正义等价值标准的良法,而最根本的就是体现中国共产党的主张和表达全体人民根本意志的良法,是有利于经济进步发展和人民幸福安康的良法。简言之,依法治国所遵循的良法,就是既根源于本国自身的社情民意又能包容世界法治精髓理念的法律制度,而不是依照某类国家机关或某些部门官员的独断意志而制定的法律。

3."治"的目标过程系统化

依"良法"而循"善治"是依法治国的目的。"治"即治理。结合全球治理委员会于1995年对治理含义界定最具代表性和权威性的表述,这里的"治理"即指公共的或私人的机构、个人管理公共事务过程中诸多方式的总和,是使相互冲突的或不同的利益得以调和并采取联合行动的持续化过程:既包括有权迫使人们服从的正式机构和法规制度的适用,也包括多个领域非正式制度安排的参与;而凡此种种均由人民和机构或同意,或认可符合社会公众利益导向而授予其权力。依法治国涵盖了国家机关工作人员、部门机构和组织、公民团体及个人在政治经济社会生活中必须遵循的根本原则和基本制度,具体表现为社会整体化的法治信仰、法治精神、法治理想、法治思维、法治行为等。由此可见,依法治国之"治"必须是一项系统化、全方位的治理工程,在治理实践中需要汇集国家、社会、个人等公与私的多层面主体的力量,需要借助政治经济、文化道德、良风美俗等官方与民间的多纬度规范整合发力，尤其在多元化利益释放、拥有多样化发展需求的当代中国，一蹴而就的法治既不牢靠也不现实。

4."国"的指向范畴明确化

依法治国之"国"的最直观概念当然是指当代中国；但放在社会治理的现实背景下，一国法治状态更多的是指具体掌握各项社会事务管理职权的政府及其工作人员的法治表现。所以，依法治国之"国"的范畴不能单纯只指地域概念，而应从更深入的角度加以明确。依法治国的"国"，在形式意义上，应指向国家机构和国家公职人员做到代表人民群众管理国家和社会事务、管理经济文化事业的行为；在实质意义上，则必然指向约束国家机器和政府权力的任意性。而恰恰法治的精髓就意在：限制权力、保障权利以此促进权力的克制行使、权利的理性实现。毕竟一切公权力的免于监督或不受制约都必然会产生腐败肆意。

因此，中国的依法治国方略就是以广大人民群众作为法治主体，政府及其官员是依法治国或法治指向的客体，并通过依法治权、依法治官，防止公权力的滥用和腐败，保证权力效能的发挥为权利诉求的实现而服务。人民通过人大以宪法和法律来授予政府权力并制约政府权力。而政府作为法治的客体，既要接受法律的统治又要依法用权；政府及其公务人员只是被授予这些权力的载体，从中央到地方各级政府部门应将自身定位于法治客体的位置，一律接受法律的制约、治理。

二、依法治国方略的提出对中国法治进程的影响

根据中国共产党十五大、十六大和十七大对依法治国战略目标作出的规定及描述，从中国法治建设的宏观历程出发，将"依法治国、政治体制改革、执政党依法执政、形成法律体系、加强宪法和法律实施、建设法治政府、推进司法改革、保障民主权利、反腐倡廉、法制宣传教育、维稳"等多项重大任务作为主要评价对象，对依法治国方略提出以来的中国法治进程予以系统性总结和把握。总体而言，在以中国特色社会主义法律体系如期形成和法治宣传教育初阶任务圆满完成的基础框架上，我国的法治建设也在日益增强法治中国的自身特色。

（一）秉持"以人为本"的法治理念

所谓"以人为本"的法治理念包含以全体公民的意志为主旨、以保护个人权利和公民自由为重心以及以约束权力肆意和设防权力滥用为底线。在这一法治理念下，中国宪法规定了公民的合法私有财产不受侵犯，国家尊重和保护人权，并在不断探索完善宪法解释和宪法监督制度，致力于公民基本权利保护。我国最高行政

权力机关国务院，则在不断致力于建立惠及全民的卫生医疗制度和社会保障制度，致力于提高就业水平、增强教育水平、改革户籍制度等涉及民生需求与发展的法治机制。全方位地推进立法为民、建制为民的法治化策略与动力，从而实现以人为本的理念。

（二）以个人自由保护和公民权利为导向

最典型的就是由管理型政府向服务型政府转型，坚持法律面前人人平等，促进改革开放和经济发展的成果普惠更多社会大众，重视对弱势群体的关怀，加强农民“减负”的落实，强调珍爱民力、藏富于民，不搞劳民伤财的形象工程和唯权力化的政绩指标，深入推进新农村建设和精准扶贫开发，全面改善农村生产生活条件，保护广大农民的利益，稳步推进城镇化建设，保持全社会协调化的可持续发展，从而保障全体公民都能享受到更广泛的权利、自由和利益。

（三）强调行政机关运行与权力主体行为依法而治的标准

2007 年 1 月 17 日国务院第 165 次常务会议通过《中华人民共和国政府信息公开条例》，自 2008 年 5 月 1 日起正式施行（2019 年 4 月 3 日修订）。该条例的法治意图正是为了法治化地保障公民、法人和其他组织依法获取政府信息，提高政府工作的透明度，促进依法行政，充分发挥政府信息对人民群众生产、生活和经济社会活动的全面服务作用而制定。通过要求各级人民政府加强对政府信息公开工作的组织领导，落实政府信息公开的法律机制，强化“法大于权”的社会共识，明确指出：国务院办公厅是全国政府信息公开工作的主管部门，负责推进、指导、协调、监督全国的政府信息公开工作，县级以上地方人民政府办公厅（室）或者县级以上地方人民政府确定的其他政府信息公开工作主管部门负责推进、指导、协调、监督本行政区域的政府信息公开工作。政府信息公开，即是指行政机关在履行职责过程中制作或者获取的，以一定形式记录、保存的不涉及国家保密条款规定的信息都应当遵循公正、公平、便民的原则向社会开放。此外，政府还不断加强有关行政复议、行政诉讼等方面的制度完善，强调公开、公正、依法行政，并逐步完备各领域监督政府的制度体系。不但通过权力清单、责任清单等“权力瘦身”去规范和约束公权力的任性而为，而且强化“法有明文授权才可为”的底线思维，消减“权力本位”的人治观念；凡是政府部门或官员失职、渎职而有损人民群众利益的，必然会受到相应的制度惩罚或法律制裁，并应严格依法根据损失结果、程度及影响给予利益受损者及时合理的相应赔偿。

第二节　从依法治国到全面依法治国

中国共产党的十八大以来，以习近平同志为核心的党中央提出了全面依法治国的基本方略，更加注重充分发挥法治的重要作用，明确指出将全面依法治国纳入“四个全面”战略布局。这既是对过往历史经验和教训的深刻总结，更是对党的十五大以来依法治国思想的深入推进。全面依法治国的提出，既是中国特色社会主义的本质要求和重要保障，集中体现了中国共产党在中国特色社会主义法治领域的理论创新，生动再现了21世纪马克思主义法治理论的再发展；又是中国法治现代化历程中国家治理实践的一场深刻革命，深刻地回答了中国特色社会主义法治建设的一系列重大现实问题，为中国当下及未来的依法治国实践及加快建设社会主义法治国家提供了根本指向。

一、提出全面依法治国的时代背景

（一）中国社会主义法治建设已取得显著成就

在中国共产党的领导下，经过全国人民的共同努力奋斗，经历了坎坷和成长，中国社会主义法治建设事业取得了令世界瞩目的成就。众所周知，世界上不存在唯一正确的法治发展路径。那么，世界各国就需要根据自身国情、发展阶段、文化背景等条件，选择适合自身发展的道路。实践证明，中国已经成功开辟的中国特色社会主义法治道路是立足于中国国情，是马克思主义基本原理与中国法治实践相结合的必然选择。同时，经过几十年的努力，以宪法为核心的中国特色社会主义法律体系业已形成，国家和社会生活的各个方面都有相应的法律制度加以调整。中国特色社会主义法律体系是对我国社会主义建设成果的肯定和保障，是党、国家、人民意志的集中体现。中国特色社会主义法律体系的建立为全面依法治国提供了充足必要的制度基础，同时需要通过全面依法治国的社会治理实践才能发挥并展现社会主义法制的优越性与先进性。正所谓“法律的生命在于实施”。

（二）社会发展复杂化升级引发治理格局的再调整

随着中国政治文明的进步、经济的快速发展，利益多元而又充满活力的发展状态与趋势正呈现于当前社会转型攻坚期，利益需求层次的错综复杂、社会关系格局的重新调整都催化着更多变革性发展的可能。汇聚当代中国共产党人宏阔而深邃战略视野的“四个全面”[①]的提出与布局，正是中国共产党推进治国理政宏伟大业、确保当代中国社会转型变革进程既充满生机活力又平稳健康有序的战略抓手，是在新的历史条件下统筹改革发展稳定、推进治党治国治军进而实现国家治理现代化的历史抉择。在协调推进“四个全面”战略布局的进程中，全面依法治国的地位举足轻重，属于基础性、保障性的治国理政方略，“必须把依法治国摆在更加突出的位置，把党和国家工作纳入法治化轨道”[②]。中国共产党十八大以来，以习近平同志为核心的党中央始终把全面依法治国放在“四个全面”战略布局的重要位置中并加以规划和推进。

总体而言，中国共产党十八大以来党中央关于全面依法治国、建设法治中国的一系列重大战略决策部署都是根据中国社会治理实践而开展：不但系统化地形成全面依法治国的严谨逻辑体系，构成了“四个全面”战略布局这一治国理政总方略的有机要素、制度基础和重要保障；而且以上每个时间节点所表征的法治化阶段都可以视为法治国家建设里程碑中的重要投影，更是对当下中国现实社会中日趋复杂化、多样性的发展需求的积极引领与主动回应。

（三）中国社会主义法治建设面临国际形势风云变幻的严峻挑战

近年来国际关系领域开始呈现出以“美国优先”为导向的单边霸权主义和以人类命运共同体为倡议的全球善治理念的颉颃态势。因此，中国共产党对于国内国外、党内党外的风险和挑战始终要保持清晰的洞见与判断，冷静思考、审慎分析在当今这样一个新机遇新挑战层出不穷、国际体系和国际秩序深度调整、国际力量与国家实力对比深刻变化的世界形势下我国法治建设中可能面临的各种可预见的新问题甚或难预见的新情况。从法治不断进步的角度来看，中国社会主义法治建设

---

① “四个全面”的战略是当前和今后一个时期，党和国家各项工作的关键环节、重点领域、主攻方向，内在逻辑严密，对推动改革开放和社会主义现代化建设迈上新台阶提供了强力保障。其基本内容为：(1)全面建成小康社会。2012 年，中国共产党第十八次全国代表大会报告提出，确保到 2020 年实现全面建成小康社会宏伟目标的时间表，以及经济持续健康发展，人民民主不断扩大，文化软实力显著增强，人民生活水平全面提高，资源节约型、环境友好型社会建设取得重大进展等具体内涵。(2)全面深化改革。2013 年，中国共产党第十八届中央委员会第三次全体会议审议通过了《中共中央关于全面深化改革若干重大问题的决定》，提出“全面深化改革的总目标是完善和发展中国特色社会主义制度，推进国家治理体系和治理能力现代化”，并对经济体制改革、政治体制改革、文化体制改革、社会体制改革、生态文明体制改革和党的建设制度改革进行了全面部署。(3)全面依法治国。2014 年 10 月，中国共产党第十八届中央委员会第四次全体会议通过了《中共中央关于全面推进依法治国若干重大问题的决定》，对全面推进依法治国作出全面的战略部署。(4)全面从严治党。2014 年 10 月，习近平总书记在党的群众路线教育实践活动总结大会上，进一步提出全面推进从严治党的要求，并对全面推进从严治党进行了部署。

② 中共中央文献研究室编：《习近平关于协调推进“四个全面”战略布局论述摘编》，中央文献出版社 2015 年版，第 18、98 页。

现状与全面依法治国的总目标还有相当大的差距。诸如在立法方面，将执法部门的自身利益体现在立法中的立法部门化问题；地方立法机构法律起草工作依赖地方政府部门的立法地方化问题；立法不科学、立法冲突化等现象也并非偶发。这些普遍存在的问题严重影响了立法的公正性、科学性、公信力。在执法方面，执法不规范、执法不严格、执法不公正等引发社会矛盾激化的现象频发。在司法领域，则问题更为敏感，因为人们常说“司法是维护社会公平正义的最后一道防线”；如果公众对司法行政体制内的纠纷解决机制信赖度不高而援用体制外手段，则会产生有碍法治顺利推进、降低公权力法治形象、消解公众法律信仰等一系列消极影响。在守法方面，由于传统时期的人治思维的影响并未在现代社会彻底消除，对法律将信将疑却对权力推崇膜拜的大有人在。简言之，就是法律规则至上、权力职责对等、权利义务平衡的社会根基尚未扎实，致使法律规则在落地实施并发挥应有法治功效时处于不充分、不均衡、不完整的状态。总之，为了更好地解决上述法治发展进程中的诸类问题，就必然需要科学而全面的理论指导，全面依法治国方略的重要论述便应运而生。

（四）国家治理现代化的新语境催生法治中国的更高价值追求

“国家治理”是对传统意义上国家管理、权力运行观念的颠覆，已成为许多国家和地区进行国家和社会治理的共同选择。国家治理是由治理体系与治理能力两大方面组成。国家治理体系是对社会权力运行、社会公共秩序管理进行规范的制度与程序；从范围上看，主要包括政府治理体系、社会治理体系及市场治理体系。国家治理能力是国家为实现自身发展的战略目的而利用公权力对国家的政治经济、社会公共事务进行管理及控制的能力；具体表现为国家贯彻法规政策的能力，政府和公众遵守法律的程度，社会整体的政治参与水平和民众履行义务、承担责任的状况等。

“现代化”属于一个相对概念；从根本上看是生产力得到提高，人民生活水平得到提升，国家工业、农业、国防以及科技事业得到长足发展，国家的综合国力得到增强。国家治理现代化就是涵盖公权力行使、公共产品供给、社会事务管理、国际关系处理等全方位的制度规定与程序设计，是国家在社会制度管理、政策制定与执行、秩序维护与保障等各方面的综合性、整体化的能力体现。

中国特色社会主义的国家治理必须融合本国国情与社会制度的内容。而衡量国家治理体系及治理能力现代化的评价标准之一就是法治化的深度、广度及程度，尤其是确保宪法法律受到社会公众的信仰；表现为国家应当依法管理社会各项事务，立法机关科学立法、执法机关严格执法、行政机关依法高效运行、司法机关公正司法,让社会公众在充分认知法律才是国家治理的权威所在中感受到公平、正义。这即对法治中国提出了更高远的法治追求。习近平总书记指出:“法律是治国之重器,法治是国家治理体系和治理能力的重要依托。”[①]全面依法治国的内涵指向是作为社会主义事业领导核心力量的中国共产党治国理政能力的提升与拓展,国家治理现代化要求以全方位的法治视角提升对执政规律的剖析与把控,形成集法治目的与法律方法于一身的治国理政新思路。

二、全面依法治国的概念

自党的十八大以来,作为新理念新思想新战略的全面依法治国在概念层面,就出现过诸如依法治国、全面推进依法治国、全面依法治国、全面依法治国战略、全面依法治国基本方略、全面依法治国新理念等系列术语命题。以逻辑相关性进行归纳,这些术语基本围绕依法治国与全面依法治国两类概念展开,关键点就在于“全面”一词。因此,基于前述已对依法治国内涵的解读,这里主要对比性地说明全面依法治国概念的深入化与提升性:

第一,依法治国仅强调国家治理,而全面依法治国则除了强调治国还强调执政、行政。

第二,依法治国仅强调法治国家建设;而全面依法治国除了强调法治国家建设,还强调法治政府建设、法治社会建设。

第三,依法治国主要强调点在于立法环节,而全面依法治国则强化从立法到执法、司法、守法、法律监督等闭环化的法治全过程。

第四,依法治国强调的是法律规范体系建设与完善,而全面依法治国还强调法治实施体系、法治保障体系与法治监督体系。

第五,依法治国强调依据国法而落实推进法律的实施;而全面依法治国在此基础上还强调党内法规的作用,且更为注重法学教育、法学研究对于中国法治的推动力。

第六,依法治国的着眼点就在于国内法治,而全面依法治国还强调涉外法治、国际法治等。

当今中国法治实践涉及更多目标、更多领域、更多环节,所以应具有目的和方法的全面性,而“全面依法治国”的概念就要比“依法治国”内涵更丰富、表述更精致。因此,全面依法治国之“全面”一词成为法治理论的创新之处,由“依法治国”上

---

① 《习近平谈全面推进依法治国:法律是治国之重器》,载人民网,http://politics.people.com.cn/n2014/1028/c70731-25926164.html。

升到“全面推进依法治国”成为必然，全面推进依法治国上升为全面依法治国战略也正是中国特色社会主义“四个全面”战略布局确立的具体呈现；这些都表明中国共产党依法治国的思路越来越清晰、依法治国的理论越来越成熟。

三、全面依法治国的科学内涵

全面依法治国是以习近平同志为核心的党中央提出的治国理政新理念新思想新战略，内容具有丰富的时代性与前瞻性，涵盖了新时代中国法治建设的总目标、总路径、总任务、总布局等各个方面。

（一）全面依法治国的总目标与总路径

1. 全面依法治国的总目标

中国共产党的十九大报告明确将建设中国特色社会主义法治体系、建设社会主义法治国家确定为新时代全面推进依法治国总目标。这一总目标也写入新时代坚持和发展中国特色社会主义的基本方略之中，依法治国的各项工作都必须围绕全面推进依法治国的总目标来开展。这一切都标志着中国共产党对建设社会主义法治国家的认识新提升、理论新发展和实践新探索达到了历史性的新高度。

中国共产党的十九大报告所提出的法治建设目标与过去的目标对比有着明显区别。在党的十九大报告之前所提出的法治建设目标是建立健全社会主义法律体系，而中国共产党的十九大将建设新目标升级为“建设中国特色社会主义法治体系”，在内涵上有所扩展。其中，“法治体系”是建设目标的核心内容，“中国特色社会主义”是这一建设目标的本质要求。

2. 全面依法治国的总路径

法律规范、法治实施、法治监督、法治保障和党内法规五大体系也即五项内容构成了中国特色社会主义法治体系的完整内容。法治的这“五大体系”是从立法、实施、监督、保障四个维度涵盖了法治建设的所有环节和内容，是全面依法治国的总路径。其中，完善以宪法为核心的中国特色社会主义法律规范体系是建设中国特色社会主义法治体系的首要任务：

（1）从法律体系提升为法治体系，是中国共产党当代法治思想的丰富与发展过程。尤其是将中国共产党内法规体系纳入社会主义法治体系中，将中国共产党的制度建设与国家制度建设置于同等重要地位，用从严治党来带动与推进全面依法治国，更是中国特色社会主义法治体系建设的一大创新。

（2）“五大体系”的建立与完善，是推动与促进全面依法治国总目标实现的重要路径。

一是完备的法律规范体系要求要推进科学立法、民主立法、依法立法。

二是高效的法治实施体系包括:加强宪法实施,推进合宪性审查工作,维护宪法权威;推进依法行政,严格规范公正文明执法;实行普法责任制,持续做好全民普法;在全社会全面加强社会主义法治文化建设,进一步弘扬社会主义法治精神,牢固树立法律面前人人平等、宪法和法律至上的社会主义法治理念等。

三是严密的法治监督体系重心是加强对公权力的监督,特别是对行政权力的规范与约束。

四是推动政治保障、体制保障和机制保障等法治保障综合体系共同发挥作用。中国共产党的十九大提出成立中央全面依法治国领导小组,这是对全面依法治国最大的组织保障,其目的就在于要落实党对法治中国建设的统一领导。2018 年 8 月 24 日,在主持中央全面依法治国委员会第一次会议时,习近平总书记对中央全面依法治国委员会的工作进行了全面部署。"中央全面依法治国委员会"[①]作为党中央决策议事协调机构,主要统筹协调全面依法治国各项工作:不仅包括全面依法治国的顶层设计、总体布局,还包括统筹协调、整体推进与督促落实。

五是完善的中国共产党内法规制度体系要求从党内法规的制定、备案、解释、执行等方面,进一步加强党内法规体系建设,从而在顶层设计与实践运作两个层面上理顺党内法规与国家法律之间的相互关系,做到同时推进、相互补充;同时,对党内法规在从严治党管党方面的效用进行评估,为修改完善党内法规提供依据。这"五大体系"的构建形成了一个完整的法治体系,在实际运行中它们相互作用、共同发力,就能够推动全面依法治国总目标的全面实现。

(二)全面依法治国的总布局

全面推进依法治国总目标的实现,离不开科学周密的法治战略布局。全面依法治国的核心思路就是中国共产党的十九大报告明确提出的要"坚持依法治国、依法执政、依法行政共同推进,坚持法治国家、法治政府、法治社会一体建设"。其中"共同推进"与"一体建设"是全面依法治国的总体布局,从党和国家发展战略的高度回答和解决了法治这一最佳的国家治理模式由谁来负责布局、如何布局的问题:

① "中央全面依法治国委员会"全称为中国共产党中央全面依法治国委员会,组建于 2018 年。2018 年 3 月,中共中央印发了《深化党和国家机构改革方案》。该方案称,为加强党中央对法治中国建设的集中统一领导,健全党领导全面依法治国的制度和工作机制,更好落实全面依法治国基本方略,组建中央全面依法治国委员会。中国共产党中央全面依法治国委员会的主要职责是,统筹协调全面依法治国工作,坚持依法治国、依法执政、依法行政共同推进,坚持法治国家、法治政府、法治社会一体建设,研究全面依法治国重大事项、重大问题,统筹推进科学立法、严格执法、公正司法、全民守法,协调推进中国特色社会主义法治体系和社会主义法治国家建设等。中央全面依法治国委员会办公室设在司法部。

第一，确定了依法治国总体布局的主体是国家、执政党和政府。其中，国家是政治前提，执政党是政治核心，政府是推进与落实的关键。

第二，确定了依法治国总体布局的基本路径是“三位一体”，即坚持法治国家、法治政府、法治社会一体建设。就其各自侧重点而言，法治国家、法治政府强调国家与政府必须在法治所确定的权力框架内加强自我约束与合理规范，在国家权力的配置与运行的各个环节中不可逾越法治所确定的边界；而法治社会则突出强调了公民在国家法治建设过程中所具有的主体地位，要求强化对公民私权的法治保障。

（三）全面依法治国的总任务

1. 建设中国特色社会主义法治体系是全面依法治国的总抓手

中国共产党的十九大报告指出，全面依法治国的总目标是由建设中国特色社会主义法治体系和社会主义法治国家这两个具体目标所组成的。要落实这一总目标，在实际工作中就必须要有一个总揽全局、牵引各方的总抓手，这个总抓手就是建设中国特色社会主义法治体系。

2. 依宪治国、依宪执政是全面依法治国的首要任务

宪法是治国安邦的根本大法；在中国社会主义法律体系中，宪法在整个体系中的法律地位和效力最高。要全面依法治国，首先必须实现的是依宪治国、依宪执政。全党和全社会都要自觉树立宪法意识，捍卫宪法尊严，维护宪法权威，自觉遵守宪法，确保宪法实施。

3. 科学立法、严格执法、公正司法、全民守法是全面依法治国的重点任务和关键环节

（1）科学立法，是全面依法治国的前提。众所周知，良法先行是善治的保障。实行科学立法，须以习近平新时代中国特色社会主义思想为指导，尊重立法的科学规律与技术规范，通过建立科学合理的立法体制机制，制定完善的立法程序，掌握高超的立法技术，强化严谨细致的立法论证，并充分发挥与吸收专家学者的作用与智慧等多种途径与措施来实现。同时，科学立法既应坚持以民为本、立法为民，为新时代从法律上保障公民各方面的权益提供法律依据，又是完善中国特色社会主义法律体系的重要价值与判断标准。

（2）严格执法，是全面依法治国的关键。“徒法不足以自行。”一部良好的法律如不能在实践中得到运用与遵守，则必将形同虚设。依法行政、严格执法是全面依法治国重点任务的核心内容；它是指行政机关依法设立、取得和行使国家行政权力，并对其行政行为所产生的后果承担相应责任的法律制度。全面依法治国能否达到预期的目的，主要还是取决于行政机关是否能依法行政。因为国家行政机关

是国家机关中对国民经济和社会发展影响最大、与公民关系最为密切,也是权力最大、机构和人员最多的部门。全面依法治国要求各国家机关严格依法行使权力,依法处理国家事务、治理社会,这关乎着依法治国的成败。因此,为了保障严格执法,要从以下几个方面入手:

一是要加强行政立法工作,提高立法质量并建立健全行政权力运行机制,包括依法决策机制、权力制衡机制、内部监督机制、问责追责机制等,同时须建立和完善各类行政规章与规范性文件的合法性审查制度。

二是要加强执法队伍建设:既要严把行政执法人员的"入口"和"出口"门槛,又要不断提高行政执法人员的法律意识和法律素养,更要持续加强对行政执法人员的思想教育和道德教育。

三是要积极发挥领导干部的引领示范作用。全面依法治国,必须抓住领导干部这个"关键少数"。依法治国的核心在于依法治权;而实行依法行政,关键也在领导干部。各级领导干部必须带头信仰国家宪法和法律,带头尊重宪法和法律权威,禁止以权代法和以权压法,必须带头服从与遵守国家宪法和法律,杜绝滥用职权、以权谋私,自觉接受各方面的监督,抵制特权思想和徇私舞弊。

四是要加强和完善监督机制。任何不受监督的权力,都必然会导致腐败。行政执法质量与效率的高低、执法人员是否廉洁公正,是广大人民群众极为关心且与其利益关系极为密切的问题。因此,完善权力的监督制约机制是依法行政、严格执法的重要保证。既要坚持公平、公正、公开的执法原则,又要有效发挥内、外监督机制的综合作用,把党内监督、人大监督、监察监督、法律监督、行政监督、民主党派监督、群众监督和舆论监督有机统合,通过全方位、全过程、全覆盖的工作监督体系,严格规范国家行政机关的公权力行为。

(3)公正司法,是全面依法治国的防线。司法机关是全面依法治国、实现公平正义的最后一道防线。公正司法应做到以下几点:首先,要确保司法审判权的独立行使。这就要求进一步深化司法体制改革,确保司法机关依法独立公正行使审判权、检察权。其次,要确保实体公正即"结果公正"与程序公正即"过程公正"。实体公正是司法公正的核心内容,而程序公正是司法公正的底线要求。程序公正是实体公正的前提,是确保实体公正的第一道防线;而实体公正则有赖于程序公正来保障。只有实体方面和程序方面都做到公正,才能体现真正意义上的司法公正。最后,司法机关还必须自觉接受国家权力机关和社会的监督,并通过公正司法,真正建立起司法权威;并使广大人民群众通过每一起司法案件的审理,切实感受到公平正义。

(4)全民守法,是全面依法治国的基础。清末法学家沈家本有言:"法立而不行,与无法等,世未有无法之国而长治久安也。"①于当代而言,全民守法状况即是全面依法治国推进效果的最直观例证。法律应当成为公民行为的指南而得到全体公民的信仰、尊重与遵守,同时公民学会运用法律武器理性维护合法权益。此外,法律又是公平正义的"守护神",任何违反法律的行为,都将受到法律的制裁。由此可见,立法在实践中才获得存在的意义与价值。那么,继续在全社会深入开展法治宣传,使社会主义法治理念深入人心,做到学法尊法守法用法,使守法成为全体公民的自觉行为,并引导全体公民学会在享受自己的权利和自由的同时,注意尊重他人的权利和自由,这对于全面依法治国的发展进程而言是不可或缺的。

第三节　全面依法治国下的司法行政改革方向

全面依法治国的理念提出与战略实施以来,中共中央始终对司法行政系统的机制改革与工作创新保持着高度重视。新理念新思路新战略的时代场景,对司法行政提出了更为明确的新要求、新标准,当然也为司法行政改革的发展提供了良好机遇。

一、重组司法部将为全面依法治国奠定坚实的运行基础

随着全面依法治国方略的全面实施,党和国家对深化国家机构改革、深化司法体制改革作出了新部署。党中央从全面依法治国的全局和战略高度,决定将司法部和国务院法制办公室的职责进行整合,重新组建司法部,特别是将中央全面依法治国委员会办公室设在司法部,赋予了司法部更大的政治责任和全新的历史使命。2018 年 7 月,司法部在重新组建后首次召开关于全系统深化改革工作的全国性会议,全面推动司法行政体制改革。

首先,体现在职责定位方面。重新组建后,司法部的职责定位发生了全面、深刻的变化。从机构性质来看,司法部作为中央和国家机关,其本质属性就是政治机关。中央全面依法治国委员会办公室就设在司法部,司法部又是国务院组成部门,实现了机构改革的职能优化。从具体职责来看,重组后的司法部实现了立法、执法、司法、守法、普法各环节职责一体化、全面性贯通。从作用发挥来看,重组后的司法部在依法治国、依法执政、依法行政的共同推进,在法治国家、法治政府、法治社会的一

① (清)沈家本:《历代刑法考》,中华书局 1985 年版,第 34 页。

体化建设，在政治、经济、文化、社会和生态文明建设统筹落实等各个方面，将担当更重任务、负载更大功能。

其次，体现在工作布局方面。重新组建后的司法部呈现出“一个统筹、四大职能”的机制运转格局。所谓“一个统筹”，即中央全面依法治国办统筹协调法治工作，司法部的内设机构根据工作需要承担中央全面依法治国办的相关具体职能工作，接受中央全面依法治国办的统领，从而实现了贯通立法、执法、司法、守法、普法各环节于一体，汇聚法治国家、法治政府、法治社会建设于一体的统筹格局。所谓“四大职能”，是指在全面履职的基础上，发挥好行政立法、行政执法、刑事执行、公共法律服务四个方面的作用。具体而言，为全面依法治国奠定运行基础的这四大职能主要内容如下：

1. 行政立法

做好行政立法工作，需要重点把握以下几点：一是加强重点领域立法；二是提高立法质量；三是加强立法协调；四是确保立法与改革相衔接；五是加大备案审查工作力度。

2. 行政执法

推进行政执法相关工作，其重点有以下四项：一是全面推进行政执法规范化建设；二是加强行政执法协调；三是推进行政执法体制改革；四是加强行政执法监督。

3. 刑事执行

刑事执行是刑事司法活动的最后环节，事关法律和司法权威，事关国家安全和公共安全。一是监狱管理工作，要不断加强监狱的法治化、规范化、信息化建设，确保监管改造秩序和教育矫正效果，促使服刑人员洗心革面、改过自新，为其刑满释放后顺利融入社会打好基础。二是社区矫正工作，要贯彻落实宽严相济的刑事政策，以促进罪犯顺利回归为目标，深化社区矫正制度改革。随着《中华人民共和国社区矫正法》的出台，各地更应规范化、制度化地全面推进社区矫正工作，认真贯彻法治化的监督管理、教育矫正和社会适应性帮扶工作。三是强制隔离戒毒工作，其虽不属于刑事执行范畴，但具有强制执行性质。要以教育戒治为中心，推动建立全国统一的戒毒模式，不断健全完善中国特色司法行政戒毒制度，要广泛开展规范化建设，深入健全戒毒工作制度体系，提高戒毒科学化及专业化水平。

4. 公共法律服务

建设公共法律服务体系，事关人民群众福祉。司法部着力稳抓以下三个方面：一是完善顶层设计；二是统筹推进各项业务；三是大力推动“三大平台”[①]建设。

---

① 2017 年 9 月，司法部制定出台了《关于推进公共法律服务平台建设的意见》，提出大力推进公共法律服务的实体、热线、网络三大平台建设。

二、司法行政深化改革为全面依法治国提供稳定的运行系统

在全面依法治国的战略布局中,中共中央基于完善司法体制、优化司法权配置的高度,明确了公安机关、检察机关、审判机关、司法行政机关这“四机关”须各司其职,侦查权、检察权、审判权、执行权这“四权力”互相配合、相辅相成。这就深刻地揭示了司法行政机关与公安机关、检察机关、审判机关在司法职权配置中的相互关系,科学阐明了司法行政机关在司法活动中的地位和作用,体现了司法行政系统在社会主义法治体系中的重要位置。由此可见,司法行政的不断完善与深入改革为全面依法治国方略的不断推进和落实贯彻提供着系统化的体制保障。具体而言,体现在以下三个方面:

第一,司法行政改革必须在谨遵中国特色社会主义法治体系、促进社会主义法治国家建设的前提下,深入开展蕴含中国特色社会主义的体系转型与制度创新。换言之,司法行政改革的深入化本身就是全面依法治国进度的“全面化”程度与范围的再现。

第二,司法行政制度是为国家法治建设和司法活动提供服务和保障的具体法律制度,司法行政体系是中国特色社会主义法治体系的重要组成部分,司法行政改革的终极目标之一就是实现全面依法治国的总任务。那么,司法行政改革的深化朝向就不仅在于认真履行司法行政的基础性职责,更应当充分发挥司法行政机关在推进科学立法、严格执法、公正司法、全民守法中积极性、能动化的职能作用。

第三,基于全面依法治国总目标的要求和总任务的指向,司法行政改革要大力激发能够助推国家治理现代化升级发展的司法行政新模式、新机制、新路径;尤其是通过优化司法行政职权的再配置,借助数字信息科技的技术支撑,全面提升司法行政机关的履职能力和司法行政系统的治理水平,以司法行政改革的开拓创新为全面依法治国铸就制度循环系统中的稳定机制。

思考题

1. 请全面说明并系统阐释依法治国的深刻内涵。
2. 如何理解全面依法治国的“全面性”问题?
3. 结合全面依法治国的科学含义,阐释当代司法行政改革的目标内容。

第五章　行政立法

本章要点

本章介绍了行政立法的一般理论,行政法规、规章的立项、起草、决定、解释、备案以及立法后评估等内容。重点掌握行政法规、规章的立法程序,了解重组后的司法行政机关的立法职能。

第一节　行政立法概述

一、行政立法的概念和特征

行政立法是指享有立法权限的国家行政机关依法定职权和法定程序制定行政法规和规章的活动。静态意义的行政立法指的是这种活动的结果,即行政法规和规章;动态意义的行政立法指的是制定行政法规和规章这种活动。①

行政立法具有双重属性,即"立法性"和"行政性"。行政立法的"立法性"表现在:其一,代表国家,以国家的名义制定要求人们普遍遵守的行为规则;其二,行政立法具有法的特征,即普遍性、规范性和强制性;其三,行政立法要遵守严格的法定程序。行政立法的"行政性"表现在:其一,行政立法的主体是行政机关;其二,行政立法的客体是有关行政管理的事项;其三,行政立法的目的主要是实现公共行政职能。

二、行政立法的分类

(一)职权立法和授权立法

根据行政立法权来源的不同,可以将其分为职权立法和授权立法。职权立法

---

① 参见姜明安主编:《行政法与行政诉讼法》,北京大学出版社 2019 年版,第 104 – 105 页。

是指行政机关直接根据宪法和组织法的授权，为执行相应的法律、法规或为实现行政管理职能而进行的立法活动。比如，中华人民共和国国务院根据《中华人民共和国宪法》第89条第1项的授权制定行政法规，就属于职权立法。授权立法是指行政机关根据立法机关的特别授权，就本应制定法律或者地方性法规的事项制定行政立法的活动。

（二）中央行政立法和地方行政立法

依据行使立法权的主体不同，行政立法可以分为中央行政立法和地方行政立法。国务院制定的行政法规，国务院各部委、中国人民银行、审计署以及国务院具有行政管理职权的直属机构制定的部门规章，属于中央行政立法。省、自治区、直辖市和设区的市、自治州的人民政府制定的地方政府规章属于地方行政立法。

（三）执行性立法和创制性立法

行政立法按内容不同可以分为执行性立法和创制性立法。根据法律、行政法规或地方性法规，制定实施细则、实施办法，明确具体法律规范的含义和适用范围，不创设新的权利义务，为执行性立法。根据法律法规授权，制定行政法规、规章，创设新的权利义务，为创制性立法。

三、行政立法的一般程序

根据《中华人民共和国立法法》《行政法规制定程序条例》《规章制定程序条例》，行政立法的一般程序包括立项、起草、听取意见、立法听证、审查、决定、公布等。

（一）立项

行政立法的立项一般包括三个程序：一是立法项目申报；二是立法计划编制；三是立法项目的批准。以行政法规的立项为例，国务院有关部门认为需要制定行政法规的，可以向司法部提出立法项目申请，司法部汇总研究后拟定年度立法工作计划报党中央、国务院批准。[1]

（二）起草

行政法规和规章由司法部组织起草，也可以由提出立法申请的部门或者几个相关部门联合起草，或者委托高校、科研院所等第三方起草。起草单位应当充分征求其他部门的意见，听取社会组织、基层群众的意见。

---

① 《中华人民共和国立法法》《行政法规制定程序条例》规定的负责立项组织工作的主体是国务院法制办公室。根据中共中央印发的《深化党和国家机构改革方案》，将国务院法制办公室和司法部的职能整合，重新组建后的司法部负责该项工作。

(三)征求和听取意见

听取意见是行政立法民主化的要求,目的是保障行政立法充分体现人民的利益,防止行政立法过度追求部门利益。行政立法过程中要征求和充分听取人大代表、机关单位、社会公众和利害关系人等各方面意见。涉及全体公民权益的行政立法草案要通过媒体向社会公布,在一定时间内征求意见。涉及重大利益调整或者存在重大意见分歧,对公民、法人或其他组织权益影响较大的,应当组织听证。

(四)审查

行政立法经起草部门起草、征求意见,并与相关部门协商完毕后,报送行政立法机关审查。审查的范围包括是否符合宪法法律规定和国家的方针政策,是否符合《中华人民共和国立法法》确立的立法原则和《行政法规制定程序条例》《规章制定程序条例》对行政法规、规章的要求等。审核不合格的,可以缓办或退回起草部门、起草单位。对送审稿有不同意见的,应协调一致或报行政立法机关决定。

(五)决定与公布

行政法规草案由国务院常务会议审议或者由国务院审批。部门规章由部务会议或委员会会议审议决定。地方政府规章由地方人民政府常务会议或全体会议审议决定。经审议、决定(或审批)的行政法规或规章,应经行政首长签署发布令,在政府公报上或通过新闻媒体发布。行政立法自公布之日起30日后施行,但涉及国家安全、外汇汇率、货币政策的确定以及公布后不立即施行将有碍行政立法施行的,可以自公布之日起施行。

四、行政立法工作的要求

根据《中华人民共和国立法法》《行政法规制定程序条例》《规章制定程序条例》的有关规定,行政立法工作应当遵循以下几个方面的要求:

(一)坚持党的领导

党的十九大明确提出,必须把党的领导贯彻落实到依法治国全过程和各方面。一是明确要求制定行政法规、规章,应当贯彻落实党的路线方针政策和决策部署。二是规定制定政治方面法律的配套行政法规,应当按照有关规定及时报告党中央;制定经济、文化、社会、生态文明等方面重大体制和重大政策调整的重要行政法规,应当将行政法规草案或者行政法规草案涉及的重大问题按照有关规定及时报告党中央。制定政治方面法律的配套规章,应当按照有关规定及时报告党中央或者同级党委(党组);制定重大经济社会方面的规章,应当按照有关规定及时报告同级党委(党组)。三是规定国务院年度立法工作计划应当报党中央、国务院批准后向社会公布。

（二）推进和保障“放管服”改革

一是行政法规、规章体现全面深化改革精神，科学规范行政行为，促进政府职能向宏观调控、市场监管、社会管理、公共服务、环境保护等方面转变。二是要根据全面深化改革、经济社会发展需要以及上位法规定，及时清理行政法规、规章；对不适应全面深化改革和经济社会发展要求，不符合上位法规定的行政法规、规章，及时修改或者废止。三是为依法保障各项改革任务顺利实施，国务院可以根据全面深化改革及经济社会发展需要，就行政管理等领域的特定事项，决定在一定期限内在部分地方暂时调整或者暂时停止适用行政法规的部分规定。

（三）深入推进科学立法、民主立法、依法立法

一是完善立法项目征集和论证制度。行政立法应当向社会公开征集立法项目建议，并应当对立项申请和公开征集的项目建议进行评估论证。二是确立公开征求意见制度。行政立法草案及其说明等向社会公布征求意见；立法审查时可以将送审稿或者修改稿及其说明等向社会公布征求意见。三是确立委托第三方起草制度。起草专业性较强的行政法规、规章，可以吸收相关领域的专家参与起草工作，或者委托有关专家、教学科研单位、社会组织起草。四是确立重大利益调整论证咨询制度。起草或者审查行政法规、规章，涉及社会公众普遍关注的热点难点问题和经济社会发展遇到的突出矛盾，减损公民、法人和其他组织权利或者增加其义务，对社会公众有重要影响等重大利益调整事项的，应当进行论证咨询。五是建立立法后评估制度。起草部门、法制机构可以组织对行政法规、规章或者其中的有关规定进行立法后评估，并把评估结果作为修改、废止有关行政法规或者规章的重要参考。六是防止违反上位法。没有法律或者国务院的行政法规、决定、命令为依据，部门规章不得设定减损公民、法人和其他组织权利或者增加其义务的规范，不得增加本部门的权力或者减少本部门的法定职责；没有法律、行政法规、地方性法规的依据，地方政府规章不得设定减损公民、法人和其他组织权利或者增加其义务的规范。

五、司法行政机关的立法职能

（一）司法行政机关重组及其职能调整

根据中国共产党十九届三中全会审议通过的《中共中央关于深化党和国家机构改革的决定》《深化党和国家机构改革方案》和第十三届全国人民代表大会第一次会议批准的《国务院机构改革方案》，司法部进行重组，国务院法制办公室并入司法部。重组后的司法部被赋予极其广泛而重要的法治职能。司法部负责贯彻落实

党中央关于全面依法治国的方针政策和决策部署,在履行职责过程中坚持和加强党对全面依法治国的集中统一领导。具体职责包括承担全面依法治国重大问题的政策研究,协调有关方面提出全面依法治国中长期规划建议,负责有关重大决策部署督察工作等诸多方面,可以简称为“一个统筹、四大职能”:“一个统筹”即统筹全面依法治国,“四大职能包括”行政立法、行政执法、刑事执行、公共法律服务等职能。

(二)司法行政机关的行政立法职能

重组后的司法部的行政立法职能包括:统筹规划立法工作,负责面向社会征集法律法规制定项目建议;负责起草或者组织起草有关法律、行政法规草案;负责立法协调;承办行政法规的解释、立法后评估工作;负责地方性法规、规章的备案审查工作;组织开展规章清理工作,等等。

根据各地方党政机构改革方案,省、自治区、直辖市司法厅、设区市司法局也进行了重组并被赋予相应的法治职能。当然,由于各级司法行政机关的具体工作内容有些区别,行政立法职能的内容也稍有不同。比如,河北省保定市司法局网站公布的行政立法职能包括:(1)承担统筹规划地方立法工作的责任。组织协调有关方面提出立法规划和年度立法工作计划的建议;负责跟踪了解各部门对立法工作计划的落实情况;加强组织协调和督促指导,研究提出立法与改革决策相衔接的意见、措施。(2)参与面向社会征集地方性法规制定项目的建议,负责面向社会征集政府规章草案制定项目的建议。(3)负责起草或组织起草有关地方性法规、政府规章草案。(4)承办各部门报送市政府的地方性法规、政府规章草案的审查工作。(5)负责市政府规章立法解释草案的起草、立法后评估工作。(6)负责立法协调。(7)负责组织开展政府规章清理工作。[①] 由此可以看出,地方司法行政机关的职能与司法部职能基本一致,同时又有一些地方性、具体性职能。由于实际情况不同,各地司法行政机关的地方性、具体性职能会体现出一些差异。

(三)司法行政机关的行政立法职能机构

为了很好地履行行政立法职能,司法部以及省、自治区、直辖市、设区市司法局都设立了专门的内部机构负责具体行政立法事宜。司法部设立了立法一局、立法二局、立法三局、立法四局四个内部机构,分别负责国家政治和文化建设方面、国家经济建设方面、国家社会建设方面、国家生态文明建设方面的立法工作,承担相应

① 参见保定市司法局官网,http://sfj.baoding.gov.cn/info_show.asp?infoid=1998,最后访问日期:2021年11月28日。

法律、行政法规的起草、审查工作,负责行政法规解释和具体应用问题的答复工作,负责相关行政法规立法后评估,承办相关行政法规、规章清理和相关地方性法规、规章备案审查工作。另外,还成立了法治调研局负责立法调研和协调,拟定立法工作计划建议。

各省、自治区、直辖市、司法厅(局)一般设立2个到3个内部机构,分别负责政治和文化建设、经济建设、社会建设、生态文明建设等方面的立法相关工作。比如,河北省司法厅设立了立法一处和立法二处2个内部机构,而浙江省司法厅则设立了3个立法处。设区的市级司法局一般设立1个立法机构负责相应工作。省级和地市级司法行政机关一般也设立法治调研部门,负责立法调研和拟定立法工作计划。

第二节 行政法规、规章的制定程序

根据《行政法规制定程序条例》和《规章制定程序条例》的规定,行政法规和规章的制定程序包括立项、起草、审查、决定、公告等多个环节。其中,立项、起草、审查是三个非常重要的环节,对行政法规、规章的整体质量有重要的影响。鉴于第一节已经对一般程序有详细介绍,本节重点介绍立项、起草和审查程序。①

一、立项

行政法规、规章的立项实际包含了立法调研、立法项目征集、立项申请、立法计划建议等多项工作。

(一)立法调研

立法调研是指立法项目申请提出前,听取社会各界、利益相关群体的意见、建议,了解社会公众的立法需求,或者在审核立法项目申请时,就拟立法事项的必要性、紧迫性等问题了解社会公众的意见。在草案拟定、审查等其他立法环节,必要时也可以进行调研。提出行政法规立法项目申请的国务院各部门,提出规章立法项目申请的国务院部门内设机构,审查行政法规草案的司法部,审查规章草案的国务院部门、地方政府司法行政机关等,都可以进行立法调研。

(二)立法项目征集

党的十九大召开以后,国家对行政立法的科学化、民主化等提出更高要求;司

---

① 行政法规和规章的制定程序在很多方面存在一致性。故此,本节将行政法规和规章的立项、起草和审查一体介绍,不同之处专门指出。

法部自2018年开始，公开向社会征集立法项目建议。在此之前，地方人民代表大会和地方政府已经有征集立法项目建议的做法。随着新修订的《行政法规制定程序条例》和《规章制定程序条例》的施行，向社会征集立法项目成为一项可选择的行政立法程序。

（三）立项申请

国务院有关部门认为需要制定行政法规的，应当于国务院编制年度立法工作计划前，向国务院报请立项。国务院有关部门报送的行政法规立项申请，应当说明立法项目所要解决的主要问题、依据的党的路线方针政策和决策部署，以及拟确立的主要制度。

国务院部门内设机构或者其他机构认为需要制定部门规章的，应当向该部门报请立项。省、自治区、直辖市和设区的市、自治州的人民政府司法行政机关或者下级人民政府认为需要制定地方政府规章的，应当向该省、自治区、直辖市或者设区的市、自治州的人民政府报请立项。报送制定规章的立项申请，应当对制定规章的必要性、所要解决的主要问题、拟确立的主要制度等作出说明。

（四）立法计划建议

司法部应当根据国家总体工作部署，对行政法规立项申请和公开征集的行政法规制定项目建议进行评估论证，突出重点，统筹兼顾，拟订国务院年度立法工作计划，报党中央、国务院批准后向社会公布。

国务院有关部门法制机构，省、自治区、直辖市和设区的市、自治州的司法行政机关，应当对制定规章的立项申请和公开征集的规章制定项目建议进行评估论证，拟订本部门、本级人民政府年度规章制订工作计划，报本部门、本级人民政府批准后向社会公布。

二、起草

（一）起草的主体

司法部负责起草或组织起草行政法规草案，即司法部可以根据立法事项性质责成其内设的立法局起草，也可以确定由行政立法项目申请部门或相关的几个部门起草，亦可组织或委托专家学者等第三方起草。

部门规章由国务院部门组织起草。国务院部门可以确定规章由其一个或者几个内设机构或者其他机构具体负责起草工作，也可以确定由其法制机构起草或者组织起草。

地方政府规章由省、自治区、直辖市和设区的市、自治州的人民政府的司法行政机关组织起草;该司法行政机关可以确定规章由提出立项申请的一个部门或者几个部门具体负责起草工作,也可以自行起草。

(二)起草行政法规、规章的基本要求

1. 调研和论证咨询

起草部门应当深入调查研究,总结实践经验,广泛听取有关机关、组织和公民的意见。涉及社会公众普遍关注的热点难点问题和经济社会发展遇到的突出矛盾,减损公民、法人和其他组织权利或者增加其义务等对社会公众有重要影响的重大利益调整事项的,应当进行论证咨询。

2. 听取意见和充分协商

起草行政法规,应当将草案及其说明等向社会公布,征求意见;应当就涉及其他部门的职责或者与其他部门关系紧密的规定,与有关部门充分协商;涉及部门职责分工、行政许可、财政支持、税收优惠政策的,应当征得机构编制、财政、税务等相关部门同意。

起草部门规章,涉及国务院其他部门的职责或者与国务院其他部门关系紧密的,起草单位应当充分征求国务院其他部门的意见。起草地方政府规章,涉及本级人民政府其他部门的职责或者与其他部门关系紧密的,起草单位应当充分征求其他部门的意见。

3. 第三方参与起草

起草专业性较强的行政法规、规章,可以吸收相关领域的专家参与起草工作,或者委托有关专家、教学科研单位、社会组织起草。

4. 听证

起草的规章涉及重大利益调整或者存在重大意见分歧,对公民、法人或者其他组织的权利义务有较大影响,人民群众普遍关注,需要进行听证的,起草单位应当举行听证会听取意见。

三、审查

司法部负责行政法规草案的审查,具体工作由内设的立法局承担。部委规章草案由其内设的法制机构负责审查,地方政府规章草案由省级、设区市级人民政府的司法行政机关负责审查。

行政法规、规章的审查过程中仍须坚持科学立法、民主立法、专业立法的要求。

(一)调研和听取意见

行政法规、规章的送审稿或者送审稿涉及的主要问题发送国务院有关部门、地方人民政府、有关组织和专家等各方面征求意见;应当就行政法规、规章送审稿涉及的主要问题,深入基层进行实地调查研究,听取基层有关机关、组织和公民的意见,也可以将行政法规、规章送审稿或者修改稿及其说明等向社会公布,征求意见。

(二)论证咨询和听证

行政法规、规章送审稿涉及重大利益调整的,应当进行论证咨询,广泛听取有关方面的意见。论证咨询可以采取座谈会、论证会、听证会、委托研究等多种形式。行政法规、规章送审稿涉及重大利益调整或者存在重大意见分歧,对公民、法人或者其他组织的权利义务有较大影响,人民群众普遍关注的,可以举行听证会,听取有关机关、组织和公民的意见。

(三)立法分歧解决

有关部门对行政法规送审稿涉及的主要制度、方针政策、管理体制、权限分工等有不同意见的,起草主体应当进行协调,力求达成一致意见。对有较大争议的重要立法事项,可以委托有关专家、教学科研单位、社会组织进行评估。经过充分协调不能达成一致意见的,应当将争议的主要问题、有关部门的意见以及审查主体的意见及时报有关领导协调,或者报请有权部门决定。

第三节 行政法规、规章的解释

一、行政法规、规章的概念

行政法规、规章的解释是指在行政法规、规章施行过程中,遇到需要进一步明确具体含义的情况或者出现新的情况需要明确适用行政法规、规章依据,由行政法规和规章制定机关依据法定程序进行解释说明的活动。

与此相关的还有一项职能,即具体问题答复。涉及行政法规、规章适用过程中的具体问题,有关部门咨询或请求答复,需要司法行政机关予以回答。本节不做专门介绍。

二、解释程序的启动

(一)行政法规解释程序的启动

1. 解释要求

国务院各部门和省、自治区、直辖市人民政府可以向国务院提出行政法规解释要求。

2. 解释建议

对属于行政工作中具体应用行政法规的问题，省、自治区、直辖市人民政府司法行政机关以及国务院有关部门法制机构请求解释的，司法部可以研究答复。其中涉及重大问题的，由司法部提出意见，报国务院同意后答复。

（二）规章解释程序的启动

《规章制定程序条例》未对规章解释程序的启动作出规定。一般认为，国务院部门的内设机构可以向所属部门提出解释部门规章的要求。地方政府所属部门、下一级政府可以提出解释地方政府规章的要求。国家机关、社会团体、企业事业组织、公民认为规章确需解释的，可以向有关部门提出解释建议。

三、解释主体和解释效力

行政法规解释由司法部研究拟订解释草案，报国务院同意后，由国务院公布或者授权司法部公布。

部委规章解释由规章制定机关的法制机构参照规章送审稿审查程序提出意见，报请制定规章的国务院部委批准后公布。地方政府规章解释由地方政府所属的司法行政机关起草解释草案，报请制定规章的地方政府批准后公布。

行政法规和规章的解释与行政法规、规章有同等效力。

四、解释的权限、程序

（一）行政法规解释权限和程序

行政立法职能重新配置后，关于行政法规的解释权限和程序尚无专门规定。根据国务院办公厅《关于行政法规解释权限和程序问题的通知》（国办发〔1999〕43号）的规定，行政法规解释的权限分工和程序是：

第一，凡属于行政法规条文本身需要进一步明确界限或者作补充规定的问题，由国务院作出解释。这些立法性的解释，由原国务院法制办公室（现由司法部）按照行政法规草案审查程序提出意见，报国务院同意后，根据不同情况，由国务院发布或者由国务院授权有关行政主管部门发布。

第二，凡属于行政工作中具体应用行政法规的问题，有关行政主管部门在职权范围内能够解释的，由其负责解释；有关行政主管部门解释有困难或者其他有关部门对其作出的解释有不同意见，要求国务院解释的，由原国务院法制办公室（现由司法部）承办，作出解释；其中涉及重大问题的，由原国务院法制办公室（现由司法部）提出意见，报国务院同意后作出解释，答复有关行政主管部门，同时抄送其他有关部门。

第三,凡属于国务院、国务院办公厅有关贯彻实施法律、行政法规的规范性文件的解释问题,由原国务院法制办公室(现由司法部)承办,作出解释;其中涉及重大问题的,由原国务院法制办公室(现由司法部)提出意见,报国务院同意后作出解释。国务院、国务院办公厅其他文件的解释,由国务院办公厅承办。

(二)行政法规解释的实践

重组后的司法部在行政法规解释方面的工作尚不多见。之前的行政法规解释活动主要分为以下三种形式:

1. 立法性解释,即对条文进一步明确界限或者作补充规定。一般由国务院办公厅经国务院同意发布。比如,《国务院办公厅对〈禁止传销条例〉中传销查处认定部门解释的函》(国办函〔2007〕65号)、《国务院办公厅对〈中华人民共和国城市维护建设税暂行条例〉第五条的解释的复函》(国办函〔2004〕23号)等。

2. 行政法规适用中的重要问题解释,一般由原国务院法制办公室与国务院部门联合发布。比如,《国务院法制办公室、国家信访局对〈信访条例〉第三十四条、第三十五条中"上一级行政机关"的含义及〈信访条例〉适用问题的解释》、《国务院法制办公室、国土资源部关于对〈中华人民共和国土地管理法实施条例〉第二条第(五)项的解释意见》等。

3. 适用行政法规中的一般问题解释,一般由原国务院法制办公室解释。比如,国务院法制办公室对《国家发展改革委办公厅关于请对〈农药管理条例〉有关条款进行解释的函》的复函。

(三)规章解释权限和程序

1. 部委规章解释权限和程序

部委规章的解释由制定规章的部委解释,一般由其内设的法制机构起草解释草案,报经部委批准后发布。例如,司法部印发《关于〈司法鉴定机构登记管理办法〉第二十条、〈司法鉴定人登记管理办法〉第十五条的解释的通知》(司规〔2020〕4号)、公安部《关于印发〈公安机关执行保安服务管理条例若干问题的解释〉的通知》(公通字〔2010〕43号)等。

2. 地方政府规章的解释权限和程序

地方政府规章的解释权限和程序,一般与行政法规的解释相似。以河北省为例,根据河北省人民政府办公厅《关于省政府规章解释权限和程序问题的通知》(冀政办〔1999〕9号),省级政府规章的解释权限与程序如下:

第一,凡属于省政府规章条文本身需要进一步明确界限或者作补充规定的问题,由省政府作出解释。这类立法性的解释,由原省政府法制局(现为省司法厅)按照省政府规章草案审查程序提出意见,报省政府同意后,根据不同情况,由省政府发布或者由省政府授权有关行政主管部门发布。

第二,凡属于行政工作中具体应用省政府规章的问题,有关行政主管部门在职权范围内能够解释的,由其负责解释。有关行政主管部门解释有困难或者其他有关部门对其作出的解释有不同意见,要求省政府解释的,由原省政府法制局(现为省司法厅)承办,作出解释;其中涉及重大问题的,由原省政府法制局(现为省司法厅)提出意见,报省政府同意后作出解释,答复有关行政主管部门,同时抄送其他有关部门。

第三,凡属于省政府、省政府办公厅有关贯彻实施法律、法规、规章的规范性文件的解释问题,由原省政府法制局(现为省司法厅)承办,作出解释,其中涉及重大问题的,由原省政府法制局(现为省司法厅)提出意见,报省政府同意后作出解释。省政府、省政府办公厅其他文件的解释,由省政府办公厅承办。

第四节 行政法规、规章的立法后评估

一、评估的依据

(一)政策依据

中国行政立法后评估的规范依据首先可追溯至中共中央、国务院发布的关于依法治国、依法行政和法治政府建设的一系列政策性文件。2004 年国务院《全面推进依法行政实施纲要》第 18 条规定:"……规章、规范性文件施行后,制定机关、实施机关应当定期对其实施情况进行评估。实施机关应当将评估意见报告制定机关……"2010 年国务院《关于加强法治政府建设的意见》第 7 条指出:"提高制度建设质量……积极探索开展政府立法成本效益分析、社会风险评估、实施情况后评估工作……"2015 年中共中央、国务院印发的《法治政府建设实施纲要(2015—2020 年)》指出:"完善政府立法体制机制……定期开展法规规章立法后评估,提高政府立法科学性……"

(二)法律依据

1. 行政法规依据

《行政法规制定程序条例》第 37 条和《规章制定程序条例》第 38 条规定,立法主体可以组织对行政法规、规章或者行政法规、规章中的有关规定进行立法后评

估,并把评估结果作为修改、废止有关行政法规、规章的重要参考。

2. 规章依据

2010 年 9 月 1 日起实施的《国土资源部规章和规范性文件后评估办法》,以及广东省、西藏自治区、重庆市、上海市、宁波市、哈尔滨市、厦门市等省、自治区、直辖市、设区市人民政府制定了"规章立法后评估办法",对规章立法后评估作出了规定。

二、评估主体

根据《行政法规制定程序条例》第 37 条和《规章制定程序条例》第 38 条的规定,立法后评估坚持"谁制定,谁评估"原则,即行政法规和规章的制定机关就是立法后评估机关。但实际上,制定机关往往没有时间和能力进行评估,自我评估也有悖于评估工作的监督功能。从各地方实践来看,评估机关往往委托第三方进行评估。以广东省为例,《广东省政府规章立法后评估规定》规定,省人民政府法制机构、较大市人民政府法制机构和省人民政府行政主管部门、较大市人民政府行政主管部门是政府规章的评估机关,同时又规定"评估机关可以根据需要,将立法后评估的部分事项或者全部事项委托高等院校、科研机构、社会团体进行"。评估机关指导、监督受委托评估机构开展工作。

三、评估的范围和标准

(一)评估范围

评估范围指的是针对哪些行政法规、规章,在什么情况下有必要开展立法后评估。各部门、各地方立法后评估范围的确定标准不尽相同。例如,广东省的标准包括:实施满 3 年;拟上升为地方性法规;公民、法人或者其他组织对政府规章提出较多意见;同级政府法制机构认为有必要进行立法后评估,等等。上海市的标准包括:拟上升为地方性法规的;拟进行重大修改的;拟废止但有较大争议的;与经济社会发展或者公众利益密切相关,且实施满 5 年以上的;人大代表、政协委员或者社会各界意见、建议较为集中的,等等。

(二)评估标准

评估标准就是从哪些方面对行政法规、规章进行评估。立法后评估一般从合法性、合政策性、合理性等方面进行,但各地规定也存在差异。例如,广东省要求从合法性、合理性、可操作性、协调性、规范性、实效性等几个方面进行评估。上海市则要求从制度规范性和实施有效性两个方面评估。制度规范性包括:是否存在与上位法相抵触的内容;制度措施是否合理,是否符合公平、公正的原则,是否适应社会经济发展的需要;是否存在与其他行政法规、规章不相协调的内容等内容。实施有效性包括公众、行政相对人等对行政法规、规章及其主要制度的知晓度、满意度;制度措施是否可行;相关配套制度建设情况;行政法规、规章的执行情况和效果,实施中存在的主要问题以及原因等方面。其中,实施有效性是评估的重点。

四、评估的方法和程序

(一)评估方法

立法后评估可以采用文献研究、抽样调查、网络调查、问卷调查、实地调研、召开座谈会或者论证会、专家咨询、案卷评查、相关立法比较分析等多种方法进行。

(二)评估程序

立法后评估工作一般包括三个阶段:评估准备阶段、评估实施阶段和评估结论形成阶段。

1. 准备阶段主要开展以下工作:

(1)成立评估小组。评估小组由评估机关的相关人员组成,可以邀请人大代表、政协委员、有关法律专家、行业管理专家参加。

(2)制订评估方案。评估方案主要包括评估目的、评估对象与内容、评估标准与方法、评估步骤与时间安排、经费预算、组织保障等。

(3)制定调查提纲、设计调查问卷。

(4)其他评估准备工作。受委托评估单位开展立法后评估工作,其成立的评估小组和制订的评估方案应当经委托机关审核同意。

2. 实施阶段主要开展以下工作:

(1)通过各种形式收集行政法规、规章实施前后的信息,归纳基本情况。

(2)对收集的信息资料进行分析并得出初步结论。

3. 结论形成阶段主要开展以下工作:

(1)评估小组对初步结论进行研究论证。

(2)起草评估报告。

(3)组织有关专家对评估报告进行论证。

(4)正式形成评估报告。

立法后评估工作应当在一定时间内完成,一般为3~6个月。

五、行政法规、规章立法后评估的结果及其应用

(一)评估结果

行政法规、规章立法后评估工作完成后,要形成正式的评估报告。评估报告的

内容一般包括:(1)评估的对象、内容、方法、过程等评估工作情况;(2)实施部门按照行政法规、规章规定履行职责的评估;(3)按照评估的目的和标准进行调查评估的情况;(4)相关的意见和建议。

(二)评估结果的应用

根据《行政法规制定程序条例》和《规章制定程序条例》及相关规章的规定,立法后评估报告依法应当作为修改或者废止行政法规、政府规章,完善配套制度和改进行政执法工作的重要依据。

1. 立法后评估报告建议行政法规、政府规章进行修改的,国务院或其他行政机关应当按照立法程序组织对行政法规、政府规章进行修改。根据立法后评估报告修改行政法规、政府规章,原则上应当采纳评估报告提出的建议,未采纳的应当在起草说明中说明理由。

2. 立法后评估报告建议废止行政法规、政府规章的,应当按照法定程序提请制定机关决定。

3. 立法后评估报告建议完善有关配套制度的,国务院或有关行政机关应当在法定权限内及时办理。

4. 立法后评估报告提出改进行政执法建议的,有关行政机关应当及时采取措施予以落实。

第五节　行政法规、规章和行政规范性文件的清理、备案

一、行政法规、规章和行政规范性文件的清理

根据《行政法规制定程序条例》第 36 条和《规章制定程序条例》第 37 条的规定,国务院法制机构(现为司法部),国务院部门,省、自治区、直辖市和设区的市、自治州的人民政府,应当根据全面深化改革、经济社会发展需要以及上位法规定,及时组织开展行政法规或者规章的清理工作。对不适应全面深化改革和经济社会发展要求、不符合上位法规定的行政法规、规章,应当及时修改或者废止。

行政规范性文件不属于行政立法的范畴;但行政规范性文件在公共行政活动中发挥着重要的作用,具有抽象性、普遍约束力等类似行政立法的特征。行政规范性文件的制定主体多元、数量庞大,如果不经常进行清理,会出现没有法律、法规、规章依据而增加自身权利或克减人民权利,或者法律、法规、规章,或者规范性文件之

间内容冲突等现象,不符合依法治国的要求。因此,中央要求行政法规、规章和行政规范性文件一并清理。

行政法规、规章、行政规范性文件的清理,是适应改革发展要求、保障社会主义法制统一的重要手段,是提高行政立法质量的重要方式。

(一)清理主体

清理工作坚持"谁制定,谁清理"的原则。行政法规由司法部负责提出清理意见和建议,报国务院决定;国务院部门制定的规章、规范性文件和县级以上地方人民政府所属部门制定的规范性文件,由制定部门负责清理;部门联合制定或涉及多个部门职责的,由牵头部门负责组织清理;制定部门被撤销或者职权已调整的,由继续行使其职权的部门负责清理。县级以上地方人民政府制定的规章、规范性文件,由实施部门提出清理意见和建议,报同级人民政府决定。

(二)清理工作任务

通过对现行行政法规、规章、规范性文件进行清理,查找出存在的明显不适应、不一致和不协调的突出问题,根据不同情况,区别轻重缓急,分类进行处理,保证国家社会主义法制的统一和中国特色社会主义法律体系的科学统一和谐,更好地服务于中国经济社会的发展。

清理工作主要是围绕以下四类问题进行研究梳理,分别作出废止、宣布失效或者修改等处理:(1)行政法规、规章已经明显不适应经济社会发展要求的;(2)行政法规、规章与上位法的规定不一致的;(3)行政法规、规章之间明显不协调的;(4)规范性文件之间内容冲突、下级政府规范性文件违背上级政府规范性文件、规范性文件违法或不适当等。

(三)清理方式

清理工作主要有三种方式:(1)常态化清理。行政法规、规章、规范性文件的制定者,在日常工作中,责成相关机构及时研究梳理相关法规、规章和规范性文件,及时提出建议、报批执行。(2)集中清理。每隔几年,根据改革发展的需要或法律、法规、规章、政策的变化,对所有行政法规、规章和规范性文件进行大规模清理,集中进行废止、修改等活动。(3)专项清理。根据新制定、新修改的法律法规或者新发布的国家政策,对涉及某个领域或者某些问题的行政法规、规章、规范性文件进行专门清理,解决其中不符合新法律法规或新政策的问题。例如,国务院办公厅《关于开展生态环境保护法规、规章、规范性文件清理工作的通知》(国办发〔2018〕87号),就是根据党中央、国务院发布的《关于全面加强生态环境保护 坚决打好污染防治攻坚战的意见》,为对生态环境保护方面的法规、规章、规范性文件进行专门清理工作而制定的相关文件。

(四)清理要求

要依据党中央、国务院有关文件精神和上位法修改、废止情况,逐项研究清理。行政法规、规章、规范性文件的主要内容与党中央、国务院有关文件精神相抵触,或与现行上位法不一致的,要予以废止;部分内容与党中央、国务院有关文件相抵触,或与现行有关上位法不一致的,要予以修改。

(五)结果报送

一般来说,清理结果按照下面的程序报送:(1)县级以上地方人民政府所属部门要及时向本级人民政府报送清理结果。(2)市、县级人民政府要及时将本级政府及其所属部门的清理结果报送上一级地方人民政府。(3)各省、自治区、直辖市人民政府和国务院各部门在规定日期前将清理结果报送国务院,同时抄送司法部或国务院有关部门。(4)司法部或国务院有关部门将对法律、行政法规、规章、规范性文件的清理意见、修改草案和说明等清理情况汇总后报送国务院。

二、行政法规、规章和行政规范性文件的备案审查

(一)行政法规的备案审查

根据《中华人民共和国立法法》第98条和《行政法规制定程序条例》第30条的规定,行政法规在公布后的30日内由国务院办公厅报全国人民代表大会常务委员会备案。备案工作由全国人民代表大会常务委员会法律工作委员会下设的备案审查机构负责。

国务院、中央军事委员会、最高人民法院、最高人民检察院和各省、自治区、直辖市的人民代表大会常务委员会认为行政法规同宪法或者法律相抵触的,可以向全国人民代表大会常务委员会书面提出进行审查的要求,由常务委员会工作机构分送有关的专门委员会进行审查、提出意见。

其他国家机关和社会团体、企业事业组织以及公民认为行政法规同宪法或者法律相抵触的,可以向全国人民代表大会常务委员会书面提出进行审查的建议,由常务委员会工作机构进行研究,必要时送有关的专门委员会进行审查、提出意见。

全国人民代表大会专门委员会在审查中认为行政法规同宪法或者法律相抵触的,可以向国务院提出书面审查意见;也可以由宪法和法律委员会与有关的专门委员会召开联合审查会议,要求国务院到会说明情况,再向国务院提出书面审查意见。国务院应当在2个月内研究提出是否修改的意见,并向全国人民代表大会宪法和法律委员会、有关的专门委员会反馈。

全国人民代表大会宪法和法律委员会、有关的专门委员会审查认为行政法规同宪法或者法律相抵触而国务院不予修改的,可以向委员长会议提出书面审查意见和予以撤销的议案,由委员长会议决定是否提请常务委员会会议审议决定。

(二)规章的备案审查

规章包括部门规章和地方政府规章。部门规章,是指国务院各部、各委员会、中国人民银行、审计署和具有行政管理职能的直属机构在本部门的职权范围内制定的规章。地方政府规章,是指省、自治区、直辖市、自治州和设区的市人民政府根据法律、行政法规和本省、自治区、直辖市的地方性法规制定的规章。

部门规章由国务院部门报国务院备案;两个或者两个以上部门联合制定的规章,由主办的部门报国务院备案。省、自治区、直辖市人民政府规章由省、自治区、直辖市人民政府报国务院备案;自治州、设区的市人民政府规章报国务院备案,同时报省、自治区人民政府备案。

司法部对报送国务院备案的规章,就下列事项进行审查:(1)是否超越权限;(2)下位法是否违反上位法的规定;(3)地方性法规与部门规章之间或者不同规章之间对同一事项的规定不一致,是否应当改变或者撤销一方的或者双方的规定;(4)规章的规定是否适当;(5)是否违背法定程序。

经审查,规章超越权限,违反法律、行政法规的规定,或者其规定不适当的,由司法部建议制定机关自行纠正;或者由司法部提出处理意见报国务院决定,并通知制定机关。

部门规章之间、部门规章与地方政府规章之间对同一事项的规定不一致的,由司法部进行协调;经协调不能取得一致意见的,由司法部提出处理意见报国务院决定,并通知制定机关。

(三)行政规范性文件的备案审查

行政规范性文件是除国务院的行政法规、决定、命令以及部门规章和地方政府规章外,由行政机关或者经法律、法规授权的具有管理公共事务职能的组织(以下统称行政机关)依照法定权限、程序制定并公开发布,涉及公民、法人和其他组织权利义务,具有普遍约束力,在一定期限内反复适用的公文。

制发行政规范性文件是行政机关依法履行职能的重要方式,直接关系群众切身利益,事关政府形象。近年来,各地区、各部门不断加强行政规范性文件的制定和监督管理工作,取得了一定成效,但也存在不规范的情况。鉴于此,国务院办公厅发布了《关于加强行政规范性文件制定和监督管理工作的通知》(国办发〔2018〕37号),要求健全行政规范性文件备案监督制度,做到有件必备、有备必审、有错必纠。

制定机关要及时按照规定程序和时限报送备案,主动接受监督。省级以下地方各级人民政府制定的行政规范性文件要报上一级人民政府和本级人民代表大会常务委员会备案,地方人民政府部门制定的行政规范性文件要报本级人民政府备案,地方人民政府两个或两个以上部门联合制定的行政规范性文件由牵头部门负责报送备案。实行垂直管理的部门,下级部门制定的行政规范性文件要报上一级主管部门备案,同时抄送文件制定机关所在地的本级人民政府。地方人民政府负责备案审查的部门要加大备案监督力度,及时处理违法文件,对审查发现的问题可以采取适当方式予以通报。

思考题

1. 行政立法与人大立法有什么区别与联系?
2. 行政立法一般遵循哪些程序?
3. 中国共产党十九届三中全会前后,中国的行政立法职能配置有什么不同?
4. 重组后的司法行政机关有哪些立法职能?
5. 行政法规、规章草案的审查范围包括哪些方面?
6. 为什么要进行行政法规、规章的解释?
7. 行政法规、规章的立法后评估遵循哪些要求?
8. 行政法规、规章与行政规范性文件如何进行备案?

第六章 行政执法协调与监督

本章要点

本章介绍了行政执法的概念、主体、程序等基本原理，详细阐释了行政执法协调、行政执法监督、协调推进执法改革等司法行政职能。重点在于理解该三项重要职能的内涵、内容和实施程序。难点在于理解司法行政机关在协调行政执法改革中的作用。

第一节 行政执法概述

一、行政执法的概念和特征

行政执法是指政府及其部门以及授权行使行政权的其他组织，为了实现行政管理目的，依照法定职权或职责，实施、适用法律规范，并对行政相对人直接产生权利和义务影响的公权力行为。[①] 立法部门在使用行政执法这一概念时，往往从外延上界定，认为“行政执法，是指行政执法主体依法履行行政处罚、行政许可、行政强制、行政征收征用、行政给付、行政收费、行政确认、行政登记、行政裁决、行政检查等行政职责的行为”[②]。

行政执法具有以下四个特性：

（一）法律性

行政执法的目的是实现法律秩序，特别是行政法秩序，即实现法律预期的社会秩序，保护法律关系主体的权益，督促法律关系主体履行法律义务。行政执法活动以法律为依据，遵循法律规定的程序，承担法律赋予的责任。

---

① 参见刘平：《行政执法原理与技巧》，上海人民出版社2015年版，第4页。

② 《河北省行政执法监督条例》第2条第2款、《广东行政执法监督条例》第2条第2款。

（二）行政性

行政执法是行政机关及其他行政执法组织履行行政职能，依法管理、服务社会的活动，体现了行政组织的意志和利益。①

（三）社会性

行政执法活动是一种外部行政行为，以影响行政相对人的权利和义务为目的。行政执法的对象是公民、法人、社会组织等社会主体；行政执法者与社会主体的关系是管理与被管理、服务与被服务、控制与被控制的关系；行政执法活动是社会活动的组成部分，离不开社会主体的配合。

（四）具体性

行政执法是一种具体行政行为，是具体的行政执法主体，依据具体的法律法规条文，根据具体的证据和事实，针对特定的相对人，影响相对人的具体权利义务。

二、行政执法主体

行政执法主体指的是依法享有执法权限，从事或委托第三方从事执法活动的行政组织。

（一）行政机关作为行政执法主体

依法设立的行政机关，经法律、法规授予行政执法权限，由“三定规定”赋予其特定的执法职能，②即获得行政执法主体资格。大部分行政机关拥有行政处罚等执法权限，但并非所有的行政机关都是行政执法主体，有一些行政机关，如信访机关，没有执法权，不是行政执法主体。

拥有行政执法权的行政机关可以自己从事行政执法活动，也可依法委托其他行政机关或社会组织从事相关执法活动。受委托的行政机关必须有行政执法权，受委托的社会组织必须是具有公共事务管理职能的组织，且符合法律法规规定的其他条件。比如，《中华人民共和国行政处罚法》第21条规定，受委托实施行政处罚的组织必须符合以下条件：（1）依法成立的管理公共事务的事业组织；（2）具有熟悉有关法律、法规、规章和业务的工作人员；（3）对违法行为需要进行技术检查或者技术鉴定的，应当有条件组织进行相应的技术检查或者技术鉴定。其他法律法规

① 行政执法是行政执法主体代表国家从事的管理服务活动，从根本上来说，体现的是国家的意志和利益。根据行政法原理，行政执法主体具有独立的法律地位，行政执法决定是行政执法主体的意思表示行为，体现了行政执法主体的独立意志和利益。当然，这种利益是公共利益而非机关法人的私益。

② “三定规定”或称“三定方案”是各级党委关于政府机构职能配置、内设机构和人员编制规定的简称。

规定的条件大多与此相同。

(二)社会组织作为行政执法主体

社会组织是人们为了达到某种共同目的、实现共同意愿而结成并根据其章程开展活动的共同体。社会组织包括各种企事业单位、人民团体、行业协会、商会、基金会、慈善组织等,可以分为营利性组织和非营利性组织两大类。经法律法规的专门授权,某些具有管理公共事务职能的非营利性社会组织可以获得一定的执法权,成为行政执法主体。比如,《中华人民共和国律师法》第 46 条第 1 款第 6 项授权律师协会"对律师、律师事务所实施奖励和惩戒",律师协会根据此项授权对律师实施惩戒,即为行政执法活动,律协在此项活动中即为行政执法主体。

三、行政执法程序的原则、制度和一般规则

程序是法治的基石。对于强制性行政执法行为,程序的重要性更加凸显。通过法律程序对行政执法活动进行规范和控制,有利于维护公共秩序和公共利益,也有利于保障行政相对人和利益相关人的合法权益。

不同的行政执法行为,执法程序有所不同,如行政处罚与行政许可,在法律规定的程序上有较大的区别。但各种执法程序也应遵循一定的统一性要求,包括行政执法程序原则和行政执法程序制度。

(一)行政执法程序的主要原则

1. 公开原则

公开原则是指行政执法的过程、依据、结果等要向相对人和社会公开。公开有助于监督行政执法主体依法办事,同时保障相对人的知情权和社会公众的参与权。公开原则需要一系列程序制度保障,如告知、听证、公示等制度。

2. 参与原则

参与原则是指行政执法主体在制定规范、作出决策和采取执法措施等过程中,为行政相对人、利害关系人提供参与的机会,有效保障其合法权益。听取意见、陈述申辩、听证等制度体现了参与原则。

3. 公正与效率兼顾原则

公正与效率兼顾原则要求行政执法主体在执法活动中平等对待行政相对人,给予公平的机会、对称的信息、均衡的权利义务,做到一视同仁、不偏不倚。同时,要求迅速、及时和有效地实现行政目的,在公平、公正的基础上,不侵犯相对人权益的前提下,尽可能提高行政效率。说明理由及行政证据、案卷排他等制度体现了公平的原则;文书格式化、档案标准化、行政应急、简易程序等制度体现了效率原则。

（二）行政执法的主要程序制度

如前文所述，行政执法原则体现在各种执法程序制度之中。下面简要介绍几种主要的程序制度：

1. 表明身份制度，要求行政执法人员在执法活动中及时向相对人出示执法证件，表明自己的执法资格，防止假冒、诈骗和滥用权力。

2. 告知制度，要求行政执法人员在采取执法措施之前，及时通知相对人，告知执法事由、依据和相应权利。

3. 受理制度，要求行政执法主体及时受理相对人提出的申请，或及时作出不受理决定并告知理由。

4. 调查制度，要求在作出行政执法决定或采取措施之前，深入进行调查和收集证据，证据确实充分才能作出决定或采取措施。

5. 回避制度，要求与行政相对人或与执法事务有利害关系的行政执法人员，不得参与具体执法活动。

6. 说明理由制度，要求行政执法主体在作出决定前，告知相对人执法理由、依据和救济权利、渠道。

7. 听证制度，要求执法主体在作出影响相对人重大权益的决定之前，运用听证会等形式，充分听取相对人和利害关系人的意见。

8. 时效制度，要求行政执法活动在规定的时限内完成，没有理由超过规定期限的，承担相应的法律责任。

（三）行政执法行为的一般程序

行政执法主体在作出各类行政执法行为时遵循的程序不尽相同，但仍能归纳出一般的程序规则：

1. 启动。行政执法程序可以由执法主体依职权主动开启，也可以根据公民、法人或其他组织的申请而启动。行政处罚一般是依职权主动启动，行政许可则是根据申请启动。

2. 调查。行政执法人员要及时、客观地核查材料，实地调查、收集证据，充分了解案件事实。调查取证时，调查人员不得少于 2 人，要及时表明身份。

3. 审查。行政执法调查结束后，执法机关要认真审查各项材料，保证行政证据真实、合法、充分。

4. 决定。执法主体根据调查认定的事实，在充分听取相对人意见，对拟作出的决定进行合法性审查之后，依职权作出执法决定。

5. 送达。行政执法决定作出后，要根据法律法规规定的时间和方式送达相对人。相对人在送达回执上签字后执法决定生效。如果相对人拒绝签字或出现其他情况,依据法律法规的规定确定生效时间。

6. 执行。行政执法决定送达相对人之后,要求相对人自觉履行。如果相对人不执行,行政机关强制执行或申请法院强制执行。

四、司法行政机关的执法协调监督职能

(一)行政执法协调监督职能及其配置

行政执法协调和监督,一般指的是行政系统内部执法争议协调和执法活动的层级监督,即上级机关对下级机关之间执法权限等争议的协调解决,以及对下级机关执法活动的合法性、适当性等问题进行监督。

中国共产党十九届三中全会之前,行政执法协调和监督并没有专责机关和专门职责,虽然协调和监督职能包含在上级机关的职能之中,但到底如何协调、如何监督,协调和监督的效果好坏等都取决于上级机关是否具有主动性和积极性。从实践效果来看,这种职能配置方式不符合国家治理体系和治理能力现代化的要求。

中国共产党十九届三中全会以后,行政执法协调和监督作为一项专门职能被提出来,并且交给重组后的司法行政机关专门负责。各地根据中央的政策精神,制定了有关行政执法监督的地方法规,推动了行政执法协调监督工作的专门化和法治化。

(二)司法行政机关的行政执法协调监督职能

司法部承担的行政执法协调监督职能的内容包括:负责行政执法的综合协调工作;指导、监督各地区各部门行政执法工作,推进严格规范公正文明执法;负责协调行政执法体制改革和行政执法的普遍性重要性问题;负责国务院“放管服”①改革措施的法制协调工作;指导行政裁决工作。

地方司法行政机关的职能与司法部的职能类型大体相同,有些地方根据实际情况增加了一些地方性职能,如河北省司法厅增加了“协调部门之间行政执法中有关争议和问题”“指导全省行政执法队伍规范化、制度化建设和行政执法人员培训

---

① “放管服”改革就是推进简政放权、放管结合、优化服务,不断提高政府效能。“放”即简政放权,降低准入门槛。“管”即创新监管,促进公平竞争。“服”即高效服务,营造便利环境。2016年5月19日,李克强总理在全国推进简政放权放管结合优化服务改革电视电话会议上,发表题为《深化简政放权放管结合优化服务　推进行政体制改革转职能提效能》的讲话,全面开启“放管服”改革。随后几年中,各部门、各行业的“放管服”改革持续深入开展。

工作”等职能。[①] 再如,江苏省司法厅增加了“负责省政府所属行政执法机关的行政执法证件核发及管理工作;监督设区市、县(市、区)行政执法证件核发及管理工作”“指导协调推行行政执法公示、执法全过程记录、重大执法决定法制审核‘三项制度’工作”等职能。[②]

根据重组后的司法行政机关担负的行政执法协调监督职能,司法部设立了行政执法协调监督处,专门负责行政执法协调监督工作。绝大多数的地方司法行政机关也相应设立了行政执法协调监督机构,专门负责行政执法协调监督工作。少数省市司法行政机关,基于综合行政执法改革的需要,将行政执法协调监督工作纳入综合行政执法改革工作中,由专门的综合行政执法改革机构负责行政执法协调监督工作。例如,浙江省的行政执法协调监督工作是由省综合行政执法指导办公室负责。省综合行政执法指导办公室下设综合处、协调推进处、规范指导处、监督检查处等机构,行政执法协调监督工作纳入协调推进处、规范指导处、监督检查处等机构的职能中。[③]

第二节 行政执法协调

目前,中国尚无有关行政执法协调的全国性立法或政策文件。近年来,各地方政府就如何开展行政执法协调工作开展了积极探索,有些地方制定了政府规章,有些地方制定了行政规范性文件。本节参考广州、北京等地代表性的做法,就有关问题作一般性介绍。

一、行政执法协调的概念和特征

关于行政执法协调,学术界并无严格的定义。结合有关地方政府规章和行政规范性文件的规定,尝试作如下定义:行政执法协调,也称行政执法争议协调,指的是司法行政机关对有关行政执法主体在执行法律、法规、规章和行政规范性文件过程中所发生的争议依法开展协调,推动执法争议得到解决的活动。

---

① 资料来源于河北省司法厅网,http://sft.hebei.gov.cn/system/2019/09/26/011885147.shtml,最后访问日期:2021 年 11 月 28 日。

② 资料来源于江苏省司法厅网,http://sft.jiangsu.gov.cn/art/2019/5/18/art_74423_8361102.html,最后访问日期:2021 年 11 月 28 日。

③ 资料来源于浙江省司法厅网,http://sft.zj.gov.cn/col/col1229166062/index.html,最后访问日期:2021 年 11 月 28 日。

行政执法协调是一种特殊的行政工作,具有以下三个特点:

(一)行政性

行政执法协调属于行政系统内部的争议解决机制,目的是保障各类行政权力之间的衔接、配合,建立和完善行为规范、运转协调、权责明确的行政执法体制,提高行政效率和效能,促进依法行政。

(二)合法性

行政执法协调要依据法律法规规章确定各部门之间的权责界限,解决执法权属争议;根据法律法规规章的具体规定和立法精神,解决执法部门适用法律法规规章中的分歧;依据法律法规规章的具体规定作出行政执法协调意见或行政执法协调决定。

(三)合理性

行政执法争议的解决不仅是一个法律问题,也是一个行政实践问题。行政争议解决过程中可能遇到两方面问题,一是法律法规规章与行政实践不相适应问题,二是行政实践需求与立法缺位的矛盾问题。在此情况下,要遵循立法原则和精神,遵循国家政策精神,参照有关行政规范性文件,结合行政惯例和社会实际,按照有利于科学、合理配置行政权和提高行政效率、效能的原则进行,做到恰当、合理。

二、行政执法协调的范围

根据最新的地方政府规章,①行政执法协调的范围一般包括行政主体履行职责过程中发生的下列情形:

1. 两个或者两个以上行政主体对同一事项都认为本部门具有或者不具有法定管理职责而发生争议的;

2. 两个或者两个以上行政主体认为法律、法规、规章和行政规范性文件与其职能有关的规定不明确或者对其理解不一致的;

3. 两个或者两个以上行政主体对同一种事项或行政违法行为都具有法定管理职责,需要就执法标准等事项进行协调的;

4. 行政主体依法应当协助、配合其他行政主体的执法活动而不履行或者未能有效履行协助、配合职责的;

5. 行政主体依法应当移送行政违法案件而不移送,或者移送后有关行政主体应

---

① 资料来源于广州市人民政府门户网,http://www.gz.gov.cn/gzgov/s8263/201912/c14990686c174a10881ef59ea5add048.shtml,最后访问日期:2021 年 11 月 29 日。

当受理而不受理的；

6. 其他需要进行协调的事项。

不属于行政执法协调范围的有：

1. 不涉及对法律、法规、规章和行政规范性文件的理解和适用的一般行政管理事务争议；

2. 一个行政主体内部的争议；

3. 行政主体与行政相对人发生的争议；

4. 法律、法规和规章对行政执法争议的协调有其他规定的。

三、行政执法协调的程序

(一) 自行协调的程序

对属于行政执法协调范围内的事项，行政执法主体各方应依法自行协调。协调可以通过召开协调会的方式，也可以通过函件的形式；可以由一方出具协调意见，各方商讨，也可以双方共同讨论拟定协调意见。达成协调意见后，各方共同执行，同时将协调意见报所属政府备案。协调不成的，任何一方均可以申请司法行政机关协调。司法行政机关按照法定程序或规定程序完成协调。

(二) 司法行政机关依职权协调程序

1. 启动

司法行政机关认为存在属于行政执法协调范围内的行政争议，应当依职权主动进行协调；也可以根据行政执法争议一方或多方的申请，依职权进行协调。

2. 通知和材料提交

司法行政机关应当向相关行政执法主体发出《行政执法协调通知书》，要求相关执法主体在收到执法协调通知之日起一定期间内提交材料，包括关于协调事项的情况说明，有关法律、法规、规章或者行政规范性文件的文本，对争议事项的意见以及其他需要提交的有关材料。

3. 召开协调会

司法行政机关进行行政执法协调，应当召开协调会议，充分听取有关行政执法主体的意见，有关行政执法主体负责人应当参加；协调可能涉及行政执法主体职能变更时，应当通知编制主管部门参加。

4. 协调意见或决定

经司法行政机关协调，相关行政执法主体就有关事项形成一致意见的，经相关行政执法主体书面确认并报本级人民政府同意后，制作《行政执法协调意见书》；经协调，相关行政主体未能就有关事项形成一致意见的，报本级人民政府决定。行政执法争议一方涉及司法行政机关的，由本级人民政府决定。

5.备案

司法行政机关出具的《行政执法协调意见书》应当在一定期限内报所属人民政府备案。人民政府发现存在问题的，应当依法纠正。

（三）根据建议进行协调的程序

公民、法人或者其他组织认为存在行政执法争议，可以书面向司法行政机关建议协调。司法行政机关要认真审查建议提到的行政执法争议，确认是否属于行政执法协调范围，是否有必要进行协调。司法行政机关决定进行协调的，应当根据前述程序进行，并将协调结果告知建议人；如果司法行政机关认为不存在行政执法争议或者行政执法争议不属于行政执法协调范围或者认为没必要进行协调的，书面回复建议人并说明理由。

四、行政执法协调法律责任

（一）执法协调意见的提出

司法行政机关在行政执法协调过程中，发现行政执法主体在行政执法中存在问题的，应当向有关行政执法主体提出意见或者建议；对于两个或者两个以上行政主体共同存在的问题，应当及时组织有关部门进行研究，确定解决或者改善的办法并函告相关行政执法主体，或者报所属人民政府决定。

（二）立法修改意见的提出

司法行政机关在行政执法协调过程中，认为有关法律、法规或者规章的规定不明确或者不完善的，应当按照法定程序提请该法律、法规或者规章的制定机关进行解释或者提出修改建议；认为有关规范性文件的规定不明确或者不完善的，应当按照规范性文件管理的有关规定处理。

（三）不履行执法协调职责的法律责任

有关行政执法主体对存在的争议不自行协调或者不提请司法行政机关协调，相互推诿造成严重后果的，由有权机关责令改正，对负有责任的领导人员和直接责任人员依法给予处分；构成犯罪的，依法追究刑事责任。

（四）不履行执法协调意见、决定的法律责任

行政执法主体不执行已经生效的《行政执法协调意见书》和《行政执法协调决定书》的，司法行政机关应向本级政府报告，由本级政府给予通报批评，必要时可以向有关行政执法主体发出督察令，并建议有关部门对主管人员和其他责任人员追

究行政责任。

（五）对执法协调工作的监督

司法行政机关在监督检查辖区行政执法协调工作过程中，发现下级人民政府及其司法行政机关作出的《行政执法协调决定书》《行政执法协调意见书》错误的，应当提出纠正建议报本级人民政府决定。

司法行政机关发现有关行政主体自行协调错误的，应当责令其纠正。

第三节　行政执法监督

一、行政执法监督的概念和特征

行政执法监督，是指上级人民政府对下级人民政府、县级以上人民政府对所属行政执法部门、上级行政执法部门对下级行政执法部门依法履行行政处罚、行政许可、行政强制、行政征收征用、行政给付、行政收费、行政确认、行政登记、行政裁决、行政检查等行政职责行为的监督。

首先，行政执法监督是一种内部层级监督，是政府或政府部门对具有隶属关系或业务指导关系的行政执法主体的执法活动进行督导检查，其直接目的是保障行政任务的顺利实现。

其次，行政执法监督是一种合法性监督。一方面，行政执法监督工作必须依法开展，遵循法定程序；另一方面，行政执法监督的内容是行政执法主体是否正确适用法律、法规、规章，是否保证了法律、法规、规章的正确实施。

最后，行政执法监督是一种合理性监督，即监督内容除了合法性问题之外，还要监督行政执法主体是否恰当运用自由裁量权、执法决定是否合理等。

二、行政执法监督的范围

关于行政执法监督的范围，目前尚无全国性立法或政策明确规定。根据最新的地方性法规，[①]行政执法监督的范围一般包括以下十个方面：

1. 行政执法主体、权限、程序的合法性。

2. 行政执法队伍管理情况。

---

① 《河北省行政执法监督条例》，载长城网，http://www.hbrd.gov.cn/system/2019/06/05/019662824.shtml?from=singlemessage，最后访问日期：2021 年 11 月 29 日。

3. 行政执法决定的合法性和适当性。

4. 行政执法职责履行情况。

5. 行政执法责任制落实情况。

6. 行政裁量基准制度落实情况。

7. 行政执法公示、全过程记录、重大执法决定法制审核情况。

8. 行政执法案卷管理情况。

9. 文明执法情况。

10. 依法应当监督的其他内容。

其他较有代表性的地方性法规,[①]从行政执法的合法性、行政执法责任制、重大行政执法决定法制审核、行政执法全过程记录、行政执法和刑事司法衔接、纠错问责等制度的落实情况等方面规定了监督范围。具体包括以下六个方面:

1. 对行政执法的合法性监督,包括执法主体、权限、程序的合法性,执法决定的合法性和适当性,执法主体不履行或者不正确履行法定职责的情况。

2. 对行政执法责任制落实情况的监督,包括行政执法主体资格认证、行政执法人员持证上岗和资格管理、行政裁量权基准等。

3. 对重大行政执法决定法制审核制度落实情况的监督,包括行政执法主体作出重大行政执法决定前,经其负责法制工作的机构对行政执法的法定权限、法律依据、法定程序进行合法性审核的情况。

4. 对行政执法全过程记录制度落实情况的监督,包括行政执法具体操作流程的制定和对登记立案、监督检查、调查取证、行政决定等活动的全过程记录的情况。

5. 对行政执法和刑事司法衔接机制落实情况的监督,包括制定和完善案件移送标准和程序,以及建立和落实行政机关与司法机关共享信息、通报案情、案件移送制度的情况。

6. 对纠错问责机制落实情况的监督,包括改正错误、查找原因、责令公开道歉、停职检查、引咎辞职、责令辞职、罢免等问责方式和程序的落实情况。

三、行政执法监督的程序

行政执法监督程序,不同地方可能存在差异,但一般遵循以下程序要求:

(一)表明身份

行政执法监督人员应取得行政执法监督检查证件,在开展现场行政执法监督

① 资料来源于广东省人民政府法制网,http://www.fzb.gd.gov.cn/publicfiles/business/htmlfiles/gdsfzb/zrzzcfg/201606/13582.html,最后访问日期:2021 年 12 月 1 日。

活动时应当及时出示执法监督检查证件。行政执法监督人员不得少于2人。

（二）回避

行政执法监督人员本人或者其近亲属与办理的监督事项有利害关系，或者有其他情形可能影响监督事项公正处理的，应当自行回避；被监督机关、投诉举报人有权申请其回避。行政执法监督人员的回避由其所在单位主要负责人决定；行政执法监督人员没有自行回避，被监督机关、投诉举报人也没有申请其回避的，行政执法监督机关应当决定其回避。

（三）通知并责令改正

行政执法监督机关发现被监督机关有执法监督范围内的违法、不当或不规范、不文明执法行为的，应当发出《行政执法监督通知书》，责令其改正。被监督机关对《行政执法监督通知书》有异议的，可以自收到《行政执法监督通知书》之日起一定时间（如15日）内，向行政执法监督机关申请复查，行政执法监督机关应当自收到申请之日起一定时间内（如15日）予以复查并答复。

（四）整改

被监督机关应当自收到《行政执法监督通知书》之日起一定时间内（如30日）整改落实，并向行政执法监督机关报送整改落实情况。

（五）监督决定

被监督机关逾期不改正或者拒不改正的，行政执法监督机关可以根据行政执法行为的性质、程度等情况，分别作出责令限期履行、责令补正或者改正、撤销、确认违法或者无效的决定，并制发《行政执法监督决定书》，但当事人已对该具体行政执法行为申请行政复议或者提起行政诉讼的除外。

四、行政执法监督方式和措施

（一）行政执法监督方式

行政执法监督机关通常采取日常监督、专项监督两种方式。日常监督内容包括对履行行政执法职责和遵守法律、法规、规章情况的监督，行政执法人员培训考试和持证上岗管理，办理对行政执法的投诉、举报等。专项监督内容包括对法律、法规、规章实施情况的执法检查，行政执法评价、行政执法案卷评查、行政执法违法案例通报等。

行政执法监督可以通过抽查、暗访等手段，还可以运用大数据监测分析，或者采用委托高等院校、科研机构、社会组织等第三方机构进行执法评估等方法开展行政执法监督工作。

（二）行政执法监督措施

行政执法监督机关实施监督时，可以采取下列措施：

1. 要求被监督机关报告有关执法情况；

2. 询问被监督机关有关工作人员、行政相对人和其他有关人员；

3. 查阅、复制、调取行政执法案卷或者有关视听资料、电子数据和其他有关材料；

4. 组织实地调查、勘验或者进行必要的录音、录像、拍照、抽样等；

5. 委托符合法定条件的社会组织进行鉴定、评估、检测、勘验；

6. 组织召开听证会、专家论证会；

7. 法律、法规、规章规定的其他措施。

行政执法监督机关可以将行政执法监督工作中的有关情况予以通报，发现行政执法问题突出、造成重大影响的，可以约谈被监督机关的负责人。

行政执法监督机关实施行政执法监督时，发现地方性法规、政府规章和规范性文件存在违反法律、法规、政策或者不适应社会发展需要等情形的，应当向地方性法规、政府规章和规范性文件的制定机关提出修改或者废止建议。

（三）行政复议与应诉

行政复议与行政应诉是司法行政机关的一项新职能，发挥着行政执法监督的作用。

1. 行政复议及其监督作用

行政复议是司法行政机关受理公民、法人或其他组织的申请，对行政机关的行为的合法性、合理性进行审查，对违法或不当行为予以纠正的准司法行政行为。行政复议制度是一种保障公民、法人或其他组织合法权益的救济机制，同时是监督行政机关依法执法与合理执法的法律机制。

从被申请人的类型来看，司法行政机关负责的行政复议案件主要包括以下四类：一是以所属人民政府为被申请人的案件；二是以政府各部门为被申请人的案件；三是以下级政府为被申请人的案件；四是以司法行政机关为被申请人的案件。此外，司法行政机关还负责监督、指导本行政区域的行政复议工作；办理行政复议的统计分析、评价、问题建议和其他综合事项。

各地司法行政机关在行政复议工作中积极探索新的工作机制，以更好地发挥监督行政行为的作用，如年度行政复议工作报告制度、行政复议典型案例公示制度、行政复议“三公开”制度等。北京市通州区人民政府办公厅印发《关于实行行政复议“三公开”制度的意见》，决定在全区实行行政复议工作报告公开、复议决定公开和典型案例公开，以期通过公开进一步规范行政复议行为，使行政机关自觉接受社会监督，提高办案质量，倒逼依法行政。①

2. 行政应诉

司法行政机关受本级人民政府委托，代理以政府为被告的行政诉讼应诉工作；承办以本司法行政机关为被告的行政诉讼应诉工作。同时，司法行政机关还承担着指导、监督本行政区行政应诉工作的职责。通过行政应诉典型案件公示、行政应诉违法或不当行为监督、指导和规范行政负责人出庭应诉等工作，督促行政机关在日常工作中做到依法行政。比如，有的地方司法行政机关制定了《行政机关负责人出庭考核办法》《行政机关负责人出庭应诉管理办法》等规范性文件，明确规定行政机关负责人出庭纳入绩效考核范围，倒逼行政机关依法行政、规范行政。

第四节　协调推进行政执法体制改革

协调推进行政执法体制改革是司法部以及地方各级司法行政机关的重要职责。根据中国共产党十九届三中全会审议通过的《中共中央关于深化党和国家机构改革的决定》《深化党和国家机构改革方案》和第十三届全国人民代表大会第一次会议批准的《国务院机构改革方案》，司法部负责贯彻落实党中央关于全面依法治国的方针政策和决策部署，承担统筹推进法治政府建设的责任。司法部设立的行政执法协调监督机构具体负责协调行政执法体制改革，负责国务院"放管服"改革措施的法制协调工作。根据中央要求，各级地方党委、政府也依法依规制订发布机构改革方案，赋予司法行政机关协调推进行政执法改革的职能。

一、协调、督促落实行政执法改革决策部署

行政执法改革过程中会遇到各种困难和问题，如不同部门之间的执法权限争议、执法权限重新配置引发的冲突、消极对待改革要求等。司法行政机关有责任采取各种措施，协调推进、督促落实政府执法改革的各项任务。

（一）协调解决改革中的困难和问题

1. 专项调研

改革过程中，司法行政机关必须深入改革一线，了解各地政府及部门落实改革

---

① 《通州区行政复议应诉工作报告》（2018 年度），载通州区人民政府网，http://www.bjtzh.gov.cn/bjtz/xxfb/201904/1221963.shtml，最后访问日期：2021 年 12 月 2 日。

任务的实际情况,发现问题并及时协调解决有关问题。实践中,司法部和各级司法行政机关不断派出专门调研组,深入了解改革中的实际问题。例如,2019 年 1 月 14 ~ 15 日,江苏省司法厅组织人员成立调研组就全面推进行政执法“三项制度”工作进行专题调研。[①] 调研组通过实地走访了解基层执法单位贯彻落实“三项制度”情况,现场观看科技执法、智慧执法演示,召开政府各部门参加的调研座谈会,就执法改革任务落实情况进行讨论、交流,对存在的问题提出解决方案。[②] 其他地方的司法厅(局)大多进行了类似调研工作。

2. 专题推进会

为协调不同部门协同推进改革工作,司法部和地方各级司法行政机关经常召集政府及其部门参加专题推进会,听取各方意见、协调安排各项工作。例如,司法部于2019 年11 月在石家庄召开“全面推行行政执法三项制度工作推进会”,就推行行政执法“三项制度”进行总结和再部署。会议指出,全面推行“三项制度”,聚焦行政执法的源头、过程和结果三个关键环节,对促进严格规范公正文明执法具有基础性、整体性与突破性作用,对推进国家治理体系和治理能力现代化具有重要意义。会议要求,各地区、各部门要把推进“三项制度”落实工作与学习贯彻党的十九届四中全会精神结合起来,不断强化责任、完善制度、创新机制、强化技术支撑、加强队伍建设,努力开创新时代行政执法工作新局面。[③]

(二)督促落实执法改革工作任务

1. 调研过程中的督促

如上文所述,司法部和地方各级司法行政机关深入改革一线,通过实地走访和召开座谈会、推进会等形式了解各地落实改革任务存在的问题,在此过程中,及时提出进一步推进改革工作的具体要求,督促各地各部门按照国家部署和要求认真完成改革任务。

---

① 行政执法“三项制度”指的是行政执法公示制度、行政执法全过程记录制度和重大执法决定法制审核制度。2018 年 12 月,国务院办公厅印发了《关于全面推行行政执法公示制度执法全过程记录制度重大执法决定法制审核制度的指导意见》,对各级行政执法机关全面推行“三项制度”工作提出明确要求。

② 《省司法厅调研组来扬调研行政执法“三项制度”工作》,载扬州市司法局网,http://sfj. yangzhou. gov. cn/yzsfj/xzyw/202001/ade838b25a0945efac1cee98668085c3. shtml,最后访问日期:2021 年 12 月 3 日。

③ 《司法部:深入推行行政执法“三项制度”》,载中国政府网,http://www. gov. cn/xinwen/2019/11/27/content_5456425. htm,最后访问日期:2021 年 12 月 3 日。

2. 专项督查

为保障执法改革措施落实到位，司法部以及地方各级司法行政机关派出专门督察组或调研督察组，针对各地各部门落实改革任务中存在的问题，提出整改意见。例如，2019 年辽宁省司法厅对省政务服务大厅和沈阳市相关单位开展证明事项告知承诺制试点工作进行督查检查。督察组先后对省公安厅、省林草局、沈阳市社保局、沈阳市市场监管局、沈阳市城乡建设局等服务窗口进行了现场督查，听取了证明事项告知承诺制进展情况，查阅了告知承诺书和办理事项的相关案卷，了解了试点工作中存在的问题和意见建议，实地旁观了行政机关工作人员办理证明事项告知承诺的工作流程，并对做好证明事项告知承诺制试点总结工作提出了具体要求。① 其他地方司法行政机关也通过类似的方式，督促各地各部门贯彻落实行政执法改革要求。

二、组织开展行政执法改革试点

（一）组织安排行政执法改革试点

开展改革试点工作是保障全面改革顺利推行的重要途径。通过试点，鼓励创新，总结经验，规避风险，是改革举措实现“软着陆”的有益经验。例如，根据中央“减证便民”的要求，司法部于 2019 年 5 月印发《开展证明事项告知承诺制试点工作方案》，组织天津、河北、辽宁、上海、江苏、浙江等 13 个省（直辖市）和公安部、人力资源和社会保障部、自然资源部、交通运输部等 5 个国务院部门开展证明事项告知承诺制试点工作，开启了行政审批制度的新一轮改革。

（二）指导、督促试点工作顺利完成

试点期间，司法部多次派人赴辽宁、天津、山东、河北、浙江等地调研情况、督促指导试点工作；通过召开 13 个试点地区、5 个试点部门参加的座谈会，建立联络员微信群，编发简报，审核实施方案等方式，指导督促试点地区和部门做好试点工作；通过在司法部网站开辟“放管服”改革专栏，邀请人民日报、中央电视台等中央媒体单位跟踪报道等方式，宣传推广试点中的好做法、好经验，确保试点工作顺利推进。

（三）总结创新经验、全面推行改革

通过开展试点，截至 2019 年年底，13 个省（直辖市）、5 个部门累计试点告知承

① 《辽宁司法厅对证明事项告知承诺制试点工作开展督查检查》，载法制网，http://www.legaldaily.com.cn/index/content/2019/12/09/content_8069274.htm。

诺制证明事项约2500项,涉及公安户籍、交通运输、人力资源和社会保障、不动产登记、教育、科技、司法行政等60多个领域。[①] 企业和群众的获得感和幸福感显著增强,企业和群众办证多、办事难等现象明显改观,各试点地区和部门治理能力和治理水平不断优化,试点取得了良好的效果。在总结试点经验的基础上,司法部完善改革方案,在全国全面推开证明事项告知承诺制度。

三、积极推进行政执法队伍建设

(一)严管执法队伍准入

执法改革的一个重要方面就是提升行政执法的规范化、法治化,其中一项重要指标就是执法人员必须具备执法资格,坚决禁止不具备执法资格的人员从事执法活动。各地司法行政机关承担着组织行政执法资格考试、发放行政执法资格证件、监督管理执法人员等职责。根据改革的要求,严把"入门"关,严肃考试要求、严肃考试纪律,严格证件发放程序,切实提升行政执法人员素质。司法部印发了《司法行政系统落实"谁执法,谁普法"普法责任制实施意见》,提出行政机关没有执法资格不得执法。各地司法行政机关也出台了一些规章或规范性文件,专门对执法资格、执法证件等管理工作提出要求。例如,浙江省人民政府办公厅印发《浙江省行政执法证件管理办法》,对行政执法资格考试、行政执法证件的取得和使用等作出具体规定。[②]

(二)重视执法队伍培训

行政执法业务培训和法律培训是提升行政执法人员执法水平的重要手段,也是法治政府建设的基本要求。司法部和各地司法行政机关特别重视行政执法队伍的培训工作,每年组织不同层次、不同专题的业务培训和法律培训。各地司法行政机关结合执法实践中经常涉及的行政许可、行政处罚、行政强制等行政执法实务方面的内容组织了形式多样的培训。通过这些专项培训,提高了行政执法人员的执法水平,推进了行政执法队伍建设。[③]

---

① 《需要提供的证明材料越来越少　群众办事更加便捷——司法部多措并举,大力推进证明事项告知承诺制试点工作》,载司法部官网,http://www.moj.gov.cn/pub/sfbgw/fzgz/fzgzxzzf/fzgzxzzfxtjd/202005/t20200529_154176.html,最后访问日期:2021年12月4日。

② 《浙江省行政执法证件管理办法》,载浙江省司法厅网,http://www.zj.gov.cn/art/2016/6/29/art_12455_282245.html,最后访问日期:2021年12月5日。

③ 《定边县司法局组织全县行政执法人员培训》,载榆林市司法局网2019年10月23日,http://sfj.yl.gov.cn/article/1191023094310,最后访问日期:2021年12月5日。

（三）严肃执法责任

司法行政机关负有执法监督职责，发现行政执法人员有违法或不当行为的，根据情节对负有直接责任的主管人员和其他直接责任人员给予批评教育、离岗培训、调离执法岗位、暂扣行政执法证或者吊销行政执法证等处理决定；情节严重的，依法给予处分；构成犯罪的，依法追究刑事责任。2020 年 1 月，司法部召开全国司法厅局长会议，会议指出，要按照“落实行政执法责任制和责任追究制”的部署安排，加快推进落实行政执法责任制、过错追究制和评议考核制。①

思考题

1. 简述行政执法与行政立法、行政司法之间的区别。
2. 行政执法的程序制度包括哪些？
3. 如何理解司法行政机关的执法协调监督职能？
4. 行政执法协调和行政执法监督有什么区别？
5. 行政执法协调的范围包括哪些？
6. 行政执法协调的程序是怎样的？
7. 行政执法监督的范围包括哪些？
8. 行政执法监督和措施都有哪些？
9. 如何理解司法行政机关在协调推进行政执法体制改革中的作用？

① 《司法部：加强对行政执法权的全方位监督》，载新浪网，http://news.sina.com.cn/sf/news/fzrd/2020-01-19/doc-iihnzhha3487384.shtml，最后访问日期：2021 年 12 月 6 日。

第七章　监 狱 行 刑

本章要点

本章应掌握监狱的概念与特征，了解监狱的产生与发展，重点掌握监狱的性质、监狱的监管与改造、监狱的狱政管理等内容。

第一节　监 狱 概 述

一、监狱的概念与性质

监狱是国家依法设置与管理的执行部分死刑、部分剥夺人身自由刑的刑罚执行机关。根据《中华人民共和国宪法》第28条和《中华人民共和国监狱法》第2条第1款的规定，中国的监狱是国家的刑罚执行机关。

监狱具有以下特征：

1. 监狱由国家依法设置和管理。监狱属于国家机器的一部分，是国家的暴力工具，其职能是剥夺犯罪人的人身自由，性质十分特殊，法律依据充分且明确。《中华人民共和国立法法》第8条第4、5项明确规定，犯罪和刑罚事项只能制定法律，剥夺罪犯人身自由的刑罚及其执行，只能通过法律设置与管理。监狱作为刑罚执行机关，彻底剥夺犯罪人的人身自由且限制相关自由，国家法律应对其设立和管理作出明文规定，并依据法律规定设立和管理。

2. 监狱的任务是正确执行刑罚，惩罚和改造罪犯，预防和减少犯罪。刑罚作为与犯罪作斗争的工具，其由静态变为动态、由法典上的文字变为现实需要经过制刑、求刑、量刑和行刑等阶段，其中行刑是保证制刑意图得以贯彻、刑罚目的得以实现的关键环节。在自由刑占据刑罚体系的核心地位以后，剥夺罪犯人身自由的监狱，承担了绝大部分的刑罚执行任务，成为国家最主要的刑罚执行机关。经过监狱的惩罚与改造，罪犯能够吸取教训，能够实现特殊预防的目的。

3. 监狱关押的对象仅限于被判处特定刑罚的罪犯。在中国，并不是所有的刑罚都由监狱来执行，中国主刑有死刑、无期徒刑、有期徒刑、拘役、管制，附加刑有剥夺政治权利、罚金、没收财产和针对犯罪的外国人适用的驱逐出境。死刑立即执行和财产刑由法院执行；拘役、剥夺政治权利、驱逐出境、剩余刑期3个月以下的有期徒刑由公安机关执行；管制由社区矫正机构执行。

根据《中华人民共和国刑法》《中华人民共和国刑事诉讼法》《中华人民共和国监狱法》的有关规定，被判处死刑缓期2年执行、无期徒刑、剩余刑期在3个月以上的有期徒刑的罪犯在监狱内执行刑罚。通常人们以为监狱是自由刑行刑机关，但是由于中国刑罚制度的特殊性，死刑缓期2年执行的机关也是监狱，因此监狱既是部分自由刑行刑机关，也是部分死刑执行机关。

二、监狱的性质

（一）监狱属于国家机器范畴

按照马克思关于国家起源及其特征的理论，国家是由军队、警察、监狱等暴力机器组成的，其中军队主要行使对外防御、保卫领土和人民的职能，警察和监狱则主要行使对内预防、惩罚犯罪、保卫社会和矫正罪犯的职能。

（二）监狱是国家的刑罚执行机关

在国家机器的诸因素中，监狱专司刑罚执行。在中国的司法实践中，法院和公安机关都承担一定刑罚执行职能，但从严格意义上讲，法院属于审判机关，公安机关是公共安全和刑事侦查机关，它们不是专门的刑罚执行机关，兼具其他职能。监狱则是专门的刑罚执行机关，《中华人民共和国监狱法》第2条第1款明确规定："监狱是国家的刑罚执行机关。"

（三）监狱是维护社会秩序的工具

马克思指出："刑罚不外是社会对付违反它的生存条件（不管这是些什么样的条件）的行为的一种自卫手段。"①社会的"生存条件"，也就是该社会的经济基础，也可以泛化为社会秩序。作为国家权力的重要组成部分，刑罚执行权必定受到经济基础的制约，同时也必定要维护其赖以存在的经济基础，维护特定的社会秩序。犯罪行为是对社会生存条件的破坏，因此是社会所不能容忍的。国家为维护良好的社会秩序，则必须用特殊手段制止犯罪和预防犯罪，作为国家机器重要组成部分

---

① 中共中央马克思恩格斯列宁斯大林著作编译局：《马克思恩格斯全集》（第8卷），人民出版社2006年版，第579页。

的监狱,通过行使国家的刑罚执行权来惩罚和预防犯罪行为,维护良好的社会秩序。

(四)监狱是改造犯罪人的特殊机构

现代监狱的出现,使刑罚的个别预防得以充分实现。一般来讲,个别预防是通过三个途径来实现的:一是剥夺或限制犯罪人的再犯能力,使其不能再犯罪;二是通过刑罚带来的痛苦使犯罪人不敢再犯罪;三是将罪犯改造成为守法公民,使其不愿再犯罪。监狱通过对犯罪人人身自由的剥夺,一方面,最大限度地限制了犯罪人再犯罪的条件;另一方面,人身自由的剥夺可以使罪犯切身感受到刑罚惩罚的痛苦。更为重要的是,监狱可以改造犯罪人成为守法公民,使其不愿再犯罪。除被判处死刑的犯罪人以外,对其他绝大多数犯罪人,个别预防目的得以实现的主要途径就是通过劳动改造、教育改造、狱政管理、心理矫治等手段将犯罪人改造成为守法公民,使其不愿再犯罪。

三、监狱的产生与发展

监狱是随着自由刑的出现而逐步发展起来的。中国自由刑的出现,远早于西方。自夏朝起,在墨、劓、腓、宫、大辟的奴隶制五刑之外,就有“流宥五刑”之法。因其不在正规刑罚之列,且与今日所称自由刑特征相差较远,故一般观点不把它作为自由刑的起源。一般认为,中国自由刑缘起自西周的圜土之制和嘉石之制。圜土之制的对象是未构成触犯五刑之罪的“罢民”,即轻微犯罪者和无业游民;场所是“圜土”,即筑成圆形的土墙以囚禁犯人,相当于监狱;内容是将罢民囚禁于圜土,强制服劳役。罪的等级是上罪、中罪、下罪三等;刑期分别是3年、2年、1年三级;最终结果有两种,据《周礼·秋官·司圜》记载:“能改者,上罪三年而舍,中罪二年而舍,下罪一年而舍;其不能改而出圜土者,杀。”由此可见,圜土之制已具备了现代自由刑的一些基本特征,类似有期徒刑。

古代和中世纪的欧洲虽然出现了监狱,但和现代意义上的监狱含义并不一样,仅限于拘禁犯罪嫌疑人、未决犯和等待处决的死刑犯,而不是自由刑的执行场所。现代意义上的自由刑和监狱在西方国家出现于十六七世纪。此时封建经济体制开始解体,资本主义生产方式开始产生,血腥的资本原始积累把广大的无产者抛向街头,他们成为流浪者、乞丐。这些人为了生存而犯罪,对统治秩序构成严重威胁,于是出现了以收容城市流浪者和乞丐为目的之最早矫正机构。1550年英国伦敦设立了第一个矫正院,随后荷兰分别于1595年和1597年在阿姆斯特丹设立男犯矫正院和妇女纺织所。17世纪初开始,欧洲各国纷纷仿效建立类似的矫正机构。这些矫正机构的收容对象逐渐扩大到一般犯罪人,并且开始注意对犯罪人的精神感化和职业指导,开始具备监狱和自由刑的特征与功能。不过,自由刑正式在法律中确立并逐渐被大量使用直至占据刑罚体系的中心,还是在18世纪末19世纪初。

18世纪,资本主义生产方式的进一步发展加剧了社会矛盾,犯罪问题日益严重,监狱人满为患,矫正无暇顾及。同时,资本家以不平等竞争为由,迫使监狱取消了生产职能,导致监狱状况越加恶劣。管理无力、交叉感染使监狱变成了"大染缸""犯罪加工厂",累犯率急剧上升。这种状况终于引发了西方刑罚史上著名的监狱改良运动。18世纪西方的监狱改良运动以改善监狱状况,改善犯罪人待遇,提高监禁质量为宗旨,最终使监狱设施和生活待遇得以改善,并且创造了独居制、沉默制等新的自由刑执行方法,监狱的功能逐渐由单纯监禁转向对犯罪人的矫正和教育。至此,集监禁与矫正于一身并在刑罚体系中占据中心地位的现代意义上的自由刑才正式产生,其法律上的标志是1810年《法国刑法典》。到19世纪末20世纪初,西方国家建立起了一整套自由刑制刑、量刑和行刑的科学体系,对世界范围内刑罚制度的改革起到了积极的推动作用,自由刑和监狱最终在世界各国得到普遍重视。

第二节　监狱的管理

一、监狱的领导体制

监狱的领导体制问题事实上就是监狱的归属问题,即监狱工作隶属于哪一个政府部门,由谁来领导。中国监狱的主管机关是司法部。根据《中华人民共和国监狱法》第10条的规定:"国务院司法行政机关主管全国的监狱工作。"国务院司法行政机关即司法部,因此司法部是主管全国监狱工作的领导机关。

监狱工作的隶属关系,在中华人民共和国成立以后经历了一个曲折变化的过程。中华人民共和国成立之初,中国的监狱工作由司法部领导和管理。1950年5月中央决定大规模组织罪犯劳动改造,1950年11月根据政务院的指示,将监狱、看守所和劳改队移交给公安机关领导和管理,这种体制一直延续到1983年。1983年,中央根据中国政法工作的需要,从有利于加强对监狱工作的领导,有利于公、检、法、司诸机关的互相配合、互相监督、互相制约的角度出发,决定将监狱工作从公安机关移交给司法行政机关,由司法行政机关领导和管理。从1983年8月15日起,中国的监狱工作正式由司法行政机关领导和管理。1994年12月29日颁布的《中华人民共和国监狱法》首次以法律的形式对司法行政机关领导和管理监狱工作进行确认,标志着中国法治建设的巨大进步。

二、监狱的管理机关

监狱的管理机关,是指国家设立的专门负责领导和管理惩罚与改造罪犯工作的政府职能机构。中国监狱的管理机关包括司法部监狱管理局和省、自治区、直辖市监狱管理局。

司法部监狱管理局作为司法部的职能机构,具体负责管理和领导全国监狱工作。其职责是监督检查监狱法律法规和政策的执行工作,指导、监督监狱执法、管理和罪犯改造工作。①

省、自治区、直辖市监狱管理局在司法厅的直接领导和司法部监狱管理局的业务领导下,管理和领导本地区的监狱工作,通常为副厅局级单位。不同地区监狱管理局的职能表述有差异,有的较为详细,有的相对概括。例如,北京市监狱管理局的职能为:贯彻执行党和国家关于监狱工作和戒毒工作的方针、政策和法律、法规、规章,指导、监督管理本市监狱刑罚执行、狱政管理、教育改造工作,指导、监督管理所属强制隔离戒毒场所、戒毒康复场所强制隔离戒毒措施的执行和戒毒康复工作,对社区戒毒、社区康复工作提供指导和帮助。② 上海市监狱管理局的职能则较为详细:(1)贯彻执行有关监狱工作的法律、法规、规章和方针、政策,研究制定本市狱政管理和罪犯教育改造、劳动生产、生活卫生等方面的规章制度;(2)管理指导监狱正确执行刑罚、依法治监,提高监狱管理水平,创建现代化文明监狱;(3)制定监狱的布局规划和新建、改建、扩建方案,经批准后组织实施;(4)负责监狱系统人民警察警用装备、狱政装备的配置和管理工作;(5)负责规划、部署监狱系统的经济工作,管理所属单位的生产、财务、基建等工作;(6)负责编制、申报监狱系统的人民警察经费、罪犯改造经费及其他各项经费;(7)按规定负责本市监狱系统国有资产的管理;(8)负责监狱人民警察的配置、教育、培训、奖惩工作,负责干警队伍建设;负责工勤人员的招录、评聘和工资管理及劳动保护工作;(9)参与社会治安综合治理工作,组织开展对在押罪犯的社会帮教和刑满释放人员的接对帮教工作;(10)负责有关行政复议受理和行政诉讼应诉工作;(11)承办市政府交办的其他事项。③

---

① 参见司法部监狱管理局厅局职能,载司法部官网,http://www.moj.gov.cn/organization/node_jyglj.html。

② 参见北京市监狱管理局职能,载北京市监狱管理局官网,http://jyj.beijing.gov.cn/zwgk。

③ 参见上海市监狱管理局职能,载上海市监狱管理局官网,http://jyj.sh.gov.cn/jyw/n27/n30/n111/n116/20190406/0042-3759.html。

在个别地区,根据监狱相对集中或监狱规模过大等实际情况设立的监狱管理分局,属省(自治区、直辖市)监狱管理局的派出机构,行使监狱管理局的职权,领导本区域的监狱管理工作。

司法部和各省、自治区、直辖市的监狱管理局,根据工作需要设立政治部、办公室以及狱政管理、狱内侦查、刑罚执行、教育改造、劳动生产、财务等职能机构。同时,中国现行的监狱管理机关,不仅具有管理罪犯改造工作的职能,还具有管理经济的职能,分别在中央和各省、自治区、直辖市的财政、银行、劳动、人力资源和社会保障等部门建立户头,与归口部门建立横向联系,管理监狱经济。

三、监狱的内部管理体制

目前,中国的监狱并行两种内部管理体制:一种是党委领导下的监狱长、政治委员分工负责制;另一种是党委领导下的监狱长负责制。监狱一般为处级单位,也有个别监狱为厅局级或副厅局级单位。监狱下设监区,监区设监区长、教导员各1人,副职若干人。《中华人民共和国监狱法》第12条第1款规定:"监狱设监狱长一人、副监狱长若干人,并根据实际需要设置必要的工作机构和配备其他监狱管理人员。"一般情况下,监狱设置刑罚执行、狱政管理、教育改造、狱内侦查、生活卫生、安全生产、组织人事、计划财务等部门。

第三节 监狱行刑

一、监狱行刑的内容

(一)监禁罪犯

监狱行刑的主要对象是被判处自由刑的犯罪人。监禁是剥夺自由刑最基本的执行方式,通常是将犯罪人羁押于特定的封闭性非常强的物理设施之中,并对其实施全方位、全天候的严格看管。为了保证执行场所的安全和防止服刑罪犯脱逃,监狱的物理设施一般由围墙、电网、大门、警戒地带等构成,同时配备带有武器的武装力量,使监禁场所与外界严格隔离开来。服刑人员只能和法律规定的有限的外界社会关系进行联络。

生命刑以犯罪人的生命结束为标准,财产刑以物质财富数额为标准,自由刑则以时间为标准。监狱行刑的过程是一个具有一定弹性时间的完成惩罚与改造任务的过程。监狱根据人民法院已经发生法律效力的判决,依照法律规定的程序,完成从收押罪犯到刑满释放罪犯的基本任务,中间会通过减刑、假释、暂予监外执行等措施调整实际执行情况。

（二）管理罪犯

监狱行刑的重要内容之一就是对服刑罪犯的管理,包括分别管理、通信会见、生活卫生、奖励惩罚、警戒具使用等内容。对罪犯的管理是宣告刑得以顺利实现的重要保证,同时也是罪犯各种权利得到应有保障的基本前提。在中国,狱政管理是改造罪犯的基本手段之一。依法科学有效管理犯罪,可以起到规范罪犯日常行为活动、促使罪犯养成良好行为习惯、激励罪犯积极改造、引导罪犯自觉改造等作用。

（三）惩罚罪犯

监狱行刑的核心内容是在特定时间剥夺犯罪人的人身自由。人身自由是人自主决定自己身体活动的时间、地点、方式和内容的自由。在人类社会中,这一自由是受到法律约束的,人们在法律允许的范围内享有这一自由。人身自由是每个人进行正常生活、工作、学习、娱乐和交往的前提,一旦失去,则意味着与正常社会的隔绝,意味着一切正常人的个人与社会活动的结束,痛苦是显而易见的。剥夺人身自由,意味着对犯罪人的惩罚,是犯罪人实施恶行的法律后果,是刑罚维护社会公平和正义的必然要求。日本学者山口厚认为:“刑罚的实质是对成为处罚对象的犯罪人的恶害(利益侵害性)。”①作为一种同犯罪作斗争的国家暴力手段,如果不能给犯罪人造成身体或者精神痛苦,造成不同形式的利益损失,即失去了其惩罚性,刑罚也就失去了其本质的东西,不再是刑罚了。

监狱行刑对罪犯的惩罚体现在对其人身自由的剥夺上,并不是通过对罪犯的肉体折磨和精神摧残来实现,现代监狱行刑禁止任何形式的酷刑,禁止任何形式不人道的做法。

（四）改造罪犯

惩罚不是刑罚的目的,监狱行刑的最终目的是通过多种手段改造罪犯,使其成为守法公民。在中国,监狱行刑的最终目的是将犯罪人改造成为出狱后能够适应社会生活的守法公民。监狱通过劳动改造、行为和心理矫治、文化教育等,改变罪犯主观形态、知识结构、道德修养、行为习惯,使其掌握一定的文化知识、谋生技能,最终成为能够适应社会生活的守法公民。

---

① [日]山口厚:《刑法总论》(第3版),付立庆译,中国人民大学出版社2018年版,第417页。

二、监狱中的行刑

(一)收监

收监是监狱行刑的第一步。人民法院对被判处死刑缓期2年执行、无期徒刑、有期徒刑的罪犯,应当将执行通知书、判决书送达羁押该罪犯的公安机关,公安机关应当自收到执行通知书、判决书之日起1个月内将该罪犯送交监狱执行刑罚。因刑事诉讼程序导致的先行羁押,羁押1日,折抵刑期1日。

罪犯收监,相关法律文书应该齐全。罪犯被交付执行刑罚时,交付执行的人民法院应当将人民检察院的起诉书副本、人民法院的判决书、执行通知书、结案登记表同时送达监狱。监狱没有收到上述文件的,不得收监;上述文件不齐全或者记载有误的,有权要求作出生效判决的人民法院及时补充齐全或者作出更正;对其中可能导致错误收监的,不予收监。

监狱收监时,应当对罪犯进行严格的身体检查,女犯由女性人民警察检查。同时,严格检查罪犯所携带的物品,非生活必需品由监狱代为保管或者征得罪犯同意退回其家属,违禁品予以没收。罪犯收监后,监狱应当通知罪犯家属,通知书应当自收监之日起5日内发出。

罪犯不得携带子女在监内服刑。现代刑法摒弃株连原则,主张罪责自负,遵循罪刑法定原则与罪责刑相适应原则。罪刑法定原则规定,法律明文规定为犯罪行为的,依照法律定罪处刑;法律没有明文规定为犯罪行为的,不得定罪处刑。刑罚的轻重,应当与犯罪分子所犯罪行和承担的刑事责任相适应。对没有实施犯罪行为的人,不得定罪处刑,对实施犯罪行为的人,刑罚与其罪行和责任相适应。罪犯的子女没有实施任何犯罪行为,不能因其父母有罪而被剥夺人身自由,不得对其施加刑罚。罪犯不得携带子女在监狱内服刑,是贯彻宪法中尊重和保障人权原则的具体体现。

(二)对罪犯提出的申诉、控告、检举的处理

罪犯有权利对生效判决提出异议。罪犯对生效的判决不服的,可以提出申诉,这是法律赋予罪犯的权利。对于罪犯的申诉,人民检察院或者人民法院应当及时处理。对罪犯提出的控告、检举材料,监狱应当及时处理或者转送公安机关或者人民检察院处理,公安机关或者人民检察院应当将处理结果通知监狱。罪犯的申诉、控告、检举材料,监狱应当及时转递,不得扣压。

监狱在执行刑罚过程中,根据罪犯的申诉,认为判决可能有错误的,应当提请人民检察院或者人民法院处理,人民检察院或者人民法院应当自收到监狱提请处

理意见书之日起6个月内将处理结果通知监狱。认真对待罪犯的申诉权利,能够在一定程度上达到及时纠正冤假错案的效果。

(三)监外执行

对于被判处无期徒刑、有期徒刑在监内服刑的罪犯,符合刑事诉讼法规定的监外执行条件的,可以暂予监外执行。

暂予监外执行的实体条件有五个:第一,罪犯被判处有期徒刑或者拘役,或者减为有期徒刑的。第二,有严重疾病需要保外就医的。对罪犯确有严重疾病,必须保外就医的,由省级人民政府指定的医院诊断并开具证明文件。第三,被判处无期徒刑、有期徒刑或者拘役的,怀孕或者正在哺乳自己婴儿的妇女。第四,生活不能自理,适用暂予监外执行不致危害社会的。第五,不具备排除性条件。对适用保外就医可能有社会危险性的罪犯,或者自伤自残的罪犯,或者不配合治疗的罪犯,不得保外就医。

对患有高血压、糖尿病、心脏病等严重疾病,但经诊断短期内没有生命危险的,不得暂予监外执行。对上述疾病规定从严,主要考虑到保外就医目的是实现刑罚执行的人道主义,对有生命危险的罪犯安排监外执行。高血压、糖尿病、心脏病等疾病,在较为轻微的时候,没有生命危险,如对此类患病罪犯暂予监外执行,就违背了保外就医的目的,有可能造成刑罚执行的不公正。对在暂予监外执行期间因违法违规被收监执行或者因重新犯罪被判刑的罪犯,需要再次适用暂予监外执行的,应当从严审批。

暂予监外执行,由监狱提出书面意见,报省、自治区、直辖市监狱管理机关批准。批准机关应当将批准的暂予监外执行决定通知公安机关和原判人民法院,并抄送人民检察院。

对暂予监外执行的罪犯,依法实行社区矫正,由社区矫正机构负责执行。原关押监狱应当及时将罪犯在监内改造情况通报负责执行的社区矫正机构。

暂予监外执行的罪犯具有刑事诉讼法规定的应当收监的情形的,社区矫正机构应当及时通知监狱收监;刑期届满的,由原关押监狱办理释放手续。罪犯在暂予监外执行期间死亡的,社区矫正机构应当及时通知原关押监狱。

(四)减刑、假释

减刑、假释是激励罪犯改造的刑罚制度,是监狱刑罚执行工作中的重要环节。被判处无期徒刑、有期徒刑的罪犯,在服刑期间确有悔改或者立功表现的,根据监狱考核的结果,可以减刑。有下列重大立功表现之一的,应当减刑:(1)阻止他人重大犯罪活动的;(2)检举监狱内外重大犯罪活动,经查证属实的;(3)有发明创造或者重大技术革新的;(4)在日常生产、生活中舍己救人的;(5)在抗御自然灾害或者排除重大事故中,有突出表现的;(6)对国家和社会有其他重大贡献的。

减刑建议通常由监狱向中级人民法院提出,中级人民法院应当自收到减刑建议书之日起1个月内予以审核裁定;案情复杂或者情况特殊的,可以延长1个月。减刑裁定的副本应当抄送人民检察院。

死刑缓期2年执行是死刑的一种,由死刑减为无期徒刑或者有期徒刑,性质较为特殊,不是减刑,是对死缓犯在考验期没有故意犯罪或者有重大立功表现的一种奖励措施,是宽严相济刑事政策的体现。被判处死刑缓期2年执行的罪犯,符合法律规定的,减为无期徒刑、有期徒刑。死缓2年考验期满时,①所在监狱应当及时提出减刑建议,报经省、自治区、直辖市监狱管理机关审核后,提请高级人民法院裁定。

被判处无期徒刑、有期徒刑的罪犯,符合法律规定假释条件的,由监狱根据考核结果向人民法院提出假释建议,人民法院应当自收到假释建议书之日起1个月内予以审核裁定;案情复杂或者情况特殊的,可以延长1个月。假释裁定的副本应当抄送人民检察院,接受人民检察院的监督。

人民法院裁定假释的,监狱应当按期假释并发给假释证明书。对被假释的罪犯,依法实行社区矫正,由社区矫正机构负责执行。被假释的罪犯,在假释考验期限内有违反法律、行政法规或者国务院有关部门关于假释的监督管理规定的行为,尚未构成新的犯罪的,社区矫正机构应当向人民法院提出撤销假释的建议,人民法院应当自收到撤销假释建议书之日起1个月内予以审核裁定。人民法院裁定撤销假释的,由公安机关将罪犯送交监狱收监。

对不符合法律规定的减刑、假释条件的罪犯,不得以任何理由将其减刑、假释,否则将伤害刑罚的权威性。人民检察院认为人民法院减刑、假释的裁定不当,应当依照刑事诉讼法规定的期间向人民法院提出书面纠正意见。对于人民检察院提出书面纠正意见的案件,人民法院应当重新审理。

(五)释放和安置

罪犯服刑期满,意味着自由刑执行完毕,监狱应当按期释放并发放释放证明书。罪犯释放后,公安机关凭释放证明书办理户籍登记,重新为其恢复户籍。部分刑满释放人员生活困难的,当地人民政府帮助其安置生活。刑满释放人员丧失劳

① 《中华人民共和国刑法》第50条第1款规定,判处死刑缓期执行的……对于故意犯罪未执行死刑的,死刑缓期执行的期间重新计算,并报最高人民法院备案。因此,死刑缓期执行的考验期也有可能超过2年。

动能力又无法定赡养人、扶养人和基本生活来源的,由当地人民政府予以救济。刑满释放人员虽然有犯罪记录,但是依法享有与其他公民平等的权利,公众应该以接受其回归的态度与立场,帮助其重新融入社会。

第四节　狱政管理和教育改造

一、监狱中的狱政管理

(一)分押分管

监狱对成年男犯、女犯和未成年犯实行分开关押和管理。未成年罪犯与成年罪犯分别关押和管理,能够有效防止"交叉感染"。各省、自治区、直辖市基本上都有1所未成年犯管教所,以改造未成年罪犯为主;基本上都有1所或者2所女子监狱,专门关押改造女性罪犯。女犯由女性人民警察直接管理。对未成年犯和女犯的改造,应当照顾其生理、心理特点。

监狱根据罪犯的犯罪类型、刑罚种类、刑期、改造表现等情况,对罪犯实行分别关押,采取不同方式管理。中国监狱有高度戒备、中度戒备、低度戒备之分,在有些监狱也分高度戒备、中度戒备、低度戒备监区。不同戒备度监狱或者监区,能够更好地对罪犯进行监管改造。

(二)警戒

监狱的外围武装警戒由人民武装警察部队负责,具体办法由国务院、中央军事委员会规定。

监狱发现在押罪犯脱逃,应当即时将其抓获;不能即时抓获的,应当立即通知公安机关,由公安机关负责追捕,监狱密切配合。

监狱根据监管需要,设立警戒设施。监狱周围设警戒隔离带,未经准许,任何人不得进入。监区、作业区周围的机关、团体、企业事业单位和基层组织,应当协助监狱做好安全警戒工作。

(三)戒具和武器的使用

戒具是监狱管理的必要工具,主要有手铐、脚镣、警绳、电击警棍,非必要不允许使用,更不能将其滥用为刑具。监狱遇有下列情形之一的,可以使用戒具:(1)罪犯有脱逃行为的;(2)罪犯有使用暴力行为的;(3)罪犯正在押解途中的;(4)罪犯有其他危险行为需要采取防范措施的。以上情形消失后,应当停止使用戒具。

监狱配置有武器,武器使用应该严格遵守法律法规的规定。监狱人民警察和人民武装警察部队的执勤人员遇有下列情形之一,非使用武器不能制止的,按照国家有关规定,可以使用武器:(1)罪犯聚众骚乱、暴乱的;(2)罪犯脱逃或者拒捕的;(3)罪犯持有凶器或者其他危险物,正在行凶或者破坏,危及他人生命、财产安全的;(4)劫夺罪犯的;(5)罪犯抢夺武器的。使用武器的人员,应当按照国家有关规定报告情况。

(四)通信、会见、生活、卫生

罪犯在服刑期间可以与他人通信,但是来往信件应当经过监狱检查。监狱发现有碍罪犯改造内容的信件,可以扣留,这不是对公民通信自由的干涉,而是为了防止罪犯之间、罪犯与外界不受监督的联系可能带来的重新犯罪风险。罪犯写给监狱的上级机关和司法机关的信件,不受检查。罪犯在监狱服刑期间,按照规定,可以会见亲属、监护人。罪犯收受物品和钱款,应当经监狱批准、检查,禁止现金在监狱内使用;罪犯个人有消费账户,在狱内生活消费,从账户中扣除。罪犯的生活标准按实物量计算,由国家规定,确保罪犯基本生活有保障。罪犯在监狱内可以购买一定生活用品和食物等,但是要受到最高消费标准限值。

罪犯的被服由监狱统一配发,无须个人支出。对少数民族罪犯的特殊生活习惯,应当予以照顾。罪犯居住的监舍应当坚固、通风、透光、清洁、保暖。

监狱应当设立医疗机构和生活、卫生设施,建立罪犯生活、卫生制度。罪犯的医疗保健列入监狱所在地区的卫生、防疫计划,通常罪犯在监狱可以享受免费医疗的待遇。有的监狱为降低罪犯医疗支出,实施改革,与当地医保部门合作,从而更好地保障罪犯身体健康。

罪犯在服刑期间死亡的,监狱应当立即通知罪犯家属和人民检察院、人民法院。罪犯因病死亡的,由监狱作出医疗鉴定。人民检察院对监狱的医疗鉴定有疑义的,可以重新对死亡原因作出鉴定。罪犯家属有疑义的,可以向人民检察院提出。罪犯非正常死亡的,人民检察院应当立即检验,对死亡原因作出鉴定。

(五)奖惩

监狱建立罪犯的日常考核制度,考核的结果作为对罪犯奖励和处罚的依据。司法部《监狱计分考核罪犯工作规定》(以下简称《计分考核规定》)自2021年10月1日起施行。内容包括总则、日常计分的内容和标准、等级评定、考核程序及规则、考核结果运用、附则。该规定相对于之前的规定更具可操作性。

罪犯加分项共有四类,项目较多,引导罪犯实施良好行为。第一,监管改造表现:(1)遵守法律法规、监规纪律和行为规范;(2)服从监狱人民警察管理,如实汇报改造情况;(3)树立正确的服刑意识和身份意识,改造态度端正;(4)爱护公共财物和公共卫生,讲究个人卫生和文明礼貌;(5)厉行节约,反对浪费,养成节约用水、节约粮食等良好习惯;(6)其他遵守监规纪律的情形。第二,教育和文化改造表现:(1)服从法院判决,认罪悔罪;(2)接受思想政治教育和法治教育,认识犯罪危害;(3)接受社会主义核心价值观和中华优秀传统文化教育;(4)参加文化、职业技术学习,考核成绩合格;(5)接受心理健康教育,配合心理测试;(6)参加监狱组织的亲情帮教、警示教育等社会化活动;(7)参加文体活动,树立积极改造心态;(8)其他积极接受教育和文化改造的情形。第三,劳动改造表现:(1)接受劳动教育,掌握劳动技能,自觉树立正确劳动观念;(2)服从劳动岗位分配,按时参加劳动;(3)认真履行劳动岗位职责,按时完成劳动任务,达到劳动质量要求;(4)遵守劳动纪律、操作规程和安全生产规定;(5)爱护劳动工具和产品,节约原材料;(6)其他积极接受劳动改造的情形。第四,专项加分:(1)检举、揭发他人违法犯罪行为或者提供有价值破案线索的;(2)及时报告或者当场制止罪犯实施违法犯罪行为的;(3)检举、揭发、制止罪犯自伤自残、自杀或者预谋脱逃、行凶等行为的;(4)检举、揭发罪犯私藏或者使用违禁品的;(5)及时发现和报告重大安全隐患,避免安全事故的;(6)在抗御自然灾害或者处置安全事故中表现积极的;(7)进行技术革新或者传授劳动生产技术成绩突出的;(8)省、自治区、直辖市监狱管理局认定具有其他突出改造行为的。

罪犯加分项目较多,表现好加分多,表现不好加分少,有监狱在内部规定一些减分项目。《计分考核规定》没有明确减分项目,但是规定了比扣分更加严重的不合格事项。罪犯在一个考核周期内,有严重情形之一的,应当评为不合格等级:(1)有违背宪法关于中国共产党领导、中国特色社会主义制度言行的;(2)有危害民族团结或者国家统一言行的;(3)有歪曲、抹黑中华优秀传统文化、革命文化和社会主义先进文化言行的;(4)有鼓吹暴力恐怖活动或者宗教极端思想言行的;(5)宣传、习练"法轮功"等邪教的;(6)以辱骂、威胁、自伤自残等方式对抗监狱人民警察管理,经警告无效的;(7)受到两次以上警告或者记过处罚的;(8)受到禁闭处罚的;(9)有三次以上单月考核分低于60分的;(10)省、自治区、直辖市监狱管理局明确应当评为不合格等级的情形。

(六)对罪犯服刑期间又犯罪的处理

罪犯在服刑期间故意犯罪的,依法从重处罚。罪犯在监狱内犯罪的案件,由监狱进行侦查。侦查终结后,写出起诉意见书,连同案卷材料、证据一并移送人民检察院。

罪犯服刑期间再次犯罪,显然是对抗教育改造,体现了较高的人身危险性。依据刑法规定,监狱服刑的犯罪分子又犯罪的,应当对新犯的罪作出判决,把前罪没有执行的刑罚和后罪所判处的刑罚,依照数罪并罚的规定,决定执行的刑罚,这在量刑上称为“先减后并”,罪犯实际服刑期限会更长,且越是在出狱前犯新罪,实际服刑期限会越长。

二、监狱中的教育改造

(一)对成年罪犯的教育改造

监狱教育改造罪犯,实行因人施教、分类教育、以理服人的原则,采取集体教育与个别教育相结合、狱内教育与社会教育相结合的方法。监狱应当对罪犯进行政治、法治、道德、形势、政策、前途等内容的思想教育。监狱应当根据不同情况,对罪犯进行扫盲教育、初等教育和初级中等教育,经考试合格的,由教育部门发给相应的学业证书。监狱应当根据监狱生产和罪犯释放后就业的需要,对罪犯进行职业技术教育,经考核合格的,由劳动部门发给相应的技术等级证书。监狱鼓励罪犯自学,经考试合格的,由有关部门发给相应的证书。

罪犯的文化和职业技术教育,应当列入所在地区教育规划。监狱应当设立教室、图书阅览室等必要的教育设施,应当组织罪犯开展适当的体育活动和文化娱乐活动。国家机关、社会团体、部队、企业事业单位和社会各界人士以及罪犯的亲属,应当协助监狱做好对罪犯的教育改造工作。

参加劳动是罪犯的义务,有劳动能力的罪犯,必须参加劳动。监狱根据罪犯的个人情况,合理组织劳动,使其矫正恶习,养成劳动习惯,学会生产技能,并为释放后就业创造条件。监狱对罪犯的劳动时间,参照国家有关劳动工时的规定执行;在季节性生产等特殊情况下,可以调整劳动时间。罪犯有在法定节日和休息日休息的权利。监狱通常采用的是“5+1+1”模式,即5天劳动、1天学习、1天休息。

监狱对参加劳动的罪犯,应当按照有关规定给予一定报酬并执行国家有关劳动保护的规定。需要注意的是,罪犯是应该受到刑罚惩罚的人,在世界上绝大多数国家的监狱中,发给罪犯的报酬与社会上普通劳动者的报酬有异,此种报酬并非纯粹的劳动报酬,是一种虚拟报酬,是对罪犯在监狱中参加劳动改造的一种正面反应和鼓励。各省市乃至各个监狱的报酬发放因地制宜,存在一定差异。

罪犯在劳动中致伤、致残或者死亡的,由监狱参照国家劳动保险的有关规定处理。

(二)对未成年犯的教育改造

未成年人实施犯罪,多数是因为一时冲动,对法律、对规则没有形成充分的认知而铸成大错,因其可塑性强,故对其教育改造应该具有特殊性。对未成年犯应当在未成年犯管教所执行刑罚,未成年犯年满18周岁时,剩余刑期不超过2年的,仍可以留在未成年犯管教所执行剩余刑期。

对未成年犯执行刑罚应当以教育改造为主。监狱应当配合国家、社会、学校等，为未成年犯接受义务教育提供必要的条件。未成年犯的劳动，应当符合未成年人的特点，应以学习文化和生产技能为主。

思考题

1. 简述监狱的概念与特征。
2. 简述监狱的性质。
3. 简述监狱中戒具的适用条件。
4. 简述监外执行的实体条件。
5. 简述对罪犯表扬、物质奖励或者记功的条件。
6. 简述对罪犯警告、记过或者禁闭的条件。

第八章　社区矫正制度

本章要点

社区矫正是司法行政工作中的重要内容。本章需要掌握社区矫正的概念、性质,社区矫正对象的种类,社区矫正的法律规范依据;熟悉社区矫正的工作流程,掌握社区服刑人员收监流程。

第一节　社区矫正概述

一、社区矫正及其法律依据

社区矫正,是指将符合法定条件的罪犯置于社区内,由司法行政机关在相关社会团体和民间组织以及社会志愿者的协助下,在判决、裁定或决定确定的期限内,矫正其犯罪心理和行为恶习,并促使其顺利回归社会的刑事执行活动,是与监禁矫正相对的一种行刑方式。

社区矫正工作是中国司法行政工作的重要内容,于2003年开始试点试行,2009年在全国全面试行,2014年在全国正式推进,2019年12月颁布《中华人民共和国社区矫正法》。《中华人民共和国立法法》规定,犯罪与刑罚的事项必须由法律规定。社区矫正中部分涉及刑罚执行,需要用法律加以规范。综览社区矫正执行工作的法律依据,既有全国人大制定的专门法律,又有司法解释、地方性法规等法律法规。

（一）最高人民法院、最高人民检察院、公安部、司法部等部门共同出台的实施办法等规范性文件

各部门出台的涉及社区矫正的规范性文件主要包括:2003年的《关于开展社区矫正工作试点工作的通知》,2005年的《关于扩大社区矫正试点范围的通知》,2009年的《关于在全国试行社区矫正工作的意见》,2012年的《社区矫正实施办法》(2020年7月1日废止),2014年的《暂予监外执行规定》《关于组织社会力量参与

社区矫正工作的意见》,2016年的《关于进一步加强社区矫正工作衔接配合管理的意见》《关于对因犯罪在大陆受审的台湾居民依法适用缓刑实行社区矫正有关问题的意见》以及2020年的《中华人民共和国社区矫正法实施办法》等。

(二)《中华人民共和国刑法》中的相关规定

社区矫正首次写入法律,始于2011年2月25日第十一届全国人民代表大会常务委员会第十九次会议通过的《中华人民共和国刑法修正案(八)》[以下简称《刑法修正案(八)》],其中有3处增加社区矫正的内容。

1. 对管制犯实行社区矫正

《中华人民共和国刑法》第38条第3款规定,对判处管制的犯罪分子,依法实行社区矫正。原规定为:被判处管制的犯罪分子,由公安机关执行。其时社区矫正已经由司法行政机关开展,因此,依据本条规定,管制犯的刑罚执行机关由公安机关转变为司法行政机关。

被判处管制的犯罪分子,管制期满,执行机关应向本人和其所在单位或者居住地的群众宣布解除管制,结束社区矫正。管制犯在接受社区矫正期间,有参加劳动的权利,在劳动中应当同工同酬。此种劳动与监禁中罪犯的劳动不同,是一种谋生手段,不是监禁机构组织的改造手段。

法院判处管制,可以根据犯罪情况,同时禁止犯罪分子在执行期间从事特定活动,进入特定区域、场所,接触特定的人。实施社区矫正期间,需注意禁止令得到贯彻执行。

2. 对缓刑犯实行社区矫正

《中华人民共和国刑法》第76条规定,对宣告缓刑的犯罪分子,在缓刑考验期限内,依法实行社区矫正,如果没有《中华人民共和国刑法》第77条规定的情形,缓刑考验期满,原判的刑罚就不再执行,并公开予以宣告。根据此条规定,被宣告缓刑的犯罪分子,需要接受社区矫正,由社区矫正机构进行。

对缓刑犯实行社区矫正,需要注意以下问题:

其一,对缓刑犯,法院可以根据犯罪情况,同时禁止犯罪分子在缓刑考验期限内从事特定活动,禁止进入特定区域、场所和接触特定的人。对缓刑犯实施社区矫正,法院判决的禁止令需得到贯彻执行。

其二,被宣告缓刑的犯罪分子,如果被判处附加刑,附加刑仍须执行。

其三,被判处缓刑的被告人是犯罪人,需要在判决规定时间内接受考验,遵守相应的法律规定。缓刑考验期不是刑期,是对犯罪人的一种考验,缓刑考验期间不能折抵刑期;对缓刑犯的考验,不是刑罚执行,考验期结束,不是刑罚执行完毕，而是不再进行考验，没有其他事由，拘役或者有期徒刑刑罚不需要执行。因为缓刑考验期的特殊性、缓刑犯的特殊性，不能将对缓刑犯的社区矫正称为刑罚执行措施。

3. 对假释犯实行社区矫正

《中华人民共和国刑法》第 85 条规定，对假释的犯罪分子，在假释考验期限内，依法实行社区矫正，如果没有《中华人民共和国刑法》第 86 条规定的情形，假释考验期满，就认为原判刑罚已经执行完毕，并公开予以宣告。对假释犯的监督考察由社区矫正机构进行，不再由公安机关予以监督。

（三）《中华人民共和国刑事诉讼法》中的相关规定

《中华人民共和国刑事诉讼法》分别于 2012 年和 2018 年修订，修订后的第 269 条规定，对被判处管制、宣告缓刑、假释或者暂予监外执行的罪犯，依法实行社区矫正，由社区矫正机构负责执行。

（四）《中华人民共和国社区矫正法》及其立法目的

社区矫正在实施过程中得到国家的高度重视，中国共产党第十八届三中全会和第十八届四中全会提出了“健全社区矫正制度”和“制定社区矫正法”，为社区矫正工作再上新台阶作出了中央政策层面的指引。第十二届、第十三届全国人民代表大会常务委员会的立法规划中均计划制定专门的社区矫正法律。2019 年 12 月 28 日，中华人民共和国主席令第 40 号颁布《中华人民共和国社区矫正法》，自 2020 年 7 月 1 日起开始实施。这部社区矫正专门法律的颁布与实施，标志着社区矫正制度通过法律的形式全面确定下来。该法生效以后，之前最高人民法院、最高人民检察院、公安部、司法部制定的关于社区矫正工作的部门规章、规范性文件的内容与其相冲突的，应遵循上位法优于下位法、新法优于旧法的原则，按照《中华人民共和国社区矫正法》的规定实施，并应该将相关内容及时修改或者废止，保障法律的同一性。

《中华人民共和国社区矫正法》第 1 条便开宗明义，鲜明地表明了三个立法目的：

1. 推进和规范社区矫正工作

社区矫正工作开始前，被判处管制、宣告缓刑、假释、暂予监外执行的罪犯，长期由公安机关监督管理。随着 2003 年社区矫正试点工作开始，对上述罪犯的考验、执行、矫正，由司法行政机关承担。经过十余年的实践探索，司法行政机关积累了丰富的社区矫正经验，各地基本建立了由党委与政府统一领导的领导体制，以及司法行政机关组织实施、其他部门相互协调配合、社会力量广泛参与的工作机制。试点期间,国家和地方在社区矫正方面制定了较多的规范性法律文件,这些文件有的在全国适用,有的效力范围仅限于某个地区,将实践中积累的有益经验上升为法律,有利于社区矫正工作向前发展,也有利于全面推进依法治国建设。

2. 保障刑事判决、刑事裁定和暂予监外执行决定的正确执行,提高教育矫正质量

在《中华人民共和国社区矫正法》出台之前,《中华人民共和国刑法》和《中华人民共和国刑事诉讼法》规定对被判决管制、宣告缓刑、裁定假释、决定或批准暂予监外执行的罪犯实施社区矫正。法律、司法解释中对罪犯在社区矫正中应该遵守的规定进行了较为明确的规定,确保法律能够落实。

相当一部分实务工作者、法学研究工作者认为,社区矫正属于刑罚执行,特别强调社区矫正的惩罚性及社区矫正对象的罪犯身份,强调社区矫正机构应该是国家机构。上述理念带来的结果是对社区矫正措施重惩罚,轻矫正;重强制,轻教育;重警察配置,轻社会力量;重罪犯身份,轻回归社会等观念。在立法过程中,经过反复研究,对社区矫正的表述,放弃了刑罚执行的表述,选择了正确执行判决、裁定和决定的表述,以提高教育矫正质量,该表述更符合社区矫正的精神。管制是刑罚的一种,是最轻的限制人身自由的自由刑,对管制的执行是刑罚执行;假释、暂予监外执行,是罪犯在监禁刑期间表现良好或者因疾病等原因变换自由刑行刑场所,是刑罚执行的一种变更;缓刑与其他三者不同,就是暂缓执行刑罚,是对罪犯的一种考察,是一种行刑犹豫,给罪犯不收监执行的机会,并没有执行刑罚,把上述四种情况笼统称为刑罚执行,变相改变了缓刑的性质,不符合刑法规定,违背罪刑法定原则。将社区矫正称为执行判决、裁定、决定,是对社区矫正对象刑事责任承担的准确描述,符合社区矫正的性质和定位,符合罪刑法定原则的要求,是罪责刑相适应原则的体现。

3. 促进社区矫正对象顺利融入社会,预防和减少犯罪

社区矫正重教育矫正,轻惩罚强制,是特殊预防理论在行刑中的体现,将行刑社会化理论落在实践层面。通过将罪犯放在社区环境中服刑,使其能够恢复正常的社会活动,修复受破坏的社会关系,缓解与所在社区形成的紧张关系,重新融入社会,恢复正常的社会生活、工作或者学习。

社区矫正机构对社区矫正对象的监督管理,以自我矫正为主,以外力约束和帮助为辅,引导其戒除容易导致犯罪的习惯和心理倾向,重新回归社会,正常生活。通过实施禁止令等多种措施,减少其犯罪的可能性因素,从而消弭再次实施犯罪的条件。

社区矫正机构通过公开择优购买社区矫正社会工作服务或者其他社会服务,

为社区矫正对象在教育、心理辅导、职业技能培训、社会关系改善等方面提供必要的帮扶，增加其回归主流社会的可能性，从而实现预防和减少犯罪的目的。

(五)《社区矫正法实施办法》

2020年6月，为保障《中华人民共和国社区矫正法》的贯彻实施，进一步推进和规范社区矫正工作，司法部与最高人民法院、最高人民检察院、公安部对2012年1月10日印发的《社区矫正实施办法》(司发通〔2012〕12号)进行修订，制定出台了《中华人民共和国社区矫正法实施办法》(以下简称《社区矫正法实施办法》)，自2020年7月1日起实施，《社区矫正实施办法》废止。两部文件一字之差，但是内容差距较大，意义不同。前者是提升社区矫正经验、规范社区矫正活动的产物，后者是《中华人民共和国社区矫正法》实施的配套规章。

《社区矫正法实施办法》与《中华人民共和国社区矫正法》紧密衔接，以保证法律良好的贯彻实施。该办法对最高人民法院、最高人民检察院、公安部、司法部在职权范围内有权决定的事项、内容进行全面修订，尽可能使规范细化和明确，更具可操作性，更能够解决社区矫正全过程中可能出现的问题，以适应《中华人民共和国社区矫正法》出台后对相关工作的新要求。同时，为避免绝对化和僵化，坚持从实际出发，因地制宜，《社区矫正法实施办法》有些条款规定注意留有余地，为各地制定具体规定和细则预留法律制度上的空间。

《社区矫正法实施办法》共59条，内容主要分为四大部分：第一，坚持党的绝对领导，实行党委政府统一领导；第二，明确公、检、法、司在社区矫正工作中的职能作用，构建科学高效的社区矫正执法体系；第三，明确规定社区矫正各项措施，规范各工作环节，增强可操作性，确保法律规定能够在实践中有效落实；第四，技术性规定与生效时间。

二、社区矫正的性质

(一)社区矫正是一种新型社会管理方式

社区矫正是在全面推进社会主义法治建设中不断探索的一种新型社会管理方式，它并非独立的刑种，而是一种刑事执行方式，是兼顾社会公众利益与罪犯再社会化的创新，是刑罚执行与罪犯考验的融合。

(二)社区矫正是一种在社区内进行的罪犯处遇制度

社区矫正作为一种在社区内进行的罪犯处遇制度，旨在避免短期监禁处遇的弊端，即罪犯标签化、交叉感染、刑罚过剩等。社区矫正自产生以来，充分利用各种社会资源参与罪犯矫治，努力促进罪犯的再社会化，以其矫正方式的轻缓化、人性化以及矫正成本的经济性等特征受到各国的广泛重视。

联合国《公民权利和政治权利国际公约》《囚犯待遇最低限度标准规则》《联合国少年司法最低限度标准规则》等许多国际性文件，都倡导把监禁作为最后一种迫不得已的手段使用，提出“囚犯的待遇不应侧重于把他们排斥于社会之外，而应注重他们继续成为组成社会的成员”，这一精神在诸多国家社区矫正制度上得到贯彻。作为一种在社区中对罪犯进行的处遇措施，社区矫正在各个国家的制度构建形式不一，在性质上也有一定程度的差异。

在英国，社区矫正被称为“社区判罚”，是一种非罚金判罚的形式，与监禁判罚相对应。英国的社区矫正，指的是一项或者多项社区命令，社区命令包含缓刑命令、社区服务命令、混合命令（混合命令同时带有完成规定时间的无报酬劳动的命令）、宵禁命令、监视命令、当值中心命令等六种。[①] 由此可见，在英国，社区矫正是一个刑种，其执行方式多样。

在美国，社区刑[②]指的是将被判处有罪的犯罪分子放在社区中执行的刑罚类型，包含保护观察刑、社区服务刑、强化的监督刑、家庭监禁、日报告。保护观察刑，是指将罪犯置于社区，由法院确定监督条件并由保护观察机构监督的刑罚。社区服务刑，是要求罪犯根据法院判决，参加规定时间的无偿劳动的刑罚。强化的监督刑，在美国各个州有所不同，其内容为监督人员经常性与罪犯接触、家访，随机性的毒品与酒精检查，对罪犯实施宵禁，执行社区服务，保证罪犯有一份职业，要求其参加矫正项目等。家庭监禁，是指罪犯除了特别的时间或者特殊的目的之外必须留在自己家中的刑罚。日报告是要求罪犯到“日报告中心”报告每日活动的刑罚。可见，美国的社区刑概念，是多种刑罚的统称，而不是一种刑罚执行方式。

（三）社区矫正不是刑种，不完全是刑罚执行方式

我国社区矫正的性质与其他国家不同，并非刑罚体系中的一种，不同于《中华人民共和国刑法》第 32 条至第 35 条中的任何一种刑罚方法。我国社区矫正是刑事执行的一种形式，其性质因执行的对象身份而具有特殊性。社区矫正的对象为被判处管制、宣告缓刑、假释和暂予监外执行的罪犯，管制犯、假释犯、暂予监外执行犯接受社区矫正都是服刑的一种形式，缓刑犯与之不同，因此不能称社区矫正为刑罚执行。被判处缓刑的被告人是犯罪人，需要在判决规定时间内接受考验。

---

① 参见［英］J. C. 史密斯、［英］B. 霍根：《英国刑法》，李贵方等译，法律出版社 2000 年版，第 11 页。

② 参见翟中东：《社区性刑罚的崛起与社区矫正的新模式》，中国政法大学出版社 2013 年版，第 59、76－83 页。

第二节 社区矫正机构

一、社区矫正委员会

社区矫正工作坚持党的绝对领导,实行党委政府统一领导、司法行政机关组织实施、相关部门密切配合、社会力量广泛参与和检察机关法律监督的领导体制和工作机制。

依据《中华人民共和国社区矫正法》《社区矫正法实施办法》规定,地方人民政府可以根据需要设立社区矫正委员会,负责统筹协调和指导本行政区域的社区矫正工作。省、市、县、乡四级政府都可以设立社区矫正委员会,但应该根据本地社区矫正工作的实际需要设置,如有些偏远地区社区矫正对象很少,或者有些地区社区矫正工作不需要设立社区矫正委员会的,则可以不设立。法律规定设立社区矫正委员会是总结各地已经普遍建立起的党委政府统一领导、司法行政机关组织实施、相关部门协调配合和社会力量广泛参与的领导体制和工作机制的实践经验后,将其写入法律,在全国范围内实施。

社区矫正委员会的组成单位没有专门法律规定,通常做法是一级党委常委、政法委书记担任委员会主任,副主任由一级行政副职(公安局局长)及法院院长、检察院检察长、政法委分管副书记、司法局局长担任,成员单位包括司法局、法院、检察院及民政、教育、财政、人劳社保、卫生等多个部门。司法行政机关向社区矫正委员会报告社区矫正工作开展情况,提请协调解决社区矫正工作中的问题。

二、司法行政机关

司法部主管全国的社区矫正工作。

(一)司法部设社区矫正管理局

司法部社区矫正管理局职责为:负责监督检查社区矫正法律法规和政策的执行工作;指导、监督对社区矫正对象的刑罚执行、管理教育和帮扶工作;指导社会力量和志愿者参与社区矫正工作。

(二)省、市(地级市)司法行政机关及社区矫正管理机关

省、市司法行政机关主要负责监督指导、跨区域执法的组织协调、与同级社区矫正决定机关对接的案件办理工作;指导、管理社区矫正工作。

省、自治区、直辖市司法厅(局)通常设置社区矫正管理局,依法履行以下职责:

(1)负责贯彻执行社区矫正法律法规和相关政策,研究制定并组织实施全省社区矫正工作规划和管理制度;(2)指导监督对全省社区矫正对象的刑罚执行、管理教育和帮扶工作;(3)指导社会力量和志愿者参与社区矫正工作;(4)组织指导社区矫正工作的宣传、培训和理论研究工作;(5)指导刑满释放人员帮教安置工作。

地市级司法局通常设置社区矫正管理处,也有地方设置为社区矫正管理局(社区矫正管理支队),其有关社区矫正的职能为:(1)贯彻执行社区矫正法律法规和相关政策,研究制定并组织实施全市社区矫正工作规划和管理制度;(2)指导监督对全市社区矫正对象的刑罚执行、管理教育和帮扶工作;(3)指导社会力量和志愿者参与社区矫正工作;(4)组织指导社区矫正工作的宣传、培训和理论研究工作。

(三)县级司法行政机关

县级司法局主管本行政区域内的社区矫正工作,依法履行以下职责:(1)主管本行政区域内社区矫正工作;(2)对本行政区域内设置和撤销社区矫正机构提出意见;(3)拟定社区矫正工作发展规划和管理制度,监督检查社区矫正法律法规和政策的执行情况;(4)推动社会力量参与社区矫正工作;(5)指导支持社区矫正机构提高信息化水平;(6)对在社区矫正工作中做出突出贡献的组织、个人,按照国家有关规定给予表彰、奖励;(7)协调推进高素质社区矫正工作队伍建设;(8)其他依法应当履行的职责。

(四)司法所

司法所是县(市、区、旗)司法局的派出机构,根据辖区面积、人口规模及工作需要设置。司法所实行县(市、区、旗)司法局和乡镇人民政府(街道办事处)双重管理、以县(市、区、旗)司法局管理为主的管理体制。它是司法行政机关的最基层单位,是基层政权和基层政法部门的重要组成部分,负责协调推进辖区内基层法治建设,统筹提供基层公共法律服务,促进和维护基层社会和谐稳定。《社区矫正实施办法》(已失效)规定司法所是社区矫正的执行单位。需要注意的是,根据《中华人民共和国社区矫正法》,司法所的权力来源已发生变化,司法所的定位系接受社区矫正机构的委托,承担社区矫正相关工作。司法所在社区矫正方面主要是组织开展对社区服刑人员的日常监管工作。

三、社区矫正机构

社区矫正机构是《中华人民共和国社区矫正法》中的专门词汇,指的是县级以上地方人民政府根据需要设置的,负责社区矫正工作具体实施的执行机关,主要承担社区矫正日常工作。未设置县级社区矫正机构的,由上一级社区矫正机构具体承担。社区矫正机构的设置和撤销,由县级以上地方人民政府司法行政机关提出意见,按照规定的权限和程序审批。司法所承担社区矫正相关工作,其职责来源为社区矫正机构的委托。

社区矫正机构应当配备具有法律等专业知识的专门国家工作人员,作为社区矫正机构工作人员,履行监督管理、教育帮扶等执法职责。社区矫正机构根据需要,组织具有法律、教育、心理、社会工作等专业知识或者实践经验的社会工作者开展社区矫正相关工作。

社区矫正机构依法履行以下职责:(1)接受委托进行调查评估,提出评估意见;(2)接收社区矫正对象,核对法律文书、核实身份、办理接收登记,建立档案;(3)组织入矫和解矫宣告,办理入矫和解矫手续;(4)建立矫正小组,组织矫正小组开展工作,制订和落实矫正方案;(5)对社区矫正对象进行监督管理,实施考核奖惩,审批会客、外出、变更执行地等事项;了解掌握社区矫正对象的活动情况和行为表现;组织查找失去联系的社区矫正对象并依情形作出处理;(6)提出治安管理处罚建议,提出减刑、撤销缓刑、撤销假释、收监执行等变更刑事执行建议,依法提请逮捕;(7)对社区矫正对象进行教育帮扶,开展法治道德等教育,协调有关方面开展职业技能培训、就业指导,组织公益活动等事项;(8)向有关机关通报社区矫正对象情况,送达法律文书;(9)对社区矫正工作人员开展管理、监督、培训,落实职业保障;(10)其他依法应当履行的职责。

四、其他社区矫正相关机构、组织

社区矫正的执行机构是司法行政机关的社区矫正机构,其他部门如人民法院、人民检察院、公安机关或者社会力量等依照各自职责与能力,也可以依法参加社区矫正工作。

(一)人民法院在社区矫正中的职责

人民法院是社区矫正决定部门之一,其职责主要包含9项:(1)拟判处管制、宣告缓刑、决定暂予监外执行的,可以委托社区矫正机构或者有关社会组织对被告人或者罪犯的社会危险性和对所居住社区的影响,进行调查评估,提出意见,供决定社区矫正时参考;(2)对执行机关报请假释的,审查执行机关移送的罪犯假释后对所居住社区影响的调查评估意见;(3)核实并确定社区矫正执行地;(4)对被告人或者罪犯依法判处管制、宣告缓刑、裁定假释、决定暂予监外执行;(5)对社区矫正对象进行教育,及时通知并送达法律文书;(6)对符合撤销缓刑、撤销假释或者暂予监外执行收监执行条件的社区矫正对象,作出判决、裁定和决定;(7)对社区矫正机构提请逮捕的,及时作出是否逮捕的决定;(8)根据社区矫正机构提出的减刑建议作出裁定;(9)其他依法应当履行的职责。

(二)人民检察院在社区矫正中的职责

人民检察院是社区矫正监督部门,其职责主要包含八项:(1)对社区矫正决定机关、社区矫正机构或者有关社会组织的调查评估活动实行法律监督;(2)对社区矫正决定机关判处管制、宣告缓刑、裁定假释、决定或者批准暂予监外执行活动实行法律监督;(3)对社区矫正法律文书及社区矫正对象交付执行活动实行法律监督;(4)对监督管理、教育帮扶社区矫正对象的活动实行法律监督;(5)对变更刑事执行、解除矫正和终止矫正的活动实行法律监督;(6)受理申诉、控告和举报,维护社区矫正对象的合法权益;(7)按照《中华人民共和国刑事诉讼法》的规定,在对社区矫正实行法律监督中发现司法工作人员相关职务犯罪,可以立案侦查直接受理案件;(8)其他依法应当履行的职责。

(三)公安机关在社区矫正中的职责

公安机关在社区矫正中,有一定的决定权,其他主要是辅助执行,其职责主要包括8项:(1)对看守所留所服刑罪犯拟暂予监外执行的,可以委托开展调查评估。(2)对看守所留所服刑罪犯拟暂予监外执行的,核实并确定社区矫正执行地;对符合暂予监外执行条件的,批准暂予监外执行。对符合收监执行条件的,作出收监执行的决定。(3)对看守所留所服刑罪犯批准暂予监外执行的,进行教育,及时通知并送达法律文书;依法将社区矫正对象交付执行。(4)对社区矫正对象予以治安管理处罚;到场处置经社区矫正机构制止无效,正在实施违反监督管理规定或者违反人民法院禁止令等违法行为的社区矫正对象;协助社区矫正机构处置突发事件。(5)协助社区矫正机构查找失去联系的社区矫正对象;执行人民法院作出的逮捕决定;被裁定撤销缓刑、撤销假释和被决定收监执行的社区矫正对象逃跑的,对其予以追捕。(6)对裁定撤销缓刑、撤销假释,或者对人民法院、公安机关决定暂予监外执行收监的社区矫正对象,送交看守所或者监狱执行。(7)执行限制社区矫正对象出境的措施。(8)其他依法应当履行的职责。

(四)监狱管理机关以及监狱在社区矫正中的职责

监狱管理机关以及监狱在社区矫正中,有一定的决定权,其他主要是辅助执行,其职责主要包括5项:(1)对监狱关押罪犯拟提请假释的,应当委托进行调查评估;对监狱关押罪犯拟暂予监外执行的,可以委托进行调查评估。(2)对监狱关押罪犯拟暂予监外执行的,依法核实并确定社区矫正执行地;对符合暂予监外执行条件的,监狱管理机关作出暂予监外执行的决定。(3)对监狱关押罪犯批准暂予监外执行的，进行教育，及时通知并送达法律文书；依法将社区矫正对象交付执行。(4)监狱管理机关对暂予监外执行罪犯决定收监执行的，原服刑或者接收其档案的监狱应当立即将罪犯收监执行。(5)其他依法应当履行的职责。

(五)社会力量

村(居)民委员会依法协助社区矫正机构做好社区矫正工作，为社区矫正评估、执行等提供便利。社区矫正对象的监护人、家庭成员，所在单位或者就读学校应当协助社区矫正机构做好社区矫正工作，为社区矫正对象重新回归社会提供良好的生活、工作、学习条件。国家鼓励、支持企业事业单位、社会组织、志愿者等社会力量依法参与社区矫正工作。

第三节 社区矫正的决定和接收

一、社区矫正调查评估

(一)社区矫正调查评估的概念

社区矫正调查评估，是指司法行政机关根据人民法院、人民检察院、公安机关、监狱的委托，调查评估拟适用或提请适用社区矫正的被告人、犯罪嫌疑人、罪犯对其所居住社区的影响等情况，并出具相应调查评估意见，为委托机关依法判决、裁定、决定提供参考的一种辅助性司法活动。

社区矫正调查评估正式出现的规范性法律文件是在2012年发布的《社区矫正实施办法》(已失效)，2019年的《中华人民共和国社区矫正法》和2020年的《社区矫正法实施办法》进行了更加详细的规定。

社区矫正调查评估对象包括可能被判处管制、宣告缓刑、拟提请假释、拟决定或提请暂予监外执行的被告人、犯罪嫌疑人或者罪犯。

(二)调查评估意见的作用

社区矫正机构或者有关组织出具的调查评估意见，是社区矫正决定机构实施判决、裁定、决定、批准的重要参考标准，具有一定影响。社区矫正决定机构应该根据案件或者犯罪人的具体情况决定是否对其适用社区矫正。社区矫正决定机关对调查评估意见的采信情况，应当在相关法律文书中说明。

(三)社区矫正调查评估的步骤

调查评估活动需要被委托的组织提出意见，供决定社区矫正时参考。社区矫正机构、有关社会组织接受委托后，应当对被告人或者罪犯的居所情况、家庭和社会关系、犯罪行为的后果和影响、居住地村(居)民委员会和被害人意见、拟禁止的事项、社会危险性、对所居住社区的影响等情况进行调查了解,形成调查评估意见,与相关材料一起提交委托机关。对调查评估意见以及调查中涉及的国家秘密、商业秘密、个人隐私等信息,应当保密,不得泄露。

调查评估时,相关单位、部门、村(居)民委员会等组织、个人应当依法为调查评估提供必要的协助。

社区矫正机构或者有关社会组织收到委托文书后应当及时通知执行地县级人民检察院,主动接受检察院的监督。调查评估意见同时抄送执行地县级人民检察院。

(四)社区矫正调查评估的时限

社区矫正机构、有关社会组织应当自收到调查评估委托函及所附材料之日起10个工作日内完成调查评估,提交评估意见。对于适用刑事案件速裁程序的,应当在5个工作日内完成调查评估,提交评估意见。需要延长调查评估时限的,社区矫正机构、有关社会组织应当与委托机关协商,并在协商确定的期限内完成调查评估。因被告人或者罪犯的姓名、居住地不真实、身份不明等原因,社区矫正机构、有关社会组织无法进行调查评估的,应当及时向委托机关说明情况。

二、社区矫正的决定

社区矫正的决定,是指人民法院依法对判处管制、宣告缓刑、裁定假释的罪犯和监狱管理机关、公安机关对符合暂予监外执行条件的服刑人员确定对其进行社区矫正的活动。

社区矫正决定机关在依法判处管制、宣告缓刑、裁定假释、决定或者批准暂予监外执行时,应当确定社区矫正执行地。社区矫正执行地为社区矫正对象的居住地。社区矫正对象在多个地方居住的,可以确定经常居住地为执行地。社区矫正对象的居住地、经常居住地无法确定或者不适宜执行社区矫正的,社区矫正决定机关应当根据有利于社区矫正对象接受矫正、更好地融入社会的原则,确定执行地。

社区矫正决定机关应当自判决、裁定或者决定生效之日起5日内通知执行地社区矫正机构,并在10日内送达有关法律文书,同时抄送人民检察院和执行地公安机关。社区矫正决定地与执行地不在同一地方的,由执行地社区矫正机构将法律文书转送所在地的人民检察院、公安机关。

社区矫正决定机关应当对社区矫正对象进行教育,告知其在社区矫正期间应当遵守的规定以及违反规定的法律后果,责令其按时报到。人民法院判处管制、宣告缓刑、裁定假释的社区矫正对象,应当自判决、裁定生效之日起10日内到执行地社区矫正机构报到。人民法院决定暂予监外执行的社区矫正对象,由看守所或者执行取保候审、监视居住的公安机关自收到决定之日起10日内将社区矫正对象移送社区矫正机构。监狱管理机关、公安机关批准暂予监外执行的社区矫正对象,由监狱或者看守所自收到批准决定之日起10日内将社区矫正对象移送社区矫正机构。

三、社区矫正的接收

社区矫正的接收是社区矫正执行的第一个步骤。社区矫正机构应当依法接收社区矫正对象,核对法律文书、核实身份、办理接收登记、建立档案,并宣告社区矫正对象的犯罪事实、社区矫正的期限以及应当遵守的规定。

(一)送达法律文书

社区矫正机构收到社区矫正决定机关的法律文书后应当在5日内送达回执。社区矫正对象前来报到时,执行地县级社区矫正机构未收到法律文书或者法律文书不齐全,应当先记录在案,为其办理登记接收手续,并通知社区矫正决定机关在5日内送达或者补齐法律文书。

(二)接收矫正对象

被判处管制、宣告缓刑、裁定假释的社区矫正对象到执行地县级社区矫正机构报到时,社区矫正机构应当核对法律文书、核实身份,办理登记接收手续。社区矫正对象存在因行动不便、自行报到确有困难等特殊情况的,社区矫正机构可以派员到其居住地等场所办理登记接收手续。

暂予监外执行的社区矫正对象,由公安机关、监狱或者看守所依法移送至执行地县级社区矫正机构,办理交付接收手续。罪犯原服刑地与居住地不在同一省、自治区、直辖市,需要回居住地暂予监外执行的,原服刑地的省级以上监狱管理机关或者设区的市一级以上公安机关应当书面通知罪犯居住地的监狱管理机关、公安机关,由其指定一所监狱、看守所接收社区矫正对象档案,负责办理其收监、刑满释放等手续。对看守所留所服刑罪犯暂予监外执行,原服刑地与居住地在同一省、自治区、直辖市的,可以不移交档案。

(三)建立社区矫正档案

执行地县级社区矫正机构接收社区矫正对象后,应当建立社区矫正档案,档案包括以下内容:(1)适用社区矫正的法律文书;(2)接收、监管审批、奖惩、收监执行、解除矫正、终止矫正等有关社区矫正执行活动的法律文书;(3)进行社区矫正的工作记录;(4)社区矫正对象接受社区矫正的其他相关材料。

接受委托对社区矫正对象进行日常管理的司法所应当建立工作档案。

第四节　社区矫正的执行

一、对社区矫正对象的监督管理

(一)确定矫正小组与矫正方案

社区矫正机构应当根据社区矫正对象的情况,为其设置矫正小组,负责确定、落实相应的矫正方案,实现分类管理、个别化矫正。根据需要,矫正小组可以由司法所、居民委员会、村民委员会的人员,社区矫正对象的监护人、家庭成员,所在单位或者就读学校的人员以及社会工作者、志愿者等组成。社区矫正对象为女性的,矫正小组中应有女性成员。社区矫正对象被社区矫正机构接收后开始接受监督管理。

社区矫正机构应当根据裁判内容和社区矫正对象的性别、年龄、心理特点、健康状况、犯罪原因、犯罪类型、犯罪情节、悔罪表现等情况进行综合评估,制订有针对性的矫正方案。方案包括对社区矫正对象的心理状态和其他特殊情况的分析、拟采取的监督管理、教育帮扶措施等内容。矫正方案不是一成不变的,应当根据刑事政策、分类管理的要求、实施效果以及社区矫正对象的表现等情况随时进行调整。

(二)掌握社区矫正对象的活动情况

社区矫正机构应当了解掌握社区矫正对象的活动情况和行为表现。社区矫正机构可以通过通信联络、信息化核查、实地查访等方式核实有关情况,有关单位和个人应当予以配合。社区矫正机构开展实地查访等工作时,应当保护社区矫正对象的身份信息和个人隐私。

因社区矫正对象迁居等原因需要变更执行地的,社区矫正机构应当按照有关规定作出变更决定。社区矫正机构作出变更决定后,应当通知社区矫正决定机关和变更后的社区矫正机构,并将有关法律文书抄送变更后的社区矫正机构。变更后的社区矫正机构应当将法律文书转送所在地的人民检察院、公安机关。

社区矫正对象有被依法决定行政拘留、强制隔离戒毒、采取刑事强制措施等限制或剥夺人身自由情形的,有关机关应当及时通知社区矫正机构。

(三)电子定位装置的使用

社区矫正对象有下列情形之一的,经县级司法行政机关负责人批准,可以使用电子定位装置,加强监督管理:(1)违反人民法院禁止令的;(2)无正当理由,未经批准离开所居住的市、县的;(3)拒不按照规定报告自己的活动情况,被给予警告的;

(4)违反监督管理规定,被给予治安管理处罚的;(5)拟提请撤销缓刑、假释或者暂予监外执行收监执行的。

使用电子定位装置的期限不得超过3个月。对于不需要继续使用的,应当及时解除;对于期限届满后,经评估仍有必要继续使用的,经过批准,期限可以延长,每次不得超过3个月。社区矫正机构对通过电子定位装置获得的信息应当严格保密,有关信息只能用于社区矫正工作,不得用于其他用途。

社区矫正对象失去联系的,社区矫正机构应当立即组织查找,公安机关等有关单位和人员应当予以配合协助。查找到社区矫正对象后,应当区别情形依法作出处理。

二、对社区矫正对象的教育帮扶

社区矫正机构根据需要,对社区矫正对象进行法治、道德等教育,增强其法治观念,提高其道德素质和悔罪意识。对社区矫正对象的教育应当根据其个体特征、日常表现等实际情况,充分考虑其工作和生活情况,因人施教。社区矫正机构可以根据社区矫正对象的个人特长,组织其参加公益活动、修复社会关系、培养社会责任感。社区矫正对象的监护人、家庭成员、所在单位或者就读学校应当协助社区矫正机构做好对社区矫正对象的教育。

社区矫正对象在社区服刑,遇到生活困难时,有关部门应提供必要的帮扶,以巩固社区矫正成果。县级以上地方人民政府及社区矫正委员会有关部门应当通过多种形式为教育帮扶社区矫正对象提供必要的场所和条件,组织动员社会力量参与教育帮扶工作。居民委员会、村民委员会可以引导志愿者和社区群众,利用社区资源,采取多种形式,对有特殊困难的社区矫正对象进行必要的教育帮扶。

社区矫正机构可以协调有关部门和单位,依法对就业困难的社区矫正对象开展职业技能培训、就业指导,帮助社区矫正对象中的在校学生完成学业。

社区矫正机构可以通过公开择优购买社区矫正社会工作服务或者其他社会服务,为社区矫正对象在教育、心理辅导、职业技能培训、社会关系改善等方面提供必要的帮扶。有关人民团体应当依法协助社区矫正机构做好教育帮扶工作。

国家鼓励有经验和资源的社会组织跨地区开展帮扶交流和示范活动。国家鼓励企业事业单位、社会组织为社区矫正对象提供就业岗位和职业技能培训,招用符合条件的社区矫正对象的企业,按照规定享受国家优惠政策。

社区矫正对象可以按照国家有关规定申请社会救助、参加社会保险、获得法律援助,社区矫正机构应当给予必要的协助。

三、社区矫正的解除和终止

(一)社区矫正的解除

社区矫正对象矫正期限届满,且在社区矫正期间没有应当撤销缓刑、撤销假释或者暂予监外执行收监执行情形的,社区矫正机构依法办理解除矫正手续。管制犯刑期到期,则社区矫正期满。假释犯考验期视刑种而定,有期徒刑的假释考验期限为没有执行完毕的刑期;无期徒刑的假释考验期限为10年。假释考验期满,社区矫正解除。暂予监外执行期间,刑期到期,则社区矫正期满。

社区矫正对象一般应当在社区矫正期满30日前,作出个人总结,执行地县级社区矫正机构应当根据其在接受社区矫正期间的表现等情况作出书面鉴定,与安置帮教工作部门做好衔接工作。

社区矫正对象矫正期满或者被赦免的,社区矫正机构应当向社区矫正对象发放解除社区矫正证明书,依法办理解除矫正手续,同时通知社区矫正决定机关、所在地的人民检察院、公安机关。公安机关、监狱管理机关决定暂予监外执行的社区矫正对象刑期届满的,由看守所、监狱依法为其办理刑满释放手续。

社区矫正对象矫正期满,执行地县级社区矫正机构或者受委托的司法所可以组织解除矫正宣告。宣告由社区矫正机构或者司法所工作人员主持,矫正小组成员及其他相关人员到场,按照规定程序进行。

(二)社区矫正的终止

社区矫正对象被裁定撤销缓刑、假释,被决定收监执行,或者社区矫正对象死亡的,社区矫正终止。

1. 撤销缓刑、假释的终止

社区矫正对象具有刑法规定的撤销缓刑、假释情形的,应当由人民法院撤销缓刑、假释。对于在考验期限内犯新罪或者发现判决宣告以前还有其他罪没有判决的,应当由审理该案件的人民法院撤销缓刑、假释,并书面通知原审人民法院和执行地社区矫正机构。对于有其他需要撤销缓刑、假释情形的,社区矫正机构应当向原审人民法院或者执行地人民法院提出撤销缓刑、假释的建议,并将建议书抄送人民检察院。社区矫正机构提出撤销缓刑、假释建议时,应当说明理由,并提供有关证据材料。

被提请撤销缓刑、假释的社区矫正对象可能逃跑或者可能发生社会危险的,社区矫正机构可以在提出撤销缓刑、假释建议的同时,提请人民法院决定对其予以逮捕,人民法院应当在48小时内作出是否逮捕的决定。决定逮捕的,由公安机关执行，逮捕后的羁押期限不得超过30日。

人民法院应当在收到社区矫正机构撤销缓刑、假释建议书后30日内作出裁定，将裁定书送达社区矫正机构和公安机关，并抄送人民检察院。人民法院拟撤销缓刑、假释的，应当听取社区矫正对象的申辩及其委托律师的意见。人民法院裁定撤销缓刑、假释的，公安机关应当及时将社区矫正对象送交监狱或者看守所执行，执行以前被逮捕的，羁押1日折抵刑期1日。人民法院裁定不予撤销缓刑、假释的，对已逮捕的社区矫正对象，公安机关应当立即予以释放。

2. 暂予监外执行的终止

暂予监外执行的社区矫正对象具有《中华人民共和国刑事诉讼法》规定的应当予以收监情形的，社区矫正机构应当向执行地或者原社区矫正决定机关提出收监执行建议，并将建议书抄送人民检察院。社区矫正决定机关应当在收到建议书后30日内作出决定，将决定书送达社区矫正机构和公安机关，并抄送人民检察院。人民法院、公安机关对暂予监外执行的社区矫正对象决定收监执行的，由公安机关立即将社区矫正对象送交监狱或者看守所收监执行。监狱管理机关对暂予监外执行的社区矫正对象决定收监执行的，监狱应当立即将社区矫正对象收监执行。

被裁定撤销缓刑、假释和被决定收监执行的社区矫正对象逃跑的，由公安机关追捕，社区矫正机构、有关单位和个人予以协助。

3. 因死亡导致的终止

社区矫正对象在社区矫正期间死亡的，社区矫正终止，其监护人、家庭成员应当及时向社区矫正机构报告，社区矫正机构应当及时通知社区矫正决定机关、所在地的人民检察院、公安机关。

四、未成年人社区矫正的特别规定

《中华人民共和国未成年人保护法》规定，未成年人指的是未满18周岁的公民。《中华人民共和国宪法》第46条第2款规定，国家培养青年、少年、儿童在品德、智力、体质等方面全面发展。为贯彻宪法，《中华人民共和国未成年人保护法》规定，保护未成年人是国家机关、武装力量、政党、社会团体、企业事业组织、城乡基层群众性自治组织、未成年人的监护人和其他成年公民的共同责任。社区矫正机构有责任保护未成年人的各项权利，保障未成年人身心健康，培养未成年人良好品行，有效预防未成年人再次实施犯罪行为。因此，为充分保护未成年人合法权益，社区矫正机构可对接受社区矫正的未成年人采取相应的特殊措施。未成年社区矫正对象在社区矫正期间满18周岁的，继续按照未成年人社区矫正有关规定执行。

社区矫正机构应当根据未成年社区矫正对象的年龄、心理特点、发育需要、成长经历、犯罪原因、家庭监护教育条件等情况,采取针对性的矫正措施。社区矫正机构为未成年社区矫正对象确定矫正小组,应当吸收熟悉未成年人身心特点的人员参加。由于未成年犯罪人有容易受外界不良因素影响的特点,也出于对未成年人隐私保护等原因,对未成年人的社区矫正,应当与成年人分别进行。

社区矫正机构工作人员和其他依法参与社区矫正工作的人员对履行职责过程中获得的未成年人身份信息应当予以保密。除司法机关办案需要或者有关单位根据国家规定查询外,未成年社区矫正对象的档案信息不得提供给任何单位或者个人。依法进行查询的单位,对获得的信息应当保密。

未成年社区矫正对象的监护人,应当履行监护责任,承担抚养、教育、管教等义务。监护人怠于履行监护责任的,社区矫正机构应当督促、教育其履行;监护人拒不履行监护责任的,通知有关部门依法作出处理。

未成年社区矫正对象在复学、升学、就业等方面依法享有与其他未成年人同等的权利,任何单位和个人不得歧视。有歧视行为的,应当由教育、人力资源和社会保障等部门依法作出处理。

对未完成义务教育的未成年社区矫正对象,社区矫正机构应当通知并配合教育部门为其完成义务教育提供条件。未成年社区矫正对象的监护人应当依法保证其按时入学接受并完成义务教育。年满16周岁的社区矫正对象有就业意愿的,社区矫正机构可以协调有关部门和单位为其提供职业技能培训,给予就业指导和帮助。

共产主义青年团、妇女联合会、未成年人保护组织应当依法协助社区矫正机构做好未成年人社区矫正工作。国家鼓励其他未成年人相关社会组织参与未成年人社区矫正工作,并依法给予政策支持。

五、社区矫正对象的权利、义务与责任

社区矫正对象虽然是罪犯,但是其合法权益应该得到保护。开展社区矫正工作,不能对社区矫正对象的合法权益进行不应有的限制或者剥夺,不能违背社区矫正的立法目的。社区矫正的措施和方法应当避免对社区矫正对象的正常工作和生活造成不必要的影响;非依法律规定,不得限制或者变相限制社区矫正对象的人身自由。社区矫正对象认为其合法权益受到侵害的,有权向人民检察院或者有关机关申诉、控告和检举,受理机关应当及时办理,并将办理结果告知申诉人、控告人和检举人。

社区矫正对象认罪悔罪、遵守法律法规、服从监督管理、接受教育表现突出的,

应当给予表扬。社区矫正对象符合刑法规定的减刑条件的,社区矫正机构应当向社区矫正执行地的中级以上人民法院提出减刑建议,并将减刑建议书抄送同级人民检察院。人民法院应当在收到社区矫正机构的减刑建议书后30日内作出裁定,并将裁定书送达社区矫正机构,同时抄送人民检察院、公安机关。

社区矫正对象,除了应该遵守《中华人民共和国社区矫正法》规定的一般义务,还应该遵守《中华人民共和国刑法》《中华人民共和国刑事诉讼法》规定的专门义务。

(一)社区矫正对象应该遵守的一般规定

社区矫正对象在社区矫正期间应当遵守法律、行政法规,履行判决、裁定、暂予监外执行决定等法律文书确定的义务,遵守国务院司法行政机关关于报告、会客、外出、迁居、保外就医等监督管理规定,服从社区矫正机构的管理。社区矫正对象离开所居住的市、县或者迁居,应当报经社区矫正机构批准。社区矫正机构对于有正当理由的,应当批准;对于因正常工作和生活需要经常性跨市、县活动的,可以根据情况,简化批准程序和方式。

社区矫正对象应服从社区矫正机构的管理,遵守各项规定,在社区矫正期间实施违反监督管理规定行为的,由公安机关依照《中华人民共和国治安管理处罚法》的规定给予处罚。具有撤销缓刑、假释或者暂予监外执行收监情形的,应当依法作出处理。

社区矫正对象不得殴打、威胁、侮辱、骚扰、报复社区矫正机构工作人员和其他依法参与社区矫正工作的人员及其近亲属,如有上述行为,应当依法追究其法律责任。

(二)社区矫正对象应该遵守的专门规定

1. 管制犯应该遵守的规定

被判处管制的犯罪分子,在执行期间,应当遵守下列规定:(1)遵守法律、行政法规,服从监督;(2)未经执行机关批准,不得行使言论、出版、集会、结社、游行、示威自由的权利;(3)按照执行机关规定报告自己的活动情况;(4)遵守执行机关关于会客的规定;(5)离开所居住的市、县或者迁居,应当报经执行机关批准;(6)对部分管制犯,法院可以根据犯罪情况判处禁止令,禁止犯罪分子在执行期间从事特定活动,进入特定区域、场所,接触特定的人。

2. 缓刑犯应该遵守的规定

被宣告缓刑的犯罪分子,应当遵守下列规定:(1)遵守法律、行政法规,服从监督;(2)按照考察机关的规定报告自己的活动情况;(3)遵守考察机关关于会客的规定;(4)离开所居住的市、县或者迁居,应当报经考察机关批准;(5)对部分缓刑犯,法院可以根据犯罪情况判处禁止令,禁止犯罪分子在执行期间从事特定活动,进入特定区域、场所,接触特定的人。

3. 假释犯应该遵守的规定

假释犯在社区矫正期间应遵守的规定主要包含四个方面:(1)遵守法律、行政法规,服从监督;(2)按照监督机关的规定报告自己的活动情况;(3)遵守监督机关关于会客的规定;(4)离开所居住的市、县或者迁居,应当报经监督机关批准。

4. 暂予监外执行犯应该遵守的规定

根据《暂予监外执行规定》,暂予监外执行犯应该遵守的规定为:(1)罪犯在暂予监外执行期间应当遵守法律和有关监督管理规定;(2)未经批准,不得擅自离开居住的市、县(旗),经警告应该立即改正,及时报告行踪,不能脱离监管;(3)因违反监督管理规定受到治安管理处罚,应该改正;(4)受到社区矫正机构两次警告,应该改正;(5)保证人丧失保证条件或者因不履行义务被取消保证人资格,在规定期限内提出新的保证人;(6)其他有关法律规定和监督管理要求遵守的规定。

(三)社区矫正对象违反监督管理规定的法律责任

社区矫正对象在接受矫正过程中,应该遵守法律法规和各种相关规定,如果违反上述规定,应该承担行政法律责任或者刑事法律责任。

1. 行政法律责任

行政法律责任,限于行政机关对社区矫正对象的违法行为给予的处罚,不包含日常社区矫正管理中对社区矫正对象的处分。例如,《中华人民共和国社区矫正法》第28条规定,社区矫正对象违反法律法规或者监督管理规定的,应当视情节依法给予训诫、警告。法律中的训诫与警告,不是行政法律责任,是日常管理中的必要措施。如果社区矫正对象经多次训诫或者警告仍然不吸取教训的,可以上升为行政法律责任或者刑事法律责任。

依据《中华人民共和国社区矫正法》第60条的规定,社区矫正对象殴打、威胁、侮辱、骚扰、报复社区矫正机构工作人员和其他依法参与社区矫正工作的人员及其近亲属,尚不构成犯罪的,由公安机关依法给予治安管理处罚。

社区矫正对象的行政法律责任散见于《中华人民共和国治安管理处罚法》《中华人民共和国禁毒法》《中华人民共和国道路交通安全法》《中华人民共和国刑法》等法律法规中。例如,依据《中华人民共和国刑法》规定,部分管制犯和缓刑犯会被判处禁止令,人民法院有针对性地决定禁止其在管制执行期间、缓刑考验期限内"从事特定活动,进入特定区域、场所,接触特定的人"的一项或者几项内容。禁止令的规定，与犯罪人实施的犯罪行为有关，能够较为有效地避免管制犯或者缓刑犯在社区矫正期间接触到容易诱发犯罪的因素，防止其再次实施犯罪行为。

管制犯违反禁止令规定的，由公安机关依法处罚。最高人民法院、最高人民检察院、公安部、司法部《关于对判处管制、宣告缓刑的犯罪分子适用禁止令有关问题的规定（试行）》（以下简称《禁止令规定》）第 11 条规定，判处管制的犯罪分子违反禁止令，或者被宣告缓刑的犯罪分子违反禁止令尚不属情节严重的，由负责执行禁止令的社区矫正机构所在地的公安机关依照《中华人民共和国治安管理处罚法》第 60 条的规定处罚。被依法执行管制、剥夺政治权利或者在缓刑、暂予监外执行中的罪犯，有违反法律、行政法规或者国务院有关部门的监督管理规定的行为，处 5 日以上 10 日以下拘留，并处 200 元以上 500 元以下罚款。

上述法律责任是专门为社区矫正对象设置的行政法律责任，如果社区矫正对象作为普通公民实施了违反行政法律的行为，应该按照相应的行政法律规定进行处罚。

2. 刑事法律责任

社区矫正对象中除管制犯外，由于严重违反《中华人民共和国社区矫正法》规定的一般义务或者《中华人民共和国刑法》规定的特殊义务，应当视情节终止其社区矫正，依法提请对撤销缓刑、假释、暂予监外执行的罪犯收监执行。目前对管制犯严重违反社区矫正中应遵守义务的情况，尚无明确的刑事法律责任。

（1）撤销缓刑，收监执行

被宣告缓刑的犯罪分子，在缓刑考验期限内，违反法律、行政法规或者国务院有关部门关于缓刑的监督管理规定，或者违反人民法院判决中的禁止令，情节严重的，应当撤销缓刑，执行原判刑罚。

《禁止令规定》第 12 条规定，被宣告缓刑的犯罪分子违反禁止令，情节严重的，应当撤销缓刑，执行原判刑罚。违反禁止令，具有下列情形之一的，应当认定为"情节严重"：①三次以上违反禁止令的；②因违反禁止令被治安管理处罚后，再次违反禁止令的；③违反禁止令，发生较为严重危害后果的；④其他情节严重的情形。

原作出缓刑裁判的人民法院应当自收到当地社区矫正机构提出的撤销缓刑建议书之日起 1 个月内依法作出裁定。人民法院撤销缓刑的裁定一经作出，立即生效，社区矫正的罪犯将被收监执行。

（2）撤销假释，收监执行

假释的罪犯有可能承担的刑事责任主要是因违规被撤销假释，收监行刑。被假释的犯罪分子，在假释考验期限内，有违反法律、行政法规或者国务院有关部门关于假释的监督管理规定的行为，尚未构成新的犯罪的，应当依照法定程序撤销假释，收监执行未执行完毕的刑罚。假释犯接受社区矫正的时间，计入刑期。

(3)停止暂予监外执行，收监执行

暂予监外执行的罪犯有可能承担的刑事责任主要是因违规被撤销保外就医，停止暂予监外执行，收监行刑。对暂予监外执行的罪犯，有下列情形之一的，应当及时收监：①发现不符合暂予监外执行条件的；②未经批准擅自离开居住的市、县（旗），经警告拒不改正，或者拒不报告行踪，脱离监管的；③因违反监督管理规定受到治安管理处罚，仍不改正的；④受到社区矫正机构两次警告，仍不改正的；⑤保证人丧失保证条件或者因不履行义务被取消保证人资格，又不能在规定期限内提出新的保证人的；⑥暂予监外执行的情形消失后，罪犯刑期未满的；⑦其他严重违反有关暂予监外执行监督管理规定的。

不同主体发现暂予监外执行罪犯应该停止社区矫正收监执行的，程序有差异。社区矫正机构发现暂予监外执行罪犯依法应予收监执行的，应当提出收监执行的建议，经县级司法行政机关审核同意后，报决定或者批准机关。决定或者批准机关应当进行审查，作出收监执行决定的，将有关的法律文书送达罪犯居住地县级司法行政机关和原服刑或者接收其档案的监狱、看守所，并抄送同级人民检察院、公安机关和原判人民法院。

人民法院对暂予监外执行罪犯决定收监执行的，决定暂予监外执行时剩余刑期在3个月以下的，由居住地公安机关送交看守所收监执行；决定暂予监外执行时剩余刑期在3个月以上的，由居住地公安机关送交监狱收监执行。

监狱管理机关对暂予监外执行罪犯决定收监执行的，原服刑或者接收其档案的监狱应当立即赴羁押地将罪犯收监执行。公安机关对暂予监外执行罪犯决定收监执行的，由罪犯居住地看守所将罪犯收监执行。监狱、看守所将罪犯收监执行后，应当将收监执行的情况报告决定或者批准机关，并告知罪犯居住地县级人民检察院和原判人民法院。被决定收监执行的罪犯在逃的，由罪犯居住地县级公安机关负责追捕，公安机关将罪犯抓捕后，依法送交监狱、看守所执行刑罚。

不符合暂予监外执行条件的罪犯通过贿赂等非法手段被暂予监外执行的，在监外执行的期间不计入执行刑期。罪犯在暂予监外执行期间脱逃的，脱逃的期间不计入执行刑期。社区矫正机构应当在收监执行建议书中说明不计入执行刑期的情况，并附有关证明材料，批准机关进行审核后，应当及时通知监狱、看守所向所在地的中级人民法院提出不计入执行刑期的建议书，人民法院应当自收到建议书之日起1个月内依法对罪犯的刑期重新计算并作出裁定。

人民法院决定暂予监外执行的,在决定收监执行的同时应当确定不计入刑期的期间。人民法院应当将有关的法律文书送达监狱、看守所,同时抄送同级人民检察院。对于人民法院决定暂予监外执行的罪犯应当予以收监的,由人民法院作出决定,将有关的法律文书送达公安机关、监狱或者其他执行机关。

(4)社区矫正对象犯新罪或者被发现漏罪的处理

管制犯在社区矫正期间犯新罪或者被发现判决宣告以前还有其他罪没有判决的,依照《中华人民共和国刑法》第69条规定进行数罪并罚。新罪或者漏罪中有判处有期徒刑和管制,或者拘役和管制的,新罪或者漏罪的管制依据“先减后并”或者“先并后减”原则进行并罚,有期徒刑、拘役执行完毕后,管制仍须执行,不能够被有期徒刑或者拘役所吸收。

缓刑犯在社区矫正期间犯新罪或者被发现判决宣告以前还有其他罪没有判决的,根据《中华人民共和国刑法》第77条的规定,应当撤销缓刑,对新犯的罪或者新发现的罪作出判决,把前罪和后罪所判处的刑罚,依照数罪并罚的规定,决定执行的刑罚。需要注意的是,缓刑考验期不是执行刑罚,在此期间发现实施新的犯罪或者有漏罪,既不能视为在服刑期间实施犯罪行为,也不能认为服刑期间发现有漏罪。虽然犯罪人的人身自由等受到一定限制,但是不能折抵刑期,因此在数罪并罚的时候,既不能按照“先减后并”原则,也不能按照“先并后减”原则。

假释犯在社区矫正期间犯新罪,根据《中华人民共和国刑法》第71、86条的规定,应当撤销假释,依照“先减后并”的原则实行数罪并罚。在社区矫正期间,发现被假释的犯罪分子在判决宣告以前还有其他漏罪没有判决的,应当撤销假释,依照“先并后减”的原则实行数罪并罚。

暂予监外执行犯在社区矫正期间因犯新罪或者被发现判决宣告以前还有其他罪没有判决的,根据刑法规定,新罪依照“先减后并”的原则实行数罪并罚,漏罪依照“先并后减”的原则实行数罪并罚。侦查机关应当在对罪犯采取强制措施后24小时以内,根据《暂予监外执行规定》第22条的规定,将有关情况通知罪犯居住地社区矫正机构;人民法院应当在判决、裁定生效后,及时将判决、裁定的结果通知罪犯居住地社区矫正机构和罪犯原服刑或者接收其档案的监狱、看守所。罪犯按前款规定被判处监禁刑罚后,应当由原服刑的监狱、看守所收监执行;原服刑的监狱、看守所与接收其档案的监狱、看守所不一致的,应当由接收其档案的监狱、看守所收监执行。

《中华人民共和国社区矫正法》第60条对社区矫正对象在接受矫治期间可能实施的犯罪行为作了专门规定。社区矫正对象殴打、威胁、侮辱、骚扰、报复社区矫正机构工作人员和其他依法参与社区矫正工作的人员及其近亲属,构成犯罪的,依法追究刑事责任。社区矫正对象实施上述行为,有可能构成故意伤害罪、侮辱罪、妨害公务罪等,应该按照刑法规定,实行数罪并罚。

六、对社区矫正的法律监督

对社区矫正的法律监督,指的是人民检察院作为专门的国家法律监督机关对国家机关及其工作人员在适用、执行社区矫正过程中的司法、执法活动是否合法进行法律监督。此监督系人民检察院对社区矫正工作进行的监督,区别于社区矫正工作者对社区矫正对象的监督。

社区矫正工作人员和相关工作人员应该接受法律监督。《中华人民共和国社区矫正法》规定,社区矫正机构工作人员和其他国家工作人员有下列行为之一的,应当给予处分;构成犯罪的,依法追究刑事责任:(1)利用职务或者工作便利索取、收受贿赂的;(2)不履行法定职责的;(3)体罚、虐待社区矫正对象,或者违反法律规定限制或者变相限制社区矫正对象的人身自由的;(4)泄露社区矫正工作秘密或者其他依法应当保密的信息的;(5)对依法申诉、控告或者检举的社区矫正对象进行打击报复的;(6)有其他违纪违法行为的。

社区矫正工作应该接受法律监督。《中华人民共和国社区矫正法》规定,人民检察院发现社区矫正工作违反法律规定的,应当依法提出纠正意见、检察建议。有关单位应当将采纳纠正意见、检察建议的情况书面回复人民检察院;没有采纳的,应当说明理由。人民检察院对社区矫正的监督,贯穿决定、执行的各个环节,确保社区矫正的正确适用和执行。

—— 思考题 ——

1. 社区矫正的性质是什么?
2. 社区矫正的法律依据有哪些?
3. 社区矫正的对象包含哪几类人员?
4. 社区矫正在中国发展的历史阶段有哪些?
5. 社区矫正对象的漏管、脱管如何处理?
6. 社区矫正对象的收监事由包含哪些?
7. 社区矫正解除的流程是什么?
8. 社区矫正工作人员在工作中存在哪些情形可能涉嫌犯罪?

第九章　强制隔离戒毒制度

本章要点

强制隔离戒毒工作是以司法行政机关为主导，对吸毒成瘾者进行的一种强制性隔离戒毒活动。本章需要掌握强制隔离戒毒的概念、工作对象、工作流程等。了解司法部以及地方各戒毒机构在强制隔离戒毒工作中的职责。

第一节　强制隔离戒毒概述

一、强制隔离戒毒的概念与特征

（一）强制隔离戒毒的概念

强制隔离戒毒，是指行政机关对符合法定条件的吸毒成瘾人员实行隔离，并对其进行强制戒毒，帮助其戒除毒瘾、健康回归社会的管理活动。强制隔离戒毒活动是基于强制隔离戒毒制度产生的，该制度是法律、法规或规章规定的关于对戒毒人员的接收、管理、教育、戒毒等一系列规则的总称。

毒品，是指鸦片、海洛因、甲基苯丙胺（冰毒）、吗啡、大麻、可卡因以及国家规定管制的其他能够使人形成瘾癖的麻醉药品和精神药品。麻醉药品和精神药品，是指列入麻醉药品目录、精神药品目录的药品和其他物质。麻醉药品连续使用后易使身体产生依赖性、瘾癖性；精神药品直接作用于中枢神经系统，使人兴奋或抑制，连续使用也能产生依赖性。人类吸食或者注射毒品，容易形成瘾癖，尤其是现代化学工业技术发达，新型毒品往往一次就能让人形成毒瘾。

吸食毒品对个体的生理、心理都会造成重大伤害，吸毒者往往会因器官衰竭等疾病而猝死。吸毒行为往往会诱发疾病且导致传染病蔓延，诱发贩卖毒品、抢劫等犯罪行为，浪费巨量社会财富，导致官员腐败等。大多数国家对吸毒行为持否定态度，实施强制隔离戒毒措施，对制贩毒品的犯罪行为严厉打击。中国没有将行为人单纯的吸毒行为纳入刑法规制,吸毒不构成犯罪,但吸毒者需要被依法强制隔离戒毒。刑事领域对毒品犯罪的打击呈高压态势,《中华人民共和国刑法》中涉及毒品犯罪的罪名共有10个,规定于第六章第七节第347条至第357条。

(二)强制隔离戒毒的特征

1.强制隔离戒毒的前提是吸毒成瘾人员拒绝履行法定义务

在中国,吸毒是法律所禁止的行为。《中华人民共和国禁毒法》规定,吸毒成瘾人员应当进行戒毒治疗。吸毒成瘾人员有义务参加戒毒治疗。2011年,公安部、原卫生部联合发布《吸毒成瘾认定办法》,2016年,公安部和国家卫生和计划生育委员会发布《关于修改〈吸毒成瘾认定办法〉的决定》,对《吸毒成瘾认定办法》部分内容进行修订后重新公布。《吸毒成瘾认定办法》规定,吸毒成瘾,是指吸毒人员因反复使用毒品而导致的慢性复发性脑病,表现为不顾不良后果、强迫性寻求及使用毒品的行为,常伴有不同程度的个人健康及社会功能损害。吸毒成瘾的行为,不仅是一种自伤自残、自我损害的行为,更是一种会给社会带来危害的行为。这是吸毒成瘾与自我肢体伤害乃至自杀的根本区别。通常情况下法律不干涉公民个人自伤、自残的行为,但是不允许公民在实施上述行为的同时给社会造成危险或者实际损害。因此,法律规定吸毒者负有接受戒毒的义务,以使社会以及其他社会成员免受损害。

2.强制隔离戒毒的决定与执行机关是行政机关

强制隔离戒毒由公安机关决定。吸毒成瘾人员有下列情形之一的,由县级以上公安机关作出强制隔离戒毒的决定:(1)拒绝接受社区戒毒的;(2)在社区戒毒期间吸食、注射毒品的;(3)严重违反社区戒毒协议的;(4)经社区戒毒、强制隔离戒毒后再次吸食、注射毒品的。对于吸毒成瘾严重,通过社区戒毒难以戒除毒瘾的人员,公安机关可以直接作出强制隔离戒毒的决定。吸毒成瘾人员自愿接受强制隔离戒毒的,经公安机关同意,可以进入强制隔离戒毒场所戒毒。

对吸毒成瘾人员最初的强制隔离通常由公安机关的相关机构实施,经过一段时间后,转由司法行政机关的强制隔离戒毒所实施强制隔离戒毒。

3.强制隔离戒毒的对象是吸毒成瘾人员

只有对吸毒成瘾人员才实施强制隔离戒毒,因此,认定吸毒人员吸毒成瘾是实施强制隔离戒毒的前提条件。吸毒人员同时具备以下情形的,公安机关认定其吸毒成瘾:(1)经血液、尿液和唾液等人体生物样本检测证明其体内含有毒品成分;(2)有证据证明其有使用毒品行为;(3)有戒断症状或者有证据证明有吸毒史,包括曾经因使用毒品被公安机关查处、曾经进行自愿戒毒、人体毛发样品检测出毒品成分等情形。戒断症状的具体情形,参照原卫生部制定的《阿片类药物依赖诊断治疗指导原则》《苯丙胺类药物依赖诊断治疗指导原则》《氯胺酮依赖诊断治疗指导原则》确定。

吸毒成瘾人员具有下列情形之一的,公安机关认定其吸毒成瘾严重:(1)曾经被责令进行社区戒毒、强制隔离戒毒(含《中华人民共和国禁毒法》实施以前被强制戒毒或者劳教戒毒)、社区康复或者参加过戒毒药物维持治疗,再次吸食、注射毒品的;(2)有证据证明其采取注射方式使用毒品或者至少3次使用累计涉及两类以上毒品①的;(3)有证据证明其使用毒品后伴有聚众淫乱、自伤自残或者暴力侵犯他人人身、财产安全或者妨害公共安全等行为的。

怀孕或者正在哺乳自己不满1周岁婴儿的妇女吸毒成瘾的,不适用强制隔离戒毒。不满16周岁的未成年人吸毒成瘾的,可以不适用强制隔离戒毒。对不适用强制隔离戒毒的吸毒成瘾人员,依照法律规定进行社区戒毒,由负责社区戒毒工作的城市街道办事处、乡镇人民政府加强帮助、教育和监督,督促落实社区戒毒措施。

4. 强制隔离戒毒具有强制性与惩戒性

戒毒是世界性难题,依靠吸毒成瘾人员自觉戒毒,无疑极为困难。吸毒成瘾人员的自愿戒毒活动,往往以失败告终,周而复始地在吸毒与戒毒的怪圈中循环,危害巨大。在这种情况下需要由国家机关强制其隔离戒毒。强制隔离戒毒期间,戒毒人员人身自由受到限制,体现了隔离戒毒的强制性。因反复吸毒进入强制隔离戒毒所的吸毒人员,人身自由受到限制或剥夺,需要参加学习与劳动等活动,体现了国家对吸毒行为的惩戒性。

5. 强制隔离戒毒具有矫正教育性

强制隔离戒毒虽然具有限制戒毒人员人身自由的强制性与惩戒性,但这不是国家实施这项活动的最终目的。强制隔离戒毒,是通过戒毒治疗,使戒毒人员戒除毒瘾,摆脱毒瘾阴霾,不再吸食毒品,能够正常工作、生活,并使社会中吸毒人群数量得到有效控制,使社会更加有秩序。

二、强制隔离戒毒的原则

(一)以人为本

《中华人民共和国禁毒法》的原则之一,是保护公民身心健康,这是宪法中保护人权原则的体现。戒毒人员在入学、就业、享受社会保障等方面不受歧视。对戒毒

① 两类及以上毒品是指阿片类(包括鸦片、吗啡、海洛因、杜冷丁等)、苯丙胺类(包括各类苯丙胺衍生物)、大麻类、可卡因类以及氯胺酮等其他类毒品。

人员戒毒的个人信息应当依法予以保密。对戒断3年未复吸的人员,不再实行动态管控,防止对其生活工作产生不良影响。强制隔离戒毒,是为了使吸毒成瘾者摆脱毒瘾困扰,因此对这个群体需要注意保护人权。

(二)科学戒毒

戒毒活动是一项综合生物学、心理学、社会学的科学活动。对戒毒人员需要运用药物疗法、非药物疗法、心理治疗、精神分析治疗、人格矫正治疗等方法使之戒除毒瘾,摆脱对毒品的生理依赖与心理依赖。戒除毒瘾,不是简单粗暴地一关了之,而是一个综合各种科学手段的系统工程。

(三)综合矫治

一个人走上吸毒的道路,原因不是单一的,是吸毒者自身原因与外部原因综合交叉影响的结果。吸毒者往往由于受诱惑、受欺骗或者寻求更大刺激、释放压力、保持精力体力等而吸毒,初次吸毒后逐渐形成毒瘾,无法自拔。另外,社会管理有一定漏洞,客观上存在毒品供应的黑市。基于上述原因,对吸毒者需要从生理、心理等多方面进行治疗。强制隔离戒毒所对戒毒人员,既要加以药物控制,又要进行心理辅导、知识技能培训等综合矫正,才有更大的可能彻底消除戒毒人员对毒品的生理依赖和心理依赖。

(四)关怀救助

吸毒者是社会生活中的弱势群体,其身体和精神都呈现病态。吸毒会导致吸毒者神经失常,嗜睡、感觉迟钝、运动失调、出现幻觉和思维障碍,出现各种妄想、定向障碍等。静脉注射毒品会给滥用者带来感染性合并症,最常见的有化脓性感染和乙型肝炎,以及更为严重的疾病——艾滋病。由于吸毒带来的各种身体变化,吸毒者失去工作的能力,没有经济来源,只能从家庭中索取,最后导致家庭关系破裂,失去亲情呵护。失去家庭的经济支持与亲情关怀,吸毒者为了满足身不由己的毒瘾,往往会实施各种违法犯罪行为,他们不仅反复进出戒毒场所,还有可能反复进出监狱。这些因毒瘾而实施各种犯罪活动的群体,深受毒瘾折磨摧残,需要国家的关爱与救助,帮助其彻底摆脱毒瘾,成为正常的社会成员。

三、强制隔离戒毒的相关法律法规

戒毒工作复杂、艰难,需要多个规范加以规定,才能较全面满足戒毒工作的需要,所以强制隔离戒毒的法律、法规相对较多,层次较为丰富。

(一)法律

1.《中华人民共和国禁毒法》

《中华人民共和国禁毒法》由中华人民共和国第十届全国人民代表大会常务委

员会第三十一次会议于2007年12月29日通过、公布,自2008年6月1日起施行,是中国禁毒工作的主要依据。该法包括总则、禁毒宣传教育、毒品管制、戒毒措施、禁毒国际合作、法律责任、附则七章内容,其中,第四章戒毒措施规定了强制隔离戒毒的相关内容。

2.《中华人民共和国治安管理处罚法》

《中华人民共和国治安管理处罚法》由中华人民共和国第十届全国人民代表大会常务委员会第十七次会议于2005年8月28日通过、公布,自2006年3月1日起施行。后于2012年10月26日中华人民共和国第十一届全国人民代表大会常务委员会第二十九次会议通过的《关于修改〈中华人民共和国治安管理处罚法〉的决定》修正。该法第72条第3项规定,吸食、注射毒品的,处10日以上15日以下拘留,可以并处2000元以下罚款;情节较轻的,处5日以下拘留或者500元以下罚款。对于吸毒者,既可以强制隔离戒毒,又可以依照《中华人民共和国治安管理处罚法》进行处罚。

(二)行政法规

《戒毒条例》于2011年6月22日国务院第160次常务会议通过、公布,自公布之日起施行,后于2018年修正。《戒毒条例》是对《中华人民共和国禁毒法》相关规定的细化,包括总则、自愿戒毒、社区戒毒、强制隔离戒毒、社区康复、法律责任、附则七章,共46条。

(三)部门规章

1.《司法行政机关强制隔离戒毒工作规定》

《司法行政机关强制隔离戒毒工作规定》(以下简称《戒毒规定》)于2013年3月22日司法部部务会议审议通过、发布,自2013年6月1日起施行,是司法行政机关强制隔离戒毒的主要依据。该规定包括总则、场所设置、接收、管理、治疗康复、教育、生活卫生、解除、附则等九章,共65条。

2.《强制隔离戒毒诊断评估办法》

《强制隔离戒毒诊断评估办法》由公安部、司法部、国家卫生和计划生育委员会于2013年9月2日联合发布并生效,包括总则、诊断评估内容和标准、诊断评估程序、附则等四章,共28条。强制隔离戒毒诊断评估,是指强制隔离戒毒所对戒毒人员在强制隔离戒毒期间的生理脱毒、身心康复、行为表现、社会环境与适应能力等情况进行综合考核、客观评价。

3.《吸毒成瘾认定办法》

为规范吸毒成瘾认定工作,科学认定吸毒成瘾人员,依法对吸毒成瘾人员采取戒毒措施和提供戒毒治疗,2010年11月19日公安部部长办公会议通过《吸毒成瘾认定办法》,经原卫生部同意,自2011年4月1日起施行,共计24条。2016年11月22日,公安部部长办公会议通过《关于修改〈吸毒成瘾认定办法〉的决定》,经国家卫生和计划生育委员会同意,自2017年4月1日起施行。

4.《公安机关强制隔离戒毒所管理办法》

《公安机关强制隔离戒毒所管理办法》(以下简称《戒毒所管理办法》)于2011年9月19日公安部部长办公会议通过,是公安机关强制隔离戒毒的主要依据,包含总则、设置、入所、管理、医疗、教育、康复、出所、附则等九章。

5.《麻醉药品和精神药品管理条例》

《麻醉药品和精神药品管理条例》于2005年7月26日国务院第100次常务会议通过,2005年8月3日发布,自2005年11月1日起施行。该条例包含总则,种植、实验研究和生产,经营,使用,储存,运输,审批程序和监督管理,法律责任,附则等九章。其中规定,强制隔离戒毒机构以开展戒毒治疗为目的,可以使用美沙酮或者国家确定的其他用于戒毒治疗的麻醉药品和精神药品。

第二节　戒毒机构

中国建立了从中央到地方的戒毒机构,以国家禁毒委员会为领导,包括由公安系统、司法行政系统和社区组成的完善的戒毒机构,辅之以社区矫正力量,共同完成戒毒工作。

一、国家禁毒委员会

国家禁毒委员会是中国最高的禁毒领导机构,成立于1990年,建立了禁毒宣传教育、禁吸戒毒等工作小组,具体工作由公安部开展。国家禁毒委员会的主要职责是:对内通过研究制定禁毒方面的重要政策和措施,协调有关的重大问题,组织、协调和指导有关部门和单位并动员全社会的力量开展禁毒斗争;对外根据国务院授权,负责组织开展禁毒国际合作,履行国际禁毒公约义务。

国家禁毒委员会成员单位共计41个,包括:公安部、中央宣传部、最高人民法院、最高人民检察院、外交部、教育部、国家卫生健康委员会、海关总署、中央网信办、国家发展和改革委员会、科技部、工业和信息化部、国家安全部、民政部、司法部、财政部、人力资源和社会保障部、生态环境部、交通运输部、农业农村部、商务部、文化和旅游部、应急管理部、中国人民银行、国家市场监督管理总局、国家广播电视总局、国家国际发展合作署、国务院港澳事务办公室、国务院台湾事务办公室、国家移民管理局、国家林业和草原局、中国民用航空局、中华人民共和国国家邮政局、国家药品监督管理局、国务院扶贫开发领导小组办公室、中央军委联合参谋部作战局、海警局、全国总工会、共青团中央、全国妇联、中国铁路总公司。①

二、公安系统戒毒机构

(一)公安部监所管理局

公安部监所管理局是对公安机关强制隔离戒毒所、戒毒康复中心和安康医院进行归口管理的业务指导部门。该部门的主要职责是:拟定监所管理的政策、制度、规定并负责监督检查;指导强制隔离戒毒所、戒毒康复中心、安康医院等公安监管场所开展好管理、教育转化、矫治治疗、深挖犯罪、信息化建设、建设保障、生活卫生及公安监管民警队伍建设工作;掌握监所管理工作信息,开展对策调研和情况分析,检查指导公安监管场所做好安全防范工作,依法保障被监管人员的合法权益。

(二)公安机关强制隔离戒毒所

公安机关强制隔离戒毒所由县级以上人民政府设置,强制隔离戒毒所由公安机关提出设置意见,经本级人民政府和省级公安机关分别审核同意后,报省级人民政府批准,并报公安部备案。公安机关强制隔离戒毒所的建设,应当符合国家有关建设规范。建设方案,应当经省级人民政府公安机关批准。

强制隔离戒毒所机构名称为"××省(自治区、直辖市)××市(县、区、旗)强制隔离戒毒所"。同级人民政府设置有司法行政机关管理的强制隔离戒毒所的,公安机关管理的强制隔离戒毒所名称为"××省(自治区、直辖市)××市(县、区、旗)第×强制隔离戒毒所"。

强制隔离戒毒所设所长1人,副所长2人至4人,必要时可设置政治委员或教导员。强制隔离戒毒所根据工作需要设置相应的机构,配备相应数量的管教、监控、巡视、医护、技术、财会等民警和工勤人员,落实岗位责任。公安机关可以聘用文职人员参与强制隔离戒毒所的戒毒治疗、劳动技能培训、法制教育等非执法工作,可以聘用工勤人员从事勤杂工作。

根据《公安机关强制隔离戒毒所管理办法》的规定,强制隔离戒毒所依法通过

---

① 国家禁毒委成员单位,载中国禁毒网,http://www.nncc626.com/2022-06/30/c_1211662479.htm。

行政强制措施为戒毒人员提供科学规范的戒毒治疗、心理治疗、身体康复训练和卫生、道德、法制教育,开展职业技能培训。

三、司法行政系统戒毒机构

2008 年起施行的《中华人民共和国禁毒法》和 2011 年起实施的《戒毒条例》(2018 年修正)规定,司法行政戒毒系统承担强制隔离戒毒管理、戒毒康复管理、指导支持社区戒毒和社区康复职能。为此,司法行政系统设立了戒毒管理机构和具体实施机构。

(一)司法部戒毒管理局

司法部设戒毒管理局,是司法行政戒毒系统的指导部门,负责监督检查本系统执行戒毒相关法律法规和政策的情况;指导、监督本系统强制隔离戒毒措施的执行和戒毒康复工作;对社区戒毒和社区康复工作提供指导、支持和协助。

(二)地方戒毒管理局

在各省、自治区、直辖市司法厅(局)设置戒毒管理局,为副厅局级建制。地方戒毒管理局在省、自治区、直辖市司法厅(局)的领导下,管理全省、自治区、直辖市强制隔离戒毒工作,决策戒毒工作的重大事项:贯彻执行党和国家关于强制隔离戒毒工作的方针、政策、法律、法规、规章,并监督实施;审查和批准戒毒工作的中长期规划和年度计划,并组织实施;负责强制隔离戒毒场所的规划布局、信息化建设等方面的规划建议并组织实施;负责管理和监督对戒毒人员的戒治、教育、康复、习艺劳动和生活保障、医疗防疫等工作;负责管理和指导强制隔离戒毒单位的生产、基建、财务、审计、装备工作;对社区戒毒、社区康复工作提供指导和支持;指导、监督本系统队伍建设和思想政治工作,指导、监督、依法负责本系统警务管理,负责警务督察工作。

地方戒毒管理局负有监督管理省属戒毒所企业及国有资产保值增值的职责,负责省、自治区、直辖市强制隔离戒毒单位领导班子、警察、职工队伍的建设和管理工作;指导市属强制隔离戒毒单位领导班子、警察、职工队伍的建设和管理工作等。

(三)司法行政机关强制隔离戒毒所

司法行政机关强制隔离戒毒所[①]依据《戒毒规定》设置,应当符合司法部的规划,经省、自治区、直辖市司法厅(局)审核,由省级人民政府批准,并报司法部备案。

---

① 如无特别说明,本章强制隔离戒毒所均指司法行政机关强制隔离戒毒所,本章所详细介绍强制隔离戒毒,均指司法行政机关强制隔离戒毒。

强制隔离戒毒所是司法行政工作部门,其主要职责是:(1)贯彻执行党和国家禁毒工作方针政策、法律法规,对吸食、注射毒品成瘾人员,采取强制隔离方式集中进行戒毒治疗;(2)依法依规收治公安机关移交的吸毒成瘾人员;(3)对强制隔离戒毒人员实行依法、严格、文明、科学管理,开展心理矫治、药物治疗、体能训练和法制教育、道德教育、文化教育,使其戒除毒瘾;(4)依法依规管理强制隔离戒毒场所的行政事务,建立健全各种规章、制度;(5)负责强制隔离戒毒所警械武器、车辆、民警服装、警衔标志的管理和后勤保障工作;(6)负责干警职工的岗位培训和学历教育、政治教育;(7)进行强制隔离戒毒人员出所跟踪管理,帮助强制隔离戒毒人员顺利回归社会;(8)参与社会治安的综合治理,提高改造质量,有效地控制重新违法犯罪;(9)承办上级部门交办的其他工作。

四、社区戒毒机构

城市街道办事处、乡镇人民政府负责社区戒毒工作,乡(镇)人民政府、城市街道办事处应当根据工作需要成立社区戒毒工作领导小组,配备社区戒毒专职工作人员,具体负责一般吸毒人员的戒毒工作,制订社区戒毒工作计划,落实社区戒毒措施。设区的市级以上司法行政机关承担着指导、支持、协助社区戒毒、社区康复的工作职责。社区戒毒的期限为3年。

对吸毒成瘾人员,公安机关可以责令其接受社区戒毒,同时通知吸毒人员户籍所在地或者现居住地的城市街道办事处、乡镇人民政府。戒毒人员应当在户籍所在地接受社区戒毒;在户籍所在地以外的现居住地有固定住所的,可以在现居住地接受社区戒毒。城市街道办事处、乡(镇)人民政府可以指定有关基层组织,根据戒毒人员本人和家庭情况,与戒毒人员签订社区戒毒协议,有针对性地落实社区戒毒措施。城市街道办事处、乡(镇)人民政府以及县级劳动行政部门对无职业且缺乏就业能力的戒毒人员,应当提供必要的职业技能培训、就业指导和就业援助。

接受社区戒毒的戒毒人员应当遵守法律、法规,自觉履行社区戒毒协议,并根据公安机关的要求,定期接受检测。对违反社区戒毒协议的戒毒人员,参与社区戒毒的工作人员应当对其进行批评、教育;对严重违反社区戒毒协议或者在社区戒毒期间又吸食、注射毒品的,应当及时向公安机关报告。

乡(镇)人民政府、城市街道办事处,应当在社区戒毒人员报到后及时与其签订社区戒毒协议,明确社区戒毒的具体措施、社区戒毒人员应当遵守的规定以及违反社区戒毒协议应承担的责任。社区戒毒专职工作人员、社区民警、社区医务人员、社区戒毒人员的家庭成员以及禁毒志愿者共同组成社区戒毒工作小组,具体实施社区戒毒。

第三节　司法行政机关强制隔离戒毒所

一、强制隔离戒毒所的设置

强制隔离戒毒所有省直单位与市属单位两种类型。省直单位强制隔离戒毒所由省(自治区、直辖市)司法厅(局)戒毒管理局直接领导;市属强制隔离戒毒所由市司法局领导,人、财、物等方面的管理有一定差异。省直强制隔离戒毒所以其所在地地名加“强制隔离戒毒所”命名,如“××省××强制隔离戒毒所”“××省第一(二、三)强制隔离戒毒所”。市属强制隔离戒毒所往往命名为“××市强制隔离戒毒所”,或者“××市第一(二)强制隔离戒毒所”,或者“××市司法局第一(二)强制隔离戒毒所”等。同一地域有多个强制隔离戒毒所的,可以采取其他方式命名以示区别。

具备条件的地方,应当单独设置收治女性戒毒人员的强制隔离戒毒所和未成年戒毒人员的强制隔离戒毒所。专门收治女性戒毒人员的强制隔离戒毒所名称,为地名后加“女子强制隔离戒毒所”,如“××省女子强制隔离戒毒所”,或者“××市女子强制隔离戒毒所”。专门收治未成年戒毒人员的强制隔离戒毒所名称,为地名后加“未成年人司法强制隔离戒毒所”,如“××省未成年人司法强制隔离戒毒所”,也有“××省未成年人强制隔离戒毒所”的名称。实践中,是否加“司法”没有统一规定,有些省份加了这一名词,有些省份没有加。加上“司法”一词更加科学严谨,体现出部门的性质,与公安机关的强制隔离戒毒机构进行了区分。

强制隔离戒毒所设所长1人、政治委员1人、副所长若干人,设置职能机构和戒毒大队,根据收治规模配备从事管教、医疗和后勤保障的工作人员,强制隔离戒毒所工作人员享受国家规定的工资福利待遇及保险。强制隔离戒毒所一般设立政治处、戒毒科、教育矫治科、生活卫生科、习艺劳动科、心理健康指导中心、会见室、警戒护卫大队、办公室、所政管理科、监察审计科、财务科、医院、监控信息科、常规大队等。不同的强制隔离戒毒所,根据工作需要,机构设置会有所差别。

二、强制隔离戒毒所的内设机构

强制隔离戒毒所通常设置的内置机构为:办公室、所政管理科、调查科、戒毒(指导)科、教育矫治科(心理矫治中心)、生活卫生科、警戒保卫科、习艺劳动科、安全环保科、财务科、信息技术科、后勤保障科、监察审计室等科级机构和政治处、工会、团委,另外有强戒大队若干。与强制隔离戒毒主要职能相关的是戒毒(指导)科和教育矫治科。

(一)戒毒(指导)科

强制隔离戒毒所中,最重要的工作是对戒毒人员的强制戒毒与矫正。戒毒(指导)科的主要职责是:(1)制定戒毒康复管理工作制度并组织实施;(2)开展生理、心理矫治和身体康复训练工作;(3)建立并组织实施强制隔离戒毒和戒毒康复模式;(4)指导、监督强制隔离戒毒诊断评估工作。

(二)教育矫治科

教育矫治科的主要职责是:(1)制订教育工作计划并组织实施,掌握各大队戒毒人员的教育工作情况;(2)编写和制定戒毒人员教育的辅导材料和教学参考资料,组织和协调相关部门对教师进行业务培训;(3)指导、监察、督促各大队对戒毒人员的教育工作,并做好教育考核工作;(4)每月定期分析戒毒人员思想动态,有针对性地做好教育转化工作;(5)按上级要求及时上报各种教育工作报表和有关材料;(6)组织社会帮教活动和社会调查,提高教育矫正质量;(7)制定教育设施的规划,合理安排教育经费的使用,做好教育设施管理;(8)完成上级交办的其他任务。

三、强制隔离戒毒所的安全管理

(一)安全管理的内容

强制隔离戒毒所内会有安全隐患,需要建立起科学的安全管理制度,防止安全事故发生。强制隔离戒毒所需要对四个主要场所进行安全管理,即戒毒者学习、生活、康复、劳动现场。对戒毒人员需要分别、分期、分级管理,对不同的戒毒者实施不同的安全管理措施。强制隔离戒毒所在日常工作中进行所内安全稳定形势研判,排查消除安全隐患。强制隔离戒毒所还需要善于处置各类突发事件,如戒毒人员自杀、猝死、毒瘾发作后的狂躁等,确保场所持续安全稳定。

(二)安全检查

强制隔离戒毒所内有发生各种安全事故的可能,因此,强制隔离戒毒所应当建立安全管理制度,进行安全检查,及时发现和消除安全隐患;制定突发事件应急预案,并定期演练;安装监控、应急报警、门禁检查和违禁品检测等安全技防系统,按照规定保存监控录像和有关信息资料;安排专门人民警察负责强制隔离戒毒所的安全检查工作。中国强制隔离戒毒所通常有 24 小时 360 度的视频监控,能有效地实现对所内各种情况的监控,防止安全事故发生。

(三)设置安全警戒护卫机构

强制隔离戒毒所设置安全警戒护卫机构,其职责和任务是:(1)负责强制隔离戒毒所戒治区门前警卫工作，做好出入所人员、车辆查验、登记等工作；(2)负责警戒执勤工作；(3)负责强制隔离戒毒所所区及围墙内外的巡逻、检查，协助清查违禁物品；(4)负责视频监控工作；(5)组织或者参与强制隔离戒毒人员转移、调遣工作；(6)组织或者参与制定突发事件应急预案，定期开展演练，参与防范和处理强制隔离戒毒所各类突发事件；(7)完成其他安全警戒工作任务。

(四)选配安全警戒人员

强制隔离戒毒所应当按照强制隔离戒毒人员总数的2%～3%的比例，在正式人民警察编制中选配专兼职安全警戒人员。其中，专职人员不得少于安全警戒人员总数的60%，40周岁以下人民警察的比例不得少于安全警戒人员总数的50%。

强制隔离戒毒人员总数在500人以下(不含500人)的强制隔离戒毒所，配备安全警戒人员数不得少于10人；强制隔离戒毒人员总数在500人以上1000人以下(不含1000人)的强制隔离戒毒所，配备安全警戒人员数不得少于16人；强制隔离戒毒人员总数在1000人以上的强制隔离戒毒所，配备安全警戒人员数不得少于20人。收治女性强制隔离戒毒人员的强制隔离戒毒所，应当配备适当数量的女性人民警察从事安全警戒工作。

第四节 对戒毒人员的接收与管理

《司法行政机关强制隔离戒毒工作规定》第三章、第四章规定了强制隔离戒毒所负责对戒毒人员进行接收并开展戒毒管理工作，下面对戒毒人员的接收与日常管理进行具体介绍。

一、对戒毒人员的接收

(一)戒毒人员入所程序

戒毒人员经公安机关作出强制隔离戒毒决定，在公安机关强制隔离戒毒场所执行3个月至6个月后，有的戒毒人员将结束强制隔离戒毒，顺利回归社会。有的尚需进一步心理脱毒，需要进入司法行政机关的强制隔离戒毒所。

强制隔离戒毒所根据县级以上公安机关强制隔离戒毒决定书接收戒毒人员。对需要转至强制隔离戒毒所继续执行强制隔离戒毒的人员，公安机关应当与司法行政机关办理移交手续，将戒毒人员戒毒康复、日常行为考核等情况一并移交强制隔离戒毒所，并通报作出强制隔离戒毒决定的机关。强制隔离戒毒所也可以对依据省、自治区、直辖市具体执行方案送交的强制隔离戒毒人员依法执行强制隔离戒毒。

强制隔离戒毒所接收戒毒人员时，应当核对戒毒人员身份，填写强制隔离戒毒人员入所登记表，并接收戒毒人员在公安机关强制隔离戒毒期间的相关材料。戒毒人员入所接受强制隔离戒毒后，强制隔离戒毒所应当书面通知其家属，通知书应当自戒毒人员入所之日起5日内发出。

（二）对戒毒人员的健康检查与物品检查

强制隔离戒毒所接收戒毒人员时，应当进行必要的健康检查，填写强制隔离戒毒人员入所健康状况检查表。戒毒人员身体有伤的，强制隔离戒毒所应当予以记录，由移送的公安机关工作人员和戒毒人员本人签字确认。女性戒毒人员的身体检查，应当由女性人民警察进行，并应当对女性戒毒人员进行妊娠检测，对怀孕或者正在哺乳不满1周岁婴儿的妇女，不予接收。

对戒毒人员携带的个人物品应当进行检查，并依法处理各种违禁品。检查时应当有2名以上人民警察在场。对生活必需品以外的其他物品进行登记并由戒毒人员本人签字，由其指定的近亲属领回或者由强制隔离戒毒所代为保管。

二、对戒毒人员的日常管理

强制隔离戒毒所内的管理权是一项专属的国家权力，不可转让与委托，强制隔离戒毒所人民警察对戒毒人员实行直接管理，严禁由其他人员代行管理职权。女性戒毒人员由女性人民警察直接管理。

（一）对戒毒人员的分类管理

强制隔离戒毒是一项科学的管理活动，接收戒毒人员入所以后，需要依据不同情况，对戒毒人员进行管理。强制隔离戒毒所应当根据性别、年龄、患病等情况，对戒毒人员实行分别管理；根据戒毒治疗情况，对戒毒人员实行分期管理；根据戒毒人员表现，实行逐步适应社会的分级管理。为防止戒毒人员在解除强制隔离戒毒后复吸，需要截断他们之间可能存在的联系，进行分类管理时，需要考虑将具有同学、同事、同乡等关系的戒毒人员分在不同戒毒大队。

（二）对戒毒人员对外联系的管理

1. 对戒毒人员个人物品和邮件的管理

对强制隔离戒毒所以外的人员交给戒毒人员的物品和邮件，应当进行检查，防止夹带毒品及其他违禁品。检查时，应当有2名以上人民警察在场。检查邮件时，应当依法保护戒毒人员的通信自由和通信秘密。虽然戒毒人员有通信自由，但是其有可能通过邮件、通信与外界进行违法沟通,应该在通信环节仔细检查,防止出现所内外勾结实施违法犯罪行为的情况。经强制隔离戒毒所批准,戒毒人员可以使用指定的固定电话与其亲属、监护人或者所在单位、就读学校有关人员通话。

戒毒人员在所内不得持有、使用移动通信设备。因为移动通信设备无法由民警进行监听、记录,其通话内容、电子邮件内容、社交网络平台上内容无法得到有效管理,所以不能由其使用移动通信设备。在强制隔离戒毒所的安全检查中,应将移动通信设备作为重要检查内容。

2. 对戒毒人员接受外界探访的管理

亲情、友情等是使戒毒人员能够成功戒毒、重返社会的非常重要的因素。戒毒人员的亲属和所在单位或者就读学校的工作人员,可以按照强制隔离戒毒所的探访规定探访戒毒人员。

强制隔离戒毒所应当检查探访人员身份证件,身份不明或者无法核实的则不允许探访。对正被采取保护性约束措施或者正处于单独管理期间的戒毒人员,不予安排探访。

探访应当在探访室进行,探访室有专门的科室管理,体现了人性化。探访人员应当遵守探访规定;探访人员违反规定经劝阻无效的,可以终止其探访。探访人员交给戒毒人员物品须经批准,并由人民警察当面检查。交给戒毒人员现金的,应当存入戒毒人员所内个人账户,不允许戒毒人员使用现金。戒毒人员在强制隔离戒毒所内的消费,从个人账户中扣除。发现探访人员利用探访传递毒品的,应当移交公安机关依法处理,相关探访人员有可能成立运输毒品或者贩卖毒品等罪。发现探访人员利用探访传递其他违禁品的,应当依照有关规定处理。

3. 对戒毒人员外出探视的管理

戒毒人员不是罪犯,脱逃的可能性较低,允许其外出探视,有利于维系亲情,使其发自内心忏悔,坚定戒毒决心。戒毒人员因配偶、直系亲属病危、死亡或者家庭有其他重大变故,可以申请外出探视。申请外出探视须有医疗单位、戒毒人员户籍所在地或者现居住地公安派出所、原单位或者街道(乡、镇)的证明材料。

强制隔离戒毒所可以批准戒治效果好的戒毒人员外出探视其配偶、直系亲属。强制隔离戒毒所批准戒毒人员外出探视的,应当发给戒毒人员外出探视证明。

戒毒人员外出探视及在途时间不得超过10日。对非因不可抗力逾期不归的戒毒人员,视作脱逃处理。戒毒人员外出探视回所后,强制隔离戒毒所应当对其进行检测,发现重新吸毒的,不得报请提前解除强制隔离戒毒。

（三）对违法违纪戒毒人员的管理

强制隔离戒毒所对有下列情形之一的戒毒人员，应当根据不同情节分别给予警告、训诫、责令具结悔过：(1)违反戒毒人员行为规范、不遵守强制隔离戒毒所纪律，经教育不改正的；(2)欺侮、殴打、虐待其他戒毒人员的；(3)隐匿违禁品的；(4)交流吸毒信息、传授犯罪方法的。对戒毒人员处以警告、训诫和责令具结悔过，由戒毒大队决定并执行。

对有严重扰乱所内秩序、私藏或者吸食、注射毒品、预谋或者实施脱逃、行凶、自杀、自伤、自残等行为以及涉嫌犯罪应当移送司法机关处理的戒毒人员，强制隔离戒毒所应当对其实行单独管理。单独管理应当经强制隔离戒毒所负责人批准，在紧急情况下，可以先行采取单独管理措施，并在24小时内补办审批手续。对单独管理的戒毒人员，应当安排人民警察专门管理。一次单独管理的时间不得超过5日，单独管理因为对戒毒人员心理有较强的影响，不得连续使用。

对私藏或者吸食、注射毒品的戒毒人员，不得报请提前解除强制隔离戒毒，并应当在期满前诊断评估时，作为延长强制隔离戒毒期限的依据。涉嫌犯罪的，应当依法追究刑事责任。

遇有戒毒人员脱逃、暴力袭击他人等危险行为，强制隔离戒毒所人民警察可以依法使用警械予以制止。警械使用情况，应当记录在案。戒毒人员脱逃的，强制隔离戒毒所应当立即通知当地公安机关，并配合公安机关追回脱逃人员。被追回的戒毒人员应当继续执行强制隔离戒毒，脱逃期间不计入强制隔离戒毒期限。对被追回的戒毒人员不得报请提前解除强制隔离戒毒。

（四）对戒毒人员档案的管理

强制隔离戒毒所应当妥善保管戒毒人员的档案。档案内容包括：强制隔离戒毒决定书、强制隔离戒毒人员入所登记表、强制隔离戒毒人员入所健康状况检查表、财物保管登记表、病历、心理健康档案、诊断评估结果、提前解除强制隔离戒毒决定书或者延长强制隔离戒毒期限决定书、解除强制隔离戒毒证明书以及在强制隔离戒毒期间产生的重要文书、视听资料。除法律明确规定外，强制隔离戒毒所不得对外提供戒毒人员的档案信息。

第五节　对戒毒人员的教育、康复治疗与解除戒毒

戒毒人员接受强制隔离戒毒，既需要戒除生理毒瘾，又需要戒除心理毒瘾。对

抗心理毒瘾,需要有正确的世界观、人生观、价值观,因此强制隔离戒毒所内的教育尤为重要。

一、入所教育和日常教育

强制隔离戒毒所应当对新接收的戒毒人员进行时间不少于1个月的入所教育,教育内容包括强制隔离戒毒有关法律法规、所规所纪、戒毒人员权利义务等。入所教育,会使戒毒人员认识到自己行为的违法性、法律规定的必要性以及接受强制隔离戒毒对自己、对社会、对国家的重要性,从而为日后接受强制隔离戒毒奠定基础。

强制隔离戒毒所可以安排戒毒人员到戒毒康复场所及戒毒药物维持治疗场所参观、体验,开展戒毒康复、戒毒药物维持治疗相关知识的宣传教育,为解除强制隔离戒毒后自愿进入戒毒康复场所进行康复或者参加戒毒药物维持治疗的戒毒人员提供便利。

强制隔离戒毒所应当采取课堂教学的方式,对戒毒人员集中进行卫生、道德、法治和形势政策等教育。通过卫生教育,使戒毒人员认识到如何通过医疗手段保护自己的身体健康,认识到毒品对身体、心理的强烈伤害,建立不再吸毒、健康生活的决心。吸毒行为往往伴随一些违反道德的行为,如不孝顺父母、不爱护子女、疯狂消费、滥交,甚至违法犯罪等。对戒毒人员开展道德教育,用中国传统文化中的孝、悌、仁、义、礼、智、信等优秀品德感召他们,能为他们建立对抗毒瘾的心理基础。吸毒行为本身即违反了法律,为了维持吸毒所需资金,吸毒人员还有可能实施各种犯罪行为。为吸毒人员普及法律知识,使其认识到吸毒行为的违法性,以及盗窃、抢劫、诈骗、制造贩卖毒品等犯罪行为将受到的刑罚处罚,可以起到预防犯罪的效果。

强制隔离戒毒所应当加强同当地有关部门和单位的联系,通过签订帮教协议、来所开展帮教等形式,做好戒毒人员的教育工作。强制隔离戒毒所可以邀请有关专家、学者、社会工作者、志愿人员以及戒毒成功人员协助开展教育工作,对协助教育有显著成绩和突出贡献的,应当予以表彰、奖励。

所内教育,可以通过春风化雨的形式,以文化滋润戒毒人员的心田。强制隔离戒毒所开展戒毒文化建设,运用影视、广播、展览、文艺演出、图书、报纸、杂志、宣传栏和所内局域网等文化载体,活跃戒毒人员文化生活,丰富教育形式。

二、教育方式

强制隔离戒毒所应当对戒毒人员开展有针对性的个别教育与集体教育。戒毒所中,戒毒人员的比例较大,如果不进行集体教育,难以实现良好的教育效果。将戒毒人员作为一个集体进行教育,可以通过集体的力量教育每一个戒毒人员。在集体中,有可能“交叉感染”,互相传染恶习,这是应该努力避免的。在戒毒人员的集体中,应利用同化效应和驱动效应,用积极向上的价值、目标引导整个集体,使戒毒人员自动将自己的行为、思想统一在集体之下,从而服从民警教育,形成一个积极向上的良好氛围。集体教育所追求的是,用戒毒人员这个集体感化、教育、矫正个别不容易遵规守纪的戒毒人员,使之被带动着积极向上,一旦有违纪违法行为,集体将对之形成压力,提高戒毒的效果。

戒毒大队人民警察除了运用集体教育的方式之外,还需要重视戒毒人员的个体差异,运用个体教育的方式解决个别难以戒除毒瘾的人员。戒毒警察应当熟悉分管戒毒人员的基本情况,如家庭、原有的生活环境等,掌握他们的思想动态,对分管的每名戒毒人员每月至少进行一次个别谈话。戒毒人员有思想、情绪严重波动的,应当及时进行谈话疏导。

三、组织参加劳动

参加劳动是戒毒的重要方式,强制隔离戒毒所组织戒毒人员参加劳动,在劳动过程中学习职业技能。强制隔离戒毒所应当协调人力资源和社会保障部门,对戒毒人员进行职业技能培训和职业技能鉴定。职业技能鉴定合格的,颁发相应的职业资格证书。强制隔离戒毒所应当在戒毒人员出所前进行回归社会教育,教育时间不少于1周。

强制隔离戒毒所根据戒毒的需要,可以组织有劳动能力的戒毒人员参加必要的生产劳动。组织戒毒人员参加生产劳动的,应当支付劳动报酬。戒毒人员劳动时间每周不超过5天,每天不超过6小时。法定节假日不得安排戒毒人员参加生产劳动。

强制隔离戒毒所应当建立安全生产管理制度,对参加生产劳动的戒毒人员进行安全生产教育,提供必要的劳动防护用品。生产劳动场地和劳动项目应当符合安全生产管理的有关规定,不得引进易燃、易爆等危险生产项目,不得组织戒毒人员从事有碍身体康复的劳动。

四、对戒毒人员的康复治疗

治疗康复是强制隔离戒毒的核心内容,是帮助吸毒人员矫正异常心理、行为的关键措施,在强制隔离戒毒中处于中心地位。

强制隔离戒毒所应当根据戒毒人员吸食、注射毒品的种类、成瘾程度和戒断症状等，进行有针对性的生理治疗、心理治疗和身体康复训练。对公安机关强制隔离戒毒所移送的戒毒人员，应当做好戒毒治疗的衔接工作。

对戒毒人员进行戒毒治疗，应当采用科学、规范的诊疗技术和方法，使用符合国家有关规定的药物、医疗器械。戒毒治疗使用的麻醉药品和精神药品应当按照规定申请购买并严格管理，使用时须由具有麻醉药品、精神药品处方权的医师按照有关技术规范开具处方。

强制隔离戒毒所应当定期对戒毒人员进行身体检查。对患有疾病的戒毒人员，应当及时治疗。对患有传染病的戒毒人员，应当按照国家有关规定采取必要的隔离治疗措施。

戒毒人员患有严重疾病，不出所治疗可能危及生命的，凭所内医疗机构或者二级以上医院出具的诊断证明，经强制隔离戒毒所所在省、自治区、直辖市司法行政机关戒毒管理部门批准，报强制隔离戒毒决定机关备案，强制隔离戒毒所可以允许其所外就医，并发给所外就医证明。戒毒人员所外就医期间，强制隔离戒毒期限连续计算。对于健康状况不再适宜回所执行强制隔离戒毒的，强制隔离戒毒所应当向强制隔离戒毒决定机关提出变更为社区戒毒的建议，同时报强制隔离戒毒所所在省、自治区、直辖市司法行政机关戒毒管理部门备案。

强制隔离戒毒所应当通过组织体育锻炼、娱乐活动、生活技能培训等方式对戒毒人员进行身体康复训练，帮助戒毒人员恢复身体机能、增强体能。

强制隔离戒毒所应当建立戒毒人员心理健康档案，开展心理健康教育，提供心理咨询，对戒毒人员进行心理治疗；对心理状态严重异常或者有行凶、自伤、自残等危险倾向的戒毒人员应当实施心理危机干预。对可能发生自伤、自残等情形的戒毒人员使用保护性约束措施，应当经强制隔离戒毒所负责人批准。采取保护性约束措施应当遵守有关医疗规范。对被采取保护性约束措施的戒毒人员，人民警察和医护人员应当密切观察；可能发生自伤、自残等情形消除后，应当及时解除保护性约束措施。

强制隔离戒毒所可以与社会医疗机构开展医疗合作，提高戒毒治疗水平和医疗质量。强制隔离戒毒所应当通过组织体育锻炼、娱乐活动、生活技能培训等方式对戒毒人员进行身体康复训练，帮助戒毒人员恢复身体机能、增强体能。

五、对戒毒人员解除戒毒

解除强制隔离戒毒的期限为2年，期满前，强制隔离戒毒所应当对戒毒人员进行综合诊断评估，根据评估结果确定是否可以提前、按时、延长解除戒毒。生理脱毒评估、身心康复评估、行为表现评估结果分为“合格”“不合格”两类;社会环境与适应能力评估结果分为“良好”和“一般”两类。

戒毒人员生理脱毒评估标准包含五项:(1)毒品检测结果呈阴性;(2)停止使用控制或者缓解戒断症状的药物;(3)急性戒断症状完全消除;(4)未出现明显稽延性戒断症状;(5)未出现因吸毒导致的明显精神症状或者原有精神障碍得到有效控制。诊断评估时,戒毒人员同时达到上述五项,生理脱毒评估为“合格”,否则为“不合格”。

戒毒人员身心康复评估标准包含五项:(1)身体相关机能有所改善;(2)体能测试有所提高;(3)戒毒动机明确,信心增强,掌握防止复吸的方法;(4)未出现严重心理问题或者精神症状;(5)有改善与家庭、社会关系的愿望和行动。诊断评估时,戒毒人员同时达到上述五项,身心康复评估为“合格”,否则为“不合格”。

戒毒人员行为表现评估标准包含五项:(1)服从管理教育,遵守所规所纪;(2)接受戒毒治疗,参加康复训练;(3)参加教育矫治活动;(4)参加康复训练;(5)坦白、检举违法犯罪活动。对戒毒人员的行为表现,强制隔离戒毒所应当将上述考核内容分解量化,采取日积累、月考评、逐月累计的计分形式进行动态考核,达到规定分数的为“合格”,否则为“不合格”。

戒毒人员社会环境与适应能力评估标准包含五项:(1)与有关部门签订社会帮教协议或者有明确意向;(2)家属或者所在社区支持配合其戒毒;(3)有主动接受社会监督和援助的意愿;(4)掌握一定的就业谋生技能;(5)有稳定的生活来源或者固定居所。诊断评估时,戒毒人员同时具备上述三项以上的,社会环境与适应能力评估为“良好”,否则为“一般”。

对生理脱毒评估、身心康复评估、行为表现评估均为“合格”,社会环境与适用能力评估结果为“良好”的戒毒人员,强制隔离戒毒所可以提出提前解除强制隔离戒毒的意见。对生理脱毒、身心康复、行为表现评估结果均达到“合格”的戒毒人员,强制隔离戒毒所应当按期解除强制隔离戒毒;对生理脱毒、身心康复评估结果中有一项以上为“不合格”的戒毒人员,强制隔离戒毒所可以提出延长强制隔离戒毒期限3个月至6个月的意见;对行为表现评估结果尚未达到“合格”的,强制隔离戒毒所根据其情况,可以提出延长强制隔离戒毒期限的意见,延长时间不得超过12个月。

对强制隔离戒毒期限届满且经诊断评估达到规定标准的戒毒人员,应当解除强制隔离戒毒。经诊断评估,对符合规定条件的戒毒人员,强制隔离戒毒所可以提出提前解除强制隔离戒毒的意见或者延长强制隔离戒毒期限的意见,并按规定程序报强制隔离戒毒决定机关批准。强制隔离戒毒所收到强制隔离戒毒决定机关出具的提前解除强制隔离戒毒决定书或者延长强制隔离戒毒期限决定书的,应当及时送达戒毒人员。

强制隔离戒毒所应当在解除强制隔离戒毒 3 日前通知强制隔离戒毒决定机关,同时通知戒毒人员家属、所在单位、户籍所在地或者现居住地公安派出所将其按期领回。戒毒人员出所时无人领回,自行离所的,强制隔离戒毒所应当及时通知强制隔离戒毒决定机关。

对解除强制隔离戒毒的所外就医人员,强制隔离戒毒所应当及时通知其来所办理解除强制隔离戒毒手续。解除强制隔离戒毒的,强制隔离戒毒所应当向戒毒人员出具解除强制隔离戒毒证明书,同时发还代管财物。

戒毒人员被依法收监执行刑罚或者依法拘留、逮捕的,强制隔离戒毒所应当根据有关法律文书,与相关部门办理移交手续,并通知强制隔离戒毒决定机关;戒毒人员被依法释放时强制隔离戒毒尚未期满的,继续执行强制隔离戒毒。

第六节 戒毒人员死亡的处理流程

戒毒人员死亡分为正常死亡和非正常死亡。戒毒人员正常死亡是指强制隔离戒毒所内的戒毒人员因人体衰老或者疾病等原因导致的自然死亡。非正常死亡是指自杀死亡、自伤自残导致死亡,或者由于自然灾害、意外事故、故意伤害、体罚虐待、他杀、击毙等外部原因作用于人体造成的死亡。

戒毒人员在身体、精神、心理状态都很差的情况下,很有可能会发生猝死或者身体机能衰竭而自然死亡。在极特殊情况下,也有戒毒人员非正常死亡。戒毒人员死亡以及善后事宜,是强制隔离戒毒所工作中的棘手难题,需要依照《强制隔离戒毒人员死亡处理规定》等有关规定依法处理。

一、死亡情况的通知、报告

戒毒人员在强制隔离戒毒所内死亡的,强制隔离戒毒所应当立即报告所属主管机关,通知其家属、强制隔离戒毒决定机关和当地人民检察院。死亡的戒毒人员无近亲属或者无法通知其近亲属的,强制隔离戒毒所应当通知死亡戒毒人员户籍所在地或者居住地的村(居)民委员会或者公安派出所。戒毒人员因传染性疾病死亡的,应当立即通报当地疾病预防控制机构。戒毒人员死亡后,强制隔离戒毒所应当按照有关规定层报司法部。

二、死亡调查

戒毒人员死亡并经初步判断为正常死亡的，司法行政机关应当立即开展以下调查工作：(1)封存、查看戒毒人员死亡前15日内原始监控录像，对死亡现场进行保护、勘验，并拍照、录像；(2)对收治、巡视、监控、管教等岗位可能了解死亡戒毒人员相关情况的民警以及医生等进行询问调查，分散管理同室戒毒人员并进行询问；(3)封存、查阅收治登记，入所健康和体表检查登记，管教民警谈话教育记录，单独管理、保护性约束措施或者械具使用审批表，就医记录，诊断评估手册等与死亡有关的台账、记录等；(4)登记、封存死亡戒毒人员的遗物；(5)查验尸表，对尸体进行拍照并录像；(6)组织医学诊断。强制隔离戒毒所应当保护死亡现场和尸体，需要查验、转移、处理尸体的，应当及时报告所属主管机关，并经所属主管机关同意。

初步判断戒毒人员非正常死亡的，司法行政机关除开展上述调查工作外，还应当对死亡原因进行鉴定。有关人员涉嫌犯罪的，应当将案件移送有管辖权的侦查机关。

司法行政机关对死亡原因进行鉴定，需要进行尸检的，应当通知死亡戒毒人员的近亲属到场，并让其在解剖尸体通知书上签名或者盖章。死亡戒毒人员无近亲属或者无法通知其近亲属，以及死亡戒毒人员的近亲属无正当理由拒不到场，或者拒绝签名和盖章的，不影响尸检，但是司法行政机关应当在解剖尸体通知书上注明。应当对尸体解剖过程进行全程录像，并邀请与案件无利害关系的人员或者死者近亲属聘请的律师到场见证。

司法行政机关可以指派本单位有专门鉴定资格的人或者鉴定机构进行尸检，也可以委托本单位以外具有鉴定资格的人或者鉴定机构进行尸检。司法行政机关委托本单位以外具有鉴定资格的人或者鉴定机构进行尸检的，应当征求死亡戒毒人员近亲属的意见。为避免鉴定结果的权威性受到质疑，委托与本单位没有回避关系的主体鉴定更加适宜。

死亡戒毒人员的近亲属在收到通知之日起3个工作日内提出另行委托其他具有鉴定资格的人或者鉴定机构进行尸检的，司法行政机关应当允许。鉴定费用由组织鉴定的司法行政机关承担，死亡戒毒人员的近亲属提出另行委托进行尸检的，鉴定费用由其自行承担。

司法行政机关应当将死亡调查结论立即报告上一级主管机关并书面告知死亡戒毒人员的近亲属。死亡戒毒人员的近亲属对调查结论有异议的，可以在接到调查结论告知书之日起3个工作日内,向上一级司法行政机关申请复核。上一级司法行政机关应当在收到申请之日起5个工作日内作出复核决定,并书面告知申请人和作出原调查结论的司法行政机关。

上一级司法行政机关在复核过程中,发现对死亡原因没有进行鉴定的,应当进行鉴定;对死亡原因已经进行鉴定的,可以重新鉴定。

三、尸体、遗物处理

死亡戒毒人员的近亲属对死亡调查结论无异议的,应当在调查结论告知书上签字确认,司法行政机关应当及时火化尸体。除法律、法规另有规定外,死亡戒毒人员尸体交由就近的殡仪馆火化处理。

有下列情形之一的,经强制隔离戒毒所上一级主管部门审核批准后,司法行政机关可以按照规定火化死亡戒毒人员尸体,并做好证据固定工作:(1)死亡戒毒人员没有近亲属的;(2)经上一级公安机关或者司法行政机关复核后,死亡戒毒人员近亲属仍不同意火化尸体的;(3)在调查结论、复核决定作出后3个工作日内无法通知死亡戒毒人员近亲属的;(4)通知死亡戒毒人员近亲属后3个工作日内,其无正当理由拒不回复的。

司法行政机关负责办理戒毒人员尸体火化的相关手续。殡仪馆应当凭司法行政机关出具的死亡证明和火化通知书火化尸体,并将死亡证明和火化通知书存档。

尸体火化自死亡原因确定之日起15日内进行。死亡戒毒人员的近亲属要求延期火化的,应当向司法行政机关提出申请。司法行政机关根据实际情况决定是否延期。尸体延长保存期限不得超过10日。

尸体火化前,司法行政机关应当将火化时间、地点通知死亡戒毒人员的近亲属,并允许死亡戒毒人员的近亲属到场见证。死亡戒毒人员的近亲属拒绝到场的,不影响尸体火化。尸体火化时,司法行政机关应当到场监督,并固定相关证据。死亡戒毒人员尸体接运、存放、火化和骨灰寄存等殡葬费用由司法行政机关支付,与殡仪馆直接结算。

尸体火化后,骨灰由死亡戒毒人员的近亲属在骨灰领取文书上签字后领回。对尸体火化时死亡戒毒人员的近亲属不在场的,司法行政机关应当通知其领回骨灰;逾期6个月不领回的,由司法行政机关按照无主物品处理。死亡戒毒人员的近亲属无法参与戒毒人员死亡处理活动的,可以书面委托律师或者其他关系人代为参与。死亡戒毒人员系少数民族的,尸体处理应当尊重其民族习惯,按照有关规定妥善处置。死亡戒毒人员患传染病且容易造成传播的,尸体和遗物等按照国家有关规定执行。

死亡戒毒人员的遗物由其近亲属领回或者由强制隔离戒毒所寄回。死亡戒毒人员的近亲属接到通知后12个月内不领取或者无法投寄的,按照规定处理。强制隔离戒毒所应当将死亡戒毒人员尸体和遗物处理情况记录在案,并报上级主管部门。

四、法律责任

强制隔离戒毒所及其工作人员在行使职权时侵犯戒毒人员合法权益,致其死亡,属于国家赔偿范围的,由主管的司法行政机关依照《中华人民共和国国家赔偿法》的规定予以赔偿。对有故意或者重大过失的责任人员,依法给予处分;构成犯罪的,依法追究刑事责任。强制隔离戒毒所工作人员能够及时制止戒毒人员自伤、自残、自杀,或者能够对有关伤病及时抢救,但是未采取措施制止、抢救的,应当给予纪律处分。

对不属于国家赔偿范围但死亡戒毒人员家庭确实困难、符合相关救助条件的,死亡戒毒人员的近亲属可以按照规定向民政部门申请救助。

在调查处理戒毒人员死亡工作中,人民警察、医务人员以及从事鉴定等相关工作人员应当严格依照法律规定履行职责。对有玩忽职守、滥用职权、徇私舞弊等违法违纪行为的,依法给予处分;构成犯罪的,依法追究刑事责任。

死亡戒毒人员的近亲属及相关人员因戒毒人员死亡无理纠缠、聚众闹事,扰乱强制隔离戒毒所正常工作秩序和社会稳定的,公安机关应当依法予以处置;构成犯罪的,依法追究刑事责任。

思考题

1. 强制隔离戒毒的性质是什么?
2. 强制隔离戒毒的法律依据有哪些?
3. 强制隔离戒毒的对象包含哪几类人员?
4. 强制隔离戒毒的流程是什么?
5. 简述公安、司法行政机关共同参与强制隔离戒毒模式之优劣。
6. 戒毒人员死亡的处理流程是什么?

第十章 安 置 帮 教

本章要点

安置帮教工作是以司法行政机关为主导，对特定对象进行的一种非强制性的引导、扶助、教育、管理活动。本章需要掌握安置帮教的概念、工作对象、政策依据、法律依据。了解中央以及地方各机构在安置帮教工作中的职责。

第一节 安置帮教概述

一、安置帮教的概念

安置帮教，即对刑满释放、解除社区矫正人员的安置、帮教工作。是在党委、政府的统一领导下，依靠各有关部门和社会力量对刑释解矫人员①进行的一种非强制性的引导、扶助、教育、管理活动。其含义有两层：一是对刑释解矫人员进行帮扶教育；二是对刑释解矫人员予以就业前的过渡性安置工作。

安置帮教是一项综合性的社会工程，是社会治安综合治理的重要方面，需要各级党委、政府及有关部门的统筹安置、齐抓共管。做好这项工作，具有巩固改造教育成果、预防重新犯罪和维护社会稳定的重要意义。

安置帮教工作的目标是努力营造一个温暖、宽松的社会环境，力争使大多数刑释解矫人员增强改过自新的信心、勇气和能力，在就业、求学、生活等方面不受歧视，实现就业有门路、生活有着落、重新回归社会，预防和减少重新犯罪，维护社会稳定和发展。

---

① 在2013年中国劳动教养制度废除之前，实务部门习惯将刑满释放人员和解除劳动教养人员统称为“刑释解教人员”。随着劳动教养制度的废止和社区矫正的推行，刑满释放人员和解除社区矫正人员被统称为“刑释解矫人员”。法律文件中有不同的称呼，请注意其发布的时间。

二、安置帮教的依据

(一)安置帮教的政策依据

1954 年,原中央人民政府政务院通过《中华人民共和国劳动改造条例》的同时,专门颁布了《劳动改造罪犯刑满释放及安置就业暂行处理办法》。该法律文件出台的背景是,中华人民共和国成立之初中国经济基础相对比较落后,国民经济刚刚起步,就业门路有限,因此对刑释解教人员主要采取“多留少放”的政策。

20 世纪 60 年代初期,政治经济形势有了很大好转,社会秩序稳定,留放政策适时调整为“四留四不留”。“四留”是指改造不好的留,无家无业的留,家在边境、口岸、沿海线上的留,放出后有危险本人不想回的留;“四不留”是指改造好的不留,家在农村、大中城市、郊区的不留,家中需要本人或本人坚决要求走的不留,老弱病残的不留。对留放政策的调整,体现了中国对劳动改造罪犯的安置就业一直在随着社会、政治、经济形势的变化予以调整,以期发挥更好的作用。

1981 年,国家又出台了除强制留场就业的以外,服刑人员刑满释放均应放回捕前所在地或直系亲属所在地的规定。当地公安机关凭释放证明给予落户,由原工作单位、当地劳动部门、街道负责安置就业。1984 年,国务院办公厅《关于做好犯人刑满释放后落户和安置工作的通知》指示,各部门、企事业单位、街道、社队,都要从社会治安综合治理的全局出发,提高政策法制观念,密切配合,认真做好刑释解教人员的落户安置和社会帮教工作。1984 年 11 月,公安部、司法部联合发出《关于加强对刑满释放和解除劳教人员教育管理工作的通知》,提出要从组织上、制度上逐人落实帮教措施,可以建立帮教小组,也可以责成专人负责,实行包管、包教、包思想转化的承包责任制。

中国安置帮教工作于20 世纪 90 年代初获得了更加明确的法律地位,并在实践中有了长足发展。1991 年 2 月,中共中央、国务院在《关于加强社会治安综合治理的决定》中明确指出:“劳动部门要按国家介绍就业、自愿组织起来就业和自谋职业相结合的方针,积极妥善地安排刑满释放、解除劳教人员就业。”1991 年 3 月,第七届全国人民代表大会常务委员会第十八次会议通过的《关于加强社会治安综合治理的决定》明确规定:“妥善安置刑满释放和解除劳教的人员,减少重新违法犯罪。”由全国人民代表大会常务委员会通过决定的形式,确定了安置帮教在中国法治体系中的地位。当年的政策将刑释解教人员的安置工作与社会治安综合治理相结合,使之成为社会治理的一个重要组成部分。

1994 年 2 月,中央社会治安综合治理委员会、公安部、司法部等六部委联合下发的《关于进一步加强对刑满释放、解除劳教人员安置和帮教工作的意见》是中国安置帮教工作划时代的纲领性文件。这一文件明确指出,刑释解教人员安置帮教工作是在党委、政府的统一领导下,依靠各有关部门和社会力量对刑释解教人员进行的一种非强制性的引导、扶助、教育、管理活动。它明确了安置工作的性质、工作对象、工作范围,建立起了刑释解教人员安置帮教协调机构和由省到村(居)五级工作网络,使安置帮教工作逐步走上规范化的轨道。六部委联合下发的文件明确要求各级党委、政府要把刑释解教人员的安置帮教工作列入社会治安综合治理的目标,作为落实社会治安综合治理领导责任制的一项重要内容;作为考核党政领导干部抓社会治安综合治理工作能力和实绩的一个重要指标。

1997 年,中央社会治安综合治理委员会要求各地把安置帮教工作纳入基层安全创建活动之中,切实抓紧抓好。根据工作需要,经 1997 年 8 月 20 日司法部部长办公会议研究决定:原由部监狱管理局负责的安置帮教工作移交基层工作司承担。其主要职责是:承办中央社会综合治理委员会安置帮教工作协调小组交办的任务;指导地方司法行政机关开展安置帮教工作;负责处理有关日常工作和对外协调事宜。

1999 年,中央社会治安综合治理委员会、司法部、公安部、民政部四部委联合下发了《关于进一步做好服刑、在教人员刑满释放、解除劳教时衔接工作的意见》,使刑释解教人员安置帮教工作向规范化、制度化的方向迈出了坚实的一步。

(二)安置帮教的法律依据

有关安置帮教工作的法律依据散见于《中华人民共和国宪法》《中华人民共和国刑法》《中华人民共和国监狱法》《中华人民共和国未成年人保护法》《中华人民共和国预防未成年人犯罪法》《中华人民共和国社区矫正法》及其他法律法规中,有的规定得较为原则,有的则比较具体。

1.《中华人民共和国宪法》

《中华人民共和国宪法》第 28 条规定:“国家维护社会秩序,镇压叛国和其他危害国家安全的犯罪活动,制裁危害社会治安、破坏社会主义经济和其他犯罪的活动,惩办和改造犯罪分子。”本条是对刑释解矫前的犯罪分子进行惩办的依据。

《中华人民共和国宪法》第 33 条规定,“凡具有中华人民共和国国籍的人都是中华人民共和国公民。中华人民共和国公民在法律面前一律平等。国家尊重和保障人权。任何公民享有宪法和法律规定的权利,同时必须履行宪法和法律规定的义务”。刑释解矫人员如果是中国公民,他们享有宪法和法律赋予的权利,尽管有因犯罪接受刑罚惩罚的记录,但是如果没有被剥夺政治权利或者其他权利,他们的权利应该得到宪法的保护，非经法定程序，安置帮教组织不得随意剥夺或者限制，而应该尊重并且帮助其实现上述权利。

《中华人民共和国宪法》第42条规定，“中华人民共和国公民有劳动的权利和义务。国家通过各种途径，创造劳动就业条件，加强劳动保护，改善劳动条件，并在发展生产的基础上，提高劳动报酬和福利待遇。劳动是一切有劳动能力的公民的光荣职责……”《中华人民共和国宪法》关于公民劳动的权利当然适用于刑释解矫的中国公民。刑释解矫人员有参加劳动的权利，有权利获得国家关于劳动的保护，获得劳动报酬。安置帮教组织对需要帮助的刑释解矫人员进行劳动就业训练，创造各种劳动就业条件，有宪法的依据。

2.《中华人民共和国刑法》

《中华人民共和国刑法》第100条规定，“依法受过刑事处罚的人，在入伍、就业的时候，应当如实向有关单位报告自己曾受过刑事处罚，不得隐瞒。犯罪的时候不满十八周岁被判处五年有期徒刑以下刑罚的人，免除前款规定的报告义务”。该款规定同样适用于刑释解矫人员中的未成年人。法律作此规定，有利于未成年犯罪人顺利回归社会。

3.《中华人民共和国监狱法》

《中华人民共和国监狱法》第35条规定，“罪犯服刑期满，监狱应当按期释放并发给释放证明书”。第36条规定，“罪犯释放后，公安机关凭释放证明书办理户籍登记”。第37条规定，“对刑满释放人员，当地人民政府帮助其安置生活。刑满释放人员丧失劳动能力又无法定赡养人、扶养人和基本生活来源的，由当地人民政府予以救济”。第38条规定，“刑满释放人员依法享有与其他公民平等的权利”。第68条规定，“国家机关、社会团体、部队、企业事业单位和社会各界人士以及罪犯的亲属，应当协助监狱做好对罪犯的教育改造工作”。

《中华人民共和国监狱法》的上述规定是对刑释解矫人员进行安置帮教的主要法律依据。安置帮教人员曾经实施过犯罪行为，但是他们同样是中国公民，在接受了刑法惩罚后，依法平等地享有与其他公民一样的权利，在生活困难的时候获得国家的救助。社会各界有义务协助监狱做好对罪犯的教育改造，可以在条件允许的情况下将安置帮教工作延伸至监狱、社区矫正机关中去，提高矫治质量，提高安置帮教的工作水平，减少安置帮效人员再次实施犯罪的可能性。

4.《中华人民共和国未成年人保护法》

《中华人民共和国未成年人保护法》第113条规定，对违法犯罪的未成年人，实行教育、感化、挽救的方针，坚持教育为主、惩罚为辅的原则。对违法犯罪的未成年人依法处罚后,在升学、就业等方面不得歧视。

未成年人实施犯罪行为,往往是因一时冲动,受过刑法惩罚后应当能够吸取教训,重新回归社会。在知识越显重要的现代社会,完成一定的教育是在社会立足、发展的关键,有很多人因为缺乏必要的知识和技能,无法通过正常工作满足自己的需求而走上犯罪的道路。刑释解矫的未成年人,有权利获得教育,获得工作机会,并且不能因其过往的经历而受到歧视,受到不平等待遇。学校也是塑造人思想与培养生存技能的地方,刑释解矫的未成年人,进入学校重新学习科学文化知识,重新在充满正能量的空间学习如何与人相处,可以使自己的思想与技能都有提高,能够有效防止其再次误入歧途。

5.《中华人民共和国预防未成年人犯罪法》

《中华人民共和国预防未成年人犯罪法》第 4 条规定,“预防未成年人犯罪,在各级人民政府组织下,实行综合治理。国家机关、人民团体、社会组织、企业事业单位、居民委员会、村民委员会、学校、家庭等各负其责、相互配合,共同做好预防未成年人犯罪工作,及时消除滋生未成年人违法犯罪行为的各种消极因素,为未成年人身心健康发展创造良好的社环境”。第 56 条规定了及时安置帮教刑满释放的未成年人,“对刑满释放的未成年人,未成年犯管教所应当提前通知其父母或者其他监护人按时接回,并协助落实安置帮教措施。没有父母或者其他监护人、无法查明其父母或者其他监护人的,未成年犯管教所应当提前通知未成年人原户籍所在地或者居住地的司法行政部门安排人员按时接回,由民政部门或者居民委员会、村民委员会依法对其进行监护”。第 57 条规定了安置帮教的相关主体,“未成年人的父母或者其他监护人和学校、居民委员会、村民委员会对接受社区矫正、刑满释放的未成年人,应当采取有效的帮教措施,协助司法机关以及有关部门做好安置帮教工作。居民委员会、村民委员会可以聘请思想品德优秀,作风正派,热心未成年人工作的离退休人员、志愿者或其他人员协助做好前款规定的安置帮教工作”。第 58 条规定了相关未成年人的平等权利,“刑满释放和接受社区矫正的未成年人,在复学、升学、就业等方面依法享有与其他未成年人同等的权利,任何单位和个人不得歧视”。

预防未成年人犯罪,需要多部门联动,发动全社会的力量。安置帮教是预防未成年人再次实施犯罪行为的有效措施,《中华人民共和国预防未成年人犯罪法》规定了安置帮教的主体、人选等,能够使未成年人在刑满释放后得到社会及时的帮助,顺利回归正常生活。

6.《全民所有制工业企业转换经营机制条例》

1992 年 7 月 23 日国务院发布施行了《全民所有制工业企业转换经营机制条

例》,该条例根据2011年1月8日国务院《关于废止和修改部分行政法规的决定》修订。其中第17条规定,刑满释放人员,同其他社会待业人员一样,经企业考核合格,可录用。在服刑期间保留职工身份的刑满释放人员,原企业应当予以安置。这是国有企业吸收安置帮教人员的法律依据。国有企业掌握国家的经济命脉,是国家的“长子”,理应承担更多的社会责任。由于其庞大的经济力量能够吸收更多的劳动力,所以在条件允许的情况下,国企应在安置帮教中发挥更大的作用,解决更多的安置帮教人员的就业问题。

7.《中华人民共和国社区矫正法实施办法》

《中华人民共和国社区矫正法》颁布于2019年12月28日,生效于2020年7月1日,对社区矫正进行了详细规定。为保障《中华人民共和国社区矫正法》的贯彻实施,进一步推进和规范社区矫正工作,司法部与最高人民法院、最高人民检察院、公安部积极进行沟通协调研究,广泛向社会征求意见,制定出台了《中华人民共和国社区矫正法实施办法》,与《中华人民共和国社区矫正法》同步实施。

《中华人民共和国社区矫正法实施办法》第53条规定,社区矫正对象一般应当在社区矫正期满30日前,作出个人总结,执行地县级社区矫正机构应当根据其在接受社区矫正期间的表现等情况作出书面鉴定,与安置帮教工作部门做好衔接工作。

社区矫正对象的人身危险性相对较低,社区矫正期间已经在社会上服刑,表现较好。在解除矫正后,及时进行安置帮教,能够有效巩固社区矫正的效果,实现防止再次犯罪的目标。

三、安置帮教的工作对象

安置帮教工作的主要对象是刑释解矫人员,即从监狱(含未成年犯管教所)、看守所刑满释放5年或解除社区矫正3年之内,没有生活出路或有重新犯罪倾向,在各级党委政府领导下,由各有关部门和社会力量对其实施非强制性引导、帮扶、教育和管理的人员。

为保障安置帮教效果、提高工作质量,需要对安置帮教对象进行一定区分,确定重点帮扶对象,集中力量解决重点人员问题。如江苏省的安置帮教相关文件征求意见稿中认为,如下人员为重点帮扶对象:(1)监狱服刑人员出监评估和社区矫正对象期满鉴定为重点帮教对象的;(2)出监评估认定有明显重新犯罪倾向的;(3)“三假”人员,即刑满释放前仍未核清姓名、身份、住址的人员;(4)“三无”人员,即刑满释放后无家可归、无业可就、无亲可投的人员;(5)刑释时未满18周岁的;(6)犯危害国家安全犯罪的;(7)患严重疾病(包括精神类疾病)致生活自理能力缺失且无亲属或亲属拒绝接收的;(8)因服刑期间劳动致伤致残、疾病等问题有诉求且在刑满释放时与监所未达成协议的;(9)脱管、漏管下落不明的;(10)具有其他特殊情形。上述所列对象,基本属于人身危险性相对较高,在内外环境不适当的情况下容易实施违法犯罪行为的人群,通过将其列为重点安置帮教对象,提供有效的帮扶能够改善他们周围环境,避免其因生活困难等因素再次走上歧途。

刑释解矫人员在刑罚执行完毕后各自需求不同,对之开展安置帮教工作,要注意其生活、精神方面的差别。一部分刑释解矫人员及其家属主体意识和名誉观念较强,经济条件相对较好,不愿让别人知道其曾经有过在监狱服刑或者被社区矫正的经历,因而对帮教人员的上门工作产生不满情绪,甚至以回避方式拒绝接受安置帮教。有些刑释解矫人员由于失业、家庭困难等原因,迫切希望有关方面能予以特殊照顾,需要安置帮教部门施以援手。这就需要区别情况,有针对性地进行工作。

安置帮教工作的对象应当是刑释解矫人员中确实有现实困难、需要帮助解决的人员和有重新犯罪可能性的人员。这部分人再次违法犯罪的可能性相对较大,既是社会上的不稳定因素,也属于社会上的弱势群体。不帮助他们解决好工作和生活上的具体困难,抓好接茬帮教,很容易造成他们再次实施违法犯罪活动,影响社会的治安与和谐,影响刑罚和矫正教育的效果。

实践中如果不加区别,不注意工作方法,僵化地按照“一刀切”的标准应付检查式地开展工作,不仅不容易收到良好的安置帮教的成效,反而容易造成当事人的心理困扰,不利于其重新回归社会,效果适得其反。

自由、尊严、自我实现的成就感与人权价值的提升,体现了人性中深刻的需要,同时,对社会成员的关怀也是法治文化的基本理念。因此,安置帮教工作应有所为、有所不为,应该对刑释解矫人员进行适当的分类管理。

对有特殊困难的刑释解矫人员,需要充分体现社会、政府的关爱,使其过上正常人的生活。安置帮教工作人员需要协调工商、人力资源与社会保障、财政、民政、教育、卫健委及共青团、妇联等有关部门,尽可能帮助刑释解矫人员解决就业、创业、求学、医保、社保等家庭和生活上的困难和问题。

对一些过失犯罪、非暴力型犯罪、轻微犯罪的刑释解矫人员可以放宽管理尺度,在保护人权的原则下,以帮助其回归社会为己任,采取一切有利生活、就业等方面的措施,淡化监督管理,将犯罪历史给其今后生活带来的影响降至最低,使其真正融入常态的社会生活中去。

主管安置帮教的司法行政机关可以协调当地律师事务所,建立刑释解矫人员权益维权岗,为那些回归后在求职就业、生产生活等方面遇到困难的刑释解矫人员提供无偿的法律咨询和服务。给予刑释解矫人员以无偿的法律援助,可以使他们在接受法律惩罚的同时,更能感受到法律温情、人性的一面,从而能更好地回归社会。

第二节 安置帮教的机构及其工作职责

安置帮教作为一项系统的工程,需要多个国家机关、单位乃至社会团体的积极参与。党中央、国务院对刑释解矫人员的安置就业和帮教工作十分重视,各级党委、政府及社会亦高度重视,形成了中央政法委员会牵头,司法行政机构相应部门积极配合,社会力量广泛参与的综合性安置帮教工作模式。

一、中央政法委员会

1996 年,中央社会治安综合治理委员会①牵头成立了由司法部、公安部、人力资源和社会保障部、民政部、国家工商行政管理局、全国妇联、共青团中央等主要负责人组成的刑释解矫人员安置帮教工作协调小组及其办公室,小组组长由司法部部长担任,日常工作由司法部监狱管理局承担。

2018 年 3 月,根据中共中央印发的《深化党和国家机构改革方案》,为加强党对政法工作和社会治安综合治理等工作的统筹协调,加快社会治安防控体系建设,不再设立中央社会治安综合治理委员会及其办公室,有关职责交由中央政法委员会承担。调整后,中央政法委员会在社会治安综合治理方面的主要职责是:负责组织协调、推动和督促各地区各有关部门开展社会治安综合治理工作,汇总掌握社会治安综合治理动态,协调处置重大突发事件,研究社会治安综合治理有关重大问题,提出社会治安综合治理工作对策建议等。安置帮教工作作为综合治理的一项重要内容,由中央政法委领导。

二、司法行政机关

司法行政系统是安置帮教工作的主要承担者。各个部门在安置帮教工作中既有宏观性任务,又有微观性工作,需要各司其职、各尽其责,互相配合。

---

① 中央社会治安综合治理委员会是协助党中央、国务院领导全国社会治安综合治理工作的常设机构。中央社会治安综合治理委员会主任由中央政法委书记担任。

(一)司法部

1997年8月,司法部党组根据工作需要,并报中央社会治安综合治理委员会同意,将安置帮教办公室工作由监狱管理局移交基层工作指导司承担,基层工作指导司设安置帮教工作指导处具体负责。主要职责为:(1)拟订指导全国帮教安置工作的方针、政策,起草有关工作法规和规章,解释、批复工作中的法律、政策方面的问题。(2)制定全国帮教安置工作的发展规划和年度计划并组织实施,指导、监督和检查各地贯彻执行情况。(3)调查研究全国帮教安置工作发展状况、规律,制定加强和改进工作的意见措施,总结推广先进经验。(4)制订全国帮教安置工作的培训计划,组织编写培训教材,开展示范培训并指导监督各地组织实施。(5)组织帮教安置工作的新闻宣传和理论研究工作。

2018年,为贯彻落实全面依法治国基本方略,统筹行政立法、行政执法、法律事务管理和普法宣传,推动政府工作纳入法治轨道,司法部和国务院法制办公室的职责进行整合,重新组建司法部,作为国务院组成部门。重组后的司法部,设置人民参与和促进法治局,下设安置帮教处,其职能包括:(1)负责制定保障人民群众参与、促进、监督法治建设的制度措施。(2)负责面向社会征集法律法规制定项目建议有关工作。(3)指导人民团体、群众自治组织和社会组织参与、支持法治社会建设工作。(4)指导推进司法所建设。(5)指导人民调解、行政调解和行业性专业性调解工作。(6)指导人民陪审员、人民监督员选任管理工作。(7)指导帮教安置工作。因此,人民参与和促进法治局承担着指导帮教安置工作的职责。

(二)地方司法局

随着司法行政机构重组,地方司法行政机关等也进行相应调整,安置帮教工作的负责部门,不完全是人民参与和促进法治部门。北京市司法局设立人民参与和促进法治处,主要职责包含负责协调解决安置帮教工作中的重大问题。[①] 上海市安置帮教工作由上海市司法局社区矫正管理局安置帮教处指导。江苏省司法厅虽然设立人民参与和促进法治处,但指导安置帮教工作主要由社区矫正管理局(社区矫正管理总队)承担。尽管各地司法局安置帮教工作的归口部门有所不同,但它们在指导安置帮教的具体工作内容方面是相同的,具体包括:(1)制订本地区安置帮教工作计划,组织设立安置帮教具体工作部门;(2)及时掌握服刑在矫人员及其家庭的情况,认真组织,做好赴监所的社会帮教团对服刑在矫人员的访问工作,加强本

① 参见北京市司法局官网,http://sfj.beijing.gov.cn/sfj/zwgk/sfjjs93/474449/ywcs4/501172/index.html。

地区与监所的联系，主动协助监所做好服刑在矫人员的认罪服法和教育改造工作；(3)承担服刑在矫人员在刑释解矫时的接回工作，了解、掌握本地区刑释解矫人员的基本情况；(4)承担安置帮教工作协调小组办公室的日常工作。

(三)基层司法所

基层司法所设置安置帮教办，①协调联系由村委会或者居委会成立的安置帮教小组，承担以下工作职责：(1)贯彻实施国家有关安置帮教工作的法律、法规和政策；(2)加强安置帮教工作组织和制度建设；(3)制定本辖区安置帮教工作规划和年度计划；(4)协调有关部门和单位做好安置帮教工作，拓展安置途径；(5)指导和督促本辖区帮教小组开展多种形式的帮教活动，采取多种形式帮教措施，确保帮教对象不脱管、漏管和重新犯罪；(6)承担安置帮教工作日常事务的组织与实施；(7)落实帮教措施，负责接待刑释解矫人员，对该类人员做到一人一档，对刑释解矫人员回归社会进行思想教育；(8)向刑释解矫人员户口所在地公安机关、接收单位介绍情况，移交有关档案、材料；(9)引导、扶助刑释解矫人员进行就业技能培训，对当地企业领导对公益事业的重视程度、企业规模大小、企业管理水平、企业法治环境以及企业经济效益等多方面进行考察，争取企业对安置帮教工作的理解和支持，帮助刑释解矫人员解决生活出路问题；(10)努力营造刑释解矫人员就业和创业不受歧视的社会环境；(11)加强调查研究，掌握本地区刑释解矫人员回归社会后的情况，对他们跟踪调查、掌握去向，协助追逃工作；(12)对未改造好、交往复杂、处境较差、家庭发生重大变故、有重新违法犯罪倾向的刑释解矫人员进行帮助教育，配合亲友及时做好教育管控工作，落实预防重新犯罪的措施；(13)对外出务工的刑释解矫人员，通过信函与本人及当地派出所、司法所和务工单位建立联系，并依托务工单位成立帮教组织，对他们进行跟踪帮教；(14)负责各项数据统计、信息反馈；(15)组织、动员志愿者参与安置帮教工作；(16)总结安置帮教经验，定期向上级报告工作；(17)积极开展广泛的舆论宣传，注重发现和推广典型。

(四)监狱、看守所在安置帮教中的职责

1.与安置帮教部门建立联系

监狱(以及公安部门所属看守所)在接受服刑在矫人员后的1个月内，要将《基本情况登记表》送达其户籍所在地或居住地的县级刑释解矫人员安置帮教工作领导小组办公室(以下简称安帮办)。被送达机关要与服刑在矫人员户籍所在地或居住地乡镇(街道)、村(社区)及其家庭核实基本信息，并依托村(社区)和家庭，制订

---

① 也有地方称为安置帮教工作站。

配合监管改造的帮教方案,确定帮教责任单位、责任人和志愿者,于1个月内向所在监所反馈上述情况。对于身份不明等服刑在矫人员,所在监所要通过公安机关继续核实其身份。

2. 矫治、教育、培训服刑人员

监狱(以及公安部门所属看守所)将采取监所培养、社会招聘及与科研机构合作等多种方式,在监所组建专业心理矫治队伍,聘用心理矫治专业人员及社会工作者,对服刑在矫人员进行心理健康教育、心理危机干预等心理矫治,促进服刑在矫人员的教育改造。加强在矫人员的职业技能教育培训,提高培训质量,使他们掌握出狱后基本的就业知识。

3. 为社会、家庭参与帮教提供条件

发挥社会、家庭帮教作用,促进教育改造工作。例如,监所可以利用亲情电话等方式,为亲人探视、志愿者实施帮教创造便利条件,增进服刑在矫人员与家庭成员及社会的联系。在条件适合的情况下,吸收社会各界优质资源提前进入监管区域进行安置帮教的宣传与实施。

4. 做好安置帮教宣传

监狱部门对即将回归社会的服刑人员要做好刑释解矫前安置帮教政策的宣传教育。[①] 宣传内容包括党和政府对刑释解矫人员安置帮教的方针政策,法律教育和社会主义市场经济知识教育等。

5. 建立健全监所教育改造质量评估体系

监狱(以及公安部门所属看守所)应对每个服刑在矫人员在监管改造过程各个环节的教育改造效果进行评估、建立档案。服刑、在矫人员刑释解矫前一个月,对其在监所的表现,主要包括认罪悔罪、服刑服法、遵守监规监纪及掌握劳动技能情况,刑释解矫后可能遇到的生活困难、家庭变化、社会交往等问题及回归社会危险性,进行综合评估。根据评估结果,将刑释解矫人员分为重点帮教对象和一般帮教对象,并针对其具体情况,对相关机构的服务管理工作提出具体建议。

监狱(以及公安部门所属看守所)将其综合评估意见、回执单等相关材料分别送达服刑在矫人员户籍所在地或居住地的县级安帮办和公安机关,并严格履行交接手续。对离开监所3年之内的刑满释放人员要建立定期考察和地方反馈制度。

---

① 例如,上海市编制了《回归指南》手册,作为监所回归教育基本教材,对刑释解矫人员出监所后可能面临的基本问题进行全方位指导。

三、其他部门在安置帮教中的职责

(一)公安部门

公安部门是使安置帮教工作得以顺利开展的重要部门。主要负责:(1)本地区刑释解矫人员的管控工作。(2)督促刑释解矫人员申报户口,及时为刑释解矫人员办理户口申报手续。(3)对人户分离的刑释解矫人员,及时将有关情况通报其居住地的公安派出所,居住地公安派出所要及时反馈有关信息。户口所在地派出所和居住地派出所要密切配合,做好人户分离的刑释解矫人员的分类管理工作。(4)与其他有关部门相互配合,做好对刑释解矫人员的回归衔接和帮教工作,如协助安置帮教工作办公室、居(村)委会,对刑释解矫人员逐人建立帮教小组,依靠有关党政组织,动员对象家属、单位人员和地区治安积极分子参加帮教活动,经常开展法制教育和就业政策教育,主动了解和关心他们的生活、工作等。(5)对那些恶习较深、改造效果较差而具有重新违法犯罪倾向的,要加强管理,重点管控,密切掌握他们的思想动态和行动去向,努力做到不脱管、不失控。

(二)人民检察院

结合检察、监督工作特点,动员、教育广大检察官关心、支持、参加刑释解矫人员安置帮教工作。各地区检察院积极配合区、街、镇安置帮教办对服刑人员开展帮教活动;大力协助区、街、镇安置帮教办筹建创办过渡性安置实体。

(三)人民法院

结合审判工作的特点,动员教育广大法官关心、支持、参加刑释解矫回归人员安置帮教工作;大力协助司法行政机关的安置帮教办筹建创办过渡性安置实体。

(四)劳动和社会保障部门

刑释解矫人员能够顺利回归社会,融入正常的生活,主要通过劳动的途径。在刑释解矫工作中,劳动和社会保障部门需要负责:(1)配合监所对服刑在矫人员开展就业政策教育、技能培训和择业咨询。(2)协助开展对刑释解矫人员进行就业培训和职业指导。① 对刑释解矫人员提供就业指导服务和就业岗位信息,刑释解矫人员参加由各级劳动和社会保障部门组织的再就业定点单位培训的,经考核合格并实现就业后,可根据当地政府有关规定减免培训费用。(3)对有就业愿望,但暂时尚未就业的刑释解矫人员,要安排公益性劳动岗位,进行过渡性安置。(4)依照刑

---

① 有的地区的劳动和社会保障部门在司法行政机关以及其他机关的协助之下,由政府出资购买职业技校等培训机构的服务,对安置帮教人员进行培训,这是良好的尝试。

释解矫人员回归名单情况，落实促进就业的各项政策，提供多种就业渠道，及时做好对刑释解矫人员再就业的工作监督，提供再次就业的良好条件。[①] (5)城市(含城镇)户籍的刑释解矫人员在服刑、劳教前已参加失业保险或正在领取失业保险金，其刑满释放或解除劳教后，符合条件的，可以按规定享受或恢复失业保险待遇。(6)被判处入狱服刑或参加社区矫正前已经参加企业职工基本养老保险的刑释解矫人员重新就业的，应按国家有关规定接续养老保险关系，按时足额缴纳养老保险费；达到法定退休年龄的，按规定享受相应的养老保险待遇。对被判处入狱服刑、参加社区矫正前已领取基本养老金的刑释解矫人员，可按入狱服刑或社区矫正前的标准继续发给基本养老金，并参加以后的养老金调整。

(五)民政部门

民政部门在刑释解矫中的职责主要是：(1)鼓励街道、乡镇、居(村)委会兴办经济实体安置刑释解矫人员就业；(2)对城市(含城镇)户籍的刑释解矫人员，其家庭人均收入低于当地最低生活保障标准的，各级民政部门应将其纳入当地最低生活保障范围，实现“应保尽保”；(3)农村籍的刑释解矫人员，在刑满释放、解除劳教回原户籍所在地或原居住地后，因无生活来源造成生活困难的，经本人申请、村委会出具证明、乡镇司法所和民政办报县(市、区)司法局、民政局审核同意后，可领取地方政府临时社会救济；(4)做好生活困难的安置帮教人员的临时性生活救助、医疗补助工作。

(六)市场监督管理部门

市场监督管理部门对于申报个体工商户、私营企业的刑释解矫人员，在法律法规许可的范围内依法予以登记，并保护其合法权益；对刑释解矫人员过渡性就业基地提供必要的帮助和指导。

(七)地方税务部门

地方税务部门对刑释解矫工作的支持主要体现在对相关经济实体的税收给予优惠。对过渡性安置企业和自谋职业的刑释解矫人员创办的经济实体，经司法行政机关和劳动部门认可，按有关规定，在税收上给予优惠。司法行政机关与劳动和社会保障部门共同开办或认定的刑释解矫人员就业实体，安置刑释解矫人员达到职工总数的40%以上的，由安置企业提出书面申请，市(地)级司法行政机关、劳动和社会保障部门审核后，同级税务部门可以批准3年内免征企业所得税。

---

① 有的地区对招收安置帮教人员的企业进行优惠补贴，如用人单位招用上述人员并与其签订1年以上劳动合同的，根据实际工作的期限，按该地区现行社会保险基数下限和缴费比例，对用人单位缴费部分给予100%(养老、失业、工伤、生育、医疗保险)补贴，个人缴费部分由个人承担。

(八)工会、共青团、妇联、青少年保护组织、老干部局等部门

积极发动和组织社会帮教志愿者开展对服刑在矫人员和刑释解矫人员的帮教工作;配合有关部门帮助刑释解矫人员解决实际问题,例如,对于符合入学条件的刑释解矫人员,特别是未成年人,教育部门和相关学校应当切实做好其入学的有关工作。

(九)街道、乡镇等工作部门

街道办、乡镇等部门对接触帮教对象,做好"必接""必访"工作;对辖区内的刑释解矫人员登记建档,建立数据库进行动态管理,做好"必知"[①];工作,落实帮教措施,做好"必帮"工作。

(十)村(居委会、社区)

村(居委会、社区)负责填报并保管《刑释解矫人员帮教安置工作记录簿》,村(居委会、社区)除按时做好刑释解矫人员安置帮教工作记录外,每月将本村(居委会、社区)刑释解矫人员上月安置帮教工作情况报告司法所。刑释解矫人员无须再安置帮教后,由村(居委会、社区)将《刑释解矫人员帮教安置工作记录簿》上交司法所存档。

村(居委会、社区)应多关注被安置帮教对象的情况,可采取定期走访、电话或其他询问方式,及时了解掌握帮教对象的情况,并及时向司法所反馈。元旦、春节、五一、国庆和重大活动等重点时段,村(居委会、社区)应协助司法所走访帮教对象家庭,掌握其情况动态,帮助解决其生活等各方面的困难。

四、社会组织参与帮教刑满释放人员工作

刑释解矫人员曾因犯罪受到刑罚处罚,刑释解矫后回归家庭、融入社会的过程中往往遇到不同程度的困难,需要各方面的关心和帮助。近年来,一些地方动员社会团体、民办非企业单位、基金会、社会中介组织以及城乡社区社会组织,参与对刑满释放人员的教育帮扶,帮助他们解决生活工作学习中遇到的困难、问题,促进刑释解矫人员顺利融入社会。

鼓励、引导和支持社会组织参与帮教刑释解矫人员工作,有利于充分体现社会主义制度优越性,弘扬社会互助和志愿服务精神,增进社会成员团结友爱;有利于促进政府职能转变,激发社会活力,创新社会服务供给方式;有利于推进帮教工作社会化、多元化和专业化,提高帮教工作针对性和实效性。2016 年 10 月,司法部、

① 即对刑释解矫人员个人以及家庭等情况有充分的了解。

中央社会治安综合治理委员会办公室、民政部、财政部等四部门联合制定下发《关于社会组织参与帮教刑满释放人员工作的意见》，鼓励、引导和支持社会组织参与帮教刑满释放人员工作。

（一）做好帮教准备工作

社会组织可以通过司法行政机关了解掌握刑满释放人员基本信息、改造表现、家庭状况等情况，注重个体需求，有针对性地制订帮教方案，为其释放后开展帮教工作奠定基础。社会组织可以指派人员参加刑满释放人员帮教小组，参与"一帮一""多帮一"结对帮教。在帮教工作中，社会组织及从业人员应注意保护刑释解矫人员的个人隐私，防止其隐私泄露后给本人及其家庭等造成困扰。

（二）开展思想道德教育

社会组织可以采取多种方式，对刑释解矫人员开展遵纪守法、社会公德、家庭美德、个人品德教育，宣讲形势政策，改变错误认知，帮助其树立正确的世界观、人生观、价值观，增强守法意识和社会责任感，形成积极向上的精神状态，重树生活信心。对帮教对象有重新违法犯罪苗头的，社会组织应当及时向有关部门报告，防患于未然。

（三）开展社会适应性帮扶

社会组织可以根据刑释解矫人员具体情况，开展人际关系指导、社区公益活动等社会适应性教育和训练，提高刑释解矫人员适应社会的能力。社会组织可以通过多种方式，帮助刑释解矫人员增进与家庭成员和亲友邻里、受害人及家属的沟通，使其得到家庭、受害人的谅解和社会的包容，从而降低重新融入社会的难度。

（四）开展心理健康教育

社会组织可以针对刑释解矫人员重返社会后可能存在的心理障碍，开展心理预测、心理评估、心理咨询与治疗等心理教育工作，帮助刑释解矫人员消除不良心理及其他心理障碍，克服消极情绪，减轻回归社会后存在的心理负担，激励引导他们走出阴影，培养健全正常的人格，促进心理健康。

（五）参与困难救助

社会组织在开展帮教服务过程中，对于符合社会救助条件的刑释解矫人员，可以向其介绍社会救助相关政策和申请的条件、程序等，协助"三无"、老弱病残等生活困难的刑释解矫人员，向有关部门提出社会救助申请。社会组织可以协助有关部门，为符合条件的刑释解矫人员提供法律援助；可以通过动员爱心人士、慈善机构开展爱心捐赠等方式，为生活困难的刑释解矫人员提供帮扶。

（六）协助解决就业问题

社会组织可以向就业困难且有劳动能力和就业愿望的刑释解矫人员及其家

属，推荐就业岗位和开展职业技能培训，帮助他们按规定向政府有关部门申请相关就业、创业扶持，协助办理工商登记，落实税费减免、信贷支持政策等。

司法行政机关要立足本地区安置帮教工作实际需要，开发适宜社会组织参与帮教工作的项目和内容。通过政府购买服务等形式，公开择优确定参与帮教工作的社会力量。指导社会组织制订帮教工作实施方案，跟踪了解工作进展情况、工作成效等。建立绩效评价机制，细化帮教服务标准，推进第三方评价，对帮教服务质量和社会效果好的社会组织重点扶持，对不宜继续参与帮教工作的及时终止，确保帮教服务依法规范开展。

第三节　安置帮教工作流程

一、报到接收

报到接收是安置帮教工作首个环节。监所服刑人员离开监所后，应在 10 ~ 30 日内（时间由各省灵活确定）到原户籍所在地司法所报到，填写表格登记相关内容。社区矫正对象在宣告解除社区矫正后，户籍所在地的街道（乡、镇）安置帮教部门应及时进行安置帮教衔接，办理登记手续。解除社区矫正的服刑人员非本地户籍的，县（区、市）社区矫正部门应将《安置帮教衔接告知书》函达其户籍所在地的县（区、市）安置帮教部门，做好安置帮教衔接工作。

司法所工作人员为刑释解矫人员介绍国家安置帮教工作相关政策，进行法治教育，督促其遵纪守法，重新做人。刑释解矫人员离开监所或解除社区矫正之日起 10 ~ 30 日内（时间由各省灵活确定）仍未到司法所报到登记的，司法所应当通报公安机关。刑释解矫人员报到后拒绝接受谈话教育的，或拒绝接受安置帮教的，司法所应当如实记载，并通报公安机关。

二、安置

安置是安置帮教工作的重点，对有安置需求的刑满释放人员予以安置，可以使其不致因无处落脚、生活无着而流浪。安置包括户口安置、住房安置、工作安置、生活安置等多方面内容。已注销户口的刑满释放人员，需到原户籍所在地的公安机关申办恢复户口和申领居民身份证。司法行政机关协调安置帮教成员单位，采取协调落实责任田、提供公益性岗位、推荐企业安置、推荐社会组织安置和支持自主创业等方式，落实刑满释放人员安置政策。对“三假”“三无”类刑满释放人员，可以先行临时安置在过渡性基地。对符合条件的可协调安置在社会福利机构或协调纳入“五保”范围。

县(市、区)司法行政机关、司法所需要对符合条件的安置帮教对象提供帮助和引导,使其尽快进入正常社会生活轨道。帮助其向户籍地乡、镇人民政府(街道办事处)、民政部门、医疗保障部门和住建部门申请最低生活保障、临时救助、特困人员供养、医疗救助和住房救助。引导安置帮教对象参加基本养老保险和基本医疗保险,为新参保、继续参保、转移接续和养老金、医疗保险金申领等方面事宜提供指导帮助。

县(市、区)司法行政机关、司法所由于工作职能和权限范围限制,需要协调相关部门解决安置帮教对象的困难。例如,需要协调地方卫生健康部门对身患精神病、艾滋病等严重疾病的安置帮教对象,落实相关医疗和随访工作。

协调教育部门对符合就学条件的安置帮教对象,做好指导、帮助就学工作。安置帮教对象属于最低生活保障家庭成员、特困供养人员的,指导帮助其按规定向就读学校申请教育救助。安置帮教对象符合普通高中、职业教育、普通高等教育资助和学费减免政策规定的,协调相关部门根据实际情况给予适当资助和减免。

协调人力资源和社会保障部门做好安置帮教对象失业登记、职业技能培训和鉴定工作。对符合条件的安置帮教对象提供公共就业服务和社会保险补贴、岗位补贴等就业援助。协调工会组织推动企业加强民主管理,维护企业内就业安置帮教对象的合法权益,为经设区的市、县(市、区)工会认定的生活困难安置帮教对象提供救助,组织动员企业吸纳安置帮教对象就业。

协调共青团组织做好青少年安置帮教对象帮教工作,推动未成年人司法保护制度建设及落实工作。协调妇联组织做好女性安置帮教对象的帮教工作,推动解决女性安置帮教对象在就业、生活、婚姻等方面的困难,维护其合法权益。

三、帮教

帮教工作是安置帮教工作的重心。帮教是指对刑释解矫人员进行的帮助、扶持、教育、引导,通过法律、科学、文化、道德、思想教育、心理辅导,消除歧视,帮助他们解决在学习、就业、基本生活保障等方面存在的困难与问题,扶持他们积极创业,引导他们不断向上,使他们顺利回归家庭与社会,遵纪守法,勤劳致富,回报社会,不再违法犯罪。

帮教工作通常由帮教小组完成,一般帮教对象的帮教小组成员应当包括:司法所工作人员、村(社区)治保调解主任、网格员、帮教志愿者、帮教对象亲属等。重点帮教对象的帮教小组成员需要增加一个社区民警。

司法所的帮教工作不能千人一面，需要结合帮教对象实际，动员社会各方面力量，加强对安置帮教对象的跟踪教育。司法所可依托基层党政组织和基层群众组织，对辖区内安置帮教对象开展多种形式的形势政策、法律法规、思想道德等教育。帮教小组成员按照各自职责在规定的时间内进行走访，了解安置帮教对象的思想动态、生活状况，及时谈心教育。

走访对象包括安置帮教对象本人，以及安置帮教对象的亲属、朋友、同事、居住地周边群众或其他对安置帮教对象日常生活、工作状况有所了解的人员。走访形式包括实地走访、电话走访、视频走访等形式。通过走访，动员、鼓励和支持安置帮教对象亲属等人参与对安置帮教对象的教育工作。

重点帮教对象每月至少走访1次。一般帮教对象帮教期前3年每季度至少走访1次，后2年每半年至少走访1次。安置帮教对象家庭发生重大变故等情形，帮教小组知情后应及时走访；在重大节日、重要时段必须及时走访掌握情况。

四、解除帮教

解除帮教是指帮教期满，经安置帮教机构进行帮教效果评估，不再有违法犯罪风险的，解除帮教关系。解除帮教需要对帮教对象的思想、道德、行为、守法、工作、生活等方面综合考察、认定，全部过程在帮教组织内部进行，不得公开和外传，不得侵犯公民的人身权利。如果帮教对象人身危险性比较低或者不具备需要帮教的条件，司法所可以提前撤销帮教，但是须征得安置帮教对象同意，上报县（市、区）司法行政机关审核同意。

刑释解矫人员的安置帮教工作，既烦琐又平淡无奇，但是对于推进全面依法治国进程，提升社会综合治理水平具有不可忽视的意义，做好这项工作，能够减少社会不稳定因素，巩固刑罚的效果。安置帮教工作，需要通过多种形式保障刑释解矫人员实现自身合法权益，通过多种手段帮助刑释解矫人员解决实际生活中的各种困难，努力确保刑满释放人员在接受教育矫正后更好地融入不断发展的现代社会。

思考题

1. 安置帮教工作的概念及其工作对象分别是什么？
2. 安置帮教的法律依据有哪些？
3. 安置帮教工作中司法行政机关的宏观性职责有哪些？
4. 基层司法所设置的安置帮教办或安置帮教小组的工作职责有哪些？
5. 假如你工作后被派往安置帮教部门，请设计如何依法做好安置帮教工作。

第十一章　律师管理

本章要点

律师管理是律师制度的重要组成部分，是司法行政机关的重要职能之一。本章阐述了律师的概念、性质及其社会作用和中国律师制度的历史沿革，分析了中国律师管理体制及其演变过程，重点论述了律师的行政管理和行业管理的具体内容。

第一节　律师管理概述

一、律师的法律界定

（一）律师概念的界定

根据《中华人民共和国律师法》，律师是指依法取得律师执业证书，接受委托或者指定，为当事人提供法律服务的执业人员。目前中国律师的种类主要分为：社会律师、公职律师、公司律师、法律援助律师、军队律师。

社会律师是指取得律师资格证、司法考试资格证或者法律职业资格，在律师事务所实习1年后取得律师执业证，并在律师事务所执业的法律执业人员。日常生活中，人们所指的律师通常是指社会律师。

法律援助律师有广义和狭义之分，广义的法律援助律师包括社会律师接受法律援助机构的委派，为法律援助案件受援助人提供法律服务，也包括法律援助机构专门设置的法律援助律师。狭义的法律援助律师专指供职于法律援助机构，取得律师执业证的国家工作人员。目前，中国没有设立专门的法律援助律师，通常由社会律师或法律服务工作者承办法律援助案件。

公职律师是指任职于党政机关或者人民团体，依法取得司法行政机关颁发的公职律师证书,在本单位从事法律事务工作的公职人员。[①] 本章所述律师管理制度不包括对公职律师的管理。

公司律师是指与国有企业订立劳动合同,依法取得司法行政机关颁发的公司律师证书,在本企业从事法律事务工作的员工。[②] 公司律师是公司的员工,不得从事有偿法律服务,不得在律师事务所等法律服务机构兼职,不得以律师身份办理所在单位以外的诉讼或者非诉讼法律事务。本章所述律师管理制度不包括对公司律师的管理。

军队律师是指为军队提供法律服务的律师,其律师执业证的取得和权利、义务及行为准则,适用律师法规定。军队律师的具体管理办法,由国务院和中央军事委员会制定。本章所述律师管理制度不包括对军队律师的管理。

(二)律师性质的界定

律师的性质是指律师的职业属性。中国对律师性质的认识和界定经历了一个发展过程。

1. 国家法律工作者

1980 年 8 月 26 日,第五届全国人民代表大会常委会第十五次会议通过的《律师暂行条例》第 1 条将律师的性质界定为:"律师是国家的法律工作者。"该条例是中国第一部关于律师制度的法律规范,也是首次以立法形式对律师性质作出规定:律师是国家公职人员,是国家设立的为社会提供法律服务的专业人员,属于国家司法工作人员,受国家司法行政机关的领导和管理。律师经费列入国家财政支出,律师按分配承办的业务领取工资,律师工作具有非营利性。

2. 社会法律工作者

1996 年 5 月 15 日,第八届全国人民代表大会常委会第十九次会议通过了《中华人民共和国律师法》。该法第 2 条将律师性质界定为"依法取得律师执业证书,为社会提供法律服务的执业人员",较为完整地界定了律师社会性、专业性、经营性和独立性的职业属性。

3. 当事人的法律服务者

2007 年 10 月 28 日,第十届全国人民代表大会常委会第三十次会议通过,并于 2008 年 6 月 1 日起施行的修订后的《中华人民共和国律师法》第 2 条规定,"本法所

---

① 2018 年 12 月司法部第 39 次部长办公会审议通过《公职律师管理办法》(2019 年 1 月 1 日起施行)第 2 条规定。

② 2018 年 12 月司法部第 39 次部长办公会审议通过《公司律师管理办法》(2019 年 1 月 1 日起施行)第 2 条规定。

称律师,是指依法取得律师执业证书,接受委托或者指定,为当事人提供法律服务的执业人员。律师应当维护当事人合法权益,维护法律正确实施,维护社会公平和正义”。2007 年修订的《中华人民共和国律师法》不但进一步明确了律师的性质,将“为社会提供法律服务”改为“为当事人提供法律服务”,旗帜鲜明地明确了律师的执业方向,而且增加了律师的职业使命,即既要维护当事人的合法权益,又要注重维护法律的正确实施以及社会的公平与正义。

2017 年《中华人民共和国律师法》再次修正,对律师性质的界定与 2007 年修订的《中华人民共和国律师法》一致。

4. 社会主义法治工作者

2016 年 12 月 16 日,司法部、国家信访局发布《关于深入开展律师参与信访工作的意见》(司发通〔2016〕127 号),强调律师是社会主义法治工作者,是全面依法治国的重要力量。2018 年 10 月 26 日,第九届全国律协第十五次常务理事会审议通过《律师宣誓规则(试行)》(律发通〔2018〕55 号),宣誓誓词为:“我宣誓:我是中华人民共和国律师,忠于宪法,忠于祖国,忠于人民,维护当事人合法权益,维护法律正确实施,维护社会公平正义,恪尽职责,勤勉敬业,为建设社会主义法治国家努力奋斗!”由此可见,律师是社会主义法治建设的重要力量,是社会主义法治工作者。

综上所述,中国律师的性质经历了从国家工作者、社会法律工作者、当事人的法律服务者到社会主义法治工作者的变化过程,这既是中国经济发展和国情的反映,又与中国的经济发展和国情相适应,反映了中国法律关于律师性质的规定逐步适应国际潮流、准确定位律师职业的特点。

(三)律师的社会作用

在中国,律师是社会主义民主法治建设的重要力量,在中国社会主义法治建设中具有重要的地位和作用。这表现在以下几个方面:

1. 律师是实现社会主义法治建设的重要力量

律师是推动中国社会主义法治建设,实现社会主义民主建设的重要力量。社会主义法治是社会主义民主的体现和保障。社会主义法治是由包括立法、执法、司法、守法和法律监督等构成的动态过程。在法治的各环节都渗透着律师的作用,体现着律师的社会地位。例如,在立法方面,每年都有律师作为全国人大代表或地方人大代表参加全国人民代表大会或地方人民代表大会,提出议案,履行人大代表的权利。

2. 律师是保障司法公正的重要力量

律师是社会主义法治工作者,参与各类诉讼和仲裁活动。律师在执业过程中应严格遵守“以事实为根据，以法律为准绳”的要求，恪守职业道德和执业纪律，尽心尽力为当事人服务，维护当事人的合法权益，保障司法公正。同时，法律也赋予了律师参与司法活动的权利，包括阅卷权、调查取证权、会见当事人权、辩论权、申请取保候审权等。律师享有并行使这些权利可以制约公、检、法机关的司法权力，有利于查清案情，防止司法腐败，保障司法的公正性。

3. 律师是保障司法人权的重要力量

所谓司法人权，《公民权利和政治权利国际公约》第 14 条第 1 款中规定，“所有的人在法庭和裁判所前一律平等。在判定对任何人提出的任何刑事指控或确定他在一件诉讼案中的权利和义务时，人人有资格由一个依法设立的合格的、独立的和无偏倚的法庭进行公正的和公开的审讯”。中国现行法律为保障司法人权，规定当事人享有一系列诉讼权利，律师具有专业的法律知识和诉讼经验，故而在执业过程中能够维护当事人的合法权益，保障司法人权，促进社会主义司法人权保障事业健康发展。

4. 律师是推动政府依法行政的重要力量

依法行政是指政府的一切行政行为应依法而为，受法之拘束。依法行政，应保证行政管理为人民服务，保证提高行政效率，保证对行政管理的监督有统一的标准和程序。很多行政机关聘请了律师作为政府法律顾问，就政府的重大决策提供法律方面的意见，或者应政府要求，对决策进行法律论证；对政府起草或者拟发布的规范性文件，从法律方面提出修改和补充建议；代理政府参与诉讼或非诉讼纠纷处理；协助政府进行法治宣传及普法教育；参与处理突发事件，协助接待上访及法律、政策咨询等法律事务。

5. 律师是促进社会和谐稳定的重要力量

维护社会和谐稳定是推进改革发展的前提条件，也是律师义不容辞的社会责任。律师在依法办理诉讼法律事务时，能够通过司法渠道化解矛盾纠纷，案结事了，实现法律效果与社会效果、政治效果有机统一，为构建社会主义和谐社会贡献智慧和力量。律师在依法开展非诉讼法律事务时，为当事人提供法律咨询，进行法制宣传，能够预防和减少矛盾纠纷。在新形势下，律师通过参与调解工作引导当事人更多地通过调解方式消除纷争；参与信访相关工作，释法析理，引导信访群众依法表达诉求；为维护信访群众合法权益、促进息诉罢访发挥积极作用。

6. 律师是脱贫攻坚中法治扶贫的重要力量

脱贫攻坚法治扶贫过程中，律师充分发挥其职能作用，为打赢脱贫攻坚战提供良好法律服务和法治保障，深入践行司法为民、执业为民理念，以法治扶贫为切入点，坚持扶贫与扶志、扶智相结合。律师在法治宣传、法律咨询、法律论证、法律顾问、诉讼代理等方面充分发挥的职能作用，为党委政府决策当好法律顾问，为贫困地区和困难群众提供精准普惠、便捷优质的法律服务，为打赢脱贫攻坚战、全面建成小康社会作出应有贡献。

二、中国律师制度的历史沿革

律师制度是指国家规定的有关律师的性质、任务、权利和义务、管理体制、组织和活动原则，以及如何为当事人提供法律服务的法律规范的总称。律师制度是一项法律制度，其产生比国家和法律的产生要晚。律师制度产生后，不断发展，已成为法治社会不可或缺的一部分。它在保护人权、保障民主和法制建设、促进公民法律意识的提高以及维护社会公平和正义等方面发挥了重要的作用。

（一）旧中国律师制度的产生和发展

中国古代就有诉讼代理的现象，《周礼·秋官》记载："凡命夫命妇，不躬坐狱讼。"《周礼疏》解释说："古者取囚要辞皆对坐，治狱之吏皆有威严，恐狱吏亵，故不使命夫命妇亲坐。若取辞之时，不得不坐，当使其属或子弟代坐也。"也就是说，为了使奴隶主贵族不致在狱吏面前受辱，大夫以上的贵族涉及诉讼，必要时可以派下属或子弟代替出庭。这说明中国古代已有诉讼代理现象存在。

从元代开始，如诉讼当事人为老弱病残者，除了某些重大案件和涉及告者本身利益的案件以外，可令家人亲属代理诉讼。《明会典》也有类似规定，同时还规定"诬告者，罪坐代告之人"。中国古代的诉讼代理现象，与现代的诉讼代理大相径庭，主要是为了维护贵族特权而设。

明清两代出现了大量的以代写诉状为业的讼师，甚至还出现了传授"代写词状"的专著，如明代的《做状十段锦》就是讲述写状子的要领。

1840 年鸦片战争后，外国侵略者根据一系列不平等条约，在中国取得领事裁判权，设立会审公廨。会审公廨审理案件，外国人委托外国律师出庭，至此，律师出现在中国近代的法庭上。清末修律活动中，1910 年完成起草的《大清民事诉讼律草案》与《大清刑事诉讼律草案》即是仿效西方建立律师制度，规定了律师资格、申请手续、照章宣誓、原被告律师的职责、对律师的惩罚、外国律师出庭办案等内容。由于清政府的覆灭，这两个草案未审核颁行。辛亥革命后，南京临时政府进行司法改革，起草《律师法草案》，准备效仿资本主义国家建立律师制度，但南京临时政府仅存 4 个月就被袁世凯篡权，该草案随之夭折。

北洋政府时期制定和颁布了大量的新的法规，律师制度方面包括：《律师暂行章程》《律师惩戒会暂行规则》《律师甄别章程》《律师登录暂行章程》。其中,《律师暂行章程》标志着近代律师制度的开始。这个时期律师数量明显增多,全国有律师3000人左右,施洋、沈钧儒等就是当时著名的大律师。

南京国民政府建立后,制定了新的《律师暂行章程》替代北洋政府时期的《律师暂行章程》。1941年颁布《律师法》,随后相继颁布《律师法实施细则》《律师登录规则》《律师惩戒规则》等。这个时期,上海、南京等大城市的律师业发展迅速。据统计,1930年上海有律师659人,到1934年增加到了1120人,而同年南京也有律师1200余人。[①] 但是,当时的律师管理非常混乱,律师资格取得的首要条件是与法院有私人关系。1948年3月,南京国民政府开始筹组"中华民国律师公会全国联合会",同年9月9日在南京召开了首届代表大会,并通过该会章程,选举了理事、监事会,9月9日也被定为律师节。

(二)中华人民共和国律师制度概况

1. 中华人民共和国成立初期律师制度的建立

中华人民共和国的律师制度是在继承和发展革命根据地时期的辩护制度和代理制度的基础上逐步建立和发展起来的。中华人民共和国成立初期,在废除旧的律师制度的同时,开始着手建立新的律师制度。1954年至1957年,全国19个省、自治区、直辖市先后成立了律师协会和筹备机构,法律顾问处发展到817个,专职律师发展到2572人,兼职律师发展到350人。[②]

2. 中国共产党十一届三中全会后律师制度的重建与发展

1978年中国共产党十一届三中全会后,中国律师制度进入恢复重建期,1979年《中华人民共和国刑事诉讼法》对辩护的专章规定,标志着律师制度重建开启。1980年8月26日,第五届全国人民代表大会常委会第十五次会议通过的《中华人民共和国律师暂行条例》对律师的性质、职责、权利、任务、资格条件及工作机构等都作了明确规定。从1984年开始,全国各地陆续成立了一些律师事务所,1987年司法部正式下发文件,要求将法律顾问处更名为律师事务所,从此,律师事务所成为律师执业机构的规范名称。

1992年司法部先后发布《关于律师事务所与外国律师事务所建立业务协作关系有关问题的通知》《关于中国律师事务所在境外设立办事机构有关事宜的通知》,就律师事务所与外国律师事务所建立业务协作关系和国内有条件的律师事务所到

---

① 参见刘希贵:《律师法原理》,复旦大学出版社1998年版,第31页。

② 参见阎志明:《中外律师制度》,中国人民公安大学出版社1998年版,第38页。

外国设立办事机构的有关问题作出具体规定。之后,司法部发布的《律师惩戒规则》《律师职业道德和执业纪律规范》《律师事务所审批登记管理办法》《律师事务所设立分所管理办法》《关于反对律师行业不正当竞争行为的若干规定》《律师事务所在外国设立分支机构管理办法》《律师事务所名称管理办法》等规范性文件,从律师事务所的审批、分所(含境外办事机构)的设立、律师职业道德、执业规范及惩戒规则等方面多角度地为律师制度的建设和完善制定了规范、指明了方向。

1996 年 5 月,第八届全国人民代表大会常委会第十九次会议审议通过《中华人民共和国律师法》,该法是中华人民共和国颁布的第一部律师法。它对律师执业原则、执业条件、执业机构、执业律师的权利和义务、律师协会、法律援助、律师的法律责任等作了明确的规定,完善了中国律师制度。截至 2000 年,中国律师队伍的从业人数已经达到 109,276 人,其中专职律师 63,152 人,兼职律师 15,908 人,特邀律师 5922 人。各类律师服务机构 9300 多个。[①]

这一时期,《中华人民共和国律师法》先后进行了三次修正(修订),2001 年《中华人民共和国律师法》[②]明确规定,取得律师资格应当通过国家统一的司法考试;具有高等院校法律专业本科以上学历,或者高等院校其他专业本科以上学历具有法律专业知识的人员,经国家司法考试合格的,取得资格;适用前述学历条件确有困难的地方,经国务院司法行政机关审核确定,在一定期限内,可以将学历条件放宽为高等院校法律专业专科学历。这实际上抬高了从事律师职业的门槛,使其与发达国家律师条件基本一致,能较好地适应经济全球化对律师的要求。2007 年《中华人民共和国律师法》[③]新增、新改条文 40 多款,从律师执业许可、律师事务所组织形式、执业律师的权利义务、律师业务和律师执业监督、法律责任等诸多方面进行修改,使中国律师制度更加健全和完善。2012 年《中华人民共和国律师法》[④]修订法条 6 款,主要涉及律师在刑事案件中接受犯罪嫌疑人、被告人的委托,担任刑事辩护人在执业过程的权利等内容,中国律师制度,特别是律师刑事辩护方面更为健全。

此外,司法部先后审议通过《律师和律师事务所执业证书管理办法》(2009 年 9 月 21 日起施行,后司法部于 2019 年 3 月 11 日制定《关于修改〈律师和律师事务所

① 参见杜福海:《律师在促进亚太地区和谐发展中的作用》,载搜狐网,http://news.sohu.com/20070422/n249605418.shtml。

② 2001 年 12 月 29 日,第九届全国人民代表大会常委会第二十五次会议通过了《关于修改〈中华人民共和国律师法〉的决定》第一次修正。

③ 2007 年 10 月 28 日,第十届全国人民代表大会常委会第三十次会议修订。

④ 2012 年 10 月 26 日,第十一届全国人民代表大会常委会第二十九次会议通过了《关于修改〈中华人民共和国律师法〉的决定》第二次修正。

执业证书管理办法〉的规定》对该办法进行了修改)、《律师事务所年度检查考核办法》(2010年4月8日起施行)、《律师和律师事务所违法行为处罚办法》(2010年6月1日起施行),健全对律师、律师事务所执业证书的管理及律师事务所年度考核,完善对律师及律师事务违法行为的惩戒管理。2012年2月,司法部根据《中华人民共和国律师法》决定在全国建立律师宣誓制度,①引导广大律师牢固树立做中国特色社会主义法律工作者的信念,自觉践行“忠诚、为民、公正、廉洁”的核心价值观,切实提高律师队伍思想政治素质、职业道德素质和业务素质,不断增强律师的职业使命感、荣誉感和社会责任感,培育和形成中国特色社会主义律师执业精神。

3. 党的十八大后律师制度的新发展

党中央、国务院高度重视律师工作。习近平总书记多次对律师工作和律师队伍建设作出重要指示,为深化律师制度改革、做好律师工作提供了基本遵循,指明了前进方向。中国共产党的十八届三中全会把改革完善律师制度作为全面深化改革的重要内容。中国共产党的十八届四中全会《中共中央关于全面推进依法治国若干重大问题的决定》将律师工作纳入全面依法治国总体布局,对加强律师工作和律师队伍建设作出部署。

2015年9月15日,中央全面深化改革领导小组第十六次会议,审议通过了中共中央办公厅、国务院办公厅《关于深化律师制度改革的意见》。同年9月16日,最高人民法院、最高人民检察院、公安部、国家安全部、司法部联合出台了《关于依法保障律师执业权利的规定》,这是深化律师制度改革、促进律师事业发展的重要举措,对保障律师执业权利、充分发挥律师作用,建立中国特色社会主义律师制度具有重要意义。2016年4月,中共中央办公厅、国务院办公厅印发了《关于深化律师制度改革的意见》②,这是指导中国律师事业发展的纲领性文件,充分体现了党中央对律师工作的高度重视和对律师队伍的亲切关怀,为进一步加强律师工作和律师队伍建设、健全完善中国特色社会主义律师制度、充分发挥律师在全面依法治国中的重要作用指明了方向,标志着中国律师事业进入了新的发展阶段。

2017年至2018年司法部会同最高人民法院先后联合印发《关于开展刑事案件律师辩护全覆盖试点工作的办法》《关于依法保障律师诉讼权利和规范律师参与庭

---

① 要求首次取得或者重新申请取得律师执业证书的人员,应当在获得律师执业许可之日起3个月内,采取分批集中的方式参加律师宣誓。

② 中共中央办公厅、国务院办公厅《关于深化律师制度改革的意见》共6部分,29条,从深化律师制度改革的总体要求到完善律师执业保障机制、健全律师执业管理制度、加强律师队伍建设、充分发挥律师在全面依法治国中的重要作用、加强组织领导等方面,全面提出了深化律师制度改革的指导思想、基本原则、发展目标和任务措施。

审活动的通知》《关于扩大刑事案件律师辩护全覆盖试点范围的通知》，将试点工作扩大至全国。截至2018年年底，因刑事案件律师辩护全覆盖试点扩大辩护的案件有80,262件，为10万余名被告人免费提供了辩护。[①] 刑事案件律师辩护全覆盖彰显中国社会主义法治文明进步。

2018年12月司法部修订《律师事务所管理办法》，次年3月修改《律师和律师事务所执业证书管理办法》。2018年12月审议通过《公职律师管理办法》《公司律师管理办法》，明确规定了对公职律师和公司律师的具体管理。

中国共产党的十九届四中全会对坚持和完善中国特色社会主义制度，推进国家治理体系和治理能力现代化作出战略部署，为中国律师事业发展指明了正确的方向。2019年12月8日，"一带一路"律师联盟[②]在广州成立，标志着律师国际交流合作跨入新的阶段，标志着律师参与世界法治建设翻开新的篇章。2019年12月9日，中国举办第一次世界律师大会，为各国律师交流合作搭建了新的平台，推动务实合作、实现共同发展，合力推进律师在全球治理中发挥更大作用。同年，司法部制定出台《律师事务所境外分支机构备案管理规定》，加强对律师事务所设立境外分支机构的引导和规范管理，为服务共建"一带一路"提供更加有力的法律服务和保障。截至2019年年底，全国共有执业律师47.3万多人，其中专职律师39.73万多人，兼职律师1.25万多人，公职律师4.33万多人，公司律师1.09万多人，军队律师1500人。1.5万多家党政机关、人民团体和3000多家企业开展了公职律师、公司律师工作。[③] 可见，中国共产党的十八大和十九大后，中国律师事业蓬勃发展，律师在全球治理中日益发挥更大作用。

三、律师管理体制

（一）律师管理体制的界定

律师管理包括律师资格的取得、律师执业许可、律师执业机构的开设和管理、

---

① 参见张昊：《司法行政改革破解难题全国2195个县试点刑事案件律师辩护全覆盖》，载司法部政府网，http://www.humanrights.cn/html/2020/80119/47692.htm。截至2020年1月，刑事案件律师辩护全覆盖已在全国普遍推开。全国共有2195个县（市、区）开展了刑事案件律师辩护全覆盖试点，占全国县级行政区域总数的77%。

② "一带一路"律师联盟，是中华全国律师协会发起的、在中国登记注册的第一个国际性律师组织。联盟创始会员有85个，包括来自36个国家和地区的律师协会、律师事务所、法律机构和律师个人，全国律师协会会长王俊峰当选联盟首任主席。

③ 参见《2019年度律师、基层法律服务工作统计分析》，载司法部政府网，http://www.moj.gov.cn/pub/sfbgw/zwxxgk/fdzdgknr/fdzdgknrtjxx/202006/t20200622350049.html。

律师行为规范、律师违法行为惩戒等各方面的管理。律师管理既有约束性管理,也有服务性管理。律师管理体制是指有关律师管理方面的各项权限划分制度和具体管理规则的总称。

律师的管理根据管理主体不同,可分为内部管理和外部管理。内部管理是指律师事务所对本所律师进行的自律性管理。外部管理是指司法行政机关和律师协会对律师进行的管理。外部管理根据管理机构不同分为自治管理和强制管理。前者是指律师协会作为律师的自律性组织对律师进行的管理,后者是指司法行政机关对律师进行的管理。

综观世界各国律师管理体制,又可根据自治管理和强制管理的关系分为自治管理为主、国家管理为辅和国家管理为主、自治管理为辅两种模式。英美法系国家以律师自治管理为基本管理模式,国家管理辅之,该模式历史悠久,影响极大。大陆法系国家律师管理中行政色彩浓重,多以行政管理为主,律师行业自治为辅。中国律师管理是以律师事务所的内部管理为基础,司法行政机关行政监督指导和律师协会行业自律管理"两结合"的管理体制。

(二)中国律师管理体制的演变

1.单一的司法行政管理的律师管理体制

1954年《中华人民共和国宪法》明确规定了被告人享有辩护权后,全国各地陆续建立律师组织,开始建立中华人民共和国的律师制度。当时律师的执业机构是法律顾问处,法律顾问处受律师协会的管理,律师协会设置在司法行政机关内,没有全国性律师协会,律师是国家干部。这种管理体制从形式上看,虽然律师协会管理律师,但是这种管理并不具有行业自律性,实质上仍然是行政管理,这种管理体制被称为单一的司法行政管理体制。

1980年8月26日,第五届全国人民代表大会常委会第十五次会议通过了《律师暂行条例》,该条例对律师协会作了专门的规定,第一次从法律上确立了律师协会作为律师行业性组织的地位,律师协会不再隶属于司法行政机关。但限于当时律师业刚刚恢复,发展缓慢,律师协会实际上仍然大都设立在司法行政机关内,律师的行业管理和行政管理两块牌子,一套人马,律师协会的领导大都由司法行政机关的领导兼任,实质上仍然是单一的司法行政管理体制。但与中华人民共和国成立初期相比,律师协会行业管理的职能得到了加强,为其进一步发挥行业管理职能奠定了基础。

2.司法行政机关管理为主、律师协会行业管理为辅的律师管理体制

1986年7月,第一届全国律师代表大会在北京召开,正式成立了中华全国律师

协会,中国的律师管理体制发生了新的变化。根据《律师暂行条例》,中华全国律师协会制定了《中华全国律师协会章程》,并在章程中规定了律师协会的职责。律师协会主要负责对律师的业务指导、工作经验交流和维护律师合法权益。律师资格考试与授予、律师执业证书的颁发、律师事务所的审批等律师管理工作仍然由司法行政机关负责。律师协会的领导仍然由司法行政机关的领导兼任。律师协会的行业管理在律师管理体制中处于辅助地位。

3. 司法行政机关指导下的律师协会行业管理体制

1993 年 12 月,国务院办公厅批准的《司法部关于深化律师工作改革的方案》指出要建立司法行政机关宏观指导下的律师协会行业管理体制,为实现这一改革目标,司法部对律师协会进行了改革。1995 年召开的第三次全国律师代表大会上,对中华全国律师协会理事会进行改选,全体理事、常务理事、会长、副会长均由律师协会会员选出的专职律师担任,司法行政机关的领导不再兼任律师协会的领导职务;修改了律师协会章程,将律师协会的职责由 9 项增加到 15 项,包括指导下级律师协会工作、开拓律师业务、负责对会员的奖励和惩戒工作,负责对律师进行培训和业务指导,制定律师行业规范和准则,并组织实施等;重新规划所属专业委员会,设立秘书长,秘书长实行聘用制,不再有行政级别。此次大会健全了律师协会内部工作机构,明显强化了律师协会的职责,律师协会行业管理职能日益凸显出来。

《中华全国律师协会章程》①(2021 年修订)明确律师协会的宗旨是坚持以习近平新时代中国特色社会主义思想为指导,学习贯彻习近平法治思想,坚持中国共产党领导,团结带领会员高举中国特色社会主义伟大旗帜,增强政治意识、大局意识、核心意识、看齐意识,坚定中国特色社会主义道路自信、理论自信、制度自信、文化自信,坚决维护习近平总书记党中央的核心、全党的核心地位,坚决维护党中央权威和集中统一领导,坚持正确政治方向,忠实履行中国特色社会主义法治工作队伍的职责使命,加强律师队伍思想政治建设,把拥护中国共产党领导、拥护社会主义法治作为律师从业的基本要求,增强广大律师走中国特色社会主义法治道路的自觉性和坚定性,忠于宪法和法律,维护当事人合法权益,维护法律正确实施,维护社会公平和正义,依法依规诚信执业,认真履行社会责任,为深入推进全面依法治国、建设中国特色社会主义法治体系、建设社会主义法治国家,推进国家治理体系和治理

① 1999 年第四次全国律师代表大会通过、2002 年第五次全国律师代表大会、2008 年第七次全国律师代表大会、2011 年第八次全国律师代表大会、2016 年 3 月第九次全国律师代表大会和 2018 年第九届全国律师代表大会第二次会议、2021 年 10 月 14 日第十次全国律师代表大会修订,先后七次修订《中华全国律师协会章程》。

能力现代化，把我国建设成为富强民主文明和谐美丽的社会主义现代化强国，实现中华民族伟大复兴的中国梦而奋斗。

中华全国律师协会接受司法部的监督和指导，接受中国共产党全国律师行业委员会的领导，组织开展律师行业党的建设工作。中华全国律师协会对地方律师协会进行指导。

4. 司法行政机关管理和律师协会行业管理“两结合”的律师管理体制

“两结合”的律师管理体制是指司法行政机关监督指导和律师协会行业管理相互结合的管理体制。1996 年第一部《中华人民共和国律师法》将此种管理体制以法律形式固定下来。司法部在《中国律师事业五年（2002—2006 年）发展纲要》中提出，司法行政机关律师管理的重点是负责“准入、导向、协调、监督”四个方面的工作，职能定位颇为清晰。2007 年修正后的《中华人民共和国律师法》，对“两结合”的律师管理体制进行了完善，增加了律师协会的职责和权力，明确了地（市）级司法行政机关律师管理权限，规定县（区）司法行政机关要切实履行好法定职责，加强对律师日常执业活动的监管检查。“两结合”管理体制和工作机制的不断健全完善，确保了司法行政机关行政管理职能和律师协会行业自律职能更好地发挥。

2008 年 7 月颁布实施的《律师执业管理办法》明确规定了司法行政机关的监督管理职责，强调司法行政机关应当加强对律师协会的指导、监督，支持律师协会依照《中华人民共和国律师法》和协会章程、行业规范对律师执业活动实行行业自律，建立健全行政管理与行业自律相结合的协调、协作机制。

2016 年 4 月，中共中央办公厅、国务院办公厅印发的《关于深化律师制度改革的意见》指出，健全执业管理体制，坚持和完善司法行政机关行政管理和律师协会行业自律管理相结合的律师工作管理体制，司法行政机关要切实履行对律师、律师事务所和律师协会的监督、指导职责，律师协会要发挥好党和政府联系广大律师的桥梁纽带作用，依法依章程履行行业管理职责，加强律师事务所管理，完善律师事务所及其负责人责任追究制度。

第二节　律师的行政管理

《中华人民共和国律师法》第 4 条规定，司法行政部门依照该法对律师、律师事务所和律师协会进行监督、指导。这一规定明确了司法行政机关在律师管理体制中的行政管理地位，赋予司法行政机关概括性的律师管理职能，包括律师资格的取得、律师执业许可、律师执业机构的开设和管理、律师行为规范、律师违法行为惩戒等各方面的管理;也赋予了司法行政机关制定相关律师管理的规范性文件的权力,包括制定行政规章以及司法部以批复等文件方式发布规范性文件等。

一、制定律师管理的行政规章

制定律师管理的相关行政规章和规范性文件是司法行政机关行使行政管理职权的主要方式,这种行政规章基本由司法部以部令形式发布,主要内容涉及机构管理、综合管理等。本节以此为主进行介绍。

(一)《律师服务收费管理办法》

为规范律师服务收费行为,维护委托人和律师的合法权益,促进律师服务业健康发展,司法部、国家发展和改革委员会联合发布了《律师服务收费管理办法》,[①]严格规范了律师事务所的收费程序、收费行为,要求律师事务所公示律师服务收费管理办法和收费标准等信息,接受社会监督。

(二)《律师执业管理办法》

为了规范律师执业许可,保障律师依法执业,加强对律师执业行为的监督和管理,司法部制定《律师执业管理办法》,[②]规定了律师执业条件及执业许可程序,规范了律师执业行为规范,加强了司法行政机关对律师执业的监督管理。

(三)《公职律师管理办法》《公司律师管理办法》

为了加强公职律师队伍建设,规范公职律师管理,发挥公职律师在全面依法治国中的职能作用,司法部根据中共中央办公厅、国务院办公厅《关于推行法律顾问制度和公职律师公司律师制度的意见》等有关规定,结合公职律师工作实际制定《公职律师管理办法》。[③] 该办法界定了公职律师,规定了公职律师任职条件和程序,明确了公职律师的主要职责,加强了司法行政机关对公职律师执业的监督管理。

为了加强公司律师队伍建设,规范公司律师管理,发挥公司律师在全面依法治国中的职能作用,司法部根据《关于推行法律顾问制度和公职律师公司律师制度的

---

① 《律师服务收费管理办法》(发改价格〔2006〕611 号),由国家发展改革委员会和司法部共同制定,2006 年 4 月 13 日发布,2006 年 12 月 1 日起执行。

② 《律师执业管理办法》于 2008 年 7 月 18 日司法部令第 112 号发布,2016 年 9 月 18 日司法部令第 134 号修订,2016 年 11 月 1 日起施行。

③ 《公职律师管理办法》(司发通〔2018〕131 号)经司法部第 39 次部长办公会审议通过,2019 年 1 月 1 日起施行。

意见》等有关规定,结合公司律师工作实际制定《公司律师管理办法》[①]。该办法界定了公司律师的内涵,规定了公司律师任职条件和程序,明确了公司律师的主要职责,加强了司法行政机关对公司律师执业的监督管理。

(四)《律师事务所管理办法》

为了规范律师事务所的设立,加强对律师事务所的监督和管理,司法部制定《律师事务所管理办法》[②],规定了律师事务所应当坚持以习近平新时代中国特色社会主义思想为指导,坚持和加强党对律师工作的全面领导,坚决维护以习近平同志为核心的党中央权威和集中统一领导,把拥护中国共产党领导、拥护社会主义法治作为从业的基本要求,增强广大律师走中国特色社会主义法治道路的自觉性和坚定性;律师事务所应当加强党的建设,规定了律师事务所党组织的设置形式、地位作用、职责权限、参与本所决策、管理的工作机制和党建工作保障措施等,充分发挥党组织的战斗堡垒作用和党员律师的先锋模范作用;规范了律师事务所及其分所的设立条件及许可程序、律师事务所及其分所的变更和终止,规定了律师事务所执业和管理规则。

(五)《律师和律师事务所执业证书管理办法》

为了规范和加强对律师执业证书和律师事务所执业许可证书的管理,司法部制定《律师和律师事务所执业证书管理办法》,[③]对律师和律师事务所执业证书的印制、颁发、申领、使用、换发及注销等方面进行规定,明确执业证书应当加盖发证机关印章。公职律师、公司律师、法律援助律师的律师工作证的管理,参照执行。军队律师工作证的管理办法,另行制定。

(六)《律师事务所名称管理办法》

为了加强律师事务所名称管理,规范律师事务所名称使用,司法部制定《律师事务所名称管理办法》,[④]对律师事务所名称的使用与监督管理作出具体规定。该办法明确了律师事务所使用名称的权利和义务,规范了律师事务所名称的构成和

① 《公司律师管理办法》(司发通〔2018〕131号)经司法部第39次部长办公会审议通过,2019年1月1日起施行。

② 《律师事务所管理办法》于2008年7月18日由司法部令第111号发布,2012年11月30日司法部令第125号修正,2016年9月6日司法部令第133号修订,2018年12月5日司法部令第142号修正。修正后的《律师事务所管理办法》于2019年1月15日起施行。

③ 2009年9月21日司法部部务会议审议通过《律师和律师事务所执业证书管理办法》,2019年3月16日司法部修正《律师和律师事务所执业证书管理办法》,2019年5月1日起施行。

④ 2009年12月15日司法部部务会议审议通过《律师事务所名称管理办法》,2010年3月1日起施行。

命名规则,调整了律师事务所分所的命名方式,建立了律师事务所名称预核准制度。

(七)《律师事务所年度检查考核办法》

为了规范律师事务所年度检查考核工作,加强对律师事务所执业和管理活动的监督,司法部制定《律师事务所年度检查考核办法》[①],规定司法行政机关对律师事务所的年度检查考核应当与律师协会对律师执业的年度考核相结合,明确了检查考核内容、考核等次和评定标准,以及检查考核程序、考核结果备案公告等内容。

(八)《律师和律师事务所违法行为处罚办法》

为了加强对律师、律师事务所执业活动的监督,规范律师执业行为,维护正常的法律服务秩序,司法部制定《律师和律师事务所违法行为处罚办法》[②],明确了律师、律师事务所有违法行为,应当给予行政处罚的,司法行政机关是实施行政处罚的主体;规定了律师、律师事务所应予处罚的违法行为和行政处罚的具体实施规则。

(九)涉港澳律师和律师事务所管理办法

为了落实国务院批准的《内地与香港关于建立更紧密经贸关系的安排》《内地与澳门关于建立更紧密经贸关系的安排》,司法部先后四次修正《取得内地法律职业资格的香港特别行政区和澳门特别行政区居民在内地从事律师职业管理办法》[③],对香港、澳门特别行政区居民在内地从事律师职业的条件、执业范围,对获准在内地执业的香港、澳门特别行政区居民进行实习管理和执业管理进行规范;五次修正《香港特别行政区和澳门特别行政区律师事务所与内地律师事务所联营管理办法》[④],对香港、澳门特别行政区律师事务所与内地律师事务所联营的条件及程序、联营规则和对联营的监督管理作出规定。

为了贯彻落实国务院关于推进行政审批制度改革的要求,规范对香港、澳门特别行政区律师事务所驻内地代表机构的管理,根据《国务院关于取消和调整一批行政审批项目等事项的决定》(国发〔2014〕27 号),司法部先后三次修正了《香港、澳门特别行政区律师事务所驻内地代表机构管理办法》[⑤],规定了港澳律师事务所在

---

① 2010 年 4 月 7 日,司法部部务会议审议通过了《律师事务所年度检查考核办法》,自 2010 年 4 月 8 日发布之日起施行。

② 2010 年 4 月 7 日,司法部部务会议审议通过《律师和律师事务所违法行为处罚办法》,2010 年 6 月 1 日起施行。

③ 2003 年 11 月 30 日司法部令第 81 号发布,2013 年 10 月 1 日第四次修正施行。

④ 2003 年 11 月 30 日司法部令第 83 号发布,2013 年 1 月 1 日第五次修正施行。

⑤ 2002 年 3 月 13 日司法部令第 70 号发布,2015 年 6 月 1 日第三次修正施行。

内地代表处的设立、变更和注销条件及程序,代表处及其代表的业务范围和规则,并规定司法部负责对代表处及其代表的监督管理。

二、律师执业管理

(一)制定律师执业条件

《中华人民共和国律师法》《律师执业管理办法》均对律师执业条件进行了法律规制。根据《中华人民共和国律师法》第5条、《律师执业管理办法》第6条的规定,申请律师执业应具备的一般条件包括:(1)拥护中华人民共和国宪法;(2)通过国家统一法律职业资格考试取得法律职业资格;(3)在律师事务所实习满1年;(4)品行良好。实行国家统一法律职业资格考试前取得的国家统一司法考试合格证书、律师资格凭证,与国家统一法律职业资格证书具有同等效力。

具有高等院校本科以上学历,在法律服务人员紧缺领域从事专业工作满15年,具有高级职称或者同等专业水平并具有相应的专业法律知识的人员,申请专职律师执业的,经国务院司法行政机关考核合格,准予执业。具体办法由国务院规定。高等院校、科研机构中从事法学教育、研究工作的人员,申请兼职律师执业的,除符合律师执业申请的一般条件外,还应当经所在单位同意。

(二)设置律师执业许可程序

申请律师执业,应当向设区的市级或者直辖市的区(县)司法行政机关提出申请,并提交材料。①

设区的市级或者直辖市的区(县)司法行政机关是初审部门,应当自受理之日起20日内予以审查,并将审查意见和全部申请材料报送省、自治区、直辖市司法行政机关。省、自治区、直辖市司法行政机关应当自收到受理申请机关报送的审查意见和全部申请材料之日起10日内予以审核,作出是否准予执业的决定。准予执业的,向申请人颁发律师执业证书;不准予执业的,向申请人书面说明理由。申请特许律师执业,需要提交的材料以及受理、考核、批准的程序,依照国务院有关规定办理。

(三)对律师变更执业机构的管理

律师变更执业机构应当向拟变更的执业机构所在地设区的市级或者直辖市的

① 材料包括:(1)执业申请书;(2)法律职业资格证书或者律师资格证书;(3)律师协会出具的申请人实习考核合格的材料;(4)申请人的身份证明;(5)律师事务所出具的同意接收申请人的证明。申请兼职律师执业的,还应当提交在高等院校、科研机构从事法学教育、研究工作的经历及证明材料,同时提交所在单位同意申请人兼职律师执业的证明。

区(县)司法行政机关提出申请,并提交材料。[①]

受理机关应当对变更申请及提交的材料出具审查意见,并连同全部申请材料报送省、自治区、直辖市司法行政机关审核。对准予变更的,由审核机关为申请人换发律师执业证书;对不准予变更的,应当向申请人书面说明理由。有关审查、核准、换证的程序和期限,参照律师首次申请执业的程序办理。准予变更的,申请人在领取新的执业证书前,应当将原执业证书上交原审核颁证机关。律师跨设区的市或者省、自治区、直辖市变更执业机构的,原执业机构所在地和变更的执业机构所在地的司法行政机关之间应当交接该律师执业档案。

律师变更执业机构的限制:(1)律师受到停止执业处罚期间或者受到投诉正在调查处理的,不得申请变更执业机构;(2)律师事务所受到停业整顿处罚期限未满的,该所负责人、合伙人和对律师事务所受到停业整顿处罚负有直接责任的律师不得申请变更执业机构;(3)律师事务所应当终止的,在完成清算、办理注销前,该所负责人、合伙人和对律师事务所被吊销执业许可证负有直接责任的律师不得申请变更执业机构。

(四)对律师终止执业的管理

律师终止执业的,其执业地的原审核颁证机关应当收回、注销其律师执业证书。律师终止执业的情形包括:(1)受到吊销律师执业证书处罚的;(2)原准予执业的决定被依法撤销的;(3)因本人不再从事律师职业申请注销的;(4)因与所在律师事务所解除聘用合同或者所在的律师事务所被注销,在6个月内未被其他律师事务所聘用的;(5)因其他原因终止律师执业的。因上述(3)、(4)、(5)三种情形被注销律师执业证书的人员,重新申请律师执业时,应当按照《律师执业管理办法》的规定程序重新申请律师执业。此外,律师正在接受司法机关、司法行政机关、律师协会立案调查期间,不得申请注销执业证书。

(五)对律师执业的监督管理

根据《律师执业管理办法》的规定,司法行政机关有权对律师执业进行监督管理。司法行政机关的监督管理权限根据司法行政机关的级别不同而有所区别。

县级司法行政机关对其执业机构在本行政区域的律师的执业活动进行日常监督管理,主要履行的职责包括:(1)检查、监督律师在执业活动中遵守法律、法规、规章和职业道德、执业纪律的情况;(2)受理对律师的举报和投诉;(3)监督律师履行

---

① 材料包括:(1)原执业机构所在地县级司法行政机关出具的申请人不具有《律师执业管理办法》第21条规定情形的证明;(2)与原执业机构解除聘用关系或者合伙关系以及办结业务、档案、财务等交接手续的证明;(3)拟变更的执业机构同意接收申请人的证明;(4)申请人的执业经历证明材料。

行政处罚和实行整改的情况;(4)掌握律师事务所对律师执业年度考核的情况;(5)司法部和省、自治区、直辖市司法行政机关规定的其他职责。县级司法行政机关在开展日常监督管理过程中,发现、查实律师在执业活动中存在问题的,应当对其进行警示谈话,责令改正,并对其整改情况进行监督;对律师的违法行为认为依法应当给予行政处罚的,应当向上一级司法行政机关提出处罚建议;认为需要给予行业惩戒的,移送律师协会处理。

设区的市级司法行政机关主要的监督管理职责包括:(1)掌握本行政区域律师队伍建设和发展情况,制定加强律师队伍建设的措施和办法;(2)指导、监督下一级司法行政机关对律师执业的日常监督管理工作,组织开展对律师执业的专项检查或者专项考核工作,指导对律师重大投诉案件的查处工作;(3)对律师进行表彰;(4)依法定职权对律师的违法行为实施行政处罚;对依法应当给予吊销律师执业证书处罚的,向上一级司法行政机关提出处罚建议;(5)对律师事务所的律师执业年度考核结果实行备案监督;(6)受理、审查律师执业、变更执业机构、执业证书注销申请事项;(7)建立律师执业档案,负责有关律师执业许可、变更、注销等信息的公开工作;(8)法律、法规、规章规定的其他职责。直辖市的区(县)司法行政机关负有前述规定的有关职责。

省、自治区、直辖市司法行政机关享有的监督管理权包括:(1)掌握、评估本行政区域律师队伍建设情况和总体执业水平,制定律师队伍的发展规划和有关政策,制定加强律师执业管理的规范性文件;(2)监督、指导下级司法行政机关对律师执业的监督管理工作,组织、指导对律师执业的专项检查或者专项考核工作;(3)组织对律师的表彰活动;(4)依法对律师的严重违法行为实施吊销律师执业证书的处罚,监督、指导下一级司法行政机关的行政处罚工作,办理有关行政复议和申诉案件;(5)办理律师执业核准、变更执业机构核准和执业证书注销事项;(6)负责有关本行政区域律师队伍、执业情况、管理事务等重大信息的公开工作;(7)法律、法规、规章规定的其他职责。

三、对律师事务所的管理

(一)对律师事务所的管理

1.对律师事务所设立的管理

司法行政机关负责对申请设立的律师事务所进行资格审查。《中华人民共和国律师法》《律师事务所管理办法》详细规定了设立律师事务所应当具备的条件。

设立律师事务所,应当向设区的市级或者直辖市的区(县)司法行政机关提出申请,并提交书面材料。[①]

受理申请的司法行政机关应当在决定受理之日起20日内完成对申请材料的审查。在审查过程中,可以征求拟设立律师事务所所在地县级司法行政机关的意见;对于需要调查核实有关情况的,可以要求申请人提供有关证明材料,也可以委托县级司法行政机关进行核实。

受理申请的司法行政机关审查后,应当对设立律师事务所的申请是否符合法定条件、材料是否真实齐全出具审查意见,并将审查意见和全部申请材料报送省、自治区、直辖市司法行政机关。省、自治区、直辖市司法行政机关应当自收到受理申请机关报送的审查意见和全部申请材料之日起10日内予以审核,作出是否准予设立律师事务所的决定。准予设立的,应当自决定之日起10日内向申请人颁发律师事务所执业许可证。不准予设立的,应当向申请人书面说明理由。

2. 对律师事务所变更的管理

律师事务所变更名称、负责人、章程、合伙协议的,应当经所在地设区的市级或者直辖市的区(县)司法行政机关审查后报原审核机关批准。具体办法按律师事务所设立许可程序办理。

律师事务所变更住所、合伙人的,应当自变更之日起15日内经所在地设区的市级或者直辖市的区(县)司法行政机关报原审核机关备案。律师事务所跨县、不设区的市、市辖区变更住所,需要相应变更负责对其实施日常监督管理的司法行政机关的,应当在办理备案手续后,由其所在地设区的市级司法行政机关或者直辖市司法行政机关将有关变更情况通知律师事务所迁入地的县级司法行政机关。

律师事务所拟将住所迁移至其他省、自治区、直辖市的,应当按注销原律师事务所、设立新的律师事务所的程序办理。

律师事务所变更组织形式的,应当在自行依法处理好业务衔接、人员安排、资产处置、债务承担等事务,并对章程、合伙协议作出相应修改后,方可向所在地设区的市级或者直辖市的区(县)司法行政机关申请变更,经审查后报原审核机关批准。

3. 对律师事务所终止的管理

律师事务所出现《律师事务所管理办法》第31条第1款所规定的四种终止情

---

① 书面材料包括:申请书;律师事务所的名称、章程;设立人的名单、简历、身份证明、律师执业证书、律师事务所负责人人选;住所证明;资产证明。设立合伙律师事务所,还应当提交合伙协议。国家出资设立律师事务所,应当提交所在地县级人民政府有关部门出具的核拨编制、提供经费保障的批件。申请设立许可时,申请人应当如实填报《律师事务所设立申请登记表》。

形①或者律师事务所在取得设立许可后,6个月内未开业或者无正当理由停止业务活动满1年的,视为自行停办,应当终止。

律师事务所在终止事由发生后,应当向社会公告,依照有关规定进行清算,依法处置资产分割、债务清偿等事务。律师事务所应当在清算结束后15日内向所在地设区的市级或者直辖市的区(县)司法行政机关提交注销申请书、清算报告、本所执业许可证以及其他有关材料,由其出具审查意见后连同全部注销申请材料报原审核机关审核,办理注销手续。律师事务所拒不履行公告、清算义务的,由设区的市级或者直辖市的区(县)司法行政机关向社会公告后,可以直接报原审核机关办理注销手续。律师事务所被注销的,其业务档案、财务账簿、本所印章的移管、处置,按照有关规定办理。

4. 对律师事务所的监督管理

根据《律师事务所管理办法》的规定,司法行政机关对律师事务所的监督管理权限因司法行政机关级别的不同而有所区别。

县级司法行政机关对本行政区域内的律师事务所的执业活动进行日常监督管理,履行下列职责:(1)监督律师事务所在开展业务活动过程中遵守法律、法规、规章的情况;(2)监督律师事务所执业和内部管理制度的建立和实施情况;(3)监督律师事务所保持法定设立条件以及变更报批或者备案的执行情况;(4)监督律师事务所进行清算、申请注销的情况;(5)监督律师事务所开展律师执业年度考核和上报年度执业总结的情况;(6)受理对律师事务所的举报和投诉;(7)监督律师事务所履行行政处罚和实行整改的情况;(8)司法部和省、自治区、直辖市司法行政机关规定的其他职责。县级司法行政机关在开展日常监督管理过程中,对发现、查实的律师事务所在执业和内部管理方面存在的问题,应当对律师事务所负责人或者有关律师进行警示谈话,责令改正,并对其整改情况进行监督;对律师事务所的违法行为认为依法应当给予行政处罚的,应当向上一级司法行政机关提出处罚建议;认为需要给予行业惩戒的,移送律师协会处理。

设区的市级司法行政机关的监督管理职责包括:(1)掌握本行政区域律师事务所的执业活动和组织建设、队伍建设、制度建设的情况,制定加强律师工作的措施和办法;(2)指导、监督下一级司法行政机关的日常监督管理工作,组织开展对律师事务所的专项监督检查工作,指导对律师事务所重大投诉案件的查处工作;(3)对律师事务所进行表彰;(4)依法定职权对律师事务所的违法行为实施行政处罚;对

---

① 四种终止情况包括:(1)不能保持法定设立条件,经限期整改仍不符合条件的;(2)执业许可证被依法吊销的;(3)自行决定解散的;(4)法律、行政法规规定应当终止的其他情形。

依法应当给予吊销执业许可证处罚的,向上一级司法行政机关提出处罚建议;(5)组织开展对律师事务所的年度检查考核工作;(6)受理、审查律师事务所设立、变更、设立分所、注销申请事项;(7)建立律师事务所执业档案,负责有关律师事务所的许可、变更、终止及执业档案信息的公开工作;(8)法律、法规、规章规定的其他职责。直辖市的区(县)司法行政机关负有前述规定的有关职责。

省、自治区、直辖市司法行政机关的监督管理职责包括:(1)制定本行政区域律师事务所的发展规划和有关政策,制定律师事务所管理的规范性文件;(2)掌握本行政区域律师事务所组织建设、队伍建设、制度建设和业务开展情况;(3)监督、指导下级司法行政机关的监督管理工作,指导对律师事务所的专项监督检查和年度检查考核工作;(4)组织对律师事务所的表彰活动;(5)依法对律师事务所的严重违法行为实施吊销执业许可证的处罚,监督下一级司法行政机关的行政处罚工作,办理有关行政复议和申诉案件;(6)办理律师事务所设立核准、变更核准或者备案、设立分所核准及执业许可证注销事项;(7)负责本行政区域律师事务所有关重大信息的公开工作;(8)法律、法规规定的其他职责。

各级司法行政机关及其工作人员对律师事务所实施监督管理,不得妨碍律师事务所依法执业,不得侵害律师事务所的合法权益,不得索取或者收受律师事务所及其律师的财物,不得谋取其他利益。司法行政机关应当加强对实施许可和管理活动的层级监督,按照规定建立有关工作的统计、请示、报告、督办等制度。负责律师事务所许可实施、年度检查考核或者奖励、处罚的司法行政机关,应当及时将有关许可决定、考核结果或者奖惩情况通报下级司法行政机关,并报送上一级司法行政机关。司法行政机关、律师协会应当建立律师和律师事务所信息管理系统,按照有关规定向社会公开律师事务所基本信息和年度检查考核结果、奖惩情况。司法行政机关应当加强对律师协会的指导、监督,支持律师协会依照《中华人民共和国律师法》和协会章程、行业规范对律师事务所实行行业自律,建立健全行政管理与行业自律相结合的协调、协作机制。

5. 对律师事务所年度检查考核的管理

司法行政机关定期对律师事务所上一年度的执业和管理情况进行检查考核,根据执业和管理状况做出评价。年度检查考核的目的是引导律师事务所遵守宪法和法律,加强自律管理,律师依法、诚信、尽责执业,维护当事人合法权益,维护法律正确实施,维护社会公平和正义。律师事务所年度检查考核实行区域管理,即县级司法行政机关负责年度检查考核的初审工作,设区的市级或者直辖市区(县)司法行政机关负责组织实施对本行政区域内律师事务所的年度检查考核工作,省级司法行政机关负责指导、监督本行政区域律师事务所的年度检查考核工作。

(1)考核的程序

对律师事务所年度检查考核实行逐级上报,采用司法行政机关对律师事务所的年度检查考核与律师协会对律师执业的年度考核相结合的方式进行。

司法行政机关对律师事务所进行年度检查考核,应当同时对律师协会对律师执业年度考核的结果进行备案审查。县级司法行政机关收到律师事务所报送的材料后,应当依法进行初步审查,发现报送的执业情况报告及有关材料不齐全或者有疑义的,应当要求律师事务所予以补充或者作出说明,必要时可以进行调查核实。县级司法行政机关应当在规定的时间内完成审查,出具初审意见和考核等次评定建议,连同律师事务所报送的材料,一并报设区的市级司法行政机关。律师事务所在向县级司法行政机关报送年度检查考核材料的同时,应当将对本所律师执业年度考核的意见报所在地市级律师协会进行审查,由其确定考核结果。律师协会应当将律师执业年度考核结果按规定时间报设区的市级或者直辖市区(县)司法行政机关备案。

设区的市级司法行政机关收到县级司法行政机关报送的律师事务所的材料和初审意见后,应当依照法定的考核内容和考核标准,对律师事务所上一年度的执业和管理情况进行审查,同时对市级律师协会报备的律师执业年度考核结果予以备案审查。根据审查结果,为律师事务所评定考核等次。在审查中,发现律师事务所报送的材料以及县级司法行政机关的初审意见、律师协会对律师的考核结果与实际情况不符,或者收到相关投诉、举报的,可以进行调查核实或者责成县级司法行政机关、律师协会重新进行审查。考核机关对律师事务所评定考核等次,应当征求市级律师协会的意见。律师事务所的考核等次评定后,设区的市级或者直辖市区(县)司法行政机关应当将考核结果在本地律师工作管理网站上予以公示。公示期不得少于7日。

(2)考核结果的备案和公告

设区的市级或者直辖市区(县)司法行政机关在年度检查考核工作结束后,应当将本行政区域开展律师事务所年度检查考核的情况总结及考核结果报省、自治区、直辖市司法行政机关备案,同时抄送当地市级律师协会。省、自治区、直辖市司法行政机关收到备案材料后应当及时进行审核,完成汇总,将本行政区域律师事务所年度检查考核的结果在指定的报刊和政府网站上予以公告。省、自治区、直辖市司法行政机关应当于每年的5月底将本行政区域开展律师事务所年度检查考核的情况总结及考核结果报告司法部,同时抄送省、自治区、直辖市律师协会。司法部根据省、自治区、直辖市司法行政机关报送的律师事务所年度检查考核结果及相关资料，按年度编制全国律师事务所及律师名录，并向社会公布。

（二）对律师事务所分所的管理

《律师事务所管理办法》在2012年修订时新增了对律师事务所分所的设立、变更和终止的规定，完善了对律师事务所分所的管理。成立3年以上并具有20名以上执业律师的合伙律师事务所，根据业务发展需要，可以在本所所在地的市、县以外的地方设立分所。设在直辖市、设区的市的合伙律师事务所也可以在本所所在城区以外的区、县设立分所。律师事务所及其分所受到停业整顿处罚期限未满的，不得申请设立分所；律师事务所的分所受到吊销执业许可证处罚的，自分所受到处罚之日起2年内不得申请设立分所。

1. 对律师事务所分所设立的管理

分所应当具备下列条件：(1)有符合《律师事务所名称管理办法》规定的名称；(2)有自己的住所；(3)有3名以上律师事务所派驻的专职律师；(4)有人民币30万元以上的资产；(5)分所负责人应当是具有3年以上的执业经历并能够专职执业，且在担任负责人前3年内未受过停止执业处罚的律师。律师事务所到经济欠发达的市、县设立分所的，派驻律师条件可以降至1～2名；资产条件可以降至人民币10万元。具体适用地区由省、自治区、直辖市司法行政机关确定。省、自治区、直辖市司法行政机关根据本地经济社会发展和律师业发展状况，需要提高派驻律师人数和资本数额的，应报司法部批准后实施。

2. 对律师事务所分所变更的管理

律师事务所派驻分所律师，参照《律师执业管理办法》有关律师变更执业机构的规定办理，由准予设立分所的省、自治区、直辖市司法行政机关予以换发执业证书，原执业证书交回原颁证机关。律师事务所除了派驻分所律师外，还可以依照《律师执业管理办法》向社会聘用律师。分所聘用律师的，依照《律师执业管理办法》规定的申请律师执业许可或者变更执业机构的程序办理。

律师事务所决定变更分所负责人的，应当经分所所在地设区的市级或者直辖市区（县）司法行政机关报分所设立许可机关批准；变更派驻分所律师的，参照《律师执业管理办法》有关律师变更执业机构的规定办理。分所变更住所的，应当自变更之日起15日内，经分所所在地设区的市级或者直辖市区（县）司法行政机关报分所设立许可机关备案。律师事务所变更名称的，应当自名称获准变更之日起30日内，经分所所在地设区的市级或者直辖市区（县）司法行政机关向分所设立许可机关申请变更分所名称。

3. 对律师事务所分所终止的管理

律师事务所分所终止的情形主要包括:(1)律师事务所依法终止的;(2)律师事务所不能保持《中华人民共和国律师法》和《律师事务所管理办法》规定设立分所的条件,经限期整改仍不符合条件的;(3)分所不能保持《律师事务所管理办法》规定的设立条件,经限期整改仍不符合条件的;(4)分所在取得设立许可后6个月内未开业或者无正当理由停止业务活动满1年的;(5)律师事务所决定停办分所的;(6)分所执业许可证被依法吊销的;(7)法律、行政法规规定应当终止的其他情形。分所终止的,由分所设立许可机关注销分所执业许可证。分所终止的有关事宜按照《律师事务所管理办法》关于律师事务所终止的程序规定办理。

4. 对律师事务所分所的监督管理

律师事务所负责对其设立的分所进行管理,分所所在地的司法行政机关负责对律师事务所分所及其律师进行监督、指导,分所所在地的律师协会对分所及其律师进行行业管理。跨省、自治区、直辖市设立分所的,分所所在地的省、自治区、直辖市司法行政机关应当将分所设立、变更、终止以及年度考核、行政处罚等情况及时抄送设立分所的律师事务所所在的省、自治区、直辖市司法行政机关。律师事务所对分所及其律师疏于管理、造成严重后果的,由该所所在地司法行政机关依法实施行政处罚。

四、对律师和律师事务所的奖惩

司法行政机关的惩戒权既包括对律师的惩戒,又包括对律师事务所的惩戒;既包括对执业律师违法违纪的惩戒,又包括对不符合申请执业条件,而采用欺诈手段取得律师执业证的人员撤销其执业证书的权力。《中华人民共和国律师法》第六章专门对法律责任进行了规定,根据规定,设区的市级或者直辖市的区人民政府司法行政机关享有惩戒权,包括警告、停止执业、停止非法执业、责令改正、停业整顿、没收违法财产和罚款。违法情节严重的,由省、自治区、直辖市司法行政机关吊销律师执业证书或律师事务所执业证书。

《律师和律师事务所违法行为处罚办法》明确了司法行政机关对律师和律师事务所违法行为进行处罚应当遵循的基本原则,即司法行政机关实施行政处罚,应当遵循公正、公开的原则;应当以事实为依据,与违法行为的性质、情节以及社会危害程度相当;应当坚持处罚与教育相结合,教育引导律师、律师事务所依法执业,恪守职业道德和执业纪律。同时,《律师和律师事务所违法行为处罚办法》对律师和律师事务所的违法、违纪行为及其处罚后果、处罚程序作了进一步细化,充分体现了司法行政机关在律师管理中的惩戒权。

第三节　律师的行业管理

一、律师协会

律师协会是由律师、律师事务所组成的社会团体法人，是律师的自律组织，依法对律师行业实施管理。律师协会接受同级司法行政机关的监督和指导，接受中国共产党全国律师行业委员会的领导，组织开展律师行业党的建设工作。

全国设立全国律师协会，即中华全国律师协会，是全国性的律师自律组织，依法对律师实施行业管理；中华全国律师协会章程由全国会员代表统一制定，报司法部备案。省、自治区、直辖市设立地方律师协会，设区的市根据需要可以设立地方律师协会。律师、律师事务所应当加入所在地的地方律师协会。加入地方律师协会的律师、律师事务所，同时是全国律师协会的会员。

（一）律师协会的成立与发展

中华全国律师协会是1985年7月25日经中央书记处第221次会议决定同意成立的，在司法部指导下进行工作。1986年7月5日，第一次全国律师代表大会在北京举行。

律师协会的发展始终根源于党中央、国务院对律师工作的重视，离不开司法行政机关的指导与监督。中国共产党十八大以来，党中央、国务院高度重视律师工作。中国共产党十八届三中全会把改革完善律师制度作为全面深化改革的重要内容。中国共产党十八届四中全会《中共中央关于全面推进依法治国若干重大问题的决定》将律师工作纳入全面依法治国总体布局，对加强律师工作和律师队伍建设作出部署。2015年9月15日，中央全面深化改革领导小组第十六次会议，审议通过了中共中央办公厅、国务院办公厅《关于深化律师制度改革的意见》。律师管理作为律师制度的重要组成部分，特别是律师协会作为律师自律性管理组织，得以进一步发展。

2016年11月，司法部作为中华律师协会的指导机关，出台了《关于进一步加强律师协会建设的意见》，这是深化律师制度改革的重要举措，明确了律师协会建设的重要意义和建设方向，强化了律师协会的职能作用。

在新的历史时期，律师协会作为行业管理机构的地位得到进一步强化和巩固，行业管理的作用和职能得以进一步完善和健全。

（二）律师协会的组织机构

律师协会的组织机构主要包括律师代表大会、理事会、秘书处、专门委员会和专业委员会。

1. 全国律师代表大会

律师协会的最高权力机构为全国律师代表大会，代表从个人会员中选举或推举产生。全国律师代表大会代表由省、自治区、直辖市律师协会从个人会员中选举或推举产生。各省、自治区、直辖市律师协会中担任会长的执业律师为全国律师代表大会的当然代表。全国律师代表大会每届四年。因特殊情况需提前或延期换届的，须由常务理事会表决通过。全国律师代表大会必须有2/3以上的代表出席方能召开，其决议须经到会代表半数以上表决通过方能生效。

2. 理事会

理事会由全国律师代表大会选举产生。理事会是全国律师代表大会的常设机构，对全国律师代表大会负责。理事会任期四年。理事会执行全国律师代表大会的决议；选举和罢免会长、副会长、常务理事；向全国律师代表大会报告工作和财务状况；在全国律师代表大会闭会期间，讨论决定重大事项；增补或更换理事；审议、批准常务理事会的年度工作报告和财务报告；决定办事机构、分支机构、代表机构和实体机构的设立、变更和注销；根据工作需要，决定聘请名誉会长和顾问等。

3. 监事会

监事会由全国律师代表大会选举产生。监事会是全国律师代表大会的监督机构，对全国律师代表大会负责。监事会与理事会任期相同。监事会设监事长1名，副监事长若干名。监事会监督理事会、常务理事会执行全国律师代表大会决议的情况；监督理事、常务理事履行职责的情况，对严重违反本会章程或者全国律师代表大会决议的人员提出罢免建议；检查本会财务报告，监督会费的收缴使用情况，监督预算执行及重大事项的财务收支情况；指派监事列席理事会、常务理事会会议，并对决议事项提出质询或建议；监督专门委员会、专业委员会履行职责的情况；对理事、常务理事、财务管理人员损害本会利益的行为，要求其及时予以纠正等。监事应从具有良好的政治素质和职业道德，较高业务水平，执业10年以上，年龄一般不超过70周岁，坚持原则、公道正派的执业律师代表中选举产生。监事应当遵守有关法律法规和本会章程，忠实、勤勉履行职责。本律师协会的会长、副会长、常务理事、理事和财务管理人员不得兼任监事。

4. 秘书处

秘书处负责实施律师代表大会、理事会、常务理事会的各项决议、决定，承担本会日常工作，是律师协会的执行机构，对理事会负责。秘书处设秘书长1人，副秘书长若干人。秘书长由常务理事会聘任，副秘书长由秘书长提名，常务理事会决定。秘书长在常务理事会的授权范围内，领导秘书处开展工作。

5. 专门委员会

专门委员会是律师协会履行职责的专门工作机构。专门工作委员会是理事会的决策咨询工作机构。律师协会应当设立维护律师执业合法权益委员会、律师纪律委员会、规章制度委员会、财务委员会等。经常务理事会决定，律师协会可以设立其他专门委员会，因此，各地方律师协会可以根据本地方特色、发展战略及律师业务发展方向，设立不同的专门委员会。例如，河北省律师协会设立了12个专门工作委员会，北京市律师协会设立了20个专门工作委员会，上海市律师协会设立了16个专门工作委员会。

6. 专业委员会

专业委员会是律师协会理事会根据律师业务的发展情况设置的负责组织开展理论研究和业务交流活动，起草律师有关业务规范，指导律师开展业务活动的机构。设置目的就是发动会员积极学习专业知识，提高律师业务素质和服务水平，拓展律师业务领域，促进律师专业化分工，增强律师的整体实力。

专业委员会的委员是从专业水平较高的律师中选拔出来的，对从事不同业务的律师和律师事务所进行业务指导和促进交流。各专业委员会设主任1名，副主任若干名和委员若干名。专业委员会的设置、调整和主任、副主任人选由常务理事会决定。常务理事会可以聘请专家、学者和有关领导担任专业委员会的顾问。

（三）司法行政机关对律师协会的指导和监督

司法行政机关作为律师协会的指导和监督机关，在健全和完善律师协会行业管理职能建设过程中，要加强指导监督，完善保障政策，加强对律师协会行业管理的宣传。第一，各级司法行政机关要支持律师协会依法依章程履行职责，健全完善司法行政机关律师工作管理机构和律师协会之间的重要情况沟通机制。第二，各级司法行政机关要积极协调有关部门，为律师协会开展工作提供必要的支持，健全政府购买法律服务机制，推动完善律师行业财税和社会保障政策，健全律师协会会费收取和管理机制。第三，健全律师行业综合性表彰和专项表彰制度，建立律师协会新闻发言人制度，加强律师行业舆情引导应对，加强对律师协会建设和律师工作宣传，为律师事业发展营造良好舆论氛围。

二、律师协会的行业管理职能

（一）保障律师依法执业，维护律师的合法权益

律师在执业过程中享有知情权、申请权、申诉权，以及会见、阅卷、收集证据和发问、质证、辩论等方面的执业权利。律师协会作为律师的自律性组织，履行自律管理责任，维护律师执业权利和合法权益。同时，律师协会与司法行政机关建立了维护律师执业权利快速处置机制和联动机制，与各政法机关建立了联席会议制度，遇到律师维权时能及时协调处理维权个案，解决权利保障问题。

（二）组织律师进行交流，总结工作经验

律师协会每年定期或不定期地举办专题讲座，针对新颁布或修订的法律法规，聘请立法机关、司法机关的主要负责人讲解，提高律师的专业素养和办案能力。召开学习交流会和专题讨论会，组织律师进行案件交流，总结工作经验，提供多种交流平台，提高律师实际办案水平，开阔律师视野。

（三）制定行业规范性文件

全国律师协会已制定的规范性文件主要有：《中华全国律师协会章程》《中华全国律师协会执业律师继续教育试行办法》《中华全国律师协会关于实行律师执业宣誓制度的决定》《律师职业道德和执业纪律规范》《中华全国律师协会会员奖励办法》《中华全国律师协会律师岗前教育指导纲要（试行）》《律师协会会员违规行为处分规则（试行）》《中华全国律师协会律师执业行为规范》《申请律师执业人员实习管理规则》《中华全国律师协会律师执业年度考核规则》《律师协会维护律师执业权利规则（试行）》《中华人民共和国律师协会关于律师办理群体性案件指导意见》等。这些规范性文件，对于提升律师队伍的行业管理能力、完善我国律师制度起到了重要的作用。

（四）组织律师进行业务培训和职业道德、执业纪律教育，对律师的执业活动进行考核

1. 组织律师进行业务培训及教育

全国律师协会和各省级律师协会成立律师教育委员会，具体指导教育工作。教育委员会由司法行政机关、律师协会、教育部门的有关人员和执业律师组成。全国律师协会每年发布执业律师继续教育培训要点，各省级律协应当根据此要点编制年度培训计划，并报全国律协备案。各省级及以上律师协会组建培训机构，具体负责继续教育工作的组织实施。

律师的培训教育包括专门法律实务培训，对律师进行职业道德、执业纪律教育，新颁布法律法规培训，律师执业技能培训，律师管理法规培训以及涉外进修、学

历教育、专业资格教育等方面。培训的方式包括脱产学习班、业余短期培训班、讲习班、讲座等多种形式。

2. 对律师的执业活动进行年度考核

律师执业年度考核，是指律师协会在律师事务所对本所律师上一年度执业活动进行考核的基础上，对律师的执业表现做出评价，并将考核结果报司法行政机关备案，记入律师执业档案。

律师执业年度考核，由设区的市级律师协会和直辖市律师协会负责组织实施，设区的市未建立律师协会的，由所在的省、自治区律师协会负责组织实施。省、自治区、直辖市律师协会指导、监督本区域的律师执业年度考核工作。

律师协会进行考核工作时，应当建立律师执业年度考核结果评定机制，确定律师执业年度考核结果，并接受司法行政机关的指导、监督。律师执业年度考核结果确定后，设区的市级律师协会和直辖市律师协会应当将考核结果在本地律师协会网站上予以公示。公示期不少于 7 日。律师对考核结果有异议的，可以向出具考核结果的律师协会申请复核。出具考核结果的律师协会应当自收到申请之日起 10 日内进行复核，并将复核结果书面告知申请人及其所在的律师事务所。

设区的市级律师协会和直辖市律师协会应当按照当地司法行政机关规定的时间将律师执业年度考核结果报所在地设区的市级或者直辖市区(县)司法行政机关备案，由其通过备案审查后，在律师执业证书上加盖“律师年度考核备案”专用章。

(五)组织管理申请律师执业人员的实习活动

组织管理申请律师执业人员的实习活动，对实习人员进行考核，是《中华人民共和国律师法》2007 年修订时首次规定的，这赋予了律师协会组织新申请律师执业人员进行实习的权力。

为了规范申请律师执业人员的实习活动，完善律师执业准入制度，确保为律师队伍培养、输送合格人才，《申请律师执业人员实习管理规则》①规定，申请律师执业人员应当进行为期 1 年的实习活动，律师协会负责组织和管理申请律师执业人员的实习活动。实习分为集中培训和实务训练，其中集中培训由律师协会负责组织和管理，实务训练由律师协会指导律师事务所进行。律师协会应当根据律师是中国特色社会主义法治工作队伍重要组成部分的定位，按照“政治坚定、法律精通、维护正义、恪守诚信”的培养目标和《申请律师执业人员实习管理规则》的规定，组织管

---

① 该规则经第九届中华全国律师协会常务理事会第十九次会议审议通过，于 2021 年 5 月 1 日起实施。2006 年 11 月 28 日中华全国律师协会发布的《申请律师执业人员实习管理规则》同时废止。

理申请律师执业人员的实习活动,指导律师事务所做好实习人员的教育、训练和管理工作,严格实施实习考核确保实习质量。

1. 实习登记制管理

拟申请实习的人员,应当通过同意接收其实习的律师事务所向住所地设区的市级律师协会申请实习登记,并提交申请材料。设区的市级律师协会应当自收到申请实习登记材料之日起20日内予以审核,对于符合规定条件的,准予实习登记,并向申请实习人员颁发《申请律师执业人员实习证》;对于不符合规定条件的,不准予实习登记,并书面告知申请实习人员和拟接收其实习的律师事务所不准予实习登记的理由,同时将不准予实习登记的决定报省、自治区、直辖市律师协会备案,抄送当地设区的市级或者直辖市区(县)司法行政机关。申请实习人员对不准予实习登记决定有异议的,可以自收到书面通知之日起15日内,向作出决定的律师协会或者省、自治区、直辖市律师协会申请复核。律师协会应当自收到复核申请之日起15日内进行复核,并将复核结果通知申请人。

2. 对集中培训的管理

实习人员的集中培训,由省、自治区、直辖市律师协会或者设区的市级律师协会组织进行。每期集中培训的时间不得少于1个月。

中华全国律师协会制定集中培训大纲,组织编写或者指定集中培训教材。具体组织集中培训的律师协会可以根据本地实际情况增加有关的培训内容。

各律师协会可以自行组织集中培训,也可以与当地司法行政机关的培训机构或者高等法学院校合作组织集中培训。律师协会自行组建培训机构或者与其他单位合作组建培训机构的,应当报中华全国律师协会备案。

集中培训结束时,应当对参加集中培训的实习人员进行考核。考核可以采取笔试结合面试的方式进行,考核内容根据集中培训大纲确定。实习人员经考核合格的,由组织培训的律师协会颁发《实习人员集中培训结业证书》;考核不合格的,应当参加律师协会为其再次安排的集中培训,所需时间不计入实习时间。

3. 对实务训练的指导和管理

律师协会指导律师事务所进行实务训练。实习人员的具体实务训练,由接收其实习的律师事务所负责组织实施。中华全国律师协会制定实务训练指南,律师事务所应当按照指南要求,指派符合条件的律师指导实习人员进行实务训练,并为实习人员进行实务训练提供必要的条件和保障。

4. 对实习人员进行考核的管理

律师协会设立专门委员会,具体组织实施对实习人员的考核工作。律师协会应当自收到律师事务所提交的实习考核申请材料之日起20日内,组织对实习人员进行考核。因同一时期申请考核的人员过多或者有其他特殊情况的,律师协会可以推迟考核,但推迟的时间不得超过30日。考核时,律师协会应当坚持依法、合规、公平、公正的原则,实行材料审查与素质测评相结合的方法,对实习人员的政治素质、道德品行、执业素质以及完成实习项目的情况和遵守律师行业规范、实习纪律的情况进行全面考核,据实出具考核意见。

对符合考核条件的实习人员,律师协会应当为其出具考核合格意见,并将考核合格意见填入《实习人员登记表》,10日内书面通知被考核的实习人员及接收其实习的律师事务所,同时将考核结果报省、自治区、直辖市律师协会备案,抄送当地设区的市级或者直辖市区(县)司法行政机关。对于不符合考核条件的实习人员,律师协会应当出具考核不合格的意见,将考核不合格的意见、理由及处理结果填入《实习人员登记表》,并在15日内书面通知被考核的实习人员及接收其实习的律师事务所,同时将考核结果报省、自治区、直辖市律师协会备案,抄送当地设区的市级或者直辖市区(县)司法行政机关。实习人员对考核不合格的意见及处理结果有异议向律师协会申请复核的,律师协会自收到复核申请之日起15日内进行复核,并将复核结果通知申请人。

5. 对实习的监督管理

律师协会对实习人员实习的监督管理包括两方面:一方面是对律师事务所的监督管理,另一方面是对实习人员的监督管理。

律师事务所出现《申请律师执业实习人员管理规则》第37条规定的9种情形时,[①]律师协会应当责令其改正;情节严重或者拒不改正的,停止其实习指导或者实习管理工作,并分别给予实习指导律师五年内禁止指导实习人员实习或者律师事务所二年内禁止接收实习人员实习的处分。

实习指导律师有前款规定情形的,律师事务所应当在查证属实后5日内停止其实习指导工作,为实习人员重新安排符合条件的实习指导律师,并将有关情况向律师协会报告。律师事务所怠于处理的,律师协会可以对实习指导律师和律师事务

---

① 具体包括:(1)实习指导律师不履行或者懈怠履行实习指导职责的;(2)律师事务所不履行或者懈怠履行管理职责的;(3)指使或者放任实习人员违反实习纪律或者从事其他违法违规行为的;(4)向实习人员收取费用或者对实习人员设定创收考核指标的;(5)无正当理由拒绝为实习人员出具《实习鉴定书》、考评意见或者其他有关证明材料的;(6)为实习人员出具不实、虚假的《实习鉴定书》、考评意见或者其他有关证明材料的;(7)有违反本规则第7条第1款第(8)、(9)项,出具虚假书面承诺的;(8)违反本规则第11条第1款第(6)项规定的;(9)有其他违反实习管理规定或违反社会公德,严重损害律师职业形象行为的。

所一并给予处分。

实习人员凭不实、虚假的《实习鉴定书》、考评意见或者其他有关证明材料,或者采取欺诈、贿赂等不正当手段通过律师协会考核的,由负责实习考核的律师协会撤销对该实习人员出具的考核合格意见,该实习人员已进行的实习无效,并给予了到2年内不得再次申请实习的处分;情节严重的,给予3年内不得再次申请实习的处分。处理决定应当在15日内报省、自治区、直辖市律师协会备案,并抄送当地设区的市级或者直辖市区(县)司法行政机关。上述情形发生在实习人员已获准律师执业之后的,律师协会应当同时将处理决定通报准予其执业的省、自治区、直辖市司法行政机关。

(六)对律师、律师事务所实施奖励和惩戒

1.律师协会对律师、律师事务所的奖励

律师协会对会员的奖励方式包括通报表扬、嘉奖和授予荣誉称号。

律师个人会员有以下表现时,律师协会应当给予奖励:(1)在执业中自觉贯彻执行党的路线、方针、政策,勇于探索创新,为完善社会主义法制建设和律师事业发展做出突出贡献的;(2)严格依法执业,勤勉尽责,为当事人提供优质的法律服务,为国家、当事人挽回或避免重大损失,受到好评的;(3)具有丰富的法律知识和较高的执业水平,成功办理在全国或本省有重大影响的法律事务的;(4)积极参加法律援助工作和社会活动,受到社会好评的;(5)常年坚持在律师工作中勤勤恳恳为当事人提供法律服务,忠于职守、廉洁自律、尽职尽责,取得较好社会效益的;(6)获得省级以上荣誉称号的;(7)积极参与人大、政协、立法咨询和其他社会活动,对律师社会形象提升作出突出贡献的。

律师事务所团体会员有以下表现时,律师协会应予以奖励:(1)律师事务所管理水平高,各项规章制度健全,管理规范有序,律师事务所及在该律师事务所执业的律师连续3年未受到行业惩戒和行政处罚的;(2)律师业务在某些法律专业领域形成优势,在本地区有较高知名度的;(3)积极义务为社会提供法律服务,开展法律援助工作和参加社会公益活动,受到社会好评的;(4)获得省级以上荣誉称号的。

2.律师协会对律师、律师事务所的惩戒

《律师协会会员违规行为处分规则(试行)》[①]明确规定了中华全国律师协会设立惩戒委员会,负责律师行业处分相关规则的制定及对地方律师协会处分工作的

① 《律师协会会员违规行为处分规则(试行)》于1999年12月18日第四届全国律协常务理事会第五次会议审议通过;2004年3月20日第五届全国律协常务理事会第九次会议修订;2017年1月8日第九届全国律协常务理事会第二次会议修订,2017年3月31日起试行。

指导与监督。各省、自治区、直辖市律师协会及设区的市律师协会设立惩戒委员会，负责对违规会员进行处分。律师协会惩戒权的种类包括训诫、警告、通报批评、公开谴责、中止会员权利1个月以上1年以下和取消会员资格，界定了律师协会单独给予惩戒的具体适用情形和处分种类，以及律师协会同时报同级司法行政机关给予惩戒的适用情形。

(七)受理对律师的投诉或者举报，调解律师执业活动中发生的纠纷，受理律师的申诉

各级律师协会作为律师行业自律性组织，受理当事人对律师的投诉或举报，律师认为办案机关及其工作人员阻碍其依法行使执业权利的，可以向其执业律师事务所所在地的市级司法行政机关、所属的律师协会申请维护执业权利。情况紧急的，可以向事发地的司法行政机关、律师协会申请维护执业权利。事发地的司法行政机关、律师协会应当给予协助。

司法行政机关、律师协会应当建立维护律师执业权利快速处置机制和联动机制，及时安排专人负责协调处理。律师的维权申请合法有据的，司法行政机关、律师协会应当建议有关办案机关依法处理，有关办案机关应当将处理情况及时反馈司法行政机关、律师协会。司法行政机关、律师协会持有关证明调查核实律师权益保障或者违纪有关情况的，办案机关应当予以配合、协助，提供相关材料。

2016年11月，司法部出台了《关于进一步加强律师协会建设的意见》，强调要健全完善投诉受理、调查、听证处理、复查申诉等工作程序，加强行政处罚与行业惩戒的工作衔接。健全完善律师不良执业信息记录披露和查询制度，建立健全符合律师行业特点的惩治和预防腐败体系。

思考题

1. 学理上律师的分类有哪些？如何理解各类律师之间的关系？
2. 简述律师的性质。
3. 简述中国律师管理体制的沿革。
4. 律师的司法行政管理职能包括哪些内容？
5. 律师协会的行业管理职责有哪些？

第十二章 公证管理

本章要点

本章界定了公证的内涵、基本原则及社会作用，介绍了中国公证制度的历史沿革、公证的制度模式及管理体制。从司法行政对公证的管理与指导，以及公证协会的行业管理两方面阐述了公证管理与指导体制，重点对公证员管理、公证机构管理及公证业务管理进行讲述。

第一节 公证管理概述

一、公证的法律界定

（一）公证的概念

公证是公证机构根据自然人、法人或者其他组织的申请，依照法定程序对民事法律行为、有法律意义的事实和文书的真实性、合法性予以证明的活动。

1. 公证的主体

公证的主体包括公证人和公证当事人。公证人包括公证机构和公证员，我国的公证机构是指公证处。公证当事人，是指与公证事项有法律上的利害关系并以自己的名义向公证机构提出公证申请，在公证活动中享有权利承担义务的自然人、法人和其他组织。公证人和公证当事人之间构成公证法律关系。

2. 公证的客体

公证的客体即公证的对象，包括民事法律行为、具有法律意义的文书和事实。民事法律行为是民事主体通过意思表示设立、变更、终止民事法律关系的行为。具有法律意义的文书，是指在法律上具有一定意义的文件和证书的总称。有法律意义的事实，是指与人的意志无关的，能够产生一定民事法律后果的事件的总称。

3. 公证的内容

公证的内容是指公证人证明公证客体的真实性和合法性。真实性是指证明法律行为确实发生,有法律意义的事实和文书的确存在。合法性是指证明当事人申请公证的法律行为、有法律意义的事实和文书符合法律规定,不违反国家政策和社会公序良俗。

(二)公证的特征

1. 公证是非诉讼活动

公证是国家公证机构依照法定程序进行证明的一种非诉讼活动。公证具有证明、预防、保障和沟通的功能,通过这些功能的发挥,公证工作能够有效防范民商事纠纷发生,保障交易安全,维护社会主义市场秩序,保障和促进社会的和谐与稳定。公证并不具有诉讼定分止争的性质,它重在预防,是一种非诉讼活动。

2. 公证是一种特殊的证明活动

公证是一种证明活动,其特殊性表现为:首先,公证的主体特定。公证是由国家专门设立的公证机构按照法定程序进行的一种证明活动。公证人包括公证机构和公证员,公证人以事实为依据,以法律为准绳,独立办理公证事务,不受任何个人和其他组织的干涉。其次,公证的对象和内容具有特殊性。公证的对象是没有争议的民事法律行为、有法律意义的事实和文书;公证的内容是证明公证对象的真实性和合法性。最后,公证的程序法定。公证的申请和证明必须依照法律规定的程序进行,违反法定程序的公证不具有法律效力。

3. 公证证明具有特殊的法律效力

公证证明即公证书,与其他证明文书相比,具有特殊性,具体表现为:(1)证据效力。经公证的民事法律行为、有法律意义的事实和文书,应当作为认定事实的根据。(2)强制执行效力。对经公证的以给付为内容并载明债务人愿意接受强制执行承诺的债权文书,债务人不履行或者履行不适当的,债权人可以依法向有管辖权的人民法院申请执行。(3)法律行为成立要件。法律、行政法规规定必须要经过公证的事项,只有经过公证,法律行为方能成立。(4)域外效力。目前,世界各国普遍承认公证制度,并认可公证书的法律效力,所以公证书具有域外效力。

(三)公证的社会作用

1. 公证服务有利于经济社会的发展

公证行为,可以依法规范民商事务活动,维护社会主义市场经济秩序,促进中国与世界其他国家和地区的经济和文化交流。

2. 公证服务在保障改善民生中发挥重要的职能作用

公证业务多涉及公民人身关系、财产关系、家庭关系,这些公证服务为公民处置财产、确认权利、维护权益提供了帮助。加之,公证服务较之诉讼而言程序更为简单便捷、省时省力,且具有相应的法律效力,在保障当事人合法权益,保障改善民生中发挥着不可替代的作用。

3. 公证服务有利于促进司法公正和维护社会稳定

公证作为一种具有预防作用的法律制度,能够预防化解矛盾纠纷。公证机构出具的合法、有效的公证证明有以下三方面作用:(1)可以从源头上预防矛盾纠纷的产生;(2)经公证的事项在履行过程中发生争议的,经当事人申请公证人员可以进行调解,并就调解后当事人达成的新的协议提供新的公证服务,及时有效化解矛盾纠纷,促进社会和谐稳定;(3)当事人依法办理各类公证事项,还可以为司法审判活动提供有效证据,特别是公证机构服务范围的扩大,更加适应以审判为中心的诉讼制度改革和司法责任制改革要求,为法院送达、取证、保全、执行等环节提供公证服务,有利于促进审判和执行等活动依法高效进行,减少司法成本,提高司法效率。

二、中国公证制度的历史沿革

公证制度是国家司法制度的重要组成部分,是国家为规范公证活动,保障公证机构和公证员依法履行职责,预防纠纷,保障自然人、法人或其他组织的合法权益,保障民商事交易安全、维护市场经济秩序、创新社会治理等方面而设立的一项预防性司法证明制度。中国公证制度是由有关公证的法律、法规所规定的,当事人和公证人进行公证活动所必须遵守的法律制度的总称。

(一)古代的公证制度

中国的公证是由私证演变过来的。在中国历史上,很早就有请人作证的习俗。例如,西周时期的"质人、质剂、质工商"。在土地房产买卖、借贷、分家和继承等事务中,当事人经常"立字为据",请乡里乡亲或乡里有名望之人出面作见证,在契约上签字画押,证明该事实的存在。这种见证人也被称为"中人"和"保人",他们只能对事实进行见证,而不能证明其合法性。汉代"居延简"中已有地方官证明商业契约的记载,这被视为中国公证的萌芽①,但并不是现代意义上的公证制度。

(二)民国时期的公证制度

辛亥革命之后,现代意义上的公证制度传入中国,1912 年北洋政府颁布的《登

---

① 参见詹爱萍:《中国公证起源之辩》,载《中国公证》2006 年 10 月。转引自安华主编:《公证操作实务全书》,中国物资出版社 1999 年版,第 4 页。

记条例》第一次在法律中使用"公证"一词。1935年,南京国民政府以司法院名义公布了中国历史上第一部公证法规——《公证暂行规则》。1943年,国民党政府颁布《公证法》,同年又颁布了《公证法实施细则》。1944年6月底,全国各地公证处大多如期成立。1944年6月后新成立之地院,于成立时同时成立公证处。公证处设在法院,公证人由法官兼任。公证处设佐理员,辅助公证人进行公证事务。到1947年7月,在国民政府统治区域共有公证处531个。①

(三)中华人民共和国的公证制度

1. 公证制度的萌芽阶段(1956年至1959年)

中华人民共和国的公证制度是在借鉴苏联公证制度的基础上建立起来的。1951年9月3日,中央人民政府委员会颁布了《中华人民共和国人民法院暂行组织条例》,规定公证工作由市人民法院和县级人民法院办理,这是中华人民共和国涉及公证的第一个法律文件②,1956年,司法部参照苏联模式并结合中国实际,向国务院报送《关于开展公证工作的请示报告》,经国务院批准在地方设立由司法行政机关主管的公证处,具体表现为:在直辖市和30万以上人口的城市设立公证处,不满30万人口的市和侨眷较多的县,可在人民法院设公证室。

2. 公证制度的停滞阶段(1959年至1979年)

1959年,司法部被撤销以后,公证处全部改设在人民法院内,这一时期的公证处除了受理少量的涉外公证外,其他公证业务基本处于停滞状态。

3. 公证制度的恢复重建阶段(1979年至2005年)

1979年,中国开始重建司法部,公证制度也随之恢复。司法部于1980年2月发出《关于逐步恢复国内公证业务的通知》,同年3月发出《关于公证处的设置和管理体制问题的通知》,规定"在直辖市、省辖市、县设公证处;暂不设公证处的市、县,由所在地的基层人民法院设公证员(或由审判员兼)办理公证业务"。1982年4月13日,国务院颁布了第一部公证法规——《中华人民共和国公证暂行条例》。1990年,司法部颁布《公证程序规则(试行)》,2002年正式颁布《公证程序规则》。由此,中国公证事业进入蓬勃发展时期,并逐步走向规范化和制度化。

2005年8月28日第十届全国人民代表大会常务委员会第十七次会议通过了

---

① 参见蔡煜:《谢冠生与民国时期公证制度建设》,载《中国公证》2016年第1期。

② 参见米婷:《中西比较:公证制度的起源与发展》,载《现代交际》2019年第10期。

《中华人民共和国公证法》,[①]这是中华人民共和国第一部公证法,是三十多年来中国公证事业改革发展的重要法制成果,它确立了中国特色社会主义公证制度的基本框架,为优化公证资源配置、加强公证队伍建设、提升公证管理水平、强化公证执业监督提供了法律依据,为公证事业的发展奠定了坚实的法制基础。

4. 公证制度的快速发展阶段(2006 年至 2012 年 11 月)

司法部为规范公证活动,制定颁布了一系列管理办法。司法部为配合 2006 年 3 月 1 日起正式施行的《中华人民共和国公证法》,于同年 2 月制定《公证机构执业管理办法》,[②]以加强对公证机构的审批管理和执业监督,规范公证机构的执业行为;同年 3 月制定《公证员执业管理办法》,[③]以加强对公证员的任职管理和执业监督,规范公证员的执业行为;同年 5 月制定了新《公证程序规则》,对公证程序进一步细化。

2007 年,为了规范对公证机构的年度考核工作,加强对公证机构的监督、指导,司法部制定《公证机构年度考核办法(试行)》(2007 年 12 月 1 日起施行)。2010 年 1 月,为规范公证员考核任职工作,充分发挥公证员考核任职制度的作用,司法部制定《公证员考核任职工作实施办法》(2010 年 3 月 1 日起施行)。

2007 年 10 月,中国公证协会以国际公证联盟成员身份参加了在西班牙马德里召开的联盟会议,会议选举产生了新一届联盟领导人,在此次选举产生的联盟总理事会 149 名总理事中,中国占有 3 个席位,其中 1 位还被选为国际公证联盟副主席。这意味着中国公证事业的发展成就得到了国际社会的进一步重视和认可,标志着中国将会在更大范围内参与国际法律交流与合作。

5. 公证制度全面稳步发展阶段(2012 年 11 月至今)

中国共产党的十八大以来,党和国家高度重视公证制度发展,特别是党的十八届四中全会提出全面推进依法治国,完善以宪法为核心的中国特色社会主义法律体系,对发展公证法律服务业作出了重要部署,为公证事业发展指明了方向。2014

---

① 《中华人民共和国公证法》于 2005 年 8 月 28 日由第十届全国人民代表大会常务委员会第十七次会议通过,根据 2015 年 4 月 24 日第十二届全国人民代表大会常务委员会第十四次会议《关于修改〈中华人民共和国义务教育法〉等五部法律的决定》第一次修正,根据 2017 年 9 月 1 日第十二届全国人民代表大会常务委员会第二十九次会议《关于修改〈中华人民共和国法官法〉等八部法律的决定》第二次修正。

② 《公证机构执业管理办法》(司法部令第 101 号)于 2006 年 2 月 21 日司法部部务会议审议通过,自 2006 年 3 月 1 日起施行。

③ 《公证员执业管理办法》(司法部令第 102 号)于 2006 年 3 月 8 日司法部部务会议审议通过,自 2006 年 3 月 14 日起施行。司法部 1995 年 6 月 2 日发布的《中华人民共和国公证员注册管理办法》(司法部令第 39 号)同时废止。

年 8 月，司法部印发《关于进一步加强公证工作的意见》，要求各地司法行政机关充分认识公证工作的重要性，提出了加强公证工作的总体要求、指导思想及基本原则。从依法履行公证工作职责、规范公证执业行为、加强公证工作管理和公证队伍建设、加强公证工作领导并认真做好组织实施工作等方面进行了全面部署。

随着国家创新产业不断深化发展，公证服务知识产权工作日渐深入，涉及知识产权公证业务量也逐步增大。2014 年公证工作被明确纳入国家知识产权战略，写入《国家知识产权战略实施推进计划（2014 年）》和《深入实施国家知识产权战略行动计划（2014—2020 年）》。

2016 年 9 月，司法部印发《关于进一步加强公证便民利民工作的意见》，要求各地深入开展民生领域公证服务，精简公证办理手续，推进公证信息化服务，依法规范公证收费，提高公证服务质量，完善便民服务设施，为促进经济社会发展、维护人民群众合法权益提供优质高效的公证法律服务。

2017 年司法部、中央机构编制委员会办公室、财政部、人力资源和社会保障部发布《关于推进公证体制改革机制创新工作的意见》（司发〔2017〕8 号），针对公证收入分配、规范建设等事项进行改革，标着公证体制改革机制创新的全面推开。2020 年中共司法部党组《关于加强公证行业党的领导　优化公证法律服务的意见》（司党〔2020〕1 号），为进一步完善公证机构收入分配管理机制，充分发挥绩效工资制度正向激励作用，深化公证体制改革机制创新，确保公证行业发展的正确方向，增强公证机构的运行活力，更好地发挥公证工作职能作用提出了指导性意见。

总之，中国共产党的十八大以来，各级司法行政机关和各地公证协会组织认真贯彻落实党中央关于公证工作的决策部署，深入贯彻实施《中华人民共和国公证法》，努力开拓公证法律服务领域，大力加强公证工作法治化、规范化和信息化建设，不断提高公证工作管理水平，积极依法推进各项公证改革发展任务，公证职能作用日益显著，公信力不断增强，法治保障更加完备，公证党建工作科学化水平逐步提高，中国公证事业进入了稳步发展的新时期。

三、公证制度模式及其管理体制

（一）公证制度模式

纵观世界公证制度的历史，公证人事务所所有制体制存在三种模式：一为国家行政体制模式，其主要代表为苏联、东欧等社会主义国家，2017 年以前，中国也采用此模式；二为个人体制模式，当前西方大陆法系国家和英美法系国家均为此体制，代表了当今世界公证制度的主流；三为事业体制模式，这是中国 2017 年公证体制改革后采取的模式。①

1. 国家行政体制模式

国家行政体制模式是指公证处由国家设立，为国家行政机关的组成部分，执行“国家公证”职能，实施“国家证明力”。公证处的运行由国家财政保障，公证员为国家公务员，执业范围及公证事项由国家规定，实行统一的收费标准。

2. 个人体制模式

公证人事务所为个人所有，由有资格的公证人个人向政府申请，政府根据有关法令、公证人职位空缺、区域控制额度以及公证事业发展的需要决定是否接受申请，允许开业。公证人事务所申请开业的整个过程完全是个人主导，没有政府意志介入，政府只是根据需要决定是否批准。公证人事务所实行自负盈亏，国家不对公证人事务所实行任何形式的补贴或财政支持，公证人无法保障公证处正常运行时，可申请关闭。

公证本为国家公证，由于国家权力的让渡才成为由法律特别授权的特许经营，代替政府行使预防纠纷职能，所以要实施政府管理。政府管理的主要手段之一就是任命公证人。国家对公证人实行严格的考试准入制度。公证人由于执业错误或其他过失给当事人造成经济损失的，由公证人负责赔偿，政府不负任何赔偿责任。

此模式下，国家对公证人的管理实行“两结合”的管理体系，由政府和公证人协会按照不同的分工分别实施有关管理工作。公证人的资格取得、公证事务所的设立及有关收费标准等均由政府确定，日常公证业务则由公证协会实施行业管理，是一种政府行政管理与协会行业管理相结合的管理制度。

政府对公证的行政管理，从社会管理角度来看，政府要通过公证这种法律形式，对社会经济的发展、公司企业的设立、房地产交易等重大经济行为，婚姻家庭遗嘱等重大家事行为进行间接管理，以预防纠纷和保持社会稳定。从公证事业管理的角度来看，国家需要以必须公证事项及严格的国家收费标准，科学确定公证人数量和收入，这是国家保证公证事业公益性质和非营利性质的经济基础，是国家保证公证事业健康发展的基石，也从根本上保证了政府间接管理社会职能的实现。国外一般对公证业的行政管理要大大强于对律师业的管理，律师一般被称为“自由职业者”，而公证人一般被称为“公职人员”，这是由公证人及公证制度的性质决定的，也是这两种法律职业及这两种法律制度的根本差别。而个人体制的公证模式又是

① 参见司法部、中央机构编制委员会办公室、财政部、人力资源和社会保障部《关于推进公证体制改革机制创新工作的意见》(司发〔2017〕8号)。

与市场经济体制相适应的,国家调配下的公证人相对可观的收入可以充分调动公证人工作的积极性,而严格的行业管理、职业道德约束和对公证业务的个人担责,又大大增强了公证人的责任感。这种政府行政管理与协会行业管理相结合的双重管理模式在资本主义国家比较普遍。从根本上看,个人体制的公证模式是与市场经济体制相适应的。

3. 事业体制模式

事业体制公证处的主要特征为:(1)公证处是依法设立的、独立承担民事责任的社团法人。事业体制的公证处虽由国家投资设立,但国家不负行政法律责任,公证人个人对公证事项也不负法律责任,而是由公证机构负民事法律责任的一种“机构负责制”。所以,事业体制的公证制度应归属于社团法人制度。(2)公证机构自负盈亏。现有的事业体制的公证处大多是由原来国家行政体制的公证处转制而来,转制以后不用国家再投资,而是以自己向社会提供的服务报酬来维持公证处的生存和发展。(3)公证人由政府任命。(4)公证赔偿由机构负责。公证处在执业过程中由于错证、误证给当事人造成经济损失的,由公证处负责赔偿。但对有重大过错或故意犯错的公证员,公证处赔偿后可以要求有过错的公证员个人进行赔偿。(5)实行“两结合”的管理体制。也就是说,由政府和公证协会按照不同的分工分别实施有关管理工作。

1993 年以后,司法部根据中国共产党十四届三中全会关于建立社会主义市场经济体制决议的要求,着手启动公证体制改革。[①] 2000 年 7 月国务院批准司法部《关于深化公证工作改革的方案》,[②]进一步明确了公证改革的目标和任务。该方案指出要加快公证体制改革步伐,将现有行政体制的公证处尽快改为事业体制。改制的公证处应成为执行国家公证职能、自主开展业务、独立承担责任、按市场规律和自律机制运行的公益性、非营利的事业法人。按照中央关于公证机构改革的部署,2017 年年底行政体制公证处全部改制为事业体制,[③]同时进一步扩大合作制公证机构试点。[④]

---

① 司法部从 1993 年开始进行公证工作改革,不再审批设立行政体制的公证机构。

② 2000 年 7 月 31 日,国务院办公厅以《关于深化公证工作改革有关问题的复函》(国办函〔2000〕53 号)批准司法部下发实施。

③ 司法部、中央机构编制委员会办公室、财政部、人力资源和社会保障部《关于推进公证体制改革机制创新工作的意见》中提出,现有行政体制公证机构 2017 年年底前全部改为事业体制。

④ 合作制公证处是由公证员(合作人)自愿组合、共同参与,财产由合作人共有,以其全部资产对债务承担有限责任的公证机构。2017 年下半年以来,司法部部署扩大合作制公证处试点工作,全国合作制公证处从 20 家发展至目前的 84 家。

(二)中国公证管理体制

中国公证管理体制为司法行政机关行政管理和公证协会行业管理相结合的公证管理体制。司法部《关于深化公证工作改革的方案》是公证工作改革的纲领性文件,该方案指出完善司法行政机关宏观管理和公证员协会行业管理相结合的公证管理体制,不断提高管理水平,努力实现公证管理的科学化、规范化。这主要指司法行政机关进行的是宏观管理,管理的对象应为公证协会,不应该直接管理公证处、公证或公证业务。公证员协会应该实施宏观监控,主要管理监控对象为公证处、公证员或公证业务事务规范。

2005年,随着《中华人民共和国公证法》的颁布与实施,中国逐渐开始推行具有中国特色的"两结合"管理体制,即司法行政机关的行政管理与公证协会行业自律管理相结合的管理制度。在"两结合"管理体制中,司法行政机关的行政管理主要侧重于组织建设、队伍建设、政策指导、职业监督处罚等宏观管理;公证协会主要负责具体事务管理,包括制定行业规范、推动公证业务研究以及对公证员的违纪行为进行调查并给予相应纪律处分、维护公证员的合法权益等。

2017年2月,中国公证协会第八次代表大会,强调各级司法行政机关要把公证工作摆在重要位置,支持公证协会依法、依章程履行公证行业管理职责,健全完善司法行政机关与公证协会"两结合"的管理体制,不断提高公证管理工作水平。

第二节 公证的行政管理

中国公证的行政管理由司法行政机关主管,司法行政机关的管理不仅包括公证机构的设立,执业行为的监管和年检注册,公证员资格考试、考核和授予,公证业务管理,还负责涉台继承、涉台收养及特别证类的业务审批,涉外收养的指定管辖、涉外公证的核查等。本节将从公证机构、公证人员和公证业务管理三个方面进行介绍。

一、对公证机构的管理

(一)制定公证机构管理的部门规章

1.《公证机构执业管理办法》

为了加强对公证机构的审批管理和执业监督,规范公证机构的执业行为,司法部制定《公证机构执业管理办法》,①规定了公证机构的设立条件和审批程序,规范了公证机构名称和对执业证书的管理,规定了司法行政机关应当依法对公证机构的组织建设、队伍建设、执业活动、质量控制、内部管理等情况进行监督。

2.《公证机构年度考核办法(试行)》

为了规范对公证机构的年度考核工作,加强对公证机构的监督、指导,司法部制定《公证机构年度考核办法(试行)》,②规定了公证机构年度考核的内容,重点考核公证机构的执业情况、公证质量自我监督、控制情况、遵守职业道德和执业纪律情况;规范了考核程序及考核结果的使用。

(二)对公证机构设立的管理

1.公证机构

省、自治区、直辖市司法行政机关审核批准设立公证机构。省、自治区、直辖市司法行政机关应当按照公证机构设立原则综合考虑当地经济社会发展程度、人口数量、交通状况和对公证业务的实际需求等情况,拟定本行政区域公证机构设置方案,并可以根据当地情况和公证需求的变化对设置方案进行调整。

根据《中华人民共和国公证法》《公证机构执业管理办法》《关于调整公证机构执业区域的通知》③的规定,公证机构的设置需要遵循:

(1)公证机构设置的统筹规划合理布局原则;

(2)公证机构可以在县、不设区的市、设区的市、直辖市或者市辖区设立;

(3)在设区的市、直辖市可以设立1个或者若干个公证机构;

(4)公证机构不按行政区划层层设立。对于设区的市、直辖市来说,同一城市公证机构只能是同一层级,不再出现两个层级的公证机构。如果在设区的市、直辖市设立公证机构,则区一级不再设立;如果区一级设立了公证机构,则市一级不再设立。

通过上述规定可以看出,公证机构在同一层级设立,各公证处主体地位平等。其意旨在于实现各公证处在法律上和事实上的平等公平竞争,有利于提高公证效率和服务质量,进而提高公证的公信力。

2.对公证机构设立和变更的管理

中国公证机构的设立采取的是许可设立主义。也就是说,在中国设立公证机

① 该办法于2006年2月23日公布,自2006年3月1日起施行。

② 该办法于2007年12月1日起施行。

③ 2021年7月29日《司法部办公厅关于调整公证机构执业区域的通知》(司办通〔2021〕69号),决定进一步调整公证机构执业区域。

构,除应当符合公证法规定的条件外,还需经省、自治区、直辖市司法行政机关批准。设立公证机构的审批权属于省、自治区、直辖市司法行政机关,其他任何机关无权批准公证机构的设立。设立公证机构,由所在地的司法行政机关报省、自治区、直辖市司法行政机关按照规定程序批准后,颁发公证机构执业证书。公证机构的开办资金数额,由省、自治区、直辖市司法行政机关确定。所在地的司法行政机关具体是指县司法局、不设区的市司法局、市辖区司法局等。在直辖市设立公证机构的,由直辖市司法行政机关自行依规定程序批准设立。

设立公证机构,应当具备以下四个条件:(1)公证机构应当有自己的名称。公证机构统称公证处。根据公证机构设置的不同情况,分别采用下列方式冠名:①在县、不设区的市设立公证机构的,冠名方式为"省(自治区、直辖市)名称+本县、市名称+公证处"。②在设区的市或其市辖区设立公证机构的,冠名方式为"省(自治区)名称+本市名称+字号+公证处"。③在直辖市或其市辖区设立公证机构的,冠名方式为"直辖市名称+字号+公证处"。(2)公证机构应当有固定的场所。(3)公证机构应当有2名以上公证员。(4)公证机构应当有开展公证业务所必需的资金。根据《公证机构执业管理办法》第13条的规定,公证机构的开办资金数额,由省、自治区、直辖市司法行政机关确定。2000年9月4日,司法部《关于贯彻〈深化公证工作改革的方案〉的若干意见》(司发通〔2000〕121号)规定,各公证处应按《深化公证工作改革的方案》要求尽快建立法人财产制度。公证处的法人资产应在30万元以上。根据该规定,公证机构在设立时,其开展业务所必需的资金不得少于30万元。

申请设立公证机构应当提交下列材料:(1)设立公证机构的申请和组建报告;(2)拟采用的公证机构名称;(3)拟任公证员名单、简历、居民身份证复印件和符合担任公证员条件的证明材料;(4)拟推选的公证机构负责人的情况说明;(5)开办资金证明;(6)办公场所证明;(7)其他需要提交的材料。设立公证机构需要配备新的公证员的,应当依照《中华人民共和国公证法》和司法部规定的条件和程序报请审核、任命。

省、自治区、直辖市司法行政机关应当自收到申请材料之日起30日内完成审核,并作出批准设立或者不予批准设立的决定。对准予设立的颁发公证机构执业证书,批准设立公证机构的决定应当报司法部备案;对不准予设立的应当在决定中告知不予批准的理由。

公证机构变更名称、办公场所根据当地公证机构设置调整方案予以分立、合并或者变更执业区域的,应当由所在地司法行政机关审核后逐级报省、自治区、直辖市司法行政机关办理变更核准手续。核准变更的,应当报司法部备案。省、自治区、直辖市司法行政机关对经批准设立的公证机构,以及公证机构重要的变更事项应当在作出批准决定后20日内在省级报纸、杂志上予以公告。司法部定期编制全国公证机构名录。

(三)对公证机构负责人的管理

公证机构负责人是由公证机构的组成人员(包括公证员在内的所有在编人员)按照《中华人民共和国公证法》等法律、法规规定的条件和程序以及司法部的有关规定,通过内部投票等方式从本公证机构内部推选出的。公证机构的负责人应当在有3年以上执业经历的公证员中推选产生,推选出负责人之后报请公证机构所在地的司法行政机关核准,核准后应当将核准的情况报所属的省、自治区、直辖市司法行政机关备案以备查考。公证机构变更负责人的,经所在地司法行政机关核准后逐级报省、自治区、直辖市司法行政机关备案。

(四)对公证机构执业证书的管理

公证机构执业证书是公证机构获准设立和执业的凭证。公证机构执业证书应当载明下列内容:公证机构名称、负责人、办公场所、执业区域、证书编号、颁证日期、审批机关等。公证机构执业证书分为正本和副本。正本用于办公场所悬挂,副本用于接受查验。正本和副本具有同等法律效力。

公证机构执业证书由司法部统一制作,证书编号办法由司法部制定。公证机构执业证书不得涂改、出借、抵押或者转让。公证机构执业证书损毁或者遗失的,由该公证机构报所在地司法行政机关,由所在地司法行政机关逐级向省、自治区、直辖市司法行政机关申请换发或者补发。公证机构变更名称、办公场所、负责人、执业区域或者分立、合并的,应当在报请核准的同时申请换发公证机构执业证书。公证机构受到停业整顿处罚的,停业整顿期间应当将该公证机构执业证书缴存所在地司法行政机关。

(五)对公证机构执业的监督管理

司法行政机关对公证机构进行监督,包括组织建设、队伍建设、执业活动、质量控制和内部管理等方面。根据《公证机构执业管理办法》,中国将司法行政机关对公证行业实施的监督管理分为两级。一级为省、自治区、直辖市司法行政机关,另一级为设区的市和公证机构所在地司法行政机关。两级司法行政机关各有不同的监督管理的范围。

1.省级司法行政机关监督管理的范围

省、自治区、直辖市司法行政机关对公证机构实施监督管理的事项包括:(1)公证机构保持法定设立条件的情况；(2)公证机构执行应当报批或者备案事项的情况；(3)公证机构和公证员的执业情况；(4)公证质量的监控情况；(5)法律、法规和司法部规定的其他监督检查事项。

2. 设区的市和公证机构所在地司法行政机关实施监督管理的范围

设区的市和公证机构所在地司法行政机关对公证机构实施监督管理的事项包括：(1)组织建设情况；(2)执业活动情况；(3)公证质量情况；(4)公证员执业年度考核情况；(5)档案管理情况；(6)财务制度执行情况；(7)内部管理制度建设情况；(8)司法部和省、自治区、直辖市司法行政机关要求进行监督检查的其他事项。

司法行政机关实施监督检查，可以对公证机构进行实地检查，要求公证机构和公证员说明有关情况，调阅公证机构相关材料和公证档案，向相关单位和人员调查、核实有关情况。公证机构和公证员应当接受司法行政机关依法实施的监督检查，如实说明有关情况、提供相关资料，不得谎报、隐匿、伪造、销毁相关证据材料。

（六）对公证机构年度考核的管理

年度考核由公证机构所在地司法行政机关（考核机关）组织实施。省、自治区、直辖市司法行政机关对本行政区域内公证机构的年度考核工作进行监督、指导。考核标准及等级由司法部制定。年度考核结果应当书面告知公证机构并报上一级司法行政机关备案。

公证机构应当于每年2月1日前向其所在地司法行政机关提交年度工作报告。公证机构所在地司法行政机关对公证机构的年度工作报告进行审查，并结合考核年度日常监督、检查的情况对该公证机构考核年度的工作情况作出综合评价。省、自治区、直辖市司法行政机关根据法律规定，结合本行政区域内公证工作实际情况确定各项考核内容所占分值及权重。公证机构所在地司法行政机关实施年度考核可以对公证机构进行实地检查，要求公证机构、公证员及其他工作人员说明情况，可以调阅相关材料和公证案卷，向有关单位和人员调查、核实情况。

考核结果包括以下内容：对公证机构年度工作情况的综合评价、主要成绩、存在的问题、整改要求或者建议以及据此确定的考核等次。公证机构年度考核等次分为优秀、合格、基本合格、不合格。具体评定方法和标准由省、自治区、直辖市司法行政机关制定。公证机构在考核年度受到停业整顿处罚的，或者未能保持法定设立条件经整改仍未达标的，该年度考核等次应当被评定为不合格。公证机构所属公证员在考核年度受到吊销公证员执业证书处罚的，该公证机构的年度考核不得被评定为合格以上等次。

司法行政机关在公布对公证机构的考核结果之前，应当将初步形成的考核结果向本行政区域内的公证机构公示并抄送地方公证协会。公证机构对司法行政机关初步形成的考核结果有异议的，可以向司法行政机关申请复核，司法行政机关应当在10日内完成复核并将复核结果书面答复申请人。

司法行政机关应当于每年3月31日前向公证机构书面公布考核结果。将考核等次填入公证机构执业证书副本，并将考核结果报上一级司法行政机关备案。设区的市(自治州、地区、盟)司法行政机关应当将本行政区域内开展公证机构年度考核的情况以及针对存在问题提出的改进意见和建议形成书面报告，于每年4月15日前上报省、自治区、直辖市司法行政机关。省、自治区、直辖市司法行政机关应当于每年4月30日前将公证机构年度考核结果在本行政区域内的司法行政机关和公证业内进行通报，并将通报和年度考核工作总结报告上报司法部，同时抄送中国公证协会。

(七)档案管理

司法行政机关应当建立有关公证机构设立、变更、备案事项、年度考核、违法违纪行为处罚、奖励等方面情况的执业档案。

二、对公证员的管理

(一)制定公证员执业管理的部门规章

1.《公证员执业管理办法》

为了加强对公证员的任职管理和执业监督，规范公证员的执业行为，根据《公证法》和有关法律、法规的规定，司法部制定了《公证员执业管理办法》，[①]明确司法行政机关和公证协会对公证员执业进行监督管理，并就公证员任职条件、任职程序及公证员证书管理作出了规定。

2.《公证员考核任职工作实施办法》

公证员考核任职是指司法行政机关对于符合《中华人民共和国公证法》第18条规定条件的专业人员，按规定程序经考核合格，可以任命为公证员，在公证机构专职从事公证业务。考核任职制度，是公证员基本准入制度的补充，目的是加强公证员队伍建设和解决欠发达地区公证员人员短缺问题。为规范公证员考核任职工作，充分发挥公证员考核任职制度的作用，根据《中华人民共和国公证法》《公证员执业管理办法》的有关规定，司法部制定《公证员考核任职工作实施办法》(司发通〔2010〕6号)，[②]主要规定了公证员的任命范围及任命程序。

---

① 2006年3月14日司法部令第102号公布，自公布之日起施行。

② 自2010年3月1日起施行。

（二）对公证员准入的管理

公证员的任职包括一般情形和特殊情形。一般情形是指申请人员需要通过国家统一法律职业资格考试取得法律职业资格，并在公证机构实习；特殊情形是指对于在法学方面有很深造诣的人员，经过法定考核程序，取得公证员任职资格，该情形没有对实习和通过国家统一法律职业资格考试取得法律职业资格的强制要求。

1. 制定公证员的准入条件

公证员是符合《中华人民共和国公证法》规定的条件，经法定任职程序，取得公证员执业证书，在公证机构从事公证业务的执业人员。根据《中华人民共和国公证法》和《公证员执业管理办法》的规定，担任公证员，应当具备下列条件：(1)具有中华人民共和国国籍；(2)年龄25周岁以上65周岁以下；(3)公道正派，遵纪守法，品行良好；(4)通过国家统一法律职业资格考试取得法律职业资格；①(5)在公证机构实习2年以上或者具有3年以上其他法律职业经历并在公证机构实习1年以上，经考核合格。

为吸收有较高法学造诣和丰富法律工作经历的高层次人员进入公证队伍，提高公证员队伍素质，《中华人民共和国公证法》还规定了特许程序，允许高层次法律人才经过考核担任公证员。高层次法律人才包括从事法学教学、研究工作，具有高级职称的人员，如大学教授、研究机构的研究员、公务员及律师。其中，公务员和律师申请做公证员的，必须符合三个条件，即具有本科以上学历，从事审判、检察、法制工作、法律服务满10年，已经离开原工作岗位。凡是符合规定的特许条件的人员，必须要经过考核合格后，才可以担任公证员。

具有以下情形之一，不得担任公证员：第一，无民事行为能力人或者限制民事行为能力人；第二，因故意犯罪或者职务过失犯罪受过刑事处罚的人员；第三，被开除公职的人员；第四，被吊销执业证书的人员。

2. 公证员资格的审批和授予

(1)一般任职资格的审批与授予

符合《公证员执业管理办法》第7条规定条件的人员，由本人提出申请，经需要选配公证员的公证机构推荐，由所在地司法行政机关出具审查意见，逐级报请省、自治区、直辖市司法行政机关审核。省、自治区、直辖市司法行政机关应当自收到报

① 2015年12月，中共中央办公厅、国务院办公厅印发了《关于完善国家统一法律职业资格制度的意见》，强调建立健全国家统一法律职业资格考试制度，将现行司法考试制度调整为国家统一法律职业资格考试制度，2017年9月举办的司法考试为最后一次，从2018年开始进行国家统一法律职业资格考试。

审材料之日起20日内完成审核。对符合规定条件和公证员配备方案的，作出同意申请人担任公证员的审核意见，填制公证员任职报审表，报请司法部任命；对不符合规定条件或者公证员配备方案的，作出不同意申请人担任公证员的决定，并书面通知申请人和所在地司法行政机关。

司法部应当自收到省、自治区、直辖市司法行政机关报请任命公证员的材料之日起20日内，制作并下达公证员任命决定。司法部认为报请任命材料有疑义或者收到相关投诉、举报的，可以要求报请任命机关重新审核。省、自治区、直辖市司法行政机关应当自收到司法部下达的公证员任命决定之日起10日内，向申请人颁发公证员执业证书，并书面通知其所在地司法行政机关。

省、自治区、直辖市司法行政机关对报请司法部予以任命的公证员，应当在收到任命决定后20日内，在省级报纸、杂志上予以公告。司法部对决定予以任命的公证员，应当定期在全国性报纸、杂志上予以公告，并定期编制全国公证员名录。

司法部公共法律服务管理局发布《关于加强公证员执业准入有关工作的通知》（司公通〔2019〕17号），规范公证员执业准入有关工作，清理涉及公证员任职许可的不合理限制，优化流程、提高公证员任职许可工作质量和效率，自2020年1月1日启用新修改的公证员任命免职工作表。公证机构、所在地的省级司法行政机关应当严格审查，签署审核意见，严明责任，大力发展公证员队伍。

（2）考核任职的审批与授予

省、自治区、直辖市司法行政机关在每年度考核任职工作启动前，应当根据司法部对考核任职工作的部署和要求，按照本省、自治区、直辖市公证员配备方案及发展公证员队伍的实际需求，确定本年度拟按考核任职程序配备公证员的名额及其分配方案。省、自治区、直辖市司法行政机关制定的年度公证员考核任职工作的方案，应当报司法部备案。

公证员考核任职工作，采用按年度集中考核任命的方式办理。省、自治区、直辖市司法行政机关应当于每年9月统一受理考核任职申请，在规定的时间内完成审核，报请司法部审查、任命。省、自治区、直辖市司法行政机关应当在集中受理考核任职申请3个月前，将开展考核任职工作方案通知本地区司法行政机关和公证机构，必要时向社会公布相关信息。拟申请考核任职的人员，应当向需要选配公证员的公证机构提出申请，经公证机构审查，对于符合规定条件且为本机构所需要的人选，由其向所在地司法行政机关提交推荐书。经公证机构推荐参加考核任职的人员，应当按照规定的时间，由省、自治区、直辖市司法行政机关统一安排，参加中国公证协会组织的任职培训。

公证机构所在地司法行政机关收到申请材料后，应当依照规定对申请人及提交的材料进行审查，出具初审意见，按照当年考核任职工作方案规定的时间，将申请材料连同审查意见，逐级报送省、自治区、直辖市司法行政机关审核。省、自治区、直辖市司法行政机关应当按照规定的时间，集中受理考核任职申请材料，并于20日内完成审核。对符合规定条件和本年度公证员配备方案的，作出同意申请人担任公证员的审核意见，填制《公证员考核任职报审表》，报请司法部任命；对不符合规定条件或者本年度公证员配备方案的，作出不同意申请人担任公证员的决定，并书面通知申请人及其拟任职的公证机构所在地司法行政机关。

司法部自收到省、自治区、直辖市司法行政机关报请任命公证员的材料之日起20日内完成审查，对符合规定条件和公证员配备方案的，制作并下达公证员任命决定。司法部认为报请任命材料有疑义或者收到相关投诉、举报的，可以要求报请任命机关重新审核。省、自治区、直辖市司法行政机关应当自收到司法部公证员任命决定之日起10日内，向申请人颁发公证员执业证书，并书面通知其任职的公证机构所在地司法行政机关。

(三)对公证员变更执业机构的管理

公证员变更执业机构，应当经所在公证机构同意和拟任用该公证员的公证机构推荐，报所在地司法行政机关同意后，报省、自治区、直辖市司法行政机关办理变更核准手续。公证员跨省、自治区、直辖市变更执业机构的，经所在的省、自治区、直辖市司法行政机关核准后，由拟任用该公证员的公证机构所在的省、自治区、直辖市司法行政机关办理变更核准手续。

省、自治区、直辖市司法行政机关对报请司法部核准变更执业机构的公证员，应当在收到准予变更决定后20日内，在省级报纸、杂志上予以公告。

(四)对公证员职务免除的管理

《中华人民共和国公证法》第24条、《公证员执业管理办法》第16条第1款规定了公证员职务免除的条件和程序。当公证员丧失中华人民共和国国籍，或者年满65周岁，或者因健康原因不能继续履行职务，或者自愿辞去公证员职务，或者被吊销公证员执业证书的，应该依照法定程序予以免职。

公证员职务的免除有着严格的程序要求：(1)由所在地的司法行政机关报省一级司法行政机关；(2)省一级司法行政机关提请司法部；(3)由司法部予以免职。对照公证员的产生程序，可以看出《中华人民共和国公证法》遵循了"谁任命，谁免职"的原则。

省、自治区、直辖市司法行政机关对报请司法部予以免职的公证员，应当在收到免职决定后20日内，在省级报纸、杂志上予以公告。司法部对决定予以免职的公证员，应当定期在全国性报纸、杂志上予以公告，并定期编制全国公证员名录。

（五）公证员执业证书管理

公证员执业证书是公证员履行法定任职程序后在公证机构从事公证执业活动的有效证件。公证员执业证书由司法部统一制作，由公证员本人持有和使用，不得涂改、抵押、出借或者转让。公证员执业证书损毁或者遗失的，由本人提出申请，所在公证机构予以证明后提请所在地司法行政机关报省、自治区、直辖市司法行政机关申请换发或者补发。执业证书遗失的，由所在公证机构在省级报纸、杂志上声明作废。

公证员变更执业机构的，经省、自治区、直辖市司法行政机关核准，予以换发公证员执业证书。公证员受到停止执业处罚的，停止执业期间，应当将其公证员执业证书缴存所在地司法行政机关。公证员受到吊销公证员执业证书处罚或者因其他法定事由免职的，应当收缴其公证员执业证书，由省、自治区、直辖市司法行政机关予以注销。

（六）对公证员专业职务评聘的管理

1988 年中央职称改革工作领导小组印发的《公证员职务试行条例》规定，公证员职务实行限额聘任，分为：公证员助理、四级公证员、三级公证员、二级公证员和一级公证员。其中，公证员助理和四级公证员为初级职务，三级公证员为中级职务，二级公证员和一级公证员为高级职务。评聘或任命公证员职务，以履行岗位职责的专业知识、学识水平、解决实际问题的能力和工作成就为主要依据，并应具备相应的学历和专业工作经历，还要有较高的政治思想水平和职业道德。

（七）对公证员执业的监督管理

司法行政机关应当依法建立健全行政监督管理制度，加强对公证员执业活动的监督，依法维护公证员的执业权利。公证员被投诉和举报、执业中有不良记录或者经年度考核发现有突出问题的，所在地司法行政机关应当对其进行重点监督、指导。对年度考核发现有突出问题的公证员，由所在地或者设区的市司法行政机关组织专门的学习培训。

（八）对公证员的考核

要及时受理考核任职申请，各省、自治区、直辖市司法行政机关按照本省、自治区、直辖市公证员配备方案及公证员队伍建设的实际需求，常态化受理考核任职申请，不再执行于每年 9 月统一受理考核任职申请的工作规定。依法严格掌握考核条件，优化考核任职工作流程，①严格审查任职有关材料。

---

① 申请考核任职的人员，可以在参加任职培训前提交申请材料；培训完成后，直接由中国公证协会向考核机关出具任职培训合格证明，不再要求申请考核任职的人员提交。

(九)对公证员的惩戒管理

设区的市及省级司法行政机关对公证员的违法行为进行惩戒,包括警告、罚款、停止执业、没收违法所得和吊销公证员执业证书。《中华人民共和国公证法》第41、42条对违法情形和惩戒种类有明确的规定。依法应予吊销公证员执业证书情形的,由所在地司法行政机关逐级报请省、自治区、直辖市司法行政机关决定。司法行政机关对公证员实施行政处罚,应当根据有关法律、法规和司法部有关行政处罚程序的规定进行。司法行政机关查处公证员的违法行为,可以委托公证协会对公证员的违法行为进行调查、核实。

司法行政机关在对公证员作出行政处罚决定之前,应当告知查明的违法行为事实、处罚的理由及依据,并告知其依法享有的权利。口头告知的,应当制作笔录。公证员有权进行陈述和申辩,有权依法申请听证。公证员对行政处罚决定不服的,有权依法申请行政复议或者提起行政诉讼。

以欺骗、贿赂等不正当手段取得公证员任命和公证员执业证书的,经查证属实,由省、自治区、直辖市司法行政机关提请司法部撤销原任命决定,并收缴、注销其公证员执业证书。

(十)职业培训

公证员应当接受司法行政机关和公证协会组织开展的职业培训。公证员每年参加职业培训的时间不得少于40学时。司法行政机关制定开展公证员职业培训的规划和方案。公证协会按年度制订具体实施计划,负责组织实施。公证机构应当为公证员参加职业培训提供必要的条件和保障。

(十一)档案管理

公证员执业所在地司法行政机关应当建立公证员执业档案,将公证员任职审核任命情况、年度考核结果、监督检查掌握的情况以及受奖惩的情况记入执业档案。公证员跨地区或者跨省、自治区、直辖市变更执业机构的,原执业所在地司法行政机关应当向变更后的执业所在地司法行政机关移交该公证员的执业档案。

三、公证业务管理

(一)制定公证业务管理的部门规章

1.《提存公证规则》

1995年为维护经济流转秩序,预防和减少债务纠纷,保证提存公证质量,司法部制定《提存公证规则》。该规则规定了公证处为提存机关,以及何种情形可以申请提存,哪些标的适合提存,提存的具体申请条件及受理情况等,规范了提存公证的程序,保证提存公证的质量。

2.《公证服务收费管理办法》

为适应建立社会主义市场经济体制的要求,保障公证处和申请办理公证事项的公民、法人以及其他组织的合法权益,规范公证处收费行为,根据有关公证和价格的法律、法规,原国家计划委员会①和司法部制定《公证服务收费管理办法》,②明确了公证服务的有关收费事项。

3.《公证机构办理抵押登记办法》

为规范公证机构的抵押登记活动,司法部制定并审议通过《公证机构办理抵押登记办法》,③规范公证机关办理抵押登记的具体操作流程。该办法明确规定公证机关办理抵押登记的条件,何种情形予以受理并办理登记,何种情形不予办理登记等具体内容。

4.《公证程序规则》

为了规范公证程序,保证公证质量,司法部制定并审议通过《公证程序规则》,④界定公证当事人和公证执业区域,规定公证的申请、受理和审查的条件及程序,规范不予办理公证和终止公证的条件及程序,规定出具公证书、公证登记及归档管理,并对公证争议处理进行详细的规制。

(二)公证业务范围的管理

1.公证机构的证明业务

根据《中华人民共和国公证法》第11条第1款的规定,自然人、法人或其他组织可以向公证机构申请办理所列举的11项⑤公证事项,内容涉及民事法律行为、有法律意义的事实和文书三个方面。

根据公证事项是否必须公证进行划分,又可以将公证机构的证明业务分为自愿公证事项与法定公证事项。

---

① 国家发展和改革委员会的前身是国务院的职能机构。

② 该办法于1997年3月1日起施行。

③ 2002年2月20日司法部部长办公会议通过、发布、施行。

④ 2006年5月10日司法部部务会议审议通过,2006年5月18日司法部令第103号公布,自2006年7月1日起施行。

⑤ 11项公证事项包括:(1)合同;(2)继承;(3)委托、声明、赠与、遗嘱;(4)财产分割;(5)招标投标、拍卖;(6)婚姻状况、亲属关系、收养关系;(7)出生、生存、死亡、身份、经历、学历、学位、职务、职称、有无违法犯罪记录;(8)公司章程;(9)保全证据;(10)文书上的签名、印鉴、日期,文书的副本、影印本与原本相符;(11)自然人、法人或者其他组织自愿申请办理的其他公证事项。

(1)自愿公证事项

当事人可以根据实际情况自行决定是否向公证机构申请办理公证,这就是自愿公证事项。当事人可以就《中华人民共和国公证法》第11条第1款规定的11项证明业务提出公证申请,具体分为以下几种情形:

第一,对法律行为的公证。包括合同,继承,委托、声明、赠与、遗嘱,财产分割,招标投标、拍卖。

第二,对有法律意义的事实的公证。包括婚姻状况、亲属关系、收养关系,出生、生存、死亡、身份、经历、学历、学位、职务、职称、有无违法犯罪记录。

第三,对具有法律意义的文书的公证。包括公司章程,文书上的签名、印鉴、日期文书的副本、影印本与原本相符,债权文书。

第四,保全证据公证。公证机构派员外出办理保全证据公证,需由2人共同办理。承办公证员应当亲自外出办理。

公证机构的证明是公证机构最主要、最基本的业务。

(2)法定公证事项

法定公证事项是指自然人、法人或者其他组织对于法律或者行政法规中规定的应当办理公证的事项,依法向公证机构申请办理的公证。根据《中华人民共和国公证法》第11条第2款“法律、行政法规规定应当公证的事项”可知,法定公证的事项只能由法律、行政法规规定,地方性法规无权规定。

2. 公证机构的非证明业务

非证明业务即公证机构依法可以办理的辅助性法律事务。根据《中华人民共和国公证法》第12条之规定,公证机构根据自然人、法人或者其他组织的申请可以办理的非证明业务具体包括五类:(1)法律、行政法规规定由公证机构登记的事务;(2)提存;[①](3)保管遗嘱、遗产或者其他与公证事项有关的财产、物品、文书;(4)代写与公证事项有关的法律事务文书;(5)提供公证法律咨询。

除了《中华人民共和国公证法》规定的五类辅助性的法律事务外,为深入贯彻党的十八大和十八届三中、四中、五中、六中全会精神,贯彻落实中共中央办公厅、国务院办公厅《关于完善矛盾纠纷多元化解机制的意见》(中办发〔2015〕60号),充分发挥公证制度在推进多元化纠纷解决机制改革中的职能作用,最高人民法院、司法

① 《中华人民共和国合同法》(已废止)、《中华人民共和国担保法》(已废止)、《提存公证规则》对此进行了明确的规定。

部开展公证参与人民法院司法辅助事务试点工作。[①] 公证机构参与司法辅助事务的主要内容包括参与调解、参与取证、参与送达、参与保全、参与执行等,到2020年年底,公证参与司法辅助事务力争在所有地市级行政区进行试点。[②] 截至目前,各地市积极采取措施不断推进试点工作,取得相应成效。

(三)公证业务程序的管理

公证程序分为普通程序和特殊程序。

1. 公证的普通程序

(1)公证的申请

自然人、法人或者其他组织申请办理公证,可以向住所地、经常居住地、行为地或者事实发生地的公证机构提出。申请办理涉及不动产的公证,应当向不动产所在地的公证机构提出。两个以上当事人共同申办同一公证事项的,可以共同到行为地、事实发生地或者其中1名当事人住所地、经常居住地的公证机构申办。当事人向两个以上可以受理该公证事项的公证机构提出申请的,由最先受理申请的公证机构办理。申请办理公证应当填写公证申请表,并按照《公证程序规则》提交相应材料。

(2)公证的受理

公证的受理是指公证机构接受申请公证事项的当事人的申请,并同意给予办理公证的行为。受理是公证机构公证行为的开始,同时表明公证法律关系的产生。对于符合申请条件的,公证机构应当制作受理通知单,告知当事人权利和义务并在公证登记簿上登记,建立公证卷宗,向当事人收取公证费,[③]指派承办公证员。

(3)公证的审查

对于已经受理的案件,公证机构应当就申请公证事项的真实性、合法性进行审查,认为当事人的情况说明或者提供的证明材料不充分、不完备或者有疑义的,可以要求当事人做出说明或者补充证明材料。在审查中,公证机构要对申请公证的事项以及当事人提供的证明材料按照有关规则进行核实,或者对有疑义的进行核实。

---

① 自2017年7月起,选择在北京、内蒙古、黑龙江、上海、江苏、浙江、安徽、福建、广东、四川、云南、陕西12省(区、市)开展公证参与司法辅助事务试点,试点期限为1年。

② 2019年6月,最高人民法院、司法部联合印发《关于扩大公证参与人民法院司法辅助事务试点工作的通知》。

③ 对符合法律援助条件的当事人,公证机构应当按照规定减收或者免收公证费。

(4)出具公证书

公证机构经审查,认为申请提供的证明材料真实、合法、充分,申请公证的事项真实、合法的,应当自受理公证申请之日起 15 个工作日内向当事人出具公证书。公证书应当按照司法部规定的格式制作,由公证员签名或者加盖签名章并加盖公证机构印章。

(5)终止公证和不予办理公证

终止公证是指公证机构受理申请后,在办理公证的过程中由于出现法定事由,致使公证事项不能继续办理,或者继续办理已无意义时作出的停止公证程序的决定。终止公证是公证程序的一种特殊的结束方式。

不予办理公证是指在办理公证的过程中,公证机构发现证明对象不真实、不合法或者当事人有妨害公证活动的行为时,拒绝给予办理公证。不予办理公证的,由承办公证员写出书面报告,报公证机构负责人审批。不予办理公证的决定应当书面通知当事人或其代理人。

2. 公证的特别程序

公证的特别程序适用的范围包括招标投标、拍卖和开奖公证,遗嘱公证,保全证据公证,出具执行书公证,公证调解和抵押登记公证等。适用特别程序办理公证的主要依据有:《中华人民共和国公证法》,《公证程序规则》,[①]最高人民法院和司法部《关于公证机关赋予强制执行效力的债权文书执行有关问题的联合通知》(司发通〔2000〕107 号),最高人民法院、司法部和中国银监会《关于充分发挥公证书的强制执行效力服务银行金融债权风险防控的通知》(司发通〔2017〕76 号)。

(四)公证业务质量管理

公证质量是公证工作的生命线,是公证公信力的重要标志。随着依法治国的全面推进,人民群众的法治观念和法律意识不断增强,对公证质量和公信力的要求日益提高。党的十八届四中全会对发展公证法律服务业作出了重要部署,为新时期公证工作改革发展指明了方向。2015 年 3 月司法部发布《关于进一步加强公证质量管理工作的通知》,进一步明确司法行政机关、公证协会都有权力进行公证质量管理。提高公证质量管理,应该建立质量监控体系、制定质量评价标准、开展质量检查,全面加强公证质量监管。

---

① 《公证程序规则》第 55 条第 1 款规定,债务人不履行或者不适当履行经公证的具有强制执行效力的债权文书的,公证机构应当对履约情况进行核实后,依照有关规定出具执行证书。

1. 加强公证员质量意识教育

提高公证质量管理，要加大对公证员教育管理的力度，提高公证员队伍的政治素质、业务素质和职业道德素质。要教育引导广大公证员坚持依法执业，严格依照法律、法规、规章和执业规范办理公证事务；坚持执业为民，质量至上，诚信执业。要在公证执业中强化红线意识、坚守底线思维。

2. 加强公证执业的监督管理

司法行政机关、公证协会要针对目前公证执业中存在的突出问题，认真履行工作职责，对公证执业活动实施全面有效的质量监管，不断提高监督管理工作水平。

（1）健全完善日常监督管理机制

司法行政机关、公证协会加强公证质量检查，完善公证质量监管制度，健全公证复查投诉处理机制，建立公证不良执业记录披露制度，健全公证执业信息公开制度，完善公证受理、审查核实、出证审批、立卷归档、质量评价、争议处理、责任追究等工作标准，强化质量监管手段，建立完善公证综合管理信息系统等，健全完善日常监督管理机制。

（2）健全完善质量控制机制

司法行政机关、公证协会应当健全质量风险预防机制，严格公证受理标准；健全质量过程控制机制，严格内部质量监测，严格规范审查核实、出证审批等工作流程；健全业务质量评查机制，设立公证质量检验员，定期组织人员进行业务质量自查互查，规范执业行为，消除执业隐患；健全收费管理机制，严格规范服务收费；健全便民利民服务机制，进一步优化操作流程，强化执业技能，改善服务设施，提高办证效率。

（3）健全完善执业惩戒机制

依法依规惩处公证违法违规执业行为，坚持教育与惩处并举、行政处罚与行业惩戒相结合，做好对公证违法违规行为的监督和惩处工作。司法行政机关与公证协会在履行监管职责方面要依法分工、各有侧重，建立健全重要决策会商、重要情况沟通、重要信息共享工作机制。公证协会切实加强行业自律管理，加大公证行业监督力度，切实履行对公证机构、公证员实施惩戒的职责。加大司法行政机关对公证机构、公证员行政处罚的力度，完善司法行政机关和公证协会惩戒工作衔接机制。①

---

① 2020年3月25日，司法部公共法律服务管理局、中国公证协会发布《关于加强公证行业惩戒工作　健全完善行政处罚和行业惩戒衔接机制的通知》（司公通〔2020〕5号）。

第三节　公证的行业管理

一、公证协会概述

(一)公证协会的法律界定

中国公证协会是依法登记成立,由公证员、公证处、公证管理人员及其他与公证事业有关的专业人员、机构组成的全国性的社会团体法人。公证协会是公证业的自律性组织。中国公证协会成立于1990年3月,接受司法部、民政部的业务指导和监督管理。公证协会依照《中华人民共和国公证法》和章程,对公证机构、公证员的执业活动进行监督。根据《中国公证协会章程》的规定,全国设立中国公证协会,在省、自治区、直辖市设立地方公证协会。中国公证协会是全国公证业的行业管理组织,负责对全国范围内的公证机构和公证员的执业活动进行监督。省级公证协会是省级行政区域内公证业的行业管理组织,负责对本行政区域内公证机构和公证员的执业活动进行监督。中国公证协会有权对各省级公证协会的工作进行指导和监督,但依据章程,两级公证协会间无隶属关系。

全国会员代表大会是中国公证协会的最高权力机关,每4年举行一次。常务理事会是全国会员代表大会闭会期间的常设机构,常务理事会议每年至少举行2次。中国公证协会秘书处主要负责协会日常工作,由办公室、法律事务部、会员部、培训部和《中国公证》杂志社组成。

(二)公证协会的职责

《中国公证协会章程》①规定公证协会的职责包括:(1)协助司法部管理、指导全国公证工作,依照本章程对公证机构和公证员的执业活动进行监督;(2)指导地方公证协会工作;(3)制定行业规范;(4)维护会员的合法权益,保障会员依法履行职责;(5)依法举办会员福利事业;(6)对会员进行职业道德、执业纪律教育,对会员的违纪行为实施行业处分,协助司法行政机关查处会员的违法行为;(7)负责会员的培训,组织会员开展学术研讨和工作经验交流,根据有关规定对公证机构、公证员实施奖励;(8)组织开展公证行业信息化建设;(9)负责全国公证赔偿基金的使用管理工作,对地方公证协会管理使用的公证赔偿基金进行指导和监督;(10)负责公证宣传工作,主办公证刊物,对外提供公证法律咨询等服务;(11)负责与国外和港、

① 2017年2月20日,中国公证协会第八次代表大会在北京召开,会议修订了《中国公证协会章程》。

澳、台地区开展有关公证事宜的研讨、交流与合作活动;(12)负责海峡两岸公证书的查证和公证书副本的寄送工作;(13)负责公证专用纸的联系生产、调配,协助司法部做好管理工作;(14)履行法律法规规定的其他职责,完成司法部委托的事务。

二、公证协会的行业管理职能

(一)制定公证行业规范

1.《公证员职业道德基本准则》

为加强公证员职业道德建设,保证公证员依法履行公证职责,维护和增强公证公信力,中国公证员协会制定并通过《公证员职业道德基本准则》[①]。该准则从忠于事实、忠于法律,爱岗敬业、规范服务,加强修养、提高素质和清正廉洁、同业互助四个方面进行了规定,有利于公证员依法履行公证职责,维护公证公信力。

2.《公证复查争议投诉处理办法(试行)》

为了规范公证复查争议投诉处理工作,维护公证执业秩序和公证行业信誉,中国公证协会制定并审议通过《公证复查争议投诉处理办法(试行)》[②]。该办法主要规定了公证投诉的受理和处理,对何种情形应当受理、何种情形应当回避、何种情形应当组织听证、何种情况应当处理及处理结果等进行了详细的规定。

3.《中国公证协会关于办理夫妻财产约定协议公证的指导意见》

为了规范公证机构办理夫妻财产约定协议公证,中国公证协会制定《关于办理夫妻财产约定协议公证的指导意见》[③]。该指导意见主要针对夫妻可以对哪些财产进行约定,如何约定;公证机构对夫妻约定财产协议应当重点审查哪些内容;为保证协议的真实性,公证机构应当询问夫妻双方并制作询问笔录等内容进行了规定。

4.《公证机构审查自然人身份的指导意见》

为了规范公证机构在办理公证过程中审查自然人(以下简称当事人)身份的程序,中国公证协会制定《公证机构审查自然人身份的指导意见》[④]。该指导意见共分

---

① 该准则于2002年3月3日起实施,并于2010年12月28日中国公证协会六届二次理事会会议修订。

② 根据《中华人民共和国公证法》《公证程序规则》《中国公证协会章程》的有关规定,中国公证协会制定并审议通过《公证复查争议投诉处理办法(试行)》,该办法于2007年5月1日起施行。

③ 根据《中华人民共和国民法通则》《中华人民共和国婚姻法》《中华人民共和国公证法》《公证程序规则》等法律、法规及规章的有关规定,中国公证协会制定《关于办理夫妻财产约定协议公证的指导意见》,该意见于2008年4月23日由中国公证协会第五届常务理事会第五次会议通过。

④ 根据《中华人民共和国公证法》《公证程序规则》等有关法律、法规、规章以及《中国公证协会专业委员会业务规则制定程序》的规定,中国公证协会制定《公证机构审查自然人身份的指导意见》,该意见于2008年11月25日由中国公正协会第五届常务理事会第七次会议通过。

三部分:第一部分规定了制定本指导意见的依据和确定审查当事人身份工作的范围。明确审查当事人身份工作应包括核查当事人提交的身份证件是否真实、有效,辨认当事人与其提交的身份证件是否同一。第二部分详细规定了审查当事人身份的三个步骤,即哪些证件可以作为认定身份的依据,如何核查这些身份证件,如何进行人、证同一审查。第三部分规定了审查当事人身份工作完成后一些程序上的要求以及针对个案情况的特殊要求。

(二)对会员的管理

公证协会会员分团体会员和个人会员。取得公证机构执业证书的公证机构和取得社会团体法人登记证书的地方公证协会为该协会团体会员。其他与公证业务有关的机构,经申请批准,可以成为协会团体会员。取得公证员执业证书的公证员为该协会个人会员。公证管理人员、从事公证法学教学、科研以及对公证制度有研究的人员和中国委托(香港)公证人、中国委托(澳门)公证人,经申请批准,可以成为协会个人会员。中国委托(香港)公证人、中国委托(澳门)公证人成为会员,报业务主管单位审核批准。

《中华人民共和国公证法》的相关规定表明,公证协会是依据法律授权,有责任和义务推进公证行业的自律性组织。中国公证协会的章程,对会员具有约束力,会员应当遵守公证协会的章程。

(三)监督公证工作

公证协会是公证业的自律性组织,公证员应当加入地方和全国的公证协会。根据《公证员执业管理办法》《公证机构执业管理办法》规定,公证协会应当依据章程建立健全行业自律制度,对公证员和公证机构的执业活动进行监督,依法维护公证员的执业权利。

(四)对会员进行职业道德纪律教育与业务培训

公证协会定期或不定期地组织会员进行职业道德纪律教育和业务培训。教育会员应当忠于宪法和法律,自觉践行社会主义法治理念,依法办理公证事项,恪守客观、公正的原则,做到以事实为依据、以法律为准绳。公证员执业过程中应当自觉履行执业保密义务,不得泄露在执业中知悉的国家秘密、商业秘密或个人隐私,更不得利用知悉的秘密为自己或他人谋取利益;公证员应当珍惜职业荣誉,强化服务意识,勉励敬业、恪尽职守,为当事人提供优质高效的公证法律服务。公证员应当不断提高自身的业务能力和职业素养,保证自己的职业品质和专业技能满足正确履行职责的需要,树立终身学习理念,勤勉进取,努力钻研,不断提高职业素质和执业水平。公证员应当树立廉洁自律意识,遵守职业道德和执业纪律,不得从事有报酬的其他职业和与公证员职务、身份不相符的活动;应当妥善处理个人事务,不得利用公证员的身份和职务为自己、亲属或他人谋取利益。

另外,公证协会负责组织公证员任职培训。经公证机构推荐参加考核任职的人员,需由省级司法行政机关统一安排,参加中国公证协会组织的任职培训。

(五)对违法违规的会员予以惩戒

中国公证协会依据章程和有关行业规范,对会员违反职业道德、执业规范和执业纪律的行为视情节轻重给予相应的行业处分。公证协会在查处会员违反职业道德、执业规范和执业纪律行为的过程中,对公证员违法违规行为原则上先由公证协会依规依纪调查作出行业惩戒,发现有《中华人民共和国公证法》规定的应当给予行政处罚的情形时,应当提交有管辖权的司法行政机关处理。

(六)负责组织和领导公证赔偿基金的管理工作

公证赔偿基金是非政府性的行业专用基金,实行按规定筹集、分级管理、专款专用的原则,任何机构或个人不得挤占和挪用。公证员协会要建立公证赔偿基金账户,专门用于公证赔偿基金的核算,严格按规定的范围使用,不得突破有比例控制的开支。公证责任保险是强制性全行业统一保险。由中国公证员协会代表全体公证机构向保险公司投保以公证机构为被保险人的全行业公证责任保险。公证赔偿基金用于支付公证责任保险合同规定的保险费,支付保险赔偿范围以外的公证责任理赔及赔偿费用,支付为减少公证赔偿案件的发生而建立公证质量监控系统的开发及使用维护费用和司法部核准的其他费用。

思考题

1. 简述公证的特征。
2. 简述公证管理体制。
3. 简述公证机构的设立条件。
4. 简述公证的业务范围。
5. 简述公证协会的行业管理职能。

第十三章　法律援助管理

本章要点

本章主要阐述了法律援助的概念、意义、特征及其历史沿革，并从法律援助机构和人员的管理、法律援助资金的来源与管理及法律援助工作的管理三方面介绍对法律援助的管理。本章重点理解和掌握法律援助的历史沿革及对法律援助的管理。

第一节　法律援助管理概述

一、法律援助的法律界定

（一）法律援助的概念

法律援助是国家保障公民平等享有法律赋予的诉讼权利的重要措施。法律援助的资金来源一般以政府拨款为主，社会捐献等为辅。法律援助制度是国家建立的保障经济困难公民和特殊案件当事人获得必要的法律咨询、代理、刑事辩护等无偿法律服务，维护当事人合法权益、维护法律正确实施、维护社会公平正义的一项重要法律制度。法律援助被认为是实现公平审判的一项重要措施，是人类文明进步的一个标志。

2022 年 1 月 1 日起施行的《中华人民共和国法律援助法》，将中国的法律援助界定为：是国家建立的为经济困难公民和符合法定条件的其他当事人无偿提供法律咨询、代理、刑事辩护等法律服务的制度，是公共法律服务体系的组成部分。中国的法律援助制度既具有体现法律援助制度一般发展规律的内容，也有体现中国具体国情和实际需要的内容。

（二）法律援助的性质

对法律援助性质的认识，学者观点不一，主要表现为以下三种：第一种观点认为,法律援助是政府行为,说明国家对社会应负的责任,保障法律赋予公民的权利得以实现。第二种观点认为,法律援助是一种社会行为,因为国家无力提供法律援助所需的全部经费,必须依靠社会捐助来弥补法律援助资金的不足。第三种观点认为,法律援助是一种政府和社会相结合的行为,即以政府行为为主导,社会行为为补充。一般认为第三种观点更符合中国的实际情况。也就是说,以中国目前的经济发展水平,单靠国家财政支持法律援助是远远不能满足法律援助所需全部经费的,必须调动一切可以调动的力量来保证法律援助经费的足量,这就需要社会团体、社会组织及个人的捐助和募集,因此,法律援助的性质是国家行为和社会行为的统一。

二、建立和实施法律援助的意义

(一)法律援助是公民应当享有的一项社会权利

社会主义社会就其本质来说,是人人权利平等的社会。中华人民共和国一切权力属于人民,人民当家做主,其根本任务和目标是不断发展和切实保障人民的权利。

从理论上讲,人权既有普遍性权利(包括生存权、生命权和发展权),又有社会性权利(政治、经济、文化权利)。要实现人权的真正平等,需要从自然人权转向法定人权,法定人权转向现实人权,从现实人权转向平等的现实人权。只有这样,才能最终实现在法律面前人人平等地享有并真正实现法定权利。司法人权是人权的重要组成部分,法律援助本质上是保障司法人权的一项重要制度,是促进司法公正、维护社会正义的重要措施。党和政府历来重视随着经济社会的发展而不断完善司法人权保障制度。

法律援助实质上是国家通过制度化的形式,对法律服务资源进行再分配,以保障贫弱残疾者不因经济能力、生理缺陷所限而平等地获得法律服务,实现自己的合法权益。法律援助对象除了包括经济困难者之外,还包括一些非经济困难原因的"特殊案件"的当事人。例如,刑事诉讼中犯罪嫌疑人、被告人为盲、聋、哑、未成年人,尚未完全丧失辨认或者控制自己行为的精神病人,以及可能判处无期徒刑、死刑的,当其没有委托辩护人时,无论经济状况如何,公安机关、人民检察院、人民法院都应当通知法律援助机构指派律师为其提供法律援助辩护。可见,获得法律援助,既是一项受到法律保护的个人权利,是保证人人都有诉诸法院的权利并使之得以顺利实现的重要措施;同时,法律援助也是一项社会福利政策,通过面向社会的某些特殊阶层提供小范围服务,保障全体公民基本人权顺利实现的一项社会福利制度。

(二)法律援助是现代法治国家必须承担的国家责任

法律援助是由国家强制力保障实施的、以国家强制力作为后盾的一项重要的国家行为。通过法律援助,将社会弱势群体纳入司法活动之中,该群体有效地参与国家的政治、经济和社会生活,从而实现法律面前人人平等。因此,从这一角度而言,法律援助制度不仅是一国司法制度的重要组成部分,还反映了一个国家民主和法治的进程,标志着社会的文明和进步。

中国是发展中的社会主义国家,建立和实施有中国特色的法律援助制度,既要考虑社会主义制度的本质要求,又要考虑发展中国家的实际情况。中国社会主义社会的本质,决定了从中央到地方的各级政府对于保障公民合法权利的实现,具有由社会制度所决定的不可推卸的责任。政府对于法律援助制度的保障,主要体现在提供财政保障上。各级政府取之于民的税收,在作为财政支出时,对实施法律援助制度应给予必要财政保障。由此可见,建立有中国特色的法律援助制度,是政府保障公民合法权益应尽的责任。

(三)法律援助实现法律面前人人平等

"法律面前人人平等"是中国宪法明确规定的一项基本原则。中国法律既规定全体公民平等的实体权利,包括政治、经济、文化和社会生活等方面不受经济条件和生理条件限制的平等实体权利,又规定实现平等实体权利所必需的平等程序权利。建立和实施法律援助制度,就是为了完善平等程序权利的实施机制,既保障"法律面前人人平等"的原则得以贯彻,又保障公民所拥有的平等实体权利得到真正实现。

(四)法律援助是健全完善社会主义法制的实际需要,具有社会公益性

法律援助实施的宗旨是对经济困难公民和符合经济条件的其他当事人实施法律救济,这是健全的法制不可缺少的救济机制,即通过在诉讼及非诉讼活动中对经济困难公民和符合法律条件的其他当事人提供法律援助,维护他们的合法权益,从而使法律所认可和维护的社会关系得以实现。中国是发展中国家,国家和各级政府的经济实力还相对薄弱,完全由国家和各级政府财政承担法律援助的全部费用,既不实际,又难以实现。从中国社会主义初级阶段的实际出发,建立政府与社会共尽责任的多渠道投入体制,来解决法律援助的经费来源问题,既现实又可行,也使制度本身所具有的公益性得以彰显。另外,法律援助是律师和基层法律服务工作者的职业道德的要求和应尽的社会义务,也是加强法律服务队伍精神文明建设的实际需要。

（五）法律援助是为社会主义市场经济深入发展创造社会稳定条件的客观要求

改革开放的深化和社会主义市场经济的发展，离不开和谐、稳定、文明的社会秩序。无论是从国家全局着眼，还是从地方局部考虑，都需要在经济机制转轨和利益关系调整的过程中，十分谨慎、妥善地处理深化改革所必然出现的各种矛盾，在确保社会稳定的前提下，促进各项改革开放措施的顺利出台和有效实施。在这方面，法律援助制度具有其他制度和措施所不可替代的功能。法律援助的实施，有利于把因经济困难和其他特殊原因不能得到法律调整的主体纳入法律的轨道，使这类最易引发社会矛盾和影响社会稳定的纷争得以依法解决，实现法律援助在促进和保障社会稳定方面的功能。基于此，立法者将经济困难的公民和符合法定条件的其他当事人列入法律援助对象。

三、中国法律援助制度的沿革

法律援助制度是中国社会主义市场经济和法制建设发展到一定阶段的必然产物，其建立和发展经历了以下四个阶段：

（一）萌芽阶段（1992 年年初至 1996 年年初）

1992 年，中国最早的法律援助机构——"武汉大学社会弱者权利保护中心"成立。1994 年，中国首次公开提出法律援助制度的设想。同年，北京律师法律援助基金会设立，并筹集了中国第一笔法律援助基金。在这一阶段，建立和实施中国法律援助制度的口号刚刚提出，因此，人们对于法律援助的基本内容和各国法律援助制度的情况都知之甚少，在中国建立和实施法律援助制度，只能是边探索边实践。1994 年至 1996 年，司法部先后在广州、武汉、北京、上海、郑州等大城市进行了法律援助的试点。其模式主要有以下五种：

1. 北京模式

北京市在 1994 年开始实施法律援助制度，没有设立法律援助中心，只是在北京市律师协会下设立"北京市法律援助基金会"。北京模式的主要特点是分散受理、事后审查。需要法律援助的公民可持单位或街道（乡政府）出具的经济困难情况证明，向律协或各律师事务所提出口头或书面申请，法律援助申请的受理、审查、批准、实施都由各律师事务所自主决定、分散进行。法律援助案件办完后，承办人员可凭有关证明向法律援助基金领导小组申请办案补贴。该领导小组对各律师事务所自行受理、承办的法律援助案件每年审核 1 次，确认案件是否属于法律援助的范围，并分别情况决定是否给予补贴。

2. 广州模式

试点期间,广州市设立了专门的法律援助机构——广州市法律援助中心。广州市法律援助中心为市政府批准设立,是由司法局领导的负责组织实施全市法律援助工作的事业单位。广州模式的特点是:法律援助中心是由政府组建的法律援助专门机构,拥有自己的专职律师。法律援助中心具有双重职能:既是组织、管理、监督和指导全市法律援助工作的管理机构,又是具体提供法律援助的执业机构。整个法律援助的模式运作体现为四个统一:统一受理申请、统一审查申请、统一指派律师与统一监督法律援助案件办理情况。这种模式体现了法律援助主要是一种政府行为的性质。

3. 武汉模式

武汉市于1994年年底开始法律援助试点工作。武汉模式主要的特点是法律援助分两级实施。一级是市律师协会制定《武汉市律师法律援助条例》,明确市律师协会对全市法律援助的组织、协调、监督职能;二级是各律师事务所根据本所情况制定本所法律援助办法。市律师协会设立法律援助工作委员会,负责审议决定给予援助、监督援助基金的使用,检查、督办律师受理的法律援助事务。法律援助工作委员会根据情况每半年召开1次审议会议。经出席会议委员半数以上同意可通过援助决定。市律师协会办公室负责法律援助的日常工作。法律援助基金的来源主要有三个:第一,律师协会每年度从会费中划拨10%作为法律援助基金;第二,社会团体或个人以法律援助基金形式进行的专项捐赠;第三,各律师事务所设立的援助基金。

4. 上海模式

试点期间,上海市浦东区法律援助计划由市司法局组织实施。上海市司法局于1995年8月25日成立浦东新区法律援助中心,负责全区的法律援助工作。浦东模式的主要特点是法律援助被定性为律师事务所及乡镇法律服务机构的义务。具体要求有:浦东新区所属律师事务所的律师每年至少根据法律援助中心的指派办理1件法律援助案件;各律师事务所必须根据安排定期派律师到法律援助中心值班;律师事务所所办理的法律援助案件费用自行承担,法律援助中心不予补贴;律师参加法律援助的数量和质量列入当年律师职业道德考核内容。法律援助中心实际上是浦东新区司法局内部设立的,协调全市法律援助工作的办事机构。

5. 郑州模式

郑州市司法局于1995年12月1日制定并下发了《郑州市律师事务所法律援助规定》。郑州模式的主要特点是:市司法局只从大的原则上向各律师事务所下达法律援助工作任务,至于怎么开展工作、工作量大小等未作具体要求。法律援助工作由各律师事务所自己制订计划实施,市司法局没有统一的规划、组织、监督机制,也没有资金的补贴。

通过试点、探索、比较,地方法律援助工作模式由试点期间的五种类型,演变为广州、北京两种模式,为日后法律援助模式的逐渐统一奠定了重要的实践基础。

(二)初步建立阶段(1996 年至 1999 年上半年)

经过两年多的试点和探索,五种模式的法律援助的利弊逐步呈现。其中,广州模式在实践中被普遍认为比较合理和成熟,逐渐为越来越多的地方所仿效。1996 年修正的《中华人民共和国刑事诉讼法》首次以立法的形式,规定了中国刑事法律援助制度的基本原则和框架。1996 年《中华人民共和国刑事诉讼法》第 34 条规定:"公诉人出庭公诉的案件,被告人因经济困难或者其他原因没有委托辩护人的,人民法院可以指定承担法律援助义务的律师为其提供辩护。被告人是盲、聋、哑或者未成年人而没有委托辩护人的,人民法院应当指定承担法律援助义务的律师为其提供辩护。被告人可能被判处死刑而没有委托辩护人的,人民法院应当指定承担法律援助义务的律师为其提供辩护。"这是在中国立法史上,首次将法律援助写入基本法律,是中国法律援助制度建设的一个重要里程碑。

1996 年颁布的《中华人民共和国律师法》专设一章,规定律师要为经济困难无力支付法律服务费用的当事人提供法律帮助,确立了法律援助制度的基本框架。1996 年《中华人民共和国律师法》第六章规定了法律援助的有关内容:"公民在赡养、工伤、刑事诉讼、请求国家赔偿和请求依法发给抚恤金等方面需要获得律师帮助,但是无力支付律师费用的,可以按照国家规定获得法律援助。""律师必须按照国家规定承担法律援助义务,尽职尽责为受援人提供法律援助。""法律援助的具体办法,由国务院司法行政机关制定,报国务院批准。"这些规定明确了公民获得法律援助的范围和律师必须依法承担的法律援助义务。《中华人民共和国律师法》关于法律援助的规定,对中国法律援助制度建设具有十分重要的意义。

1996 年 6 月,司法部发布《关于建立法律援助机构,迅速开展法律援助工作的通知》,这标志着中国法律援助工作逐步走出试点,进入法律援助制度和机构的全面建立阶段。1996 年 11 月,司法部在广州市召开首届全国法律援助工作会议,对法律援助两年多的试点工作进行总结,并且提出要用 5 年至 10 年的时间全面建立和完善法律援助制度。1996 年 12 月司法部法律援助中心成立,1997 年 3 月中国法律援助基金会成立。与此同时,地方法律援助机构有了较快的发展,1997 年年底,全国法律援助机构仅有 100 个,至 1999 年年底,已发展到 1248 个。省级地方除江西和西藏外，都已建立了法律援助机构，地市和副省级市已建机构占应建数的76.2%，县区级地方已建机构占应建数的33.4%。[①]

（三）快速发展阶段（1999年5月至2012年11月）

《中华人民共和国刑事诉讼法》和《中华人民共和国律师法》虽然都有关于法律援助的某些规定，但是这些规定过于原则，不能成为实施法律援助的具体法律规范。1997年，最高人民法院与司法部联合下发了《关于刑事法律援助工作的联合通知》，解决了两部门关于刑事指定法律援助案件的工作衔接问题。1999年5月，以最高人民法院与司法部下发的《关于民事法律援助工作若干问题的联合通知》和青岛市人民代表大会颁布的第一个地方性法律援助法规为标志，中国的法律援助制度开始步入规范化、制度化的轨道。此后，广东、浙江、山东等省的人民代表大会常务委员会先后颁布了地方性法律援助法规。

2001年3月，全国人民代表大会通过的《国民经济和社会发展第十个五年计划纲要》明确提出"建立法律援助体系"的目标，这是中国最高国家权力机关首次将法律援助事业纳入社会发展的范畴。2001年8月22日，西藏自治区法律援助中心宣告成立，这标志着全国省级法律援助机构全部建成，中国法律援助制度的雏形基本形成。

2003年7月21日，国务院颁布《法律援助条例》，同年9月1日该条例生效施行。至此，经过十年来的探索和实践，中国的法律援助事业实现了历史性的飞跃，进入了加快发展的新的历史阶段。2012年，为了规范办理法律援助案件，保证法律援助质量，根据《中华人民共和国刑事诉讼法》《法律援助条例》等有关法律、行政法规的规定，司法部制定《办理法律援助案件程序规定》[②]。中国的法律援助制度在建设社会主义法治国家的进程中发挥着越来越重要的作用。

（四）深化发展阶段（2012年11月至今）

2014年10月，中国共产党的十八届四中全会审议通过了《中共中央关于全面推进依法治国若干重大问题的决定》，指出全面推进依法治国，总目标是建设中国特色社会主义法治体系，建设社会主义法治国家。明确指出要完善法律援助制度，扩大援助范围，健全司法救助体系，保证人民群众在遇到法律问题或者权利受到侵害时获得及时有效法律帮助。中国共产党的十八大，特别是党的十八届四中全会

---

① 《司法部关于加快法律援助机构建设步伐的通知》（2000年6月19日，司发通〔2000〕076号），载司法部法律援助中心，http://www.moj.gov.cnpub/sfbgw/jgsz/jgszzsdw/zsdwflyzzx/flyzzxzcxx/zcxxzcfg/zcfggfxwj/200006/t20200617_188785.html。

② 2012年2月21日司法部部务会议审议通过，自2012年7月1日起施行。

后，法律援助制度得到全面的深化发展。主要表现为：

1. 法律援助覆盖面进一步扩大

司法部通过出台一系列法律援助文件进一步加强军人军属、农民工及老年人法律援助工作[①]，扩大法律援助范围，放宽经济困难标准，降低法律援助门槛；加强国家赔偿法律援助，扩大调解、仲裁的法律援助范围，并分别制定《关于加强国家赔偿法律援助工作的意见》[②]和《关于进一步加强劳动人事争议调解仲裁法律援助工作的意见》[③]。

2. 法律援助标准化进一步强化

司法部深入贯彻落实党的十九大和十九届二中、三中全会精神，贯彻落实中共中央办公厅、国务院办公厅《关于完善法律援助制度的意见》（中办发〔2015〕37 号）文件精神，于 2019 年 2 月联合财政部印发《关于完善法律援助补贴标准的指导意见》，[④]指导地方合理确定和及时调整法律援助补贴标准；于 2019 年 2 月印发《全国刑事法律援助服务规范》，[⑤]这是司法部出台的首个全国刑事法律援助服务行业标准。这是推进法律援助参与以审判为中心的刑事诉讼制度改革的重要内容。[⑥]

---

① 针对军人军属：2014 年司法部发布《关于认真贯彻落实国发〔2014〕37 号文件精神进一步做好军人军属法律援助工作的通知》；2016 年 9 月，司法部、中央军委政法委员会印发《军人军属法律援助工作实施办法》（2016 年 9 月 14 日起施行）。针对农民工：司法部先后下发《关于切实做好农民工讨薪、维权等服务工作的通知》（2014 年 12 月）、《关于做好 2016 年司法行政系统农民工工作的通知》（2016 年 1 月）。针对老年人：2016 年 9 月，司法部下发《关于 2016 年全国"敬老月"期间深入开展老年人法律服务和法律援助活动的通知》。

② 2014 年司法部、最高人民法院制定了《关于加强国家赔偿法律援助工作的意见》，提高对国家赔偿法律援助工作重要性的认识，确保符合条件的困难群众及时获得国家赔偿法律援助，加大国家赔偿法律援助工作保障力度，努力使困难群众在每一个国家赔偿案件中感受到公平正义。

③ 2020 年 6 月，人力资源和社会保障部、司法部、财政部联合印发《关于进一步加强劳动人事争议调解仲裁法律援助工作的意见》，建立健全调解仲裁法律援助协作机制、扩大调解仲裁法律援助范围、规范调解仲裁法律援助程序、健全便民服务机制等，维护劳动者合法权益、确保法律正确实施、促进社会公平正义。

④ 强调法律援助补贴标准由省、自治区、直辖市人民政府司法行政机关会同同级财政部门，或者授权市、县级人民政府司法行政机关会同同级财政部门，结合当地经济社会发展水平确定。各级人民政府司法行政机关和财政部门要严格执行本地区法律援助补贴标准，确保相关经费保障政策措施落到实处，督促法律援助机构严格按照规定标准及时、足额支付，不得截留。

⑤ 2019 年 2 月，为了推进法律援助标准化，促进提高刑事法律援助服务质量，司法部印发《全国刑事法律援助服务规范》（司发通〔2019〕29 号）。

⑥ 《法律援助值班律师工作出新规》，载司法部官网，http://www.moj.gov.cn/pub/sfbgw/gwxw/xwyw/szywbnyw/202101/t20210122_147835.html。

3. 法律援助工作进一步推进

司法部发布《关于进一步推进法律援助工作的意见》,[①]修订《关于刑事诉讼法律援助工作的规定》,[②]深入贯彻落实《关于完善法律援助制度的意见》,对新时期进一步加强法律援助工作、完善法律援助制度作出了全面部署。2017 年 8 月最高人民法院、最高人民检察院、公安部、国家安全部、司法部联合印发《关于开展法律援助值班律师工作的意见》,[③]扩大刑事法律援助的覆盖面,进一步推动了法律援助制度的发展。这是推进法律援助参与以审判为中心的刑事诉讼制度改革,推动法律援助工作进一步发展的重要内容。

中国共产党的十八大以后,党和国家高度重视法律援助制度的发展与完善,出台和印发了大量有针对性的指导意见和通知,为中国法律援助制度的发展指明方向。大量数据显示,中国法律援助事业取得了突飞猛进的发展。仅 2019 年,全国法律援助机构办结法律援助案件 127 万余件,受援人近 200 万人次,其中办理农民工法律援助案件 49 万余件,农民工受援人达 51 万余人次。[④] 2020 年,全国法律援助机构共办结法律援助案件近 140 万件,受援人达 215 万余人次,接待群众咨询近 1500 万人次,其中共办理农民工法援案件 48 万余件,为 53 万余人次农民工提供了法律援助服务;共办理未成年人法援案件 11 万余件,为 12 万余人次未成年人提供了法律援助服务。[⑤]

---

① 2013 年 4 月,司法部发布《关于进一步推进法律援助工作的意见》,从加大对困难群众法律援助服务力度,扩大法律援助覆盖面,深化法律援助便民服务,提高法律援助服务质量,强化法律援助监管职能,完善法律援助工作制度等方面健全和完善法律援助制度,发挥法律援助在服务保障和改善民生、维护社会公平正义、促进社会和谐稳定中的职能作用。

② 2013 年 2 月,为贯彻实施 2012 年修改的《中华人民共和国刑事诉讼法》有关法律援助的规定,加强和规范刑事法律援助工作,在深入调研论证和广泛征求意见的基础上,最高人民法院、最高人民检察院、公安部、司法部对 2005 年 9 月 28 日联合印发的《关于刑事诉讼法律援助工作的规定》进行修改后重新颁布,并于 2013 年 3 月 1 日起施行。

③ 对推进法律援助值班律师工作作出规定,充分发挥法律援助值班律师在以审判为中心的刑事诉讼制度改革和认罪认罚从宽制度改革试点中的职能作用,依法维护犯罪嫌疑人、刑事被告人诉讼权利,加强人权司法保障,促进司法公正。

④ 参见张晨:《为困难群众提供高质高效法律援助 司法部有有负责人就"法援惠民生扶贫奔小康"活动答记者问》,载司法部官网,http://www.moj.gov.cn/bub/sfbgw/zwxxgk/fdzdgknr/fdzdgknrjdhy/202005/t20200514_349299.html。

⑤ 《维护受援群众权益 促进社会公平正义 2020 年全国法援机构办结法律援助案件近 140 万件》,载司法部官网,http://www.moj.gov.cn/pub/sfbgw/zwgkztzl/2021nzt/qglh2021/qglh2021sfxzggld/202103/t20210301_444825.html。

四、中国法律援助的特征

(一)法律援助的规范性

中国法律援助是一种规范化、制度化的国家保障行为。中华人民共和国成立之初,法律援助就为当时的立法者所关注,并在颁布的一些法律中规定了与法律援助相关的内容,如1954年颁布的第一部《中华人民共和国人民法院组织法》在赋予被告人辩护权的同时,规定人民法院认为有必要的,也可以指定辩护人为被告人提供辩护。改革开放以来,随着人们对法律援助工作重要性的认识逐步深化,法律援助事业在中国获得长足发展,从地方到中央都建立了各级法律援助的专门机构,出现了一大批专门从事法律援助工作的人员。尤其是2022年1月1日起实行的《法律援助法》,对中国法律援助的性质、机构和人员、形式和范围、程序和实施、保障和监督、法律责任均作了明确规定,这是中国法律援助制度化和规范化的重要标志。

(二)法律援助责任主体的明确性

中国的法律援助是政府的一项重要职责,体现了国家和政府对公民应尽的义务和责任。与之相对应,对于符合条件的公民而言,获得法律援助是公民的一项重要权利,而非政府或者社会的恩赐。法律援助制度就是一种社会保障制度,它通过经济困难公民和符合法定条件的其他当事人提供免费的法律服务,使他们为法律所认可和保护的权利得以实现。在"市场出效率,政府管公平,司法保公正"的制度安排下,法律援助因其保障人的基本权利而体现宪法精神和司法正义,又因其救助贫困而体现社会公平。《法律援助法》第4条明确规定:"县级以上人民政府应当将法律援助工作纳入国民经济和社会发展规划、基本公共服务体系,保障法律援助事业与经济社会协调发展。县级以上人民政府应当健全法律援助保障体系,将法律援助相关经费列入本级政府预算,建立动态调整机制,保障法律援助工作需要,促进法律援助均衡发展。"由此可以看出,国家和政府是法律援助的责任主体。

(三)法律援助的统一性

法律援助是一项规范化、制度化的法律制度,不同于一般的社会道义行为和慈善行为,因此,在我国的法律援助制度中,应当坚持"四统一"原则。

1. 统一受理

当事人因法律规定的特定情形需要法律援助时,除特殊情况外,应向有管辖权的法律援助机构提出申请并办理法律援助的有关手续;人民法院指派的法律援助案件必须由同级的法律援助机构统一接受,不得直接指定法律服务机构或法律服务人员办理。

2. 统一审查

法律援助机构对当事人申请的法律援助事项和人民法院指派的法律援助案件是否符合法律援助的条件进行审核和调查。

3. 统一指派

对符合法律援助条件的事项(案件)由法律援助机构指派法律服务机构办理,有特殊情况需要及时提供法律援助,法律服务机构或法律服务人员决定提供援助的,应在一定的时间内报同级法律援助机构备案或核准。

4. 统一监督

法律援助机构对统一指派的援助事项(案件)的办理情况与结果有督促、检查的权力。

"四统一"原则是法律援助制度的核心,是公民平等地获得法律援助的保障,是规范律师等法律服务人员承担法律援助义务的需要,是保证法律援助质量的重要机制。

(四)法律援助服务的无偿性

中国法律援助机构所提供的法律援助全部是无偿的。[①] 这主要是考虑到"缓交费"和"减费"的形式容易导致变相的有偿法律服务,以致法律援助机构因利益驱动而与社会执业律师进行不正当竞争,从而破坏法律服务市场的秩序,损害法律援助的形象与声誉,进而侵犯公民获得法律援助的权利。

(五)法律援助范围的广泛性

中国的法律援助从受援对象来看,既包括经济困难符合法律援助条件者,也包括法律有特别规定的残疾者、弱者,即受援对象涉及的是经济困难的普通群众和弱势人群;从司法程序来看,既有刑事诉讼中的辩护和代理,又有行政诉讼中和民事诉讼中的代理。法律援助的范围也扩大到医疗、教育等民生领域,进一步深化对农民工、军人军属、国家赔偿等方面的法律援助工作,保证人民群众在遇到法律问题或者权利受到侵害时获得及时有效法律帮助。由此可见,中国法律援助的范围广泛,并且尽可能扩大受援范围,使更多的经济困难人员和家庭纳入法律援助范围。

(六)法律援助形式的丰富性

中国的法律援助制度所规定的法律援助形式既包括诉讼法律援助服务,也包

---

① 《法律援助法》第2条规定:法律援助,是国家建立的为经济困难公民和符合法定条件的其他当事人无偿提供法律咨询、代理、刑事辩护等法律服务的制度。

括非诉讼法律援助服务，还包括法律咨询（电话咨询和当面咨询）、法律信息资料的免费提供等。

（七）法律援助人员的多样性

法律援助人员既有律师、法律援助机构的工作人员，又有社会团体（如工会、妇联、共青团组织等）、事业单位（如高校、法学研究机构）等社会组织利用自身资源提供法律援助的人员。这有利于充实法律援助的专业队伍，充分发挥社会力量在各个方面所具有的优势，有效地利用各种资源，促进中国法律援助事业的发展。

（八）法律援助法律责任的严格性

法律援助是为社会的贫、弱者免费提供法律服务，法律援助机构及其工作人员、法律援助律师是代表政府履行法律援助职责，法律援助的管理和实施都是政府行为。为了保证法律援助工作依法进行，保障其目的、任务的有效实现，《法律援助法》专章规定了严格的法律责任。法律责任的严格设定有利于保障法律援助制度中的各项具体措施在实践中的贯彻和实行。

第二节　法律援助机构和人员的管理

一、法律援助机构设置

中国的法律援助机构基本形成了四级组织架构：

（一）司法部法律援助中心

在国家一级，建立司法部法律援助中心，统一对全国的法律援助工作实施指导和监督。1996 年 12 月 18 日经中央机构编制委员会办公室正式批准，司法部法律援助中心在北京正式成立。司法部法律援助中心主要负责对法律援助工作进行业务指导，制定法律援助的政策、发展规划和管理制度，协调全国法律援助工作事宜，开展与国外法律援助团体及人士的交流活动等。同时，司法部法律援助中心还可以在必要时承办少量重大案件，包括最高人民法院直接指定的刑事辩护案件和地方法律援助机构及其援助人员办理起来有难度的案件。

（二）省级法律援助中心

在省一级，建立省、自治区、直辖市法律援助中心。省级法律援助中心不要求与中央的机构设置完全一致，但都应当建立法律援助管理机构，在业务上接受司法部法律援助中心的指导和监督，对所辖区域内的法律援助工作进行指导和协调。除此之外，省级法律援助机构还承担少量实施或者组织实施为公民提供法律援助的职能。

(三)地级市法律援助中心

在地、市一级(含副省级),建立地(市)法律援助中心,行使对法律援助工作的管理和组织实施的双重职能,其援助职能可以辐射到所辖区、县。

(四)县级法律援助中心

县级以上人民政府司法行政部门应当设立法律援助机构。法律援助机构负责组织实施法律援助工作,受理、审查法律援助申请,指派律师、基层法律服务工作者、法律援助志愿者等法律援助人员提供法律援助,支付法律援助补贴。

当然,在中国的法律援助机构中,除了上述四级组织架构外,在社会中还有许多社会团体,如工会、妇联、共青团、残联等,以及民间机构、政法院校所建立的法律援助组织,它们在中国的法律援助事业中也扮演着重要的角色。但是,根据中国法律援助制度的"四统一"原则以及中国法律援助机构体系的特点,为确保中国法律援助制度的统一实施,保障法律援助的质量,社会团体的法律援助工作应当纳入司法行政机关法律援助机构的统一指导和监督中,并且社会团体的法律援助组织只能为本团体的成员提供法律援助,而不能借法律援助的名义办理有偿的法律服务,以确保法律援助工作的健康发展。

二、法律援助机构的职能

中国法律援助制度的具体实施,是四级法律援助机构在统一的法律援助管理体制下通过发挥各自的职能进行的,绝大多数法律援助机构承担着管理和实施的双重职能。

(一)法律援助机构的管理职能

法律援助机构的管理职能,是指对法律援助项目和各种提供法律援助服务的组织进行管理,包括法律援助计划、政策和管理制度的制定,法律援助经费的管理,建立法律援助服务质量保障机制等,以保证法律援助制度的统一实施。中国四级法律援助机构均承担着相应的管理职能。

(二)法律援助机构的实施职能

法律援助机构的实施职能就是根据法律援助的管辖规定具体承办各类法律援助案件或事项,包括刑事案件的辩护,民事、行政案件的代理以及法律咨询等。其一般程序是:由接受援助者向某一法律援助机构提出法律援助的申请,该法律援助机构对申请进行审查批准,然后指派法律援助人员向申请人提供法律援助服务。

目前,法律援助机构的双重职能定位,较好地发挥了各级法律援助机构的积极作用。法律援助的管理和办案是法律援助制度实施过程中的两个环节,联系非常紧密,前者是后者的前提和保障,后者是前者的成效和目的,两个环节是一种自然的连续过程。

三、法律援助人员

(一)法律援助人员的概念和范围

法律援助人员,是指在法律援助机构中具体履行法律援助职能,直接承办法律援助事项和案件并且享有法律援助权利和承担法律援助义务的服务人员。根据《法律援助法》第16条①和第17条②的规定,在中国,律师、基层法律服务工作者、法律援助志愿服务者③都可以成为法律援助人员。

(二)法律援助人员的权利

根据有关法律法规的规定,法律援助人员在实施法律援助的过程中享有下列权利:(1)有权要求受援人提供与法律援助事项有关的材料,如实陈述事实和情况,提供有关证据材料;(2)对不符合法律援助条件的事项,可以提请法律援助机构终止法律援助;(3)认为不宜承办所指派的法律援助事项时,可以申请法律援助机构批准中止法律援助;(4)有权从法律援助机构获得法律援助补贴;(5)有关法律、法规规定的其他权利。

(三)法律援助人员的义务

法律援助人员在实施法律援助的过程中,在享有权利的同时,还应履行相应的义务。具体包括:(1)接受指派后,无正当理由不得拒绝、拖延或者终止提供法律援助服务;(2)应当按照规定向受援人通报法律援助事项办理情况,不得损害受援人合法权益;(3)法律援助人员发现有《法律援助法》第48条规定情形的,应当及时向

---

① 《法律援助法》第16条规定,律师事务所、基层法律服务所、律师、基层法律服务工作者负有依法提供法律援助的义务。律师事务所、基层法律服务所应当支持和保障本所律师、基层法律服务工作者履行法律援助义务。

② 《法律援助法》第17条规定,国家鼓励和规范法律援助志愿服务;支持符合条件的个人作为法律援助志愿者,依法提供法律援助。高等院校、科研机构可以组织从事法学教育、研究工作的人员和法学专业学生作为法律援助志愿者,在司法行政部门指导下,为当事人提供法律咨询、代拟法律文书等法律援助。

③ 《法律援助志愿者管理办法》第3条规定,法律援助志愿者,是指根据法律援助机构等单位安排,运用自身专业知识和技能无偿提供法律援助及相关服务的公民。

法律援助机构报告[①]；（4）法律援助事项办理结束后，法律援助人员应当及时向法律援助机构报告，提交有关法律文书的副本或者复印件、办理情况报告等材料；（5）对提供法律援助过程中知悉的国家秘密、商业秘密和个人隐私应当予以保密；（6）应当恪守职业道德和执业纪律，不得向受援人收取任何财物；（7）应当依法履行职责，及时为受援人提供符合标准的法律援助服务，维护受援人的合法权益。

（四）对法律援助人员的管理

依托现有资源加强法律援助队伍建设，配齐配强人员。要把思想政治建设始终摆在突出位置，提高法律援助队伍思想政治素质和职业道德水平。法律援助队伍应当向专业化、职业化方向发展，建设法律援助人才库，培养一批擅长办理法律援助案件的专业人员，提高法律援助人员专业素质和服务能力。完善律师、基层法律服务工作者参与法律援助工作的相关权益保障、政策扶持措施，调动律师、基层法律服务工作者等人员的积极性。加大政府购买法律援助服务力度，吸纳社会工作者参与法律援助，鼓励和支持人民团体、社会组织开展法律援助工作。在农村注重发挥基层法律服务工作者的作用，加大力度调配优秀律师、大学生志愿者等服务力量支持律师资源短缺地区法律援助工作。

第三节　法律援助工作的管理

一、法律援助的范围

法律援助的范围，是指一个国家以各种形式提供法律援助的具体领域。法律援助的范围从来都与一定的社会政治、经济、文化发展水平相联系。因此，在同一国家的不同历史发展阶段，法律援助的范围也必然存在不同。

根据《法律援助法》的规定，中国法律援助的范围如下：

（一）刑事案件

中国的刑事法律援助贯穿于从侦查到审判的各个诉讼阶段，法律援助对象包括犯罪嫌疑人、被告人和被害人、自诉人；法律援助事项既包括进行刑事辩护和代

---

① 《法律援助法》第48条规定，有下列情形之一的，法律援助机构应当作出终止法律援助的决定：（1）受援人以欺骗或者其他不正当手段获得法律援助；（2）受援人故意隐瞒与案件有关的重要事实或者提供虚假证据；（3）受援人利用法律援助从事违法活动；（4）受援人的经济状况发生变化，不再符合法律援助条件；（5）案件终止审理或者已经被撤销；（6）受援人自行委托律师或者其他代理人；（7）受援人有正当理由要求终止法律援助；（8）法律法规规定的其他情形。

理,也包括提供法律咨询等法律服务。具体表现为:

1. 刑事案件的犯罪嫌疑人、被告人因经济困难或者其他原因没有委托辩护人的,本人及其近亲属可以向法律援助机构申请法律援助。

2. 刑事案件的犯罪嫌疑人、被告人属于下列人员之一,没有委托辩护人的,人民法院、人民检察院、公安机关应当通知法律援助机构指派律师担任辩护人:(1)未成年人;(2)视力、听力、言语残疾人;(3)不能完全辨认自己行为的成年人;(4)可能被判处无期徒刑、死刑的人;(5)申请法律援助的死刑复核案件被告人;(6)缺席审判案件的被告人;(7)法律法规规定的其他人员。其他适用普通程序审理的刑事案件,被告人没有委托辩护人的,人民法院可以通知法律援助机构指派律师担任辩护人。

3. 对可能被判处无期徒刑、死刑的人,以及死刑复核案件的被告人,法律援助机构收到人民法院、人民检察院、公安机关通知后,应当指派具有3年以上相关执业经历的律师担任辩护人。

4. 强制医疗案件的被申请人或者被告人没有委托诉讼代理人的,人民法院应当通知法律援助机构指派律师为其提供法律援助。

5. 刑事自诉案件的自诉人及其法定代理人,因经济困难没有委托诉讼代理人的,可以向法律援助机构申请法律援助。

(二)民事、行政案件

《法律援助法》第31条规定:“因经济困难没有委托代理人的,可以向法律援助机构申请法律援助:(一)依法请求国家赔偿;(二)请求给予社会保险待遇或者社会救助;(三)请求发给抚恤金;(四)请求给付赡养费、抚养费、抚养费;(五)请求确认劳动关系或者支付劳动报酬;(六)请求认定公民无民事行为能力或者限制民事行为能力;(七)请求工伤事故、交通事故、食品药品安全事故、医疗事故人身损害赔偿;(八)请求环境污染、生态破坏损害赔偿;(九)法律、法规、规章规定的其他情形。”根据该法第29条的规定,刑事公诉案件的被害人及其法定代理人或者近亲属,刑事附带民事诉讼案件的原告人及其法定代理人,因经济困难没有委托诉讼代理人的,可以向法律援助机构申请法律援助。

(三)专项对农民工的法律援助

司法部先后下发《关于切实做好农民工讨薪、维权等服务工作的通知》(司办通〔2014〕43号)和《关于做好2016年司法行政系统农民工工作的通知》,进一步加强农民工法律援助工作,扩大法律援助覆盖面,深化法律援助便民服务,简化法律援助受理审查程序,加强农民工法律援助案件质量管理,做好农民工工资支付工作,建立农民工讨薪“绿色通道”。2016年10月19日,司法部要求各地逐步将法律援助经济困难标准拓展至低收入群体,对农民工申请支付劳动报酬和工伤赔偿案件免除经济状况审查。

(四)专项对军人军属的法律援助

司法部发布《关于认真贯彻落实国发〔2014〕37号文件精神进一步做好军人军属法律援助工作的通知》,要求最大限度满足军人军属法律援助需求,维护其合法权益。调整法律援助补充事项范围,把与军人军属权益保护密切相关的事项纳入法律援助范围;放宽军人军属经济困难标准,不断扩大法律援助覆盖面。

2016年9月,司法部、中央军委政法委员会联合印发了《军人军属法律援助工作实施办法》(共23条),确定了军地双方协作配合原则,要求建立健全相关工作机制,共同做好军人军属法律援助工作;界定了军人军属法律援助对象范围,明确了军人军属法律援助事项范围和申请法律援助应当提交的材料,明确了免于经济困难审查人员范围,确定了在办理军人军属法律援助案件中有关机构的权利和义务。军人军属法律援助工作站是军地双方联系的重要纽带。

二、法律援助申请与审查的管理

(一)申请与受理

法律援助机构应当公示办公地址、通讯方式等信息,在接待场所和司法行政政府网站上公示法律援助条件、程序、申请材料目录和申请示范文本。对诉讼事项的法律援助,由申请人向办案机关所在地的法律援助机构提出申请;对非诉讼事项的法律援助,由申请人向争议处理机关所在地或者事由发生地的法律援助机构提出申请。

因经济困难申请法律援助的,申请人应当如实说明经济困难状况。法律援助机构核查申请人的经济困难状况,可以通过信息共享查询,或者由申请人进行个人诚信承诺。法律援助机构开展核查工作,有关部门、单位、村民委员会、居民委员会和个人应当予以配合。法律援助申请人有材料证明属于下列人员之一的,免于核查经济困难状况;(1)无固定生活来源的未成年人、老年人、残疾人等特定群体;(2)社会救助、司法救助或者优抚对象;(3)申请支付劳动报酬或者请求工伤事故人身损害赔偿的进城务工人员;(4)法律、法规、规章规定的其他人员。

被羁押的犯罪嫌疑人、被告人、服刑人员,以及强制隔离戒毒人员等提出法律援助申请的,办案机关、监管场所应当在二十四小时内将申请转交法律援助机构。犯罪嫌疑人、被告人通过值班律师提出代理、刑事辩护等法律援助申请的,值班律师应当在二十四小时内将申请转交法律援助机构。无民事行为能力人或者限制民事行为能力人需要法律援助的,可以由其法定代理人代为提出申请。法定代理人侵犯无民事行为能力人、限制民事行为能力人合法权益的,其他法定代理人或者近亲属可以代为提出法律援助申请。被羁押的犯罪嫌疑人、被告人、服刑人员,以及强制隔离戒毒人员,可以由其法定代理人或者近亲属代为提出法律援助申请。

法律援助机构收到法律援助申请后,发现有下列情形之一的,可以决定先行提供法律援助:(1)距法定时效或者期限届满不足7日,需要及时提起诉讼或者申请仲裁、行政复议;(2)需要立即申请财产保全、证据保全或者先予执行;(3)法律、法规、规章规定的其他情形。法律援助机构先行提供法律援助的,受援人应当及时补办有关手续,补充有关材料。

(二)审查

法律援助机构应当自收到法律援助申请之日起7日内进行审查,作出是否给予法律援助的决定。决定给予法律援助的,应当自作出决定之日起3日内指派法律援助人员为受援人提供法律援助;决定不给予法律援助的,应当书面告知申请人,并说明理由。申请人提交的申请材料不齐全的,法律援助机构应当一次性告知申请人需要补充的材料或者要求申请人作出说明。申请人未按要求补充材料或者作出说明的,视为撤回申请。

申请人对法律援助机构不予法律援助的决定有异议的,可以向设立该法律援助机构的司法行政部门提出。司法行政部门应当自收到异议之日起5日内进行审查,作出维持法律援助机构决定或者责令法律援助机构改正的决定。申请人对司法行政部门维持法律援助机构决定不服的,可以依法申请行政复议或者提起行政诉讼。

三、法律援助实施的管理

(一)法律援助的实施形式

法律援助的实施形式,是指受法律援助机构指派的法律援助人员依法为受援人提供法律援助服务的方式,即保障受援人合法权益,实现法律援助制度功能的方法和途径。中国法律援助工作虽然起步较晚,但法律援助的实施形式具有多样性,主要有:法律咨询、代拟法律文书、刑事辩护与代理、民事案件诉讼代理、行政案件诉讼代理、国家赔偿案件的诉讼代理、值班律师法律帮助、劳动争议调解与仲裁代理等。此外,司法部在全国广泛推广的“12348”法律服务专线电话,作为提供法律咨询的渠道之一,也是法律援助的重要形式。由此可见,随着中国法律援助制度的不断完善,法律援助的实施形式也在不断创新发展,形式也越来越多样化。

(二)中国法律援助的实施主体

中国法律援助的实施主体主要有四种:一是法律援助机构具有律师资格或者法律职业资格的工作人员;二是律师;三是基层法律服务工作者;四是法律援助志愿者。其中,国家鼓励和规范法律援助志愿服务;支持符合条件的个人作为法律援助志愿者,依法提供法律援助。高等院校、科研机构可以组织从事法学教育、研究工作的人员和法学专业学生作为法律援助志愿者,在司法行政部门指导下,为当事人提供法律咨询、代拟法律文书等法律援助。法律援助志愿者具体管理办法由国务院有关部门规定。

在上述四种法律援助主体中,律师和基层法律服务工作者承担了大部分的法律援助工作。根据《法律援助法》第16条、《中华人民共和国律师法》第42条的规定,律师事务所、基层法律服务所、律师、基层法律服务工作者负有依法提供法律援助的义务。律师事务所、基层法律服务所应当支持和保障本所律师、基层法律服务工作者履行法律援助义务。因此,对于法律援助机构的指派,律师和律师事务所、基层法律服务工作者和基层法律服务所不得无故拒绝。

(三)法律援助的实施程序

根据中国法律援助的相关立法和实践工作中的具体做法,同时借鉴国外法律援助的先进经验,法律援助的实施程序一般包括以下步骤:

1. 法律援助人员的选任和指派

法律援助机构对法律援助申请进行审查,认为符合法律援助条件,决定提供法律援助后,即进入法律援助的实施阶段。法律援助机构首先应当选任法律援助人员具体承办法律援助案件或事项。对于民事、行政法律援助案件,法律援助机构应当自作出给予法律援助决定之日起7个工作日内指派律师事务所、基层法律服务所、其他社会组织安排其所属人员承办,或者安排本机构的工作人员承办。对于刑事法律援助案件,法律援助机构应当自作出给予法律援助决定或者收到指定辩护通知书之日起3个工作日内指派律师事务所安排律师承办,或者安排本机构的法律援助律师承办。

选任法律援助人员主要由法律援助机构根据法律援助案件、事项的特点和案情需要,指派能够承办该案件的律师或者其他法律援助人员实施法律援助。一般而言,受援人不能自行指定法律援助人员,但也有个别地方赋予受援人一定的选择权,规定受援人可以从《法律援助人员名册》中选出自己满意的律师或基层法律服务工作者为自己提供法律援助服务。

选任法律援助人员后,法律援助机构应当在5个工作日内向该法律援助人员发出《法律援助指派通知书》,通知书上应当载明法律援助人员的姓名、受援人的姓名、法律援助事项、签发日期,同时加盖法律援助机构的公章。法律援助人员接到通知后,当及时办理相关手续,履行法律援助义务。

2. 法律援助协议的订立、变更与解除

法律援助机构确定法律援助人员后,应与受援人或者其法定代理人、近亲属签订《法律援助协议书》,因受援人的原因无法按时签订的除外。协议书由法律援助机构统一印制。

法律援助协议的变更,是指在法律援助的有效期内,由于出现法定或者约定事由,经双方当事人协商一致,对法律援助协议的有关内容进行更改的行为。

法律援助协议的解除有单方解除和双方解除两种,是指因出现法定或者约定事由,法律援助机构及法律援助人员与受援人员双方或单方终止法律援助协议效力的行为。

3. 法律援助事项的承办

法律援助事项的承办是法律援助机构、法律援助人员及受援人根据法律援助协议的约定,各尽其责,实现法律援助目的的过程。

在法律援助事项的承办中,法律援助人员的职责主要有:(1)在接受法律援助指派后,应及时有效地开展法律援助工作,尽职尽责,根据事实和法律最大限度地为受援人争取合法利益;(2)在办理法律援助事项时,必须接受作出指派的法律援助机构的监督,未经法律援助机构批准,不得拖延、终止法律援助或者委托他人代为办理法律援助事项,不得向受援人收取钱物或者牟取其他不正当利益;(3)法律援助人员应当向受援人通报案件办理情况,答复受援人询问,并制作通报情况记录;(4)在为受援人提供法律援助的过程中,应当保守国家秘密和有关的商业秘密,不得泄露受援人的隐私。

在法律援助事项的承办中,法律援助机构的职责主要有:(1)积极协助法律援助人员开展援助工作,及时提供所需的证明文件,为法律援助人员顺利进行法律援助创造良好条件;(2)采取各种行之有效的方法对法律援助的实施进行监督、指导,保证受援人获得优质的法律援助。

法律援助人员在办理法律援助案件或事项中,遇有下列情形之一的,应当向法律援助机构报告,法律援助机构经审查核实,应当终止该项法律援助:(1)受援人的经济收入状况发生变化,不再符合法律援助条件的;(2)案件依法终止审理或者已被撤销的;(3)受援人自行委托其他律师、其他代理人或者辩护人的;(4)受援人要求终止法律援助的;(5)受援人利用法律援助从事违法活动的;(6)受援人故意隐瞒与案件有关的重要事实或者提供虚假证据的。法律援助机构决定终止法律援助的,应当制作终止法律援助决定书,并发送受援人,同时函告法律援助人员所属单位和有关机关、单位。法律援助人员所属单位应当与受援人解除委托代理协议。

4. 法律援助的异地协作

法律援助实施过程中的异地协作,是指为顺利实施法律援助,提高工作效率,节约援助经费,各地法律援助机构之间相互进行的协助与合作。

法律援助机构进行异地协作应符合以下条件:(1)部分法律援助工作必须在享有管辖权的法律援助机构的管辖区域外完成,如法律援助案件的主要证据在异地,必须外出调查取证,又如法律援助的案件归异地的司法机关执行;(2)有管辖权的法律援助机构完成该项特定的法律援助工作确实存在不便;(3)委托其他法律援助机构办理该项特定的法律援助事项确实有利于节约经费,提高工作效率,取得良好的效果。

法律援助机构进行异地协作应遵循以下程序:(1)寻求异地协作应经法律援助机构的负责人批准;(2)委托异地法律援助机构办理特定的援助事项,应当向受委托的法律援助机构发出书面委托函,写明委托办理的事项、委托的原因等,同时还应附送有关材料;(3)受委托的法律援助机构接到委托函后应及时答复;(4)受委托的法律援助机构完成受委托事项后,应向委托方发出书面复函,写明办理过程和办理结果,同时还应附送有关材料。

5. 结案

法律援助案件或事项办理完毕,法律援助人员应自法律援助案件结案之日起30日内向法律援助机构提交书面立卷材料、结案报告和相关材料(包括有关的法律文书副本或者复印件),以便于法律援助机构整理归档。结案报告应载明下列内容:(1)法律援助人员的姓名及所在单位;(2)法律援助事项;(3)办理法律援助事项的过程;(4)办理结果。法律援助机构收到立卷材料、结案报告和相关材料之日起30日内及时审核,将材料装订成册,归档保存,验收合格后,做出指派的法律援助机构应根据有关规定进行核算并支付办案补助费用。

四、法律援助工作的监督与惩戒

司法行政机关是法律援助工作的指导、监督部门。国务院司法行政部门指导、监督全国的法律援助工作。县级以上地方人民政府司法行政部门指导、监督本行政区域的法律援助工作。县级以上人民政府其他有关部门依照各自职责,为法律援助工作提供支持和保障。

(一)法律援助工作的监督管理

1. 对法律援助实施的监督管理

各级司法行政机关监督管理本行政区域内法律援助案件指派工作,法律援助机构具体负责法律援助案件指派工作。法律援助机构认真做好受理、审查、指派、支付办案补贴等工作,严格执行法律援助事项范围和经济困难标准;司法行政机关引导律师、基层法律服务工作者等法律援助人员严格遵守法定程序和执业规范,通过法律援助的考核评价机制规范法律服务机构和人员实施法律援助;完善公证处、司法鉴定机构依法减免相关费用,加强工作衔接;利用传统媒体和新兴媒体,扩大法律援助宣传的覆盖面,增强宣传效果。

根据案件不同类别组建法律援助专业服务团队,探索创新法律援助案件指派方式,对重大疑难案件实行集体讨论、全程跟踪、重点督办,提高案件办理专业化水平。

2. 对法律援助质量的监督管理

司法行政部门应当加强对法律援助服务的监督,制定法律援助服务质量标准,通过第三方评估等方式定期进行质量考核。完善服务质量监管机制,综合运用质量评估、庭审旁听、案卷检查、征询司法机关意见和受援人回访等措施,强化案件质量管理。加大信息技术在法律援助流程管理、质量评估、业绩考核等方面的应用。逐步推行办案质量与办案补贴挂钩的差别案件补贴制度,根据案件办理质量确定不同级别发放标准,促进提高办案质量。全国各地司法行政机关根据地方特色,积极制定各项措施,着力加强对法律援助案件的质量监督管理,不断提高法律援助服务质量。

司法行政部门、法律援助机构应当建立法律援助信息公开制度,定期向社会公布法律援助资金使用、案件办理、质量考核结果等情况,接受社会监督。

(二)对法律援助投诉的管理

法律援助机构、法律援助人员未依法履行职责的,受援人可以向司法行政部门投资。投诉是指法律援助申请人、受援人或者利害关系人(以下简称投诉人)认为法律援助机构、律师事务所、基层法律服务所、其他社会组织和法律援助人员(以下简称被投诉人)在法律援助活动中有违法违规行为,向司法行政机关投诉,请求予以处理的行为。主管该法律援助机构的司法行政机关为接受投诉、处理投诉的机关。司法行政部门应当建立法律援助工作投诉查处制度,接到投诉后,应当依照有关规定受理和调查处理,并及时向投诉人告知处理结果。

司法行政机关受理投诉后,应当及时、全面、客观、公正地进行调查核实。必要时,可以委托下级司法行政机关或者相关律师协会等单位进行调查。司法行政机关进行调查,不得妨碍被投诉人正常开展工作。司法行政机关进行调查核实时,可以要求被投诉人说明情况、提交有关材料,调阅被投诉人有关业务案卷和档案材料,向有关单位、个人核实情况、收集证据;并可以根据需要,组织专家论证或者听取有关部门的意见、建议。调查应当由两名以上司法行政机关工作人员进行,并制作调查笔录,调查笔录应当由被调查人员签字或者盖章,被调查人员不能或者拒绝签字、盖章的,调查人员应当在笔录中注明。调查人员应当对被投诉人及有关单位、个人提供的证据和有关材料进行登记并妥善保管;不能保存原件的,应当保存复印件,并由被投诉人或者有关单位、个人在复印件上签名或者盖章。司法行政机关在调查过程中,发现被投诉人的违法违规行为仍处在连续或者继续状态的,应当责令被投诉人立即停止违法违规行为。司法行政机关一般应当在受理投诉后60日内办理完结,投诉事项复杂的,经本机关负责人批准,可以适当延长办理期限,但延长期限不得超过30日,并应当将延长的时间和理由书面告知投诉人。司法行政机关应当根据调查核实的结果作出处理,并自作出处理决定之日起7个工作日内,将投诉处理决定书面告知投诉人、被投诉人。

司法行政机关办理投诉应当建立投诉处理档案,将投诉登记、受理决定、调查材料、处理决定或者处理意见、投诉处理结果告知书等归卷,做到一事一卷。

(三)对违法违规行为惩戒的管理

司法行政机关健全管理体制,对法律援助机构执行法律法规和政策情况进行监督,完善法律援助投诉处理制度,规范投诉事项范围、程序和处理反馈工作,提高投诉处理工作水平;通过完善责任追究制度,确保法律援助机构及其工作人员依法履行职责,提高法律援助服务人员遵守执业道德和执业纪律水平。

1. 对法律援助机构及其工作人员的责任追究

法律援助机构及其工作人员故意为不符合法律援助条件的人员提供法律援助,或者拒绝为符合法律援助条件的人员提供法律援助,指派不符合《法律援助法》规定的人员提供法律援助,办理法律援助案件收取财物或从事有偿法律服务,侵占、私分、挪用法律援助经费或者泄露法律援助过程中知悉的国家秘密、商业秘密和个人隐私的情形,由司法行政机关根据具体情况责令限期改正;有违法所得的,责令退还或者没收违法所得;对直接负责的主管人员和其他直接责任人员,依法给予处分。

2. 对律师事务所、基层法律服务的责任追究

律师事务所、基层法律服务无正当理由拒绝接受法律援助机构指派，接受指派后，不及时安排本所律师、基层法律服务工作者办理法律援助事项或者拒绝为本所律师、基层法律服务工作者办理法律援助事项提供支持和保障，纵容或者放任本所律师、基层法律服务工作者怠于履行法律援助义务或者擅自终止提供法律援助的，由司法行政部门依法给予处罚。

3. 对律师、基层法律服务工作者的责任追究

律师、基层法律服务工作者无正当理由拒绝履行法律援助义务或者怠于履行法律援助义务，擅自终止提供法律援助，收取受援人财物，或者泄露法律援助过程中知悉的国家秘密、商业秘密和个人隐私的由司法行政部门依法给予处罚。

第四节 法律援助资金的来源与管理

一、法律援助资金的来源

拥有充足、稳定、持续的资金来源，是实施法律援助制度最重要的物质基础。目前世界上的法律援助制度有两种模式：一种模式是由私人律师提供法律服务，以公共基金支付其费用；另一种模式是建立法律咨询与服务的专门公共机构，由有工资报酬的专职律师提供法律服务。无论在哪一种模式中，政府投入的资金都是法律援助资金的主要来源。此外，法律援助专项基金、民间捐赠以及其他渠道的资金投入，也对法律援助制度的存在和发展起到了重要的作用。

中国法律援助资金的来源主要有以下三个方面：

(一)政府的财政拨款

法律援助的资金主要来源于政府的财政拨款，这是由法律援助的性质所决定的。政府财政拨款通常有直接拨款和间接拨款两种形式。前者是指政府将法律援助工作所需资金纳入每年财政预算，专项拨付；后者是指政府虽然没有将法律援助工作所需资金纳入财政预算，但将法律援助机构依法收取受援人应当分担的办案费用纳入行政事业收费，在财政部门的许可和监督下用于法律援助事业。中共中央办公厅、国务院办公厅《关于完善法律援助制度的意见》明确指出，法律援助经费要坚持全额保障的原则，明确经费使用范围和保障标准，确保经费保障水平适应办案工作需要。中央财政要引导地方特别是中西部地区加大对法律援助经费的投入力度。省级财政要为法律援助提供经费支持，加大对经济欠发达地区的转移支付

力度，提高经济欠发达地区的财政保障能力。市、县级财政要将法律援助经费全部纳入同级财政预算，根据地方财力和办案量合理安排经费，适当提高办案补贴标准并及时足额支付。

（二）社会捐助

为了弥补政府经费投入的不足，满足经济困难公民日益增长的法律需求，多渠道筹集法律援助资金是非常必要的。通过社会捐助筹集法律援助资金，具体有以下几种渠道：

1. 以基金形式接受捐助

1997年，中国法律援助基金会经国务院批准，在民政部依法登记成立，这是国内唯一一家专门致力于发展法律援助事业的全国性公募基金会。在司法部和中国法律援助基金会理事会的领导下，在慈善企业、爱心人士的关心和支持下，中国法律援助基金会根据不同人群和地区的需要，先后设立了22个专项基金，主要是中国优秀学子法律援助专项基金、"592"法律援助专项基金、农民工法律援助专项基金、中国民间对日索赔法律援助专项基金、残疾人法律援助专项基金、妇女家庭权益保障专项基金、老年人法律援助专项基金、未成年人法律援助专项基金、生态环保法律援助专项基金、"5·12"孤残法律援助专项基金、灾区县级法律援助重建基金、"1+1"中国法律援助志愿者行动专项基金、中央专项彩票公益金法律援助项目和维护民营企业合法权益专项基金等。各省、自治区、直辖市根据实际情况，也可依法申请设立本级的地方法律援助基金会。

2. 指定用途捐助

指定用途捐助是指慈善捐款的捐赠人与受赠人订立捐赠协议，并针对捐赠财产的使用做出约定，受赠人只能按照约定使用捐款。《中华人民共和国公益事业捐赠法》规定，捐赠人可以与受赠人就捐赠财产的种类、质量、数量和用途等内容订立捐赠协议。捐赠人有权决定捐赠的数量、用途和方式。民政部《关于规范基金会行为的若干规定（试行）》①规定，基金会接受捐赠，应当与捐赠人明确权利义务，并根据捐赠人的要求与其订立书面捐赠协议。因此，社会组织或个人以法律援助为目的的捐款，成为法律援助经费的来源之一。

3. 法律服务组织的捐助

法律服务组织的捐助主要是指律师事务所或法律服务所将本所全年业务收入

---

① 2012年7月，民政部正式发布《关于印发〈关于规范基金会行为的若干规定（试行）〉的通知》（民发〔2012〕124号）。

中一定比例的款项列为法律援助资金捐赠给法律援助基金会。法律服务组织的捐助在法律援助成立初期广泛存在,是法律援助资金的来源之一。

4. 社会慈善性捐助

依据《中华人民共和国公益事业捐赠法》的规定,各级法律援助机构可以接受国内外公民、法人或者其他组织的慈善性捐助,鼓励社会对法律援助活动提供捐助,充分发挥法律援助基金会的资金募集作用。

(三)其他基金来源渠道

除政府的财政拨款、社会捐助外,法律援助的其他基金来源渠道主要包括国际组织以项目合作的形式进行资助、法院支付补贴、基金会资金的合法增值、受援人分担法律援助的办案费用、公益福利彩票收入的定向使用、律师信托账户的利益、法律保险等。

二、法律援助资金的管理

(一)法律援助资金管理的原则

1. 专款专用,不得挪作他用

法律援助的宗旨在于保障经济困难当事人能够平等地实现合法权益,从这个意义上说,法律援助基金类似于救济款项,因而也应当像国家对救济款项的使用和管理那样予以严格规定。财政、审计等部门要加强对法律援助经费的绩效考核和监督,确保专款专用,提高经费使用效益。

2. 确保法律援助资金使用的最大效益

坚决杜绝侵占、挪用法律援助资金的现象出现,保证法律援助资金用于最需要法律援助的人身上,这是法律援助资金管理所追求的目标和社会效益。

(二)法律援助资金管理的方式

1. 对政府拨付资金的管理

对政府拨付资金进行管理包括以下两种情况:

(1)对政府直接拨付资金的管理。中央财政拨付的资金,主要用于欠发达地区的法律援助,由管理和指导全国法律援助工作的司法部法律援助中心统一管理。省、市、县各级地方政府财政拨付的法律援助资金,应由同级法律援助机构管理。

(2)对政府间接拨付资金的管理。受援人分担的费用和非受援的败诉方承担的费用应由法律援助机构收取,纳入当地财政部门的行政事业收费进行管理,设立专门银行账户。此项资金根据法律援助工作的需要,经主管部门批准后,返还法律援助机构使用。

2. 对社会捐助资金的管理

对社会捐助资金进行管理包括以下两种情况：

(1)对法律援助基金会基金的管理。法律援助基金会筹集的基金，只能根据国家制定的《基金会管理条例》的规定进行运作，其基金的增值部分用于资助法律援助事业，不得挪作他用；基金会设立专职财务人员，建立独立的会计、稽核和监督制度；基金会的收支和运作情况要接受司法行政机关、民政部门的检查和监督。

(2)对其他社会捐助资金的管理。法律援助机构应对其他社会捐助资金设立专项基金，单列账户，不得改变社会捐助资金的使用目的。

(三)法律援助办案补贴的管理

《法律援助法》第52条规定，法律援助机构应当依照有关规定及时向法律援助人员支付法律援助补贴。法律援助补贴的标准，由省、自治区、直辖市人民政府司法行政部门会同同级财政部门，根据当地经济发展水平和法律援助的服务类型、承办成本、基本劳务费用等确定，并实行动态调整。法律援助机构收到结案材料后，应当向受指派办理法律援助案件的律师、基层法律服务工作者或者接受安排办理法律援助案件的社会组织人员支付法律援助办案补贴。法律援助补贴免征增值税和个人所得税。

思考题

1. 简述中国法律援助的性质。
2. 法律援助的意义有哪些？
3. 中国法律援助制度的特征有哪些？
4. 分析中国法律援助范围的现状。
5. 论述中国法律援助资金的来源及其管理制度。

第十四章　司法鉴定管理

本章要点

本章主要阐述了司法鉴定的概念、司法鉴定管理、司法鉴定机构、司法鉴定人、司法鉴定程序。重点要掌握司法鉴定人、司法鉴定程序和司法鉴定管理的相关内容。

第一节　司法鉴定概述

一、司法鉴定的概念与特点

(一)司法鉴定的概念

司法鉴定的概念有广义和狭义之分。广义的司法鉴定,是指在裁判和证明活动中,鉴定人运用科学技术或者专门知识对专门性问题进行鉴别和判断并提供鉴定意见的活动,是为诉讼、行政执法、仲裁、调解、公证等裁判、证明等提供科学实证的活动。狭义的司法鉴定,是指在诉讼活动中鉴定人运用科学技术或者专门知识对诉讼中涉及的专门性问题进行鉴别和判断并提供鉴定意见的活动。广义与狭义的区别主要在于,狭义的司法鉴定服务领域仅限于诉讼活动。

2005 年 2 月 28 日全国人民代表大会常务委员会通过的《关于司法鉴定管理问题的决定》采用了狭义的观点,明确了司法鉴定的内涵,消除了理论和实务上的认识差异,对司法鉴定工作的规范发展奠定了基础。本书亦采用狭义观点。

(二)司法鉴定的特征

司法鉴定的特征是司法鉴定本身所具有的、内在的、本质的规定性,是司法鉴定概念内涵的具体化表现,也是区别于其他证据种类的标志。司法鉴定具有以下特征:

1. 法律性

司法鉴定的法律性,是指由于司法鉴定意见属于证据范畴,因此关于司法鉴定机构的资格、司法鉴定人的条件、司法鉴定的程序、司法鉴定的实施、司法鉴定的质证与采信等都有明确的法律规定。另外,技术标准也是由有权部门制定和发布的规范性文件所确立的,必须遵守。总之,司法鉴定活动是为审判服务的,是司法活动的一部分,具有"法律性"这一根本属性。

2. 科技性

司法鉴定是科学技术专家对裁判或证明活动中的专门性问题,按照科技规则进行鉴别和判断的科技实证活动,从司法鉴定的本质属性来看,其具有科技性特征。这主要体现在以下三个方面:一是鉴定机构必须具有相应的仪器、设备和场所等必备的鉴定条件,鉴定人必须具备一定的专业技术能力、具有相应领域的资格。二是进行司法鉴定的过程中也有科学性的要求。它必须在遵守科学技术活动的运行规律和操作规程的基础上,运用科学的方法,依据科学的标准进行。三是鉴定主体与鉴定对象的统一性,也就是鉴定对象与鉴定主体的资格具有一致性。

3. 中立性

司法鉴定的中立性就是指司法鉴定过程中,鉴定人或机构不依附于当事人双方任何一方,不为双方当事人意志所左右,也不为自身利益所驱动,不得与鉴定委托人之间存在利害关系。中立性是对司法鉴定活动的一个价值要求,它是客观性的保障,是程序公正的重要表现。司法鉴定的中立原则是国际上普遍遵守的一个基本原则。基于其在诉讼中的中立地位和独立执业的要求,司法鉴定机构和司法鉴定人在实施鉴定活动时,既不是对司法机关负责,也不是对当事人负责,而应该是对法律负责、对科学负责、对所委托的事项负责,最终是对案件事实负责。

二、司法鉴定的功能

随着科学技术的发展,司法鉴定水平不断提升,司法鉴定在诉讼中起着越来越重要的作用。同其他证据相比,司法鉴定是一种客观化程度比较高的证据调查方法和司法证明手段,是促进司法公正、有效化解社会矛盾纠纷、实现社会公平正义的关键。具体体现为以下五个方面:(1)为社会治安管理和执法活动提供科学证据。(2)为侦查机关开展侦查活动提供线索。(3)为检察机关审查起诉提供科学证据。(4)为审判机关依法审理和判决提供科学证据。(5)为监狱部门以及其他判决执行部门正确有效执行司法判决提供依据。①

① 参见杜志淳主编:《司法鉴定概论》,法律出版社2010年版,第13页。

三、司法鉴定中常涉及的鉴定学科

目前,中国法律统一管理的司法鉴定学科类别以及在诉讼中发生频率较高的专门性问题所涉及的学科类别主要有以下几种:

(一)法医类鉴定

1. 法医病理鉴定

运用法医病理学的理论和技术,通过尸体外表检查、尸体解剖检验、组织切片观察、毒物分析和书证审查等,对涉及与法律有关的医学问题进行鉴定或推断。其主要内容包括:死亡原因鉴定、死亡方式鉴定、死亡时间推断、致伤(死)物认定、生前伤与死后伤鉴别、死后个体识别等。

2. 法医临床鉴定

运用法医临床学的理论和技术,对涉及与法律有关的医学问题进行鉴定和评定。其主要内容包括:人身损伤程度鉴定、损伤与疾病关系评定、道路交通事故受伤人员伤残程度评定、职工工伤与职业病致残程度评定、劳动能力评定、活体年龄鉴定、性功能鉴定、医疗纠纷鉴定、诈病(伤)及造作病(伤)鉴定、致伤物和致伤方式推断等。

3. 法医精神病鉴定

运用司法精神病学的理论和方法,对涉及与法律有关的精神状态、法定能力(如刑事责任能力、受审能力、服刑能力、民事行为能力、监护能力、被害人自我防卫能力、作证能力等)、精神损伤程度、智能障碍等问题进行鉴定。

4. 法医物证鉴定

运用免疫学、生物学、生物化学、分子生物学等理论和方法,利用遗传学标记系统的多态性对生物学检材的种类、种属及个体来源进行鉴定。其主要内容包括:个体识别、亲子鉴定、性别鉴定、种族和种属认定等。

5. 法医毒物鉴定

运用法医毒物学的理论和方法,结合现代仪器分析技术,对体内外未知毒(药)物、毒品及代谢物进行定性、定量分析,并通过对毒物毒性、中毒机理、代谢功能的分析,结合中毒表现、尸检所见,综合作出毒(药)物的鉴定。

(二)物证类鉴定

1. 文书司法鉴定

运用文件检验学的原理和技术,对文书的笔迹、印章、印文、文书的制作及工具、文书形成时间等问题进行鉴定。

2. 痕迹司法鉴定

运用痕迹学的原理和技术，对有关人体、物体形成痕迹的同一性及分离痕迹与原整体相关性等问题进行鉴定。运用枪械学、弹药学、弹道学的理论和技术，对枪弹及射击后残留物、残留物形成的痕迹、自制枪支和弹药及杀伤力进行鉴定。

3. 微量物证鉴定

运用物理学、化学和仪器分析等方法，通过对有关物质材料的成分及其结构进行定性、定量分析，对检材的种类、检材和嫌疑样本的同类性和同一性进行鉴定。

（三）声像资料司法鉴定

声像资料司法鉴定是运用物理学和计算机的原理和技术，对录音带、录像带、磁盘、光盘、图片等载体上记录的声音、图像信息的真实性、完整性及其所反映的情况过程进行鉴定，并对记录的声音、图像中的语言、人体、物体作出种类或同一认定。

（四）知识产权司法鉴定

知识产权司法鉴定是根据技术专家对本领域公知技术及相关专业技术的了解，并运用必要的检测、化验、分析手段，对被侵权的技术和相关技术的特征是否相同或者等同进行认定；对技术转让合同标的是否成熟、实用，是否符合合同约定标准进行认定；对技术开发合同履行失败是否属于风险责任进行认定；对技术咨询、技术服务以及其他各种技术合同履行结果是否符合合同约定，或者有关法定标准进行认定；对技术秘密是否构成法定技术条件进行认定；对其他知识产权诉讼中的技术争议进行鉴定。

（五）司法会计鉴定

司法会计鉴定是运用司法会计学的原理和方法，通过检查、计算、验证和鉴证对会计凭证、会计账簿、会计报表和其他会计资料等财务状况进行鉴定。

（六）计算机司法鉴定

计算机司法鉴定是运用计算机理论和技术，对通过非法手段对计算机系统内数据的安全性、完整性或系统正常运行造成的危害及其程度等进行鉴定。

（七）建筑工程司法鉴定

建筑工程司法鉴定是运用建筑学理论和技术，对与建筑工程相关的问题进行鉴定。其主要内容包括：建筑工程质量评定、工程质量事故鉴定、工程造价纠纷鉴定等。

第二节　司法鉴定管理

一、司法鉴定管理的概念

司法鉴定管理是指为保证司法鉴定的秩序，对于司法鉴定活动中涉及的实施主体（鉴定机构和鉴定人）、鉴定的程序和标准、鉴定人的责任和鉴定收费等事项，由一定的组织或机构进行规范或引导的活动。

二、中国司法鉴定管理的历史沿革

（一）1949年以前的司法鉴定管理

据史料记载，中国最古老的司法鉴定活动存在于距今两千多年前的周朝，当时就有伤害鉴定，到战国时期出现了关于司法鉴定的程序性规定，如《秦简·封诊式》中对诊察、勘验、检验有大量记载，那时法医学检验从内容、方法到分工都已具雏形。到唐宋时期，司法鉴定得到较大发展，《唐律疏议》对司法鉴定有了比较完善的规定，明确了法医检验的对象、损伤的定义和分类，出现了评判损伤程度的法医学标准，而且最早规定了作虚假结论的法律责任。宋朝的法律对鉴定人的身份、鉴定的内容与记录都作了规定，并出现了世界上第一部系统的法医学著作《洗冤集录》。明清的《大明律》和《大清律例》对案件的勘验、调查和检验主体、程序和法律责任也有详细规定。辛亥革命后，民国政府颁布了《刑事诉讼法》，其中有关于挖墓检验、解剖尸体的规定；1913年颁发了《解剖规则》，这是中国现代司法鉴定崛起的象征。

（二）中华人民共和国司法鉴定事业的曲折发展

中华人民共和国成立后，采取了恢复、发展司法鉴定与研究的一些措施，以法医学检验与刑事技术发展最为迅速。当时开展了专职法医、法医师的资格培训；设置法医研究所；医学及政法院校相继建立了法医教研室，开设法医课。但是，由于历史的原因，法医事业遭到了破坏，法医研究所撤销，专职法医纷纷改行或者被下放劳动，大部分法医人员被迫离开了司法机关，法医工作受到严重影响。

（三）改革开放以来司法鉴定管理

中国共产党的十一届三中全会后，中国司法鉴定事业重新复苏。1979年7月1日全国人民代表大会通过并公布《中华人民共和国刑法》《中华人民共和国刑事诉讼法》，司法鉴定工作得以全面发展。法院、检察院、司法行政、卫生等系统以及政法高等院校都建立了法医检验的教学或科研机构。在这一时期，司法部司法鉴定科学技术研究所恢复,以培养高级专门人才。改革开放四十多年来,司法鉴定工作发展很快,中国每年司法鉴定案件由几万件上升到上百万件。

随着法治的进步,原有司法鉴定体制存在的一些不适应时代发展的缺点逐渐显现。主要体现为以下几点:第一,立法严重滞后,仅有很少的法律条文,有关规定又过于简单、分散。第二,司法鉴定机构重复设置,公安、检察、法院、司法行政系统以及一些行业分别设置鉴定机构,一方面造成鉴定资源的大量浪费;另一方面,鉴定机构的分散管理,造成多头鉴定的混乱状态,特别是部分鉴定机构与司法机关重叠,鉴定易受主观影响,权威性受到质疑。第三,司法鉴定各机构的司法职能、行政职能与鉴定职能不分,行政垄断、官方色彩导致鉴定的独立性受到损害。第四,鉴定人管理混乱,多数人不经过考试取得鉴定人资格,业务素质参差不齐,不少人欠缺专业知识。实践中,经常出现同一案件,在不同的鉴定机构鉴定,鉴定结果不一样的情况。错误鉴定、利用鉴定意见徇私舞弊的现象也时有发生,严重损害了司法鉴定的声誉。①

2005年,全国人民代表大会常务委员会经过认真调研,通过了《关于司法鉴定管理问题的决定》,该决定为中国司法鉴定领域首部专门"法律",起到了"基本法"的作用,对于改革和完善中国的司法鉴定管理,理顺司法鉴定机构设置和管理体制等方面的关系起到了重要作用。为了加强和适应司法鉴定管理工作,经有关部门同意,司法部专门设立了司法鉴定体制改革办公室。中央政法委员会明确提出司法部为司法鉴定体制改革工作的牵头负责单位,对司法部的工作给予了充分肯定和积极支持。全国人民代表大会法制工作委员会对需要解释的法律问题也及时给予批复。司法部通过与最高人民法院、最高人民检察院、公安部、国家安全部等机关反复协商,研究制定了《关于做好〈全国人民代表大会常务委员会关于司法鉴定管理问题的决定〉施行前有关工作的通知》。并在此基础上,研究制定了与《关于司法鉴定管理问题的决定》相配套的规章制度,统一部署和组织开展对司法鉴定机构和司法鉴定人的重新审核登记、名册编制和统一公告。

为了规范司法鉴定活动,完善司法鉴定管理制度,进入21世纪后,司法部相继颁布了《司法鉴定机构登记管理办法》、《司法鉴定人管理办法》(中华人民共和国司法部令第63号,已失效)、《司法鉴定执业分类规定(试行)》、《司法鉴定许可证管理规定》、《司法鉴定程序通则》、《司法鉴定文书示范文本(试行)》(已失效)等一系列规章和规范性文件;最高人民法院出台了《人民法院司法鉴定工作暂行规定》(法发

① 参见程维荣等:《新中国司法行政60年》,上海社会科学院出版社2009年版,第298页。

〔2001〕23 号）和《人民法院对外委托和组织司法鉴定管理办法》（法释〔2002〕8 号）。2008 年中央政法委员会出台了《关于进一步完善司法鉴定管理体制遴选国家级司法鉴定机构的意见》，针对在落实全国人民代表大会常务委员会《关于司法鉴定管理问题的决定》过程中出现的一些问题明确规定，“检察、公安、国家安全机关所属鉴定机构以及鉴定人实行所属部门直接管理体制和司法行政机关备案登记相结合的管理模式”。另外，司法行政机关应及时备案登记，编制和更新国家鉴定人和鉴定机构名册并公告。2010 年，由司法部牵头，会同最高人民法院、最高人民检察院、公安部、国家安全部、科技部等部门组成国家级司法鉴定机构遴选委员会，履行国家级司法鉴定机构的遴选职责。在中央政法委员会的领导下，国家级司法鉴定机构遴选委员会制定了《国家级司法鉴定机构遴选办法》《国家级司法鉴定机构评审标准》《国家级司法鉴定机构遴选工作方案》，并组织开展国家级司法鉴定机构遴选工作。经过各部门评审推荐、专家统一审核和遴选，委员会研究确定并报中央政法委员会批准，确定了 10 家机构为“国家级司法鉴定机构”。2011 年司法部办公厅下发了《关于推荐适用〈法医临床检验规范〉等 8 项司法鉴定技术规范的通知》（司办通〔2011〕20 号）。2016 年重新修订了《司法鉴定程序通则》，完善了影响司法鉴定质量的事前预防措施，强调了司法鉴定实施过程的监督措施，严格了重新鉴定的资质和专家参与的规定，规定了办案机关作为委托人以及鉴定机构对司法鉴定应当履行的法定义务，这对健全司法鉴定防错纠错机制具有重要意义。另外，在完善司法鉴定文书规范、规范鉴定机构与诉讼当事人之间的关系、规范鉴定人出庭作证等方面作出重大修改，着力解决实践中较为突出的问题。

2017 年 7 月 19 日，中央全面深化改革领导小组第三十七次会议审议通过了《关于健全统一司法鉴定管理体制的实施意见》。会议指出，司法鉴定制度是解决诉讼涉及的专门性问题、帮助司法机关查明案件事实的司法保障制度。健全统一司法鉴定管理体制，要适应以审判为中心的诉讼制度改革，完善工作机制，严格执业责任，强化监督管理，加强司法鉴定与办案工作的衔接，不断提高司法鉴定质量和公信力，保障诉讼活动顺利进行，促进司法公正。上述意见的提出，为中国新一轮司法鉴定制度的改革与完善奠定了基础。

2019 年 10 月 14 日，最高人民法院通过了《关于修改〈关于民事诉讼证据的若干规定〉的决定》，对民事诉讼中涉及的司法鉴定的内容进行了较为详细的规定，进一步完善了中国民事诉讼中的司法鉴定制度。

三、司法鉴定管理模式

司法鉴定管理模式有不同的分类方法，具体如下：

1. 从司法鉴定管理主体的集散程度来划分，司法鉴定的管理模式包括集中型管理模式、分散型管理模式和二者结合的混合型管理模式。

(1)集中型管理模式是指由政府的一个部门或行业组织集中管理或指导司法鉴定活动的模式。

(2)分散型的管理模式是指对司法鉴定活动的领域和范围作出区分，分别由多个政府部门或行业组织进行分类管理。

(3)混合型的管理模式是指司法鉴定中的某些方面实行集中管理，其他方面则实行分散管理。

2. 从司法鉴定管理主体的权力类型角度来看，司法鉴定管理模式包括行政权力管理型模式、社会权力指导型模式以及二者结合的混合型管理模式。

(1)行政权力管理型模式就是由一个国家行政机关对司法鉴定活动进行直接管理。这种模式在以国家权力为主导的社会中，是一种必然的选择。

(2)社会权力指导型管理模式是指司法鉴定的活动由司法鉴定的行业组织进行规范、指导。对于这种模式，只有在社会性力量发展相当充分的社会才能成为一种可能。

(3)混合型管理模式是依据科学、效率的原则，对政府管理和行业管理在司法鉴定活动的领域进行合理划分。

上述分类不管是依管理主体的集散程度还是依主体的权力类型，涉及的都是政府管理和行业管理的取舍问题。管理模式的选择，主要是由一国的历史发展阶段、法律文化传统、国情等因素决定的。中国司法鉴定管理目前仍以行政管理为主。随着司法实践的发展，在行政管理模式的主导下，充分发挥司法鉴定行业管理和司法鉴定技术管理的作用将成为司法鉴定管理的发展趋势，三者相互配合、相得益彰。

四、司法鉴定管理的主要内容

司法鉴定管理制度的内容包括以下六个方面：

(一)司法鉴定管理的主体

司法鉴定管理的主体是指对司法鉴定活动进行管理或指导的部门或组织。由于司法鉴定管理模式的不同，对司法鉴定进行管理的主体也就不同，一般包括政府部门或者行业组织。中国目前以行政管理为主。

(二)对司法鉴定业务范围的管理

规范司法鉴定的业务范围，也就是明确司法鉴定的工作范畴。一般而言，司法鉴定的业务范围是确定的。如果在实践中出现实用性很广泛的鉴定种类,要由司法部与最高人民法院、最高人民检察院商定,增加统一登记管理的鉴定类别。

(三)对司法鉴定机构的管理制度

司法鉴定机构是司法鉴定人依法执业的场所。司法鉴定活动是一种科学性的活动,因此其工作的场所必须具备一定的条件,拥有相应的仪器、设备和实验室,这是司法鉴定工作的保障,也是司法鉴定意见客观性的保障。因此,必须定期对司法鉴定机构在一定期限内作评估认证,对其资产、物质技术设施条件、鉴定范围、鉴定人员和鉴定质量内控体系作出评估。对于在司法鉴定活动中存在严重违反法律的情形的鉴定机构,应该作出撤销该鉴定机构的决定。

(四)对司法鉴定人的管理制度

在司法鉴定当中,鉴定人是司法鉴定的实施主体,对鉴定人的管理也就显得尤为重要。对司法鉴定人的管理一般包含鉴定人的资格取得,鉴定人的权利义务,鉴定人的诉讼地位,鉴定人的法律责任等。对取得司法鉴定资格并在执业的鉴定人,一般要进行专门的名册管理,并定期进行信息更新,以方便各类委托人选择司法鉴定人,这也有利于对鉴定人进行监督。

(五)司法鉴定程序的管理

司法鉴定程序管理主要包括鉴定的申请、决定、委托、受理、实施、鉴定的时限、鉴定人的回避、鉴定标准、鉴定质量控制与保障等方面的管理。司法鉴定程序是司法鉴定管理制度中的核心制度,它直接关系到司法鉴定工作的正常运行及其质量,关系到司法鉴定工作程序是否合法、规范,鉴定的技术方法、手段是否科学、先进、可靠,鉴定所适用的标准是否正确、有效,鉴定意见所依据的数据是否准确、客观、科学。①

(六)司法鉴定的责任管理制度

司法鉴定的责任管理制度包括鉴定机构和鉴定人的责任管理制度。从管理的层面上讲,对于鉴定机构和鉴定人,相关部门对其执业活动要进行监督管理,如果出现错误则需追究相关人员或机构的行政责任。如果鉴定机构和鉴定人有重大的违法犯罪行为则需追究刑事责任。责任制度的设立与强化,有利于增强鉴定人的责任感,保证鉴定意见的公正性、准确性、客观性。

五、司法鉴定的行政管理权

中国司法鉴定管理目前仍以行政管理为主。2006 年 7 月,由中央机构编制委

---

① 参见杜志淳主编:《司法鉴定概论》,法律出版社 2010 年版,第 92 页。

员会办公室正式发文,批准司法部设立司法鉴定管理局。司法鉴定管理局的成立,是司法鉴定体制改革的一项具体成果,是加强和规范司法鉴定管理的客观需要,也是司法鉴定管理工作的新起点。2018 年司法部机构重组,司法鉴定管理工作划归于公共法律服务局。

第三节 司法鉴定机构的管理

一、司法鉴定机构的设置

(一)司法鉴定机构的概念

司法鉴定机构指具备《司法鉴定机构登记管理办法》规定的条件,经省级司法行政机关审核登记,取得《司法鉴定许可证》,在登记的司法鉴定业务范围内开展司法鉴定活动的法人或其他组织,是司法鉴定人的执业机构。

(二)申请从事司法鉴定业务的条件

根据司法部《司法鉴定机构登记管理办法》,法人或者其他组织申请从事司法鉴定业务应当符合的条件为:

1. 有自己的名称、住所;

2. 有不少于 20 万元至 100 万元人民币的资金;

3. 有明确的司法鉴定业务范围;

4. 有在业务范围内进行司法鉴定必需的仪器、设备;

5. 有在业务范围内进行司法鉴定必需的依法通过计量认证或者实验室认可的检测实验室;

6. 每项司法鉴定业务有 3 名以上司法鉴定人。

跨省(自治区、直辖市)设立分支机构的,除应当经拟设分支机构所在行政区域的省级司法行政机关审核登记外,还应当报经司法鉴定机构所在行政区域的省级司法行政机关同意。

司法鉴定机构在本省(自治区、直辖市)行政区域内设立分支机构的,分支机构除满足上述条件外,还需经省级司法行政机关审核登记,方可依法开展司法鉴定活动。

二、对司法鉴定机构的管理

司法鉴定机构的管理主要是指对司法鉴定机构的准入管理、资质管理、执业管理、质量管理、监督管理和实施活动的监控等。根据全国人民代表大会常务委员会《关于司法鉴定管理问题的决定》的规定,对鉴定机构由国务院司法行政机关、省级司法行政机关两级管理机关进行管理。

国务院司法行政机关是国家司法行政管理的最高机关,负责全国范围内的司法行政管理工作。由国务院司法行政机关负责对司法鉴定实行登记管理,便于在全国范围内统一设定、规划管理的内容和管理方式,切实保障鉴定机构独立自主地开展鉴定活动。省级司法行政机关负责具体的登记、名册编制和公告工作,即由省级司法行政机关按照《关于司法鉴定管理问题的决定》和司法部制定的规范性文件负责具体登记管理工作。省级以下各级司法行政机关(不含省级)不承担对鉴定机构的登记、名册编制和公告工作。

(一)司法部对司法鉴定机构的管理

根据《司法鉴定机构登记管理办法》的规定,司法部负责全国司法鉴定机构的登记管理工作,具体工作为:

1. 制定全国司法鉴定发展规划并指导实施;

2. 指导和监督省级司法行政机关对司法鉴定机构的审核登记、名册编制和名册公告工作;

3. 制定全国统一的司法鉴定机构资质管理评估制度和司法鉴定质量管理评估制度并指导实施;

4. 组织制定全国统一的司法鉴定实施程序、技术标准和技术操作规范等司法鉴定技术管理制度并指导实施;

5. 指导司法鉴定科学技术研究、开发、引进与推广,组织司法鉴定业务的中外交流与合作;

6. 法律、法规规定的其他职责。

(二)省级司法行政机关对司法鉴定机构的管理

根据《司法鉴定机构登记管理办法》,省级司法行政机关负责本行政区域内司法鉴定机构的登记管理工作,具体工作为:

1. 制定本行政区域司法鉴定发展规划并组织实施;

2. 负责司法鉴定机构的审核登记、名册编制和名册公告工作;

3. 负责司法鉴定机构资质管理评估和司法鉴定质量管理评估工作;

4. 负责对司法鉴定机构进行监督、检查;

5. 负责对司法鉴定机构违法违纪的执业行为进行调查处理;

6. 组织司法鉴定科学技术开发、推广和应用;

7. 法律、法规和规章规定的其他职责。

另外，省级司法行政机关可以委托下一级司法行政机关协助办理有关工作。

三、对司法鉴定机构的监督管理

根据《司法鉴定机构登记管理办法》，司法行政机关应当按照统一部署，依法对司法鉴定机构进行监督、检查。公民、法人和其他组织对司法鉴定机构违反该办法规定的行为进行举报、投诉的，司法行政机关应当及时进行监督、检查，并根据调查结果进行处理。司法行政机关对司法鉴定机构进行监督、检查时，可以依法查阅或者要求司法鉴定机构报送有关材料。司法鉴定机构应当如实提供有关情况和材料。

司法行政机关对司法鉴定机构进行监督、检查的事项为：(1)遵守法律、法规和规章的情况；(2)遵守司法鉴定程序、技术标准和技术操作规范的情况；(3)所属司法鉴定人执业的情况；(4)法律、法规和规章规定的其他事项。

四、司法鉴定机构的法律责任

司法鉴定机构如果不履行相关职责，应承担法律责任。司法鉴定机构的法律责任主要为三种：行政法律责任、民事法律责任和刑事法律责任。从司法行政学的角度出发，这里主要介绍司法鉴定机构的行政法律责任。目前，司法行政机关对司法鉴定机构的管理、处罚不涉及侦查机关内设的鉴定机关。根据《司法鉴定机构登记管理办法》，可以将司法鉴定机构的行政法律责任概括为以下三点：

1. 法人或者其他组织未经登记，从事已纳入《司法鉴定机构登记管理办法》调整范围内的司法鉴定业务的，省级司法行政机关应当责令其停止司法鉴定活动，并处以违法所得 1 倍至 3 倍的罚款，罚款总额最高不得超过 3 万元。

2. 司法鉴定机构有下列情形之一的，由省级司法行政机关依法给予警告，并责令其改正：

(1)超出登记的司法鉴定业务范围开展司法鉴定活动的；

(2)未经依法登记擅自设立分支机构的；

(3)未依法办理变更登记的；

(4)出借《司法鉴定许可证》的；

(5)组织未取得《司法鉴定人执业证》的人员从事司法鉴定业务的；

(6)无正当理由拒绝接受司法鉴定委托的；

(7)违反司法鉴定收费管理办法的；

(8)支付回扣、介绍费,进行虚假宣传等不正当行为的;

(9)拒绝接受司法行政机关监督、检查或者向其提供虚假材料的;

(10)法律、法规和规章规定的其他情形。

3. 司法鉴定机构有下列情形之一的,由省级司法行政机关依法给予停止从事司法鉴定业务 3 个月以上 1 年以下的处罚;情节严重的,撤销登记:

(1)因严重不负责任给当事人合法权益造成重大损失的;

(2)具有该办法第 39 条规定的情形之一①,并造成严重后果的;

(3)提供虚假证明文件或采取其他欺诈手段,骗取登记的;

(4)法律、法规规定的其他情形。

司法鉴定机构对司法行政机关的行政许可和行政处罚有异议的,可以依法申请行政复议。司法鉴定机构在开展司法鉴定活动中因违法和过错行为应当承担民事责任的,按照民事法律的有关规定执行。

第四节　司法鉴定人管理

一、司法鉴定人

(一)司法鉴定人的概念

《司法鉴定人登记管理办法》对司法鉴定人的定义为:运用科学技术或者专门知识对诉讼涉及的专门性问题进行鉴别和判断并提出鉴定意见的人员。

(二)司法鉴定人的条件与资格

根据《司法鉴定机构登记管理办法》,司法鉴定人需具备以下条件:

1. 拥护《中华人民共和国宪法》,遵守法律、法规和社会公德,品行良好的公民;

2. 具有相关的高级专业技术职称;或者具有相关的行业执业资格或者高等院校相关专业本科以上学历,从事相关工作 5 年以上;

3. 申请从事经验鉴定型或者技能鉴定型司法鉴定业务的,应当具备相关专业工

---

① 《司法鉴定机构登记管理办法》第 39 条规定:"司法鉴定机构有下列情形之一的,由省级司法行政机关依法给予警告,并责令其改正:(一)超出登记的司法鉴定业务范围开展司法鉴定活动的;(二)未经依法登记擅自设立分支机构的;(三)未依法办理变更登记的;(四)出借《司法鉴定许可证》的;(五)组织未取得《司法鉴定人执业证》的人员从事司法鉴定业务的;(六)无正当理由拒绝接受司法鉴定委托的;(七)违反司法鉴定收费管理办法的;(八)支付回扣、介绍费,进行虚假宣传等不正当行为的;(九)拒绝接受司法行政机关监督、检查或者向其提供虚假材料的;(十)法律、法规和规章规定的其他情形。"

作10年以上经历和较强的专业技能；

4. 所申请从事的司法鉴定业务，有特殊行业规定的，应当符合行业规定；

5. 拟执业机构已经取得或者正在申请《司法鉴定许可证》；

6. 身体健康，能够适应司法鉴定工作需要。

（三）司法鉴定人的诉讼地位

在英美法系国家，与中国司法鉴定人的职能最为接近的就是专家证人，其诉讼地位与一般证人的地位并没有实质性的区别，专家证人和普通证人均由当事人提请作证，庭审中询问普通证人和询问专家证人的规则也相同。在一些大陆法系国家，司法鉴定人被认为是法官辅助人，其鉴定人的职责是为了弥补法官知识和经验的不足，这种职责决定了在诉讼中鉴定人的地位要高于一般证人的地位，有的甚至被称为“科技法官”。①

根据中国现行法律，司法鉴定人与诉讼代理人、证人、辩护人及翻译人员虽均为诉讼参与人，但参与诉讼活动的原因和目的不同，司法鉴定人，是帮助司法机关解决诉讼案件中的专门性问题的诉讼参与人。根据诉讼法的规定，司法鉴定人履行鉴定职务时适用诉讼法规定的回避制度。

（四）司法鉴定人的权利与义务

1. 司法鉴定人的权利

根据《司法鉴定人登记管理办法》，司法鉴定人享有下列权利：

（1）了解、查阅与鉴定事项有关的情况和资料，询问与鉴定事项有关的当事人、证人等；

（2）要求鉴定委托人无偿提供鉴定所需要的鉴材、样本；

（3）进行鉴定所必需的检验、检查和模拟实验；

（4）拒绝接受不合法、不具备鉴定条件或者超出登记的执业类别的鉴定委托；

（5）拒绝解决、回答与鉴定无关的问题；

（6）鉴定意见不一致时，保留不同意见；

（7）接受岗前培训和继续教育；

（8）获得合法报酬；

（9）法律、法规规定的其他权利。

2. 司法鉴定人应当履行的义务

根据《司法鉴定人登记管理办法》，司法鉴定人应当履行以下义务：

---

① 杜志淳主编：《司法鉴定概论》，法律出版社2010年版，第88页。

(1)受所在司法鉴定机构指派按照规定时限独立完成鉴定工作,并出具鉴定意见;

(2)对鉴定意见负责;

(3)依法回避;

(4)妥善保管送鉴的鉴材、样本和资料;

(5)保守在执业活动中知悉的国家秘密、商业秘密和个人隐私;

(6)依法出庭作证,回答与鉴定有关的询问;

(7)自觉接受司法行政机关的管理和监督、检查;

(8)参加司法鉴定岗前培训和继续教育;

(9)法律、法规规定的其他义务。

二、司法行政机关对司法鉴定人的行政管理

同对司法鉴定机构的管理一样,对司法鉴定人的管理也分为司法部与省级司法行政机关两级管理。

(一)司法部对司法鉴定人的管理

根据《司法鉴定人登记管理办法》,司法部负责全国司法鉴定人的登记管理工作,主要职责为:

1. 指导和监督省级司法行政机关对司法鉴定人的审核登记、名册编制和名册公告工作;
2. 制定司法鉴定人执业规则和职业道德、职业纪律规范;
3. 制定司法鉴定人诚信等级评估制度并指导实施;
4. 会同国务院有关部门制定司法鉴定人专业技术职称评聘标准和办法;
5. 制定和发布司法鉴定人继续教育规划并指导实施;
6. 法律、法规规定的其他职责。

(二)省级司法行政机关对司法鉴定人的管理

根据《司法鉴定人登记管理办法》,省级司法行政机关负责本行政区域内司法鉴定人的登记管理工作,主要职责为:

1. 负责司法鉴定人的审核登记、名册编制和名册公告;
2. 负责司法鉴定人诚信等级评估工作;
3. 负责对司法鉴定人进行监督、检查;
4. 负责对司法鉴定人违法违纪执业行为进行调查处理;
5. 组织开展司法鉴定人专业技术职称评聘工作;

6. 组织司法鉴定人参加司法鉴定岗前培训和继续教育；

7. 法律、法规和规章规定的其他职责。

省级司法行政机关可以委托下一级司法行政机关协助办理有关工作。

（三）司法行政机关对司法鉴定人的监督管理

根据《司法鉴定人登记管理办法》，司法鉴定人应当在所在司法鉴定机构接受司法行政机关统一部署的监督、检查。司法行政机关对司法鉴定人进行监督、检查或者根据举报、投诉进行调查时，可以依法查阅或者要求司法鉴定人报送有关材料。司法鉴定人应当如实提供有关情况和材料。

司法行政机关应当就下列事项，对司法鉴定人进行监督、检查：（1）遵守法律、法规和规章的情况；（2）遵守司法鉴定程序、技术标准和技术操作规范的情况；（3）遵守执业规则、职业道德和职业纪律的情况；（4）遵守所在司法鉴定机构内部管理制度的情况；（5）法律、法规和规章规定的其他事项。

司法行政机关依法建立司法鉴定人诚信档案，对司法鉴定人进行诚信等级评估。评估结果向社会公开。

三、司法鉴定人的行政法律责任

司法鉴定人的行政法律责任是指司法鉴定人违反法定或约定义务而应受到的法律制裁。司法鉴定人承担法律责任的前提是违反法定义务或者约定义务。在我国，司法鉴定人违反《司法鉴定人登记管理办法》时，执业证书颁发机关可以给予司法鉴定人警告、责令改正、没收非法所得、罚款、责令停业、暂扣或者吊销执业证等行政处分或行政处罚。具体规定为：

1. 未经登记的人员，从事已纳入《司法鉴定人登记管理办法》调整范围司法鉴定业务的，省级司法行政机关应当责令其停止司法鉴定活动，并处以违法所得 1 倍至 3 倍的罚款，罚款总额最高不得超过 3 万元。

2. 司法鉴定人有下列情形之一的，由省级司法行政机关依法给予警告，并责令其改正：（1）同时在两个以上司法鉴定机构执业的；（2）超出登记的执业类别执业的；（3）私自接受司法鉴定委托的；（4）违反保密和回避规定的；（5）拒绝接受司法行政机关监督、检查或者向其提供虚假材料的；（6）法律、法规和规章规定的其他情形。

3. 司法鉴定人有下列情形之一的，由省级司法行政机关给予停止执业 3 个月以上 1 年以下的处罚；情节严重的，撤销登记；构成犯罪的，依法追究刑事责任：（1）因严重不负责任给当事人合法权益造成重大损失的；（2）具有该办法第 29 条规定的情形之一[1]并造成严重后果的;(3)提供虚假证明文件或者采取其他欺诈手段,骗取登记的;(4)经人民法院依法通知,非法定事由拒绝出庭作证的;(5)故意做虚假鉴定的;(6)法律、法规规定的其他情形。司法鉴定人对司法行政机关的行政许可和行政处罚有异议的,可以依法申请行政复议。

对于司法鉴定人的民事责任与刑事责任,由相关法律规定。

第五节 司法鉴定程序

一、司法鉴定程序的概念

司法鉴定程序是指司法鉴定机构和司法鉴定人进行司法鉴定活动应当遵循的方式、方法、步骤以及相关的规则和标准。

司法鉴定机构和司法鉴定人进行司法鉴定活动,应当遵守法律、法规、规章,遵守职业道德和职业纪律,尊重科学,遵守技术操作规范。这是保障司法鉴定质量,保障诉讼活动顺利进行的根本要求。

二、司法鉴定程序的实施

(一)司法鉴定的启动

司法鉴定的启动包括司法鉴定的申请、决定、委托三个环节。

1. 司法鉴定的申请

司法鉴定的申请是指民事、行政案件的诉讼当事人,刑事案件的犯罪嫌疑人、被告人、被害人、附带民事诉讼原告人以及其他诉讼参与人,为了保障自身的合法权益向侦查机关、检察机关、审判机关提出对案件中涉及的某些专门性问题进行司法鉴定的口头或书面的请求。

2. 司法鉴定的决定

对于诉讼案件中司法鉴定的申请,相关司法机关根据法律规定,对鉴定的要求进行审核后,有权作出是否鉴定的决定。

刑事公诉案件是否进行鉴定,在侦查阶段由公安或检察机关决定;在起诉阶段

---

① 《司法鉴定人登记管理办法》第29条规定:"司法鉴定人有下列情形之一的,由省级司法行政机关依法给予警告,并责令其改正:(一)同时在两个以上司法鉴定机构执业的;(二)超出登记的执业类别执业的;(三)私自接受司法鉴定委托的;(四)违反保密和回避规定的;(五)拒绝接受司法行政机关监督、检查或者向其提供虚假材料的;(六)法律、法规和规章规定的其他情形。"

由人民检察院决定；在审判阶段由人民法院决定。刑事自诉、民事、行政、经济等案件的鉴定由人民法院决定。抗诉案件的鉴定由人民检察院或人民法院决定。对非诉案件或准备起诉的案件，当事人及其代理人为了解决举证问题可以自行决定进行鉴定。

司法机关依法作出司法鉴定决定的形式主要是内部批文，以批文形式反映并记录司法机关内部工作流程与审批的情况及鉴定决定的具体内容。记载司法鉴定决定过程和内容的公文应存放于案件的卷宗内，随案移送。

3. 司法鉴定的委托

司法鉴定委托是指司法鉴定的委托主体向司法鉴定的受理主体提出进行某项司法鉴定活动的要求。对司法鉴定委托这一重要环节，其相关规定散见于不同的法律、法规、规章中。一般来说，司法鉴定的决定主体大多数也承担了司法鉴定的委托职能，成为司法鉴定的委托主体。

司法鉴定机构接受鉴定委托，应当要求委托人出具鉴定委托书，提供委托人的身份证明，并提供委托鉴定事项所需的鉴定材料。委托人委托他人代理的，应当要求出具委托书。鉴定委托书应当载明委托人的名称或者姓名、拟委托的司法鉴定机构的名称、委托鉴定的事项、鉴定事项的用途以及鉴定要求等内容。

（二）司法鉴定的受理

对于司法鉴定的受理，全国人民代表大会常务委员会《关于司法鉴定管理问题的决定》和《司法鉴定程序通则》都作了规定。在中国，司法鉴定受理的主体必须是按照《司法鉴定机构登记管理办法》的规定，依法取得司法鉴定许可证的司法鉴定机构。

司法鉴定机构收到鉴定委托后，应当对委托的鉴定事项进行审查，对属于本机构司法鉴定业务范围，委托鉴定事项的用途及鉴定要求合法，提供的鉴定材料真实、完整、充分的鉴定委托，应当予以受理。对委托方提供的鉴定材料不完整、不充分的，司法鉴定机构可以要求委托人补充；委托人补充齐全的，可以受理。司法鉴定机构决定受理鉴定委托的，应当与委托人在协商一致的基础上签订司法鉴定委托书。

司法鉴定机构在接受委托、受理鉴定过程中，必须履行一定的手续。主要有：查验鉴定委托书；收取委托机关制作的案情介绍和鉴定要求的书面材料；查验检材和样本的名称、数量；经审查视情况可要求委托机关修改鉴定要求或者补充检材和样本等并办理收案手续。

（三）司法鉴定实施的基本程序

中国相关法律规章对司法鉴定的实施主体的委任程序、资质、人数和回避等均有明确的规定。根据司法部《司法鉴定程序通则》的规定，司法鉴定实施的基本程序包括：

1. 确定鉴定人

司法鉴定机构受理鉴定委托后，应当指定本机构中具有该鉴定事项执业资格的司法鉴定人进行鉴定。委托人有特殊要求的，经双方协商一致，也可以从本机构中选择符合条件的司法鉴定人进行鉴定。司法鉴定机构对同一鉴定事项，应当指定或者选择 2 名司法鉴定人共同进行鉴定；对疑难、复杂或者特殊的鉴定事项，可以指定或者选择多名司法鉴定人进行鉴定。司法鉴定人本人或者其近亲属与委托人、委托的鉴定事项或者鉴定事项涉及的案件有利害关系，可能影响其独立、客观、公正鉴定的，应当回避。

2. 做好司法鉴定的准备工作

司法鉴定的准备工作具体包括：制订鉴定方案；提取、保存检材并对检材进行前期处理；准备合格的鉴定仪器、试剂、材料、用品等。司法鉴定机构应当严格依照有关技术规范，保管和使用鉴定材料，严格监控鉴定材料的接收、传递、检验、保存和处置，建立科学、严密的管理制度。司法鉴定机构和司法鉴定人因严重不负责任造成鉴定材料损毁、遗失的，应当依法承担责任。

3. 启动鉴定、得出鉴定意见

鉴定人应根据《司法鉴定程序通则》遵守和采用该专业领域的技术标准和技术规范进行检验鉴定，综合评断，制作鉴定意见。鉴定人应遵守的技术标准和技术规范包括：(1)国家标准和技术规范；(2)司法鉴定主管部门、司法鉴定行业组织或者相关行业主管部门制定的行业标准和技术规范；(3)该专业领域多数专家认可的技术标准和技术规范。不具备上述规定的技术标准和技术规范的，可以采用所属司法鉴定机构自行制定的有关技术规范。

4. 如实记录鉴定过程

司法鉴定人进行鉴定，应当对鉴定过程进行如实记录并签名。记录可以采取笔记、录音、录像、拍照等方式。记录的内容应当真实、客观、准确、完整、清晰，记录的文本或者音像载体应当妥善保存。

(四)司法鉴定的时限与终止鉴定

根据《司法鉴定程序通则》，司法鉴定机构应当在与委托人签订司法鉴定协议书之日起 30 个工作日内完成委托事项的鉴定。鉴定事项涉及复杂、疑难、特殊的技术问题或者检验过程需要较长时间的，经本机构负责人批准，完成鉴定的时间可以延长，延长时间一般不得超过 30 个工作日。司法鉴定机构与委托人对完成鉴定的时限另有约定的，从其约定。在鉴定过程中补充或者重新提取鉴定材料所需的时间，不计入鉴定时限。

在实践中，由于各种原因，司法鉴定机构、鉴定人常会遇到不得不终止鉴定的情况。根据《司法鉴定程序通则》第 29 条的规定，司法鉴定机构在鉴定过程中，有下列情形之一的，可以终止鉴定：(1)发现有该通则第 15 条第 2 项至第 7 项规定情形的；[①](2)鉴定材料发生耗损，委托人不能补充提供的；(3)委托人拒不履行司法鉴定委托书规定的义务、被鉴定人拒不配合或者鉴定活动受到严重干扰，致使鉴定无法继续进行的；(4)委托人主动撤销鉴定委托，或者委托人、诉讼当事人拒绝支付鉴定费用的；(5)因不可抗力致使鉴定无法继续进行的；(6)其他需要终止鉴定的情形。终止鉴定的，司法鉴定机构应当书面通知委托人，说明理由并退还鉴定材料。

三、司法鉴定文书的规范

《司法鉴定程序通则》中专门规定了出具司法鉴定文书的有关内容。

按照相关规定，司法鉴定机构和司法鉴定人在完成委托的鉴定事项后，应当向委托人出具司法鉴定文书。司法鉴定文书包括司法鉴定意见书和司法鉴定检验报告书。司法鉴定文书的制作应当符合统一规定的司法鉴定文书格式。司法鉴定文书应当由司法鉴定人签名或者盖章。多人参加司法鉴定，对鉴定意见有不同意见的，应当注明。司法鉴定文书应当加盖司法鉴定机构的司法鉴定专用章。

司法鉴定机构出具的司法鉴定文书一般应当一式 4 份，3 份交委托人收执，1 份由机构存档。司法鉴定机构应当按照有关规定或者与委托人约定的方式，向委托人发送司法鉴定文书。委托人对司法鉴定机构的鉴定过程或者所出具的鉴定意见提出询问的，司法鉴定人应当给予解释和说明。司法鉴定机构完成委托的鉴定事项后，应当按照规定将司法鉴定文书以及在鉴定过程中形成的有关材料整理立卷，归档保管。

四、补充鉴定和重新鉴定

(一)补充鉴定

补充鉴定是指在原鉴定的基础上对其中的个别问题进行复查、修正、补充或解

---

① 《司法鉴定程序通则》第 15 条第 2 项至第 7 项的内容为：“(二)发现鉴定材料不真实、不完整、不充分或者取得方式不合法的；(三)鉴定用途不合法或者违背社会公德的；(四)鉴定要求不符合司法鉴定执业规则或者相关鉴定技术规范的；(五)鉴定要求超出本机构技术条件或者鉴定能力的；(六)委托人就同一鉴定事项同时委托其他司法鉴定机构进行鉴定的；(七)其他不符合法律、法规、规章规定的情形。”

释,以使原鉴定意见更加完备而进行的鉴定。补充鉴定是原委托鉴定的组成部分。

根据《司法鉴定程序通则》第30条的规定,有下列情形之一的,司法鉴定机构可以根据委托人的请求进行补充鉴定:(1)原委托鉴定事项有遗漏的;(2)委托人就原委托鉴定事项提供新的鉴定材料的;(3)其他需要补充鉴定的情形。补充鉴定是原委托鉴定的组成部分,应当由原司法鉴定人进行。

(二)重新鉴定

重新鉴定是指委托人对初次鉴定的鉴定意见经审查后认为不可靠而委托原鉴定机构或其他鉴定机构就同一鉴定事项再次鉴定。一般而言,重新鉴定应当委托原司法鉴定机构以外的其他司法鉴定机构进行;因特殊原因,委托人也可以委托原司法鉴定机构进行,但原司法鉴定机构应当指定原司法鉴定人以外的其他符合条件的司法鉴定人进行。接受重新鉴定委托的司法鉴定机构的资质条件应当不低于原司法鉴定机构,进行重新鉴定的司法鉴定人中应当至少有1名具有相关专业高级专业技术职称。

根据最高人民法院2019年10月14日通过的《关于民事诉讼证据的若干规定》,有下列情形之一的,司法鉴定机构可以接受委托进行重新鉴定:(1)鉴定人不具备相应资格的;(2)鉴定程序严重违法的;(3)鉴定意见明显依据不足的;(4)鉴定意见不能作为证据使用的其他情形。对鉴定意见的瑕疵,可以通过补正、补充鉴定或者补充质证、重新质证等方法解决的,人民法院不予准许重新鉴定的申请。重新鉴定的,原鉴定意见不得作为认定案件事实的根据。

补充鉴定与重新鉴定都是在进行了初次鉴定,原鉴定机构的司法鉴定人已出具了鉴定意见之后进行的鉴定。补充鉴定和重新鉴定本身都属于司法鉴定。只是两者在适用情形、委托对象选择、鉴定意见前后之间的关系等方面存在明显区别。

五、司法鉴定的质证

鉴定人出庭作证是鉴定人实施鉴定活动的重要环节,是我国的司法鉴定制度的重要内容之一。根据《最高人民法院关于民事诉讼证据的若干规定》(2019年修订)第34条的规定,人民法院应当组织当事人对鉴定材料进行质证。未经质证的材料,不得作为鉴定的根据。经人民法院准许,鉴定人可以调取证据、勘验物证和现场、询问当事人或者证人。

人民法院收到鉴定书后,应当及时将副本送交当事人。当事人对鉴定书的内容有异议的,应当在人民法院指定期间内以书面方式提出。对于当事人的异议,人民法院应当要求鉴定人作出解释、说明或者补充。人民法院认为有必要的,可以要求鉴定人对当事人未提出异议的内容进行解释、说明或者补充。

当事人在收到鉴定人的书面答复后仍有异议的，人民法院应当根据《诉讼费用交纳办法》第11条的规定，通知有异议的当事人预交鉴定人出庭费用，并通知鉴定人出庭。有异议的当事人不预交鉴定人出庭费用的，视为放弃异议。双方当事人对鉴定意见均有异议的，分摊预交鉴定人出庭费用。

经人民法院依法通知，鉴定人应当出庭作证，宣读鉴定书，并回答本案公诉人、辩护人、当事人、审判人员根据法律规定就有关鉴定意见方面提出的问题。这是法律规定的鉴定人应当履行的义务。经人民法院依法通知，鉴定人没有正当合法理由拒绝出庭作证的，要受到省级司法行政机关的行政处罚。

思考题

1. 司法鉴定中常涉及的鉴定学科类别有哪些？
2. 司法鉴定的功能是什么？
3. 如何理解司法鉴定管理的重要性？
4. 司法行政机关如何实施对司法鉴定机构的管理？
5. 司法行政机关如何实施对司法鉴定人的管理？
6. 司法鉴定程序包含哪几个步骤？

第十五章　基层法律服务

本章要点

掌握基层法律服务的概念与功能，了解基层法律服务所的发展历程以及法律规定，掌握基层法律服务的业务范围、设置、管理，重点掌握基层法律服务工作者的执业条件、权利与义务和基层法律服务工作者的管理。

第一节　基层法律服务概述

一、基层法律服务的概念与功能

（一）基层法律服务的概念

基层法律服务是指由基层法律服务所的法律服务工作者向广大群众和基层社会提供一定范围的法律服务，以维护委托人合法权益，保障社会稳定、促进经济发展的活动。

（二）基层法律服务制度的功能

1. 满足基层法律服务的需求

随着社会发展，社会矛盾纠纷日益复杂、多样，社会对法律服务的需求逐年增加，中国法律服务业主要集中在大中城市，农村法律服务资源相对缺乏，更缺少高素质律师。基层法律服务适应了农村商品生产和市场经济发展的迫切需要，还可以在一定程度上满足城乡居民，特别是低收入阶层、弱势群体维权的法律需求，填补了律师服务不能完全覆盖或顾及不到的领域和区域。

2. 协助司法行政工作

全国司法所普遍存在人员少、职能多、任务重、增编缓慢的情况，在不受编制和财政经费限制的情况下，基层法律服务队伍已经发展成为一支法律专业队伍，成为乡镇（街道）司法所履行职能的得力助手。基层法律服务工作者履行了大量的司法行政职能,如推动基层依法治理、法治宣传、调解纠纷、关注弱势群体等,在经济欠发达地区,司法所对基层法律服务所的依赖尤为突出。法律服务所与基层司法所之间已经形成相互依存、优势互补、整体联动的关系和格局。

二、基层法律服务的产生与发展

(一)基层法律服务的产生

基层法律服务是在20世纪80年代初产生的。产生的主要原因是改革开放后,随着经济体制改革和市场经济的发展,人们的法律意识逐渐增强。当时中国的法律服务机构和队伍严重不足,而且主要集中在城市,远远不能满足社会发展特别是乡镇发展对法律服务的需求,请律师难、办公证难等问题十分突出,于是具有中国特色的法律服务机制——基层法律服务便应运而生。

基层法律服务的出现,适应了农村经济体制改革、发展商品经济的需要,满足了基层群众、乡镇企业和基层政府日益增长的法律服务需求。

(二)基层法律服务所的快速发展期

1980年年底,在广东、福建、辽宁的一些沿海地区最早出现了乡镇法律服务所。这些地区尝试在原有司法助理员基础上,聘用2~3名人员组建乡镇法律服务机构,开展调解纠纷、代书、解答法律咨询等简单的基层法律服务工作。1984年8月,司法部召开的全国司法行政工作会议,肯定了这一新鲜事物。同年11月,司法部在广东召开现场会,介绍了该省建立乡镇法律服务机构的经验,要求各地在试点的基础上加以推广。从此,全国各乡镇开始普遍建立乡镇法律服务所。

1986年1月,司法部发出通知,要求全国各地司法行政机关创造条件,继续抓紧建立基层法律服务所,对已经建立的基层法律服务所要加强管理指导;同时提出在城市、街道和厂矿企业也要探索出加强基层法律服务的路子。1987年5月,在北京召开的全国乡镇法律服务工作会议全面总结了创建法律服务所的成绩和经验,提出"巩固、提高、完善、发展"的方针任务,并讨论制定了《关于乡镇法律服务所的暂行规定》(已失效)。该暂行规定明确了乡镇法律服务所的宗旨、业务范围、人员组成、领导体制及工作制度等内容。该暂行规定的颁布实施标志着基层法律服务工作进入了规范化管理阶段。此后,司法部又相继颁布《关于进一步加强乡镇法律服务所组织建设的若干意见》(已失效)、《乡镇法律工作者守则》(已失效)、《乡镇法律服务业务工作细则》,确认了基层法律服务所近似于律师的广泛业务范围。司法部一并颁发乡镇法律工作者证作为法律服务工作者的资格认证或执业证书,原国务院物价局下发的《关于印发第二批〈国务院有关部门行政事业性收费管理目录〉

的通知》中,将基层法律服务所业务收费列为准予收费的项目。到1988年,全国已建立乡镇法律服务所2.82万个,乡镇法律服务工作者有8.15万人。①

基层法律服务所在协助基层政府推进依法治理、化解基层矛盾、普及法律常识、整治涉法热点问题等方面扮演重要角色,成为基层工作的重要辅助力量。从1991年至1995年5年间,全国基层法律服务所先后代理民事、经济诉讼141万件,办理非诉讼法律事务418万件,协办公证1677万件,调解纠纷592万件,提供法律咨询2500万件,代写法律文书600万份,为当事人挽回经济损失近300亿元。②

(三)基层法律服务所的抑制与萎缩期

自20世纪90年代中后期以来,基层法律服务工作遇到了许多问题和困难。

1.管理机制不畅

有些地方的司法所(科)与基层法律服务所实行“一套人马、两块牌子”,或者直接由司法助理员担任法律服务所所长,使司法行政管理与法律服务合一,不便于对法律服务进行监管。很多地方出现了法律服务所管理不善、办公条件差、人员素质参差不齐的问题。同时,还存在一些地方政府部门和司法机关利用职权,组建各类法律服务机构,使法律服务机构林立、重叠;一些社会团体或私人未经批准,搞有偿法律服务等现象。加之基层法律服务对诉讼业务的介入,与律师事务所争夺市场和资源,造成法律服务市场秩序混乱。这些问题,严重干扰了正常的法律服务,滋生了不正之风。

2.行业生存发展面临挑战

由于社会的发展,特别是20世纪90年代末期以来,基层法律服务行业遇到严峻的挑战。由于高素质的律师队伍逐步扩大,律师事务所通过全面转型,具备了更加灵活的运作机制,逐渐满足了社会上法律服务的需求。相比而言,基层法律服务工作者大多土生土长,虽然具有熟悉当地情况的优势,但整体法律素养偏低,已难以适应社会公众对高质量法律服务的需求。

3.机构设置逐渐背离初衷

由于经济利益的驱动,基层法律服务所逐渐向城区和城市周围地区聚集,而广大农村地区的法律服务资源依然稀缺,造成城市基层法律服务过剩、乡镇基层法律服务严重不足的现象。这种现象从东部到中部,再到西部,越来越明显。城市的基层法律服务所还存在跨地区乱设分支机构,在部分繁华地区和公检法部门设立多

---

① 参见程维荣等:《新中国司法行政60年》,上海社会科学院出版社2009年版,第220页。

② 参见程维荣等:《新中国司法行政60年》,上海社会科学院出版社2009年版,第230页。

个接待站点的现象。基层法律服务所集中于城市,不仅解决不了社会法律服务需求与供给的矛盾,以及基层法律服务工作者与律师争业务的状况,还扰乱了法律服务市场,不利于基层法律服务所的长期健康发展,有违基层法律服务所设立之初衷。

上述现象的存在,使基层法律服务所常被指责从业人员素质低、准入门槛低、低价竞争及与律师恶意竞争等。为解决这些问题,司法行政机关对基层法律服务所进行了整顿和治理。2000 年 3 月,司法部颁布《基层法律服务所管理办法》和《基层法律服务工作者管理办法》,规定"基层法律服务所按照事业法人体制进行管理和运作",与乡镇政府司法所实行"政事合一"国务院于 1999 年年底启动清理整顿经济鉴证类社会中介机构工作,对改革、规范法律服务组织(包括基层法律服务机构)的体制、运作、管理和发展,逐步建立起适应我国社会主义市场经济体制的法律服务体系具有重要意义。司法部分别于 2000 年 9 月 25 日发布了《基层法律服务机构脱钩改制实施意见》、2001 年 6 月 16 日发布了《基层法律服务机构脱钩改制工作座谈会纪要》,指出"基层法律服务机构作为提供法律服务的中介组织,被明确列入清理整顿和脱钩改制的范围",要求"实行脱钩的法律服务所,不再属于行政挂靠机构或事业单位,其执业组织形式应当改制为合伙制的法律服务所,实行自主执业、自收自支、自我管理、自我发展的自律性运行机制",要求加大清理整顿力度,积极稳妥地推进脱钩改制工作,促进基层法律服务机构建立自主执业、自收自支、自我管理、自我发展的自律性运行机制,逐步建立和完善适应市场经济要求、符合法律中介服务行业规制的执业组织形式,从而推动基层法律服务行业步入健康、有序的发展轨道。① 其后,全国各地全面开展基层法律服务所清理整顿工作,要求各基层法律服务所与司法所按照上述规定进行脱钩改制。自此,全国基层法律服务所的数量由持续上升趋势急转直下。2002 年,司法部在《关于加强大中城市社区法律服务工作的意见》中,要求基层法律服务所面向基层、面向社区、面向群众、坚持服务,具有公益性、便民性。随着《中华人民共和国行政许可法》的实施,许多行政许可项目取消,2004 年司法部取消了对基层法律服务工作者执业资格认证和基层法律服务所设立核准。至此,由于没有相应的补救制度,造成基层法律服务队伍只出不进,缺乏后备力量与补充力量。

(四)基层法律服务工作的新发展

2017 年 12 月 25 日,司法部公布了修订后的《基层法律服务所管理办法》与《基

---

① 参见程维荣等:《新中国司法行政 60 年》,上海社会科学院出版社 2009 年版,第 233 页。

层法律服务工作者管理办法》,于同年2月1日起正式施行。修订后的《基层法律服务所管理办法》与《基层法律服务工作者管理办法》明确了基层法律服务所的组织形式,完善了基层法律服务工作者执业核准制度,加强了基层法律服务执业监管,对于新时代坚持基层法律服务工作正确发展方向,提升基层法律服务队伍素质和服务质量具有重要意义。

之所以对《基层法律服务所管理办法》与《基层法律服务工作者管理办法》进行修订,是因为随着全面依法治国、建设社会主义法治国家不断推进,中国律师队伍发展迅速,基层法律服务的补充功能出现新的变化。在设区的市一级,律师资源比较充足,可以不再发展基层法律服务工作者队伍。在广大农村地区,特别是经济欠发达的农村地区,律师资源相对匮乏,基层法律服务在一定时期仍将发挥不可替代的补充作用,特别是在推进公共法律服务体系建设中,基层法律服务工作者队伍仍然是一支重要的工作力量。为此,修订后的《基层法律服务工作者管理办法》规定,省级司法行政机关应当从解决乡镇和经济欠发达地区律师资源不足问题、满足基层人民群众的法律服务需求出发,制订本地区基层法律服务队伍发展方案,以便各地根据本地区基层法律服务队伍发展方案,实施基层法律服务工作者执业核准,推动基层法律服务资源合理布局。

两个新管理办法的颁布,使基层法律服务迎来了新的发展机遇。截至2019年年底,全国共有基层法律服务机构1.5万多家,其中乡镇所9400多家,街道所5900多家。全国基层法律服务工作者达6.7万人,其中在乡镇所执业的基层法律服务工作者3.3万多人,在街道所执业的基层法律服务工作者3.4万多人。2019年,全国基层法律服务工作者共办理诉讼案件77.1万多件;办理非诉讼法律事务19.4万多件;为9.1万多家党政机关、人民团体、企事业单位担任法律顾问;参与仲裁8.2万多件。基层法律服务工作者共提供各类公益法律服务53万多件,基层法律服务工作者为3.5万多个村(居)担任法律顾问,为弱势群体提供免费法律服务51.4万多件。①

三、基层法律服务所的业务范围

各地的基层法律服务所不断进行调整,业务范围的规定也不尽相同。一般而言,经过多年的实践,基层法律服务的业务有以下八项:

---

① 参见《2019年度律师、基层法律服务工作统计分析》,载司法部官网,http://www.moj.gov.cn/organization/content/2020-06/24/574_3251377.html,最后访问日期:2020年8月28日。

(一)担任法律顾问

基层法律服务工作者受基层法律服务所的指派,可以接受聘请,担任本辖区的乡镇人民政府及其各部门、村民委员会、居民委员会、乡镇企事业单位、农村承包经营户、个体工商户、个人合伙组织及公民的法律顾问。法律顾问工作的重点是协助聘请方依法管理、依法经营、依法办事。

(二)代理民事、行政诉讼活动

基层法律服务工作者受基层法律服务所指派,接受民事、经济、行政诉讼一方当事人的委托,担任代理人参加诉讼活动,支持委托人提出的合理要求,维护委托人的合法权益,促使案件得到依法解决。

基层法律服务工作者接受委托后,代表基层法律服务所与委托人订立委托代理合同,并由委托人出具委托书。委托代理合同应当包括以下内容:双方名称、代理人人数和姓名;代理的事项;代理的权限(包括一般代理和特别代理);双方的权利义务;代理的报酬数额及给付方式;违约责任;合同的有效期限等。委托书应写明被委托人的单位和姓名,委托代理的事项及代理权限。代理人凭委托书和基层法律服务工作者工作证依法查阅案件有关材料、调查取证、参加庭审,积极维护被代理人的合法权益。

基层法律服务工作者代理诉讼活动时,至少有一方当事人的住所位于其执业的基层法律服务所所在的县级行政区划辖区或者直辖市的区(县)行政区划辖区内。但案件由其执业的基层法律服务所所在的县级行政区划辖区或者直辖市的区(县)行政区划辖区内的基层人民法院审理后进入二审、审判监督程序的,可以继续接受原当事人的委托,担任诉讼代理人。

(三)代理非诉讼法律事务

基层法律服务工作者受基层法律服务所的指派,可以接受非诉讼法律事务当事人的委托,为当事人提供法律帮助,协助当事人办理有关法律事务,如代写法律文书,审查合同,参与调解、仲裁活动,申请行政复议,代理合作、担保、分家析产等各项民事经济法律活动。

(四)接受委托参加调解、仲裁活动

基层法律服务所调解的纠纷主要为:乡镇企业及其他集体、私营经济组织在生产、经营和管理过程中发生的各种经济纠纷和劳动争议纠纷;承包经营户、个体工商户、个人合伙组织及农村村民生产和经营过程中发生的各种涉及经济、财产权益和生产经营性纠纷;农村村民之间发生的涉及遗产继承、分家析产、赡养、扶养、债权、债务、民间赠与、侵权索赔等具有财产权益性质的民事纠纷。基层法律服务工作者主持达成的调解协议,双方当事人应当自觉全面履行。当事人拒绝调解或者调解不成的,应当依据有关法律法规和纠纷情况,告知当事人通过依法向有关机关提请仲裁或者依法向人民法院起诉的途径处理。

仲裁委员会受理平等主体的公民、法人和其他组织之间发生的合同纠纷和其他财产权益纠纷,但涉及婚姻、收养、监护、扶养、继承纠纷以及依法应当由行政机关处理的行政争议,不能仲裁。商事仲裁属于民间纠纷化解方式,其具有较为规范的程序,仲裁裁决无须司法确认即可拥有类似于判决的效力,但仲裁也要受到司法的监督。仲裁处理的是合同纠纷以及其他财产纠纷,因此,可以由基层法律服务工作者予以代理。

(五)解答法律咨询

基层法律服务工作者对国家机关、法人和公民提出的有关法律事务方面的各种询问,应当作出解释和回答,并提供解决问题的具体途径、方法和依据,为询问人提供法律咨询服务。解答法律询问的范围,主要是有关民事、刑事、经济、行政实体法和程序法方面的问题,以及办理各项法律事务的方法和途径。对于有关政策问题的询问,可以依据了解的有关政策规定进行解答。基层法律服务工作者解答法律询问,应当做到弄清问题,依法解答,查有实据,客观准确,通俗易懂。基层法律服务工作者可以利用广播、板报等形式,定期或不定期到机关、企业、田间、农贸集市、学校提供服务,解答法律询问。

(六)代写法律事务文书

基层法律服务工作者可以接受公民和法人的委托,代表委托人的合法意志,以委托人的名义,根据事实和法律,代为书写各种法律事务文书,包括起诉书、控告书、答辩书、上诉书、申请书、执行申请书等民事、经济、刑事、行政诉讼法律文书,合同、协议、章程、遗嘱、申请书、赠与书、声明书等民事、经济、行政非诉讼法律文书等。

第二节　基层法律服务所的管理

一、基层法律服务所的设置

(一)基层法律服务所的概念

根据司法部《基层法律服务所管理办法》,基层法律服务所是在乡镇和街道设立的法律服务组织,是基层法律服务工作者的执业机构。

其组织形式主要有:设立在乡镇的基层法律服务所;设立在城市街道的基层法律服务所;设立在农村集贸市场、经济开发区、大的行政村等特定区域的基层法律服务所。

(二)基层法律服务所的设置条件

1. 一般条件

所有的基层法律服务所都应当有规范的名称和章程;有3名以上符合司法部规定条件、能够专职执业的基层法律服务工作者;有住所和必要的资产。

2. 事业单位体制的基层法律服务所

事业体制基层法律服务所除满足一般条件外,还应当持有事业单位登记管理机关颁发的事业单位法人证书。

3. 合伙制的基层法律服务所

普通合伙制基层法律服务所除应当符合一般条件外,还应当至少有2名具有3年以上执业经历、能够专职执业的基层法律服务工作者作为合伙人,并有经全体合伙人协商一致并签名的合伙协议。

在教育科研部门、民营企业工作或者务农的人员,经基层法律服务所聘用,可以兼职从事基层法律服务工作,但在教育科研部门工作的人员按照有关规定不得兼职的除外。申请兼职基层法律服务者执业核准,按照《基层法律服务所管理办法》规定的条件和程序办理。基层法律服务所聘用兼职基层法律服务工作者的人数,不得超过专职基层法律服务工作者的人数。

(三)基层法律服务所的章程

基层法律服务所章程应当载明下列事项:名称、住所;本所法定代表人或者负责人的职责;执业工作制度;基层法律服务工作者及辅助工作人员的聘用、管理办法;财务管理制度、分配制度;其他内部管理制度;停办、解散及清算办法;章程修改的程序;其他需要载明的事项。

二、基层法律服务所的内部管理

(一)人员聘任与管理

基层法律服务所应当依法与在本所执业的基层法律服务工作者签订聘用合同或者劳动合同。基层法律服务所应当为基层法律服务工作者执业提供必要的工作条件,维护其在执业活动和本所管理工作中应享有的合法权利,保障其应享有的劳动报酬、保险和福利待遇。

基层法律服务所应当建立对基层法律服务工作者执业实绩和遵守职业道德、

执业纪律情况的年度考核制度。年度考核结果分为优秀、称职、基本称职、不称职四个等次。年度考核结果应当作为基层法律服务工作者的奖惩依据。基层法律服务所对年度考核被评为优秀或者在平时执业中有突出事迹或者显著贡献的基层法律服务工作者,应当给予奖励。

(二)基层法律服务所的工作制度

基层法律服务所工作制度包括登记、统计和档案制度,接待、回访和监督制度,例会、讨论、学习制度,责任、奖惩和评比制度,收费和经费管理制度等。在处理具体案件时,基层法律服务所应统一受理,进行登记,建立案卷;办理完毕,要分类归档,按照规定统计上报;重大、疑难的法律服务业务,应写出书面小结。

(三)聘任人员的劳动合同解除

基层法律服务工作者有下列情形之一的,基层法律服务所可以按照有关规定解除聘用合同或者劳动合同:(1)在年度考核中连续2年被评为不称职的;(2)严重违反基层法律服务所规章制度,经多次教育仍不改正的;(3)无正当理由连续停止执业满3个月的;(4)因患病或者非因公负伤,在规定的医疗期届满后不能从事基层法律服务工作的。

基层法律服务所按照前述规定与基层法律服务工作者解除聘用合同或者劳动合同的,应当报所在地县级司法行政机关备案,并按照规定程序办理注销手续。基层法律服务所和基层法律服务工作者对履行聘用合同发生争议的,可以提请所在地的县级司法行政机关或者直辖市的区(县)司法行政机关进行调解处理。

三、对基层法律服务所的管理

(一)各级司法行政机关的监管职责

省、自治区、直辖市司法行政机关应当建立基层法律服务所和基层法律服务工作者信息管理系统,按照有关规定向社会公开基层法律服务所、基层法律服务工作者基本信息和年度考核结果、奖惩情况,并将基层法律服务所、基层法律服务工作者信用记录纳入本省、自治区、直辖市信用信息共享平台。

县级司法行政机关或者直辖市的区(县)司法行政机关对基层法律服务所的日常执业活动和内部管理工作进行指导和监督,可以按照有关规定对基层法律服务所进行检查,要求基层法律服务所报告工作、说明情况、提交有关材料。司法所可以根据县级司法行政机关或者直辖市的区(县)司法行政机关的要求,承担对基层法律服务所进行指导监督的具体工作。

(二)对基层法律服务所的年度考核

设区的市级或者直辖市的区(县)司法行政机关应当每年对基层法律服务所进

行年度考核。对基层法律服务所进行年度考核的具体办法,由省、自治区、直辖市司法行政机关依据《基层法律服务所管理办法》和有关规定制定。

基层法律服务所的年度考核材料,经所在地县级司法行政机关审查后报送设区的市级司法行政机关审核,或者由直辖市的区(县)司法行政机关审核。在年度考核中,不符合规定条件的基层法律服务所,应当在所在地县级司法行政机关或者直辖市的区(县)司法行政机关监督下,限期整改。期满后仍不符合本办法相关规定的,应当办理注销手续。

基层法律服务所接受年度考核,应当提交下列材料:(1)上年度本所工作总结报告和本年度工作计划;(2)上年度本所财务报表;(3)基层法律服务所执业证副本;(4)司法行政机关要求提交的其他材料。

(三)对基层法律服务所的奖惩

司法行政机关对工作成绩显著、队伍建设良好、管理制度完善的基层法律服务所,按照有关规定给予表彰奖励。

基层法律服务所有下列行为之一的,由所在地县级司法行政机关或者直辖市的区(县)司法行政机关予以警告;有违法所得的,依照法律、法规的规定没收违法所得,并由设区的市级或者直辖市的区(县)司法行政机关处以违法所得3倍以下的罚款,罚款数额最高为3万元:(1)超越业务范围和诉讼代理执业区域的;(2)违反规定不以基层法律服务所名义统一接受委托、统一收取服务费,不向委托人出具有效收费凭证的;(3)冒用律师事务所名义执业的;(4)以贬损他人、抬高自己、虚假承诺或者支付介绍费等不正当手段争揽业务的;(5)伪造、涂改、抵押、出租、出借本所执业证的;(6)违反规定变更基层法律服务所名称、法定代表人或者负责人、合伙人、住所和章程的;(7)不按规定接受年度考核,或者在年度考核中弄虚作假的;(8)违反财务管理规定,私分、挪用或者以其他方式非法处置基层法律服务所资产的;(9)聘用未获准基层法律服务工作者执业的人员以基层法律服务工作者名义承办业务的;(10)放纵、包庇基层法律服务所、基层法律服务工作者的违法违纪行为的;(11)内部管理混乱,无法正常开展业务的;(12)法律、法规、规章规定应予处罚的其他行为。

司法行政机关对基层法律服务所实施行政处罚的,应当按照有关规定追究其法定代表人或者负责人的责任。司法行政机关对基层法律服务所实施行政处罚的同时,应当责令其限期整改。期满后仍不能改正,不宜继续执业的,由设区的市级或者直辖市的区(县)司法行政机关予以注销。基层法律服务所对行政处罚不服的,可以依照《中华人民共和国行政复议法》和司法部有关规定申请行政复议。

第三节 基层法律服务工作者的管理

一、基层法律服务工作者的条件

(一)基层法律工作者的概念

基层法律工作者是符合相关执业条件,经核准登记,领取法律服务工作者执业证,在基层法律服务所执业,为社会提供法律服务的人员。

基层法律工作者与律师虽然都是提供法律服务的人员,但两者有着很大的不同:(1)执业资格要求不同。基层法律工作者须符合相关执业条件,经核准登记,领取法律服务工作者执业证;律师必须通过国家统一法律执业资格考试。(2)挂靠的执业机构不同。基层法律工作者挂靠基层法律服务所;律师挂靠律师事务所。(3)从事的法律服务范围不同。基层法律工作者提供的法律服务有一定区域和范围的限制,如面向基层、农村等,不得从事刑事案件的辩护和代理;而律师从事的法律服务范围则更为广泛,没有限制。

(二)基层法律工作者执业条件

1. 基本条件

根据《基层法律服务工作者管理办法》的有关规定,基层法律服务工作者的条件是:(1)拥护《中华人民共和国宪法》;(2)高等学校法律专业本科毕业,参加省、自治区、直辖市司法行政机关组织的考试合格;(3)品行良好;(4)身体健康;(5)在基层法律服务所实习满1年,具有2年以上其他法律职业经历的除外。

根据《基层法律服务工作者管理办法》,各省、自治区、直辖市的自治县(旗),国务院审批确定的国家扶贫开发工作重点县,西部地区省、自治区、直辖市所辖县,可以将前述第2项规定的学历专业条件放宽为高等学校法律专业专科毕业,或者非法律专业本科毕业并具有法律专业知识。另外,具有法律职业资格或者曾经取得基层法律服务工作者执业资格的人员,符合第(1)、(3)、(4)、(5)项规定的,也可以申请基层法律服务工作者执业核准。

2. 禁止性规定

有下列情况之一的,不允许参加基层法律服务工作者资格考试或者申请基层法律服务工作者资格:(1)因故意犯罪受到刑事处罚的;(2)被开除公职的;(3)无民事行为能力或者限制民事行为能力的。

(三)执业申请和执业证的取得

申请执业核准材料,由拟聘用申请人的基层法律服务所提交所在地县级司法行政机关审查,由其出具审查意见后报设区的市级司法行政机关审核,或者由拟聘用申请人的基层法律服务所报所在地直辖市的区(县)司法行政机关审核。

申请基层法律服务工作者执业核准的,应当填写申请执业登记表,并提交下列材料:(1)符合《基层法律服务工作者管理办法》规定的考试合格条件或者申请资格条件;(2)基层法律服务所对申请人实习表现的鉴定意见,或者具有2年以上其他法律职业经历的证明;(3)基层法律服务所出具的同意接收申请人的证明;(4)申请人的身份证明。

设区的市级或者直辖市的区(县)司法行政机关负责基层法律服务工作者执业核准,符合条件的,颁发基层法律服务工作者执业证。

二、基层法律服务工作者的权利

(一)基层法律服务工作者的权利

根据《基层法律服务工作者管理办法》,基层法律服务工作者享有以下权利:

1. 基层法律服务工作者持基层法律服务所出具的介绍信、当事人的委托书和《基层法律服务工作者执业证》,经有关单位或者个人同意,可以依法向其调查、收集与承办法律事务有关的证据材料;依法查阅所代理案件有关材料。

2. 基层法律服务工作者对坚持非法要求、故意隐瞒重大事实、提供虚假证据或者严重违反委托合同约定义务的当事人,可以拒绝为其代理或者解除委托关系。

3. 基层法律服务工作者在执业中发现本地区政府机关、基层群众性自治组织、企业事业单位、社会组织在执行法律、法规和规章方面存在问题的,可以向其提出法律服务建议。

4. 基层法律服务工作者在执业期间,有权获得执业所需的工作条件,参加政治学习和业务培训,参与本所民主管理,获得劳动报酬和享受保险、福利待遇。

5. 基层法律服务工作者对侵犯其执业权利的行为,可以请求司法行政机关、基层法律服务行业协会依法予以保障其合法权益。

(二)基层法律服务工作者的义务

根据《基层法律服务工作者管理办法》,基层法律服务工作者的义务为:

1. 基层法律服务工作者应当遵守宪法和法律,恪守职业道德和执业纪律,做到依法执业、诚信执业、规范执业。基层法律服务工作者执业应当以事实为依据,以法律为准绳。基层法律服务工作者应当接受国家、社会和当事人的监督。

2. 基层法律服务工作者应当遵守基层法律服务所统一收案、统一委派、统一收费的相关规定。

3. 基层法律服务工作者应当按照有关规定履行法律援助义务。

4. 基层法律服务工作者在执业过程中应当遵守司法、仲裁和行政执法活动的有关制度,尊重司法机关、仲裁委员会和行政执法机关及其工作人员依法行使职权。曾担任法官的基层法律服务工作者,不得担任原任职法院办理案件的诉讼代理人。

5. 基层法律服务工作者应当尊重同行,同业互助,公平竞争,共同提高执业水平。

6.《基层法律服务工作者管理办法》第37条规定,基层法律服务工作者应当保守在执业活动中知悉的国家秘密、商业秘密和个人隐私。

7. 基层法律服务工作者应当爱岗敬业、坚持原则、诚实守信、举止文明、廉洁自律,自觉维护执业声誉和社会形象。

三、对基层法律服务工作者的监督考核

(一)考核

1. 考核主体

设区的市级或者直辖市的区(县)司法行政机关应当对基层法律服务工作者进行年度考核。基层法律服务工作者年度考核材料,由基层法律服务所报经所在地县级司法行政机关审查后报设区的市级司法行政机关审核,或者由基层法律服务所报所在地直辖市的区(县)司法行政机关审核。

县级司法行政机关或者直辖市的区(县)司法行政机关对基层法律服务工作者的日常执业活动和遵守职业道德、执业纪律的情况进行指导和监督,可以按照有关规定对基层法律服务工作者的执业情况进行检查,要求有关人员报告工作、说明情况、提交有关材料。司法所可以根据县级司法行政机关或者直辖市的区(县)司法行政机关要求,承担对基层法律服务工作者进行指导监督的具体工作。

2. 需提交的考核材料

基层法律服务工作者参加年度考核,应当提交下列材料:(1)上年度执业情况和遵守职业道德、执业纪律情况的个人总结;(2)基层法律服务所出具的执业表现年度考核意见;(3)基层法律服务工作者执业证。

(二)奖惩

1. 奖励

基层法律服务所对年度考核被评为优秀或者在平时执业中有突出事迹或者显

著贡献的基层法律服务工作者，应当给予奖励。对事迹特别突出的，可以报请有关司法行政机关给予表彰。

2. 惩罚

司法行政机关应当建立对基层法律服务工作者执业的投诉监督制度，设立投诉电话、投诉信箱，受理当事人和其他公民对基层法律服务工作者违法违纪行为的投诉，将调查处理结果告知投诉人。

基层法律服务工作者有下列行为之一的，由所在地县级司法行政机关或者直辖市的区（县）司法行政机关予以警告；有违法所得的，依照法律、法规的规定没收违法所得，并由设区的市级或者直辖市的区（县）司法行政机关处以违法所得3倍以下的罚款，罚款数额最高为3万元：

（1）超越业务范围和诉讼代理执业区域的；

（2）以贬损他人、抬高自己、虚假承诺或者支付介绍费等不正当手段争揽业务的；

（3）曾担任法官的基层法律服务工作者，担任原任职法院办理案件的诉讼代理人的；

（4）冒用律师名义执业的；

（5）同时在基层法律服务所和律师事务所或者公证机构执业，或者同时在2个以上基层法律服务所执业的；

（6）无正当理由拒绝履行法律援助义务的；

（7）明知委托人的要求是非法的、欺诈性的，仍为其提供帮助的；

（8）在代理活动中超越代理权限或者滥用代理权，侵犯被代理人合法利益的；

（9）在同一诉讼、仲裁、行政裁决中，为双方当事人或者有利害关系的第三人代理的；

（10）不遵守与当事人订立的委托合同，拒绝或者疏怠履行法律服务义务，损害委托人合法权益的；

（11）在调解、代理、法律顾问等执业活动中压制、侮辱、报复当事人，造成恶劣影响的；

（12）不按规定接受年度考核，或者在年度考核中弄虚作假的；

（13）泄露在执业活动中知悉的商业秘密或者个人隐私的；

（14）以影响案件审判、仲裁或者行政裁定结果为目的，违反规定会见有关司法、仲裁或者行政执法人员，或者向其请客送礼的；

（15）私自接受委托承办法律事务，或者私自收取费用，或者向委托人索要额外报酬的；

(16)在代理活动中收受对方当事人、利害关系人财物或者与其恶意串通，损害委托人合法权益的；

(17)违反司法、仲裁、行政执法工作有关制度规定，干扰或者阻碍司法、仲裁、行政执法工作正常进行的；

(18)泄露在执业活动中知悉的国家秘密的；

(19)伪造、隐匿、毁灭证据或者故意协助委托人伪造、隐匿、毁灭证据的；

(20)向有关司法人员、仲裁员或者行政执法人员行贿、介绍贿赂，或者指使、诱导委托人向其行贿的；

(21)法律、法规、规章规定应予处罚的其他行为。

司法行政机关对基层法律服务工作者实施上述行政处罚的同时，应当责令其改正。

思考题

1. 基层法律服务产生的社会背景是什么？
2. 基层法律服务工作者的业务范围是什么？
3. 如何看待基层法律服务的发展前景？
4. 基层法律服务工作者的权利与义务是什么？
5. 如何对基层法律服务者进行监督与考核？

第十六章 人民调解

本章要点

本章主要介绍了人民调解的概念与特点、人民调解原则、人民调解组织和人员、人民调解程序、对人民调解工作的指导以及国家对人民调解工作的支持。重点掌握人民调解原则、人民调解程序以及对人民调解工作的指导。

第一节 人民调解概述

一、人民调解的概念与特点

(一)人民调解的概念

《中华人民共和国人民调解法》第2条规定,人民调解是指人民调解委员会通过说服、疏导等方法,促使当事人在平等协商基础上自愿达成调解协议,解决民间纠纷的活动。

对于"人民调解",在不同的语境下会产生不同的理解。在社会主义法律体系中,人民调解可以被理解为一种制度,包含人民调解的性质、任务、工作原则、程序、人民调解组织以及相关的法律法规的总和。在社会活动中,人民调解可以被理解为一种纠纷解决的活动。《中华人民共和国人民调解法》已对此进行了权威表述。

(二)人民调解的特点

1.人民调解在人民调解委员会主持下进行

这一特征是人民调解所特有的本质属性,它将人民调解同其他民间调解以及其他各种调解区别开。人民调解不是人民调解员以个人名义进行的调解,而是以人民调解委员会的名义进行的调解。所以,在实践中人民调解协议要加盖人民调解委员会的印章,而不仅仅是调解人员的签名;对调解登记、调解工作记录、调解协议书等材料也要由人民调解委员会立卷归档。

2. 人民调解采用的方法以说服、教育为主

人民调解采用说服、教育的方法,与审判、仲裁、行政决定等其他纠纷解决方法存在本质差异,这主要是由人民调解的性质决定的。人民调解委员会是群众性的自治组织,不以国家强制力为后盾,因此,在纠纷解决方面更侧重于对当事人的说服教育。动之以情,晓之以理,说明冲突的利害,使当事人自愿和解,以达到解决纠纷的目的。

3. 当事人在平等协商基础上自愿达成调解协议

人民调解的这一特点也是人民调解基本原则中"平等自愿原则"的体现。人民调解坚持平等自愿的原则,不得强行调解。调解人员的调解意见,要建立在当事人双方自愿的基础上,而非强加于人。调解的开始与终结要尊重当事人的意愿,注重协商直至当事人形成调解的合意。

4. 人民调解委员会调解的是民间纠纷

人民调解委员会调解的民间纠纷,包括发生在公民与公民之间、公民与法人或其他社会组织之间涉及民事权利义务争议的各种纠纷。近几年,随着社会的发展,纠纷数量以及种类的增多,人民调解所受理的纠纷在纠纷类型与范围上也在扩大,但仍在民间纠纷的范围内。

二、人民调解的性质

人民调解的性质是通过人民调解委员会的性质体现出来的,人民调解委员会是人民调解工作的主体,它的性质直接决定了人民调解的性质。

(一)群众性

人民调解委员会是群众性自治组织,它既不同于行政机关,也不同于国家审判机关;它既没有行政决定权,也没有司法裁判权。人民调解委员会是让人民群众组织管理自己的事情,处理自己内部的民间纠纷。各调解组织之间没有层级关系,与国家机关和其他社会组织没有隶属关系。人民调解员来源于群众,只能在本居住地区的村(居)民中通过民主选举产生,一般由德高望重、为人正直、办事公道、人民群众信赖的公民担任。他们扎根于基层,以简便、灵活、快捷的方式解决民间纠纷,从而增强人民内部团结,维护社会稳定。

群众性还体现为中国人民调解组织遍布于社会基层,在村民委员会、居民委员会以及乡镇街道办事处都设置了人民调解委员会。截至 2021 年 1 月,全国有人民调解委员会 70 多万个,人民调解员 320 多万人,其中专职人民调解员 30 多万人,每

年调解矛盾纠纷900多万件，其中近80%的矛盾纠纷化解在基层一线。[①] 目前，全国逐渐发展起来新型的人民调解组织，主要表现为以下三种类型：乡镇（街道）设立的人民调解委员会；企业事业单位根据需要设立的人民调解委员会；根据需要设立的区域性、行业性的人民调解委员会，包括在流动人口聚居区、行政接边地区、消费者协会、集贸市场、经济开发区、物业管理小区、旅游区等建立的人民调解组织，还有专门调解医患纠纷、交通事故纠纷的人民调解组织等。有些人民调解组织由司法所组织建立，但人民调解员均来自民间，司法所只是扮演了协调人的角色；有些由乡镇街道组织设立，体现了行业特点与专业特点，但在性质上仍未偏离人民群众自我管理、自我教育、自我服务的特性，仍然属于群众性组织。

（二）民间性

人民调解的范围为“民间纠纷”，既有传统上公民与公民之间的婚姻、继承、赡养、邻里关系、小额债务、轻微侵权等常见多发的矛盾纠纷，也包括新时期土地承包、征地拆迁、环境保护、医患纠纷等社会热点、难点纠纷，共同的特点是发生在公民与公民之间、公民与法人或者其他组织之间，当事人有权自行处分的人身、财产权益纠纷等。人民调解的自愿平等、不违背法律法规政策和尊重当事人权利三项原则和人民调解不收费的基本制度，在保障当事人意思自治的前提下，突出了法律规范与道德规范的有机结合，充分体现了调解过程和调解协议情、理、法相融合的民间性特征。人民调解方式方法的规定，既体现了确保调解活动顺利开展的基本要求，又不拘形式，灵活便捷，保持了人民调解区别于其他纠纷解决机制的民间特色。

（三）自治性

人民调解委员会主要由村民委员会、居民委员会设立，其调解活动是中国基层民主自治的重要内容。《中华人民共和国宪法》第111条规定，人民调解委员会是基层群众性自治组织即居民委员会、村民委员会下设的一个工作委员会，其专门职责是调解民间纠纷。这以国家根本大法的形式确立了人民调解委员会的性质为基层群众性自治组织。

人民调解组织和人民调解员由本辖区或单位的群众直接选举产生，接受群众的监督，群众有权撤换他们认为不称职的调解人员。人民调解坚持平等自愿的原则，不强行调解，不干涉当事人的诉讼权利，调解也不是诉讼的必经程序。人民调解运用说服教育、耐心疏导、民主讨论、协商的方法，在分清是非的基础上，依法帮助当

---

① 《构建调解大格局　奋进时代新征程——新时代“东方之花”绚丽绽放》，载司法部官网，http://www.moj.gov.cn/pub/sfbgw/jgsz/jgszjgtj/rmcyyhcjfzj/rmcyhcjfzj/202101/t20210104_131308.html，最后访问日期：2022年1月29日。

事人达成调解协议。人民调解通过人民群众自我教育、自我管理、自我服务,化解人民内部的矛盾纠纷,增进人民内部团结,是社会主义国家人民当家做主、行使管理权利的重要体现,也是长期以来人民调解工作保持生机与活力、深受人民群众欢迎的根本原因。

(四)准司法性

人民调解的准司法性体现在两个方面。

其一,人民调解制度是中国法治体系的重要组成部分,《中华人民共和国宪法》《中华人民共和国民事诉讼法》《中华人民共和国村民委员会组织法》《人民调解委员会组织条例》《人民调解工作若干规定》等法律法规均对人民调解工作进行过规定。尤其是2011年1月起开始实施的《中华人民共和国人民调解法》与同年颁布的最高人民法院《关于人民调解协议司法确认程序的若干规定》更是完善了人民调解制度,规范了人民调解程序,明确了人民调解的法律地位,提高了人民调解的协议效力。

其二,人民调解实现了与司法的衔接。按照《中华人民共和国人民调解法》与最高人民法院《关于人民调解协议司法确认程序的若干规定》的规定,基层法院对人民调解的业务进行指导。另外,经人民调解委员会调解达成的人民调解协议,经双方当事人申请可以对该协议进行司法确认。人民法院经审查认为调解协议符合确认条件的,应当作出确认裁定书,人民法院依法作出确认决定后,一方当事人拒绝履行或者未全部履行的,对方当事人可以向作出确认决定的人民法院申请强制执行,从而实现了人民调解与司法的衔接。

三、人民调解的历史

中华民族自古以来就具有调解的传统,早在3000年前的周朝就设有调人,此后调解均作为历朝历代重要的纠纷解决方式。中国现行的人民调解制度一定程度上就源于中国古代的民间调解。

人民调解制度最早产生于新民主主义时期的革命根据地。最初是在中国共产党领导下的农会组织和一些局部政权组织中设立了调解组织,调解民间纠纷。抗日战争时期,调解工作得到较大发展。当时为了区别于国民党统治区“不民主的调解工作”,把解放区的调解称为人民调解,形成了人民调解的三项基本原则:自愿原则、合法原则以及保护当事人诉讼权利原则。这三项基本原则的确立是人民调解制度形成的主要标志。

中华人民共和国的成立使人民调解工作步入了一个新的发展阶段。1950年11

月3日,原中央人民政府政务院《关于加强人民司法工作的指示》中指出:“人民司法工作必须处理人民间的纠纷,对这类民事案件亦须予以足够的重视,应尽量采取群众调解的办法以减少人民讼争。”1954年3月22日,原中央人民政府政务院在总结新民主主义革命时期调解经验和中华人民共和国成立后人民调解新经验的基础上,颁布了《人民调解委员会暂行组织通则》,明确规定了人民调解委员会的性质、任务、组织、活动原则、工作制度和工作方法。《人民调解委员会暂行组织通则》的颁布是我国人民调解制度发展史上的重要里程碑,标志着人民调解作为一种法律制度在中国正式确立。

改革开放以后,人民调解制度的地位得到1982年《中华人民共和国宪法》和《中华人民共和国民事诉讼法(试行)》的确认。1982年3月,第五届全国人民代表大会常务委员会颁布了《中华人民共和国民事诉讼法(试行)》(已失效),不但进一步肯定了人民调解的法律地位,而且把它规定为民事诉讼法的一项基本原则。1982年12月,第五届全国人民代表大会第五次会议,把人民调解规定在《中华人民共和国宪法》第111条第2款之中,“居民委员会、村民委员会设人民调解、治安保卫、公共卫生等委员会,办理本居住地区的公共事务和公益事业,调解民间纠纷,协助维护社会治安,并且向人民政府反映群众的意见、要求和提出建议”。1987年11月24日,第六届全国人民代表大会常务委员会第二十三次会议通过了《中华人民共和国村民委员会组织法(试行)》(已失效),该法第14条规定,“村民委员会根据需要设人民调解、治安保卫、公共卫生等委员会。村民委员会成员可以兼任下属委员会的成员。人口少的村的村民委员会可以不设下属的委员会,由村民委员会成员分工负责人民调解、治安保卫、公共卫生等工作”。以上三部法律关于人民调解组织的规定,将人民调解制度作为一项法律制度,在中国最终确立下来。

这一时期,人民调解组织得到加强,人民调解制度也日渐规范。1980年1月,全国人民代表大会常务委员会批准并重新公布了《人民调解委员会暂行组织通则》。1981年11月司法部制定并颁布《司法助理员工作暂行规定》,人民调解委员会除继续接受基层人民法院业务指导以外,还被划归司法行政机关直接领导和管理。1989年5月通过的《人民调解委员会组织条例》,该条例进一步完善和发展了人民调解制度。最高人民法院于2002年9月通过的《关于审理涉及人民调解协议的民事案件的若干规定》(已失效),第一次从司法解释上对人民调解协议的性质和效力作了明确的规定,2002年9月司法部通过的《人民调解工作若干规定》作出相同规定。

2010年颁布的《中华人民共和国人民调解法》以及最高人民法院《关于人民调

解协议司法确认程序的若干规定》(法释〔2011〕5号)的出台,全面、系统地规范了人民调解的性质、任务和原则,人民调解组织形式和人民调解员的选任,人民调解的程序、效力,人民调解的指导和保障等各个方面的内容,进一步丰富和发展了人民调解制度,为人民调解工作提供了更有力的法律支撑。《中华人民共和国人民调解法》颁布后,在全国范围内,形成了乡镇调解中心、村民调解委员会、居民调解委员会、厂矿企业调解委员会、联合调解委员会、集贸市场调解委员会,流动人口聚居区调解委员会等调解组织。

2010年后,在贯彻《中华人民共和国人民调解法》的基础上,司法部又不断拓宽人民调解工作领域,加强人民调解员队伍建设。2011年、2014年司法部分别下发《关于加强行业性、专业性人民调解委员会建设的意见》和《关于进一步加强行业性专业性人民调解工作的意见》,促进了中国行业性、专业性人民调解委员会的发展。目前交通事故人民调解委员会、医疗纠纷人民调解委员会、劳动争议人民调解委员会、物业纠纷人民调解委员会、消费纠纷人民调解委员会、旅游纠纷人民调解委员会等已经普遍设立,在纠纷化解上发挥了越来越重要的作用。

2018年3月28日,中央全面深化改革委员会第一次会议审议通过中共中央政法委、最高人民法院、司法部、民政部、财政部、人力资源和社会保障部《关于加强人民调解员队伍建设的意见》,在更高层面上对人民调解工作发展进行了布局,为人民调解工作发展奠定了政策基础。

第二节　人民调解的原则

一、自愿平等原则

自愿平等原则可以被理解为自愿原则与平等原则。

(一)自愿原则

自愿原则是指人民调解工作必须始终尊重当事人的意愿,不得将调解员的意志强加给当事人,也不得采取任何强迫措施。自愿原则要贯穿调解活动的始终。具体包含以下两方面的内容:

1. 纠纷的调解必须出于双方当事人自愿

双方当事人发生纠纷后,调解委员会能否进行调解,要完全尊重双方当事人的意愿。如果双方当事人同意调解委员会进行调解,调解委员会可以调解,如果双方当事人不同意调解委员会进行调解,调解委员会不能违背当事人的意愿强行调解。

2. 协议的达成必须出于双方当事人自愿

达成协议、平息纠纷是调解活动的重要内容,也是进行调解的目的。因此,调解人员在调解过程中要竭尽全力,促使双方当事人互谅互让,达成协议,其中包括对双方当事人进行说服教育,耐心疏导,晓之以理,动之以情,还包括向双方当事人提出建议方案等。进行这些工作,都要以双方当事人自愿为前提,不能带有任何强制性。调解人员既不能代替当事人达成协议,也不能把自己的意志强加于人。纠纷当事人无论是对协议的全部内容有意见,还是对协议的部分内容有意见而拒绝达成调解协议的,协议都不能成立。

(二)平等原则

平等原则包含以下三方面的内容:

1. 纠纷当事人无论其民族、种族、性别、职业、教育程度、家庭出身、社会地位、政治面貌、财产状况、宗教信仰、居住期限等方面有什么差别,在调解活动中都居于平等地位,享有平等的权利,承担平等的义务。

2. 调解人员对纠纷当事人在适用政策法律上一律平等,即对纠纷当事人要用同一个标准和尺度来衡量,不偏袒一方,不歧视一方。

3. 调解人员与当事人的地位平等,不能居于当事人之上压服当事人。

二、不违背法律、法规和国家政策原则

不违背法律、法规和国家政策的原则主要是指人民调解委员会调解纠纷时,不得违反法律、法规及国家政策的规定。对于该项原则,可以从以下两点理解:

第一,法律、法规、国家政策体现了国家民族的核心利益、整个社会的公平正义以及社会的一般准则,具有较高权威。

法律、法规和国家政策是人民调解组织调解民间纠纷的主要依据。因此,人民调解员在调解纠纷的过程中一定要熟知法律、法规和国家政策。调解协议的内容不得违反法律、法规和国家政策,否则调解协议的内容不会得到支持,甚至还会因为违法而被撤销。

第二,法律、法规、国家政策是调解的主要依据,但不是唯一依据。在不同的情况下,面对不同类型的纠纷,不同的纠纷主体,可以采用不同的依据进行调解。比如,可以依照社会公德、村规民约、公序良俗或行业惯例进行调解,只要没有违反法律、法规和国家政策,就可以作为调解的依据。

三、尊重当事人权利原则

尊重当事人权利原则是指人民调解委员会在调解纠纷时应当尊重当事人的权

利,不得因调解而阻止当事人依法通过仲裁、诉讼等途径维护自己的权利。

(一)尊重当事人的实体权利

当事人在纠纷处理的过程中对实体权利的处分具有决定权。比如,调解协议中涉及对方责任的追究方式,涉及金额的多少,协议履行的时间、方式等,这些事项都应当由当事人自主决定。人民调解员在调解过程中可以采取多种方式进行说服、调解,可以提出解决问题的方案,但接受与否仍取决于当事人。

(二)尊重当事人通过仲裁、诉讼等途径解决纠纷、要求救济的程序权利

人民调解不是纠纷解决的唯一办法,在我们国家还存在自行和解、仲裁、诉讼等纠纷解决途径。人民调解是化解矛盾纠纷的有效机制,但不是唯一机制。人民调解不能代替仲裁、诉讼等纠纷解决机制,也不是这些机制的前置程序或必经程序。调解的进行以纠纷当事人的自愿为前提,调解的启动、实施以及协议的达成等都取决于当事人的自愿。当事人不接受调解、对调解协议反悔或不履行调解协议的,还可以向人民法院提起诉讼或者采用其他方式维护其合法权益,不得因未经调解或调解不成而加以阻止、妨碍。

第三节 人民调解组织和人员

一、人民调解委员会

(一)人民调解委员会的设立

《中华人民共和国人民调解法》规定了设立人民调解委员会的不同形式及不同要求:一是村(居)民委员会设立人民调解委员会。这里的“设立”是“应当设立”“普遍设立”。二是企(事)业单位“根据需要”设立人民调解委员会。三是乡镇、街道、社会团体或其他组织“根据需要可以参照《中华人民共和国人民调解法》有关规定”设立人民调解委员会。

多种形式的人民调解组织可以更好地适应化解不同类型、不同领域矛盾纠纷的需要。不同形式的人民调解组织的具体任务有所差别,但它们的性质都是群众性自治组织,并且应听取群众意见,接受群众监督。

(二)人民调解委员会的构成

人民调解委员会由委员3~9人组成,具体人数可根据需要由设立单位自行确定。人民调解委员会委员由其设立单位推选产生,每届任期3年,可以连选连任,使人民调解委员会具有广泛的代表性。人民调解委员会设主任1人,必要时,可以设

副主任若干人。从有利于纠纷解决的实际出发,充分发挥妇女和各民族成员调解相关民间纠纷的独特优势,根据《中华人民共和国人民调解法》第 8 条第 3 款的规定,人民调解委员会应当有妇女成员,多民族居住的地区应当有人数较少民族的成员。

二、人民调解员

(一)人民调解员的产生

人民调解员包括经推选产生的人民调解委员会委员和人民调解委员会聘任的人民调解员两类。村(居)民委员会的人民调解委员会委员由村民会议或者村民代表会议、居民会议推选产生;企(事)业单位设立的人民调解委员会委员由职工大会、职工代表大会或者工会组织推选产生。近年来,各地在完善选举方式的同时,普遍实行了聘任制,采取公开招聘、民主推荐、竞争上岗等办法,将辖区内懂法律、有专长、热心人民调解工作、被群众认为公道正派的人员充实到调解员队伍中来,使人民调解员队伍构成更加科学,调解能力进一步提高。人民调解员无论是推选产生还是聘任产生,两者只是选任方式不同,在人民调解工作中的权利、地位平等,作用同等重要。

(二)人民调解员的任职条件

人民调解员应当由公道正派、热心人民调解工作,并具有一定文化水平、政策水平和法律知识的成年公民担任。鉴于人民调解工作的特点,在人民调解员的选任条件上,应侧重其综合素质和工作能力等。做好人民调解工作、妥善化解矛盾纠纷的关键在于人民调解员得到群众的信赖和认可,这需要有足够的工作热情和奉献精神,需要有较高的政策水平和调解技巧等。

第四节 人民调解的程序

《中华人民共和国人民调解法》在第四章对人民调解的程序作出了明确规定。

一、调解的启动

启动是人民调解活动的第一个环节。在人民调解的启动上,根据《中华人民共和国人民调解法》第 17、18 条的规定,可以由当事人向人民调解委员会申请调解,也可以由人民调解委员会主动介入调解纠纷,还可以由基层人民法院、公安机关对适宜通过人民调解方式解决的纠纷，在受理前告知当事人向人民调解委员会申请调解。

二、人民调解员的选择

选择适合的人民调解员调解纠纷，是调解活动的重要一环。根据《中华人民共和国人民调解法》第19条的规定，既可以由人民调解委员会根据需要指定1名或数名人民调解员进行调解，也可以由当事人选择1名或数名人民调解员进行调解。同时，根据调解纠纷的需要，人民调解员还可以邀请当事人的亲属、邻里、同事或者具有专门知识、特定经验的人员及有关社会组织、社会人士参与调解。只要是对促成调解有帮助的人都可以参与调解，目的是更广泛地发挥群众工作优势，吸收更多的社会资源参与到人民调解工作中来。

三、调解的实施

（一）调解的方式

根据《中华人民共和国人民调解法》第21、22条的规定，人民调解员调解民间纠纷，应当坚持原则，明法析理，主持公道。调解应当及时、就地进行，防止矛盾激化。人民调解员调解民间纠纷要充分听取当事人的陈述，讲解有关法律、法规和国家政策，耐心疏导，在当事人平等协商、互谅互让的基础上提出纠纷解决方案，帮助当事人自愿达成调解协议。至于调解的具体方式，可以根据纠纷的不同情况和当事人的意愿，灵活采取直接调解或间接调解，单独调解或联合调解，公开调解或不公开调解等不同方式。

（二）调解的进行

1. 告知当事人权利和义务

《人民调解工作若干规定》第30条规定："人民调解委员会调解纠纷，在调解前应当以口头或者书面形式告知当事人人民调解的性质、原则和效力，以及当事人在调解活动中享有的权利和承担的义务。"《中华人民共和国人民调解法》第23条规定："当事人在人民调解活动中享有下列权利：（一）选择或者接受人民调解员；（二）接受调解、拒绝调解或者要求终止调解；（三）要求调解公开进行或者不公开进行；（四）自主表达意愿、自愿达成调解协议。"第24条规定："当事人在人民调解活动中履行下列义务：（一）如实陈述纠纷事实；（二）遵守调解现场秩序，尊重人民调解员；（三）尊重对方当事人行使权利。"

2. 双方当事人陈述

双方当事人陈述是调解工作的重要环节和步骤。调解开始时，必须首先由双方当事人对纠纷进行陈述并提出证据,以表达各自对纠纷责任的看法和解决纠纷的具体意见。调解人员要积极、耐心地引导当事人讲清事实真相,并在此过程中进一步查明事实,分清责任。对于个别当事人在陈述过程中故意歪曲事实、无理纠缠的,应当及时予以制止和纠正。

3. 进行调解

在听取双方当事人的陈述后,调解人员应当依据当事人的特点、纠纷的性质、难易程度与发展变化的情况,采取灵活多样的方式方法,依据有关法律、法规和国家政策规定,对双方当事人进行耐心细致的说服、教育和疏导,帮助他们提高认识,解开思想上的疙瘩,消除对立情绪。在此基础上,引导双方当事人就纠纷事实和责任交换意见,达成一致。

四、调解的终结

对于调解的终结,《中华人民共和国人民调解法》规定了以下两种情形:

一是达成调解协议。经人民调解委员会调解达成调解协议的,调解活动即告终结。在人民调解协议的形式上,既可以制作书面形式的调解协议书,也可以采取口头协议方式,由人民调解员记录协议内容,两者具有同等法律效力。

二是调解不成。调解不成主要有当事人拒绝调解、提前终止调解或者当事人未能就调解协议达成一致等情形。对于调解不成的,应当终止调解,并依据有关法律、法规的规定,告知当事人可以依法通过仲裁、诉讼等途径维护自己的权利。

五、调解回访

(一)调解回访的含义

调解回访,是指人民调解委员会主持调解达成协议后,应适时派员了解掌握协议履行情况,听取当事人和群众的意见,以巩固调解成果。《人民调解工作若干规定》第36条第2款规定:"人民调解委员会应当对调解协议的履行情况适时进行回访,并就履行情况做出记录。"人民调解委员会在调解协议达成后适时进行回访,有利于及早发现和解决出现的新问题,避免协议不能有效解决纠纷的情况出现。对于那些比较复杂、协议履行有难度的纠纷或者当事人思想不稳定、容易出现反复的纠纷,应当作为重点回访的对象。要发现问题及时解决,加强对当事人的说服教育工作。

(二)调解回访的要求

要做好回访工作,必须坚持以下四点:

1. 回访必须坚持实事求是的原则,以对当事人负责的态度,认真进行调解回访,讲求实效,不走过场。

2. 回访工作必须及时。人民调解委员会要在调解协议达成后的适当时间内派员进行回访,以便及时发现和解决新出现的情况和问题,减少工作中的失误,以免影响扩大。

3. 回访应当有重点地进行。对那些比较复杂、疑难的纠纷,或者协议的履行有一定难度的纠纷,当事人思想情绪尚不稳定、容易出现反复的纠纷,要列为重点回访的对象,坚持适时回访。

4. 回访必须注意发现问题,加强对当事人的说服教育工作。例如,当事人思想出现反复,或者有些问题尚未落实的,未能完全履行协议的,调解人员都应当及时发现,针对不同情况及时采取措施加以解决,引导、说服当事人本着互谅互让的原则,自愿达成协议,从而化解矛盾。

六、归档及档案管理

人民调解工作档案是调解人员在办理调解活动过程中形成并收集的有价值的文字、图表、声像等不同形式或者载体的文件材料,是人民调解工作的真实记录。

调解过程中相应的记录应当规范并及时归档。人民调解委员会应当健全有关调解文件材料的收集整理、立卷归档、保管利用等各项规章制度,并自觉接受司法行政机关和档案管理部门的监督和指导。

(一)人民调解委员会工作档案

人民调解工作要加强档案管理。调解工作档案包括:(1)调解网络组成人员名册;(2)会议记录、政治业务学习记录;(3)矛盾纠纷受理、调处情况登记本;(4)矛盾纠纷调解卷宗;(5)每月报表、半年报表和全年报表以及半年、全年工作总结;(6)矛盾纠纷集中排查调处相关材料;(7)其他应当归档的文件、材料。

(二)矛盾纠纷调解卷宗

根据有关规定,各地方对调解工作档案已经形成了一套规范做法。矛盾纠纷调处结束后,形成卷宗,一案一卷。调解卷宗一般包括:(1)卷宗封面;(2)卷宗目录;(3)调解申请书(或者口头申请笔录);(4)和当事人的谈话记录;(5)调查材料和证据材料;(6)调查笔录;(7)调解协议书及底稿,调解简易矛盾纠纷未制作书面调解协议书的,调解委员会应填写民间纠纷受理调解登记表;(8)回访情况和办结报告记录;(9)附卷材料。调解卷宗由各调解组织装订成册,建立统计档案,妥善保管备查。

第五节 对人民调解工作的指导

根据《中华人民共和国人民调解法》第 5 条的规定，国务院司法行政部门负责指导全国的人民调解工作，县级以上地方人民政府司法行政部门负责指导本行政区域的人民调解工作。基层人民法院对人民调解委员会调解民间纠纷进行业务指导。由此，对人民调解委员会的指导可以分为司法行政机关的工作指导与人民法院的业务指导。

一、司法行政机关对人民调解工作的指导

（一）国务院司法行政部门负责指导全国的人民调解工作

一般而言，国务院的司法行政机关——司法部负责指导全国的人民调解工作。司法部作为全国最高级别的司法行政机关，其主要职责是对全国的人民调解工作进行宏观的指导。一般包含以下工作内容：(1)传达并贯彻落实国家有关人民调解工作的决定、指示。(2)拟订指导全国人民调解工作的方针、政策，起草有关工作法规和规章，解释、批复人民调解工作中的法律、政策方面的问题。(3)制定全国人民调解工作的发展规划和年度计划并组织实施，指导、监督和检查各地贯彻执行情况。(4)调查研究全国人民调解工作发展状况、规律，制定加强和改进工作的意见措施，总结推广先进经验。(5)制订全国人民调解工作的培训计划，组织编写培训教材，开展示范培训并指导监督各地组织实施。(6)组织全国人民调解工作的新闻宣传和理论研究工作，以及其他应当由其负责的有关人民调解的工作。

（二）县级以上地方人民政府司法行政部门负责指导本行政区域的人民调解工作

1. 司法行政机关以行政区域来确定自己的指导对象

行政区域是国家为实行分级管理而划分并设立相应国家机关的区域。目前中国的行政区域划分为四个等级：省、自治区、直辖市；省辖市、地区、自治州；市辖区、市辖市、县、自治县；乡、民族乡、镇。每个级别的行政区域均有相应的行政机关行使相关的行政职权。以行政区域来确定行政管辖的范围，一方面，便于国家进行自上而下的宏观调控和指导；另一方面，有助于各个地方政府确定行政管辖的范围，明确其职权与职责，避免出现行政管辖冲突或行政管辖权空置的现象。

《中华人民共和国人民调解法》规定司法行政机关以行政区域来确定自己的指

导对象,也正是由于这个原因,司法行政机关对人民调解委员会的指导,其本质也是一种行政权的行使,这样规定有助于使各个司法行政机关明确对人民调解委员会工作指导权的地域管辖,也有助于人民调解委员会明晰、接受相应行政机关的工作指导。

2. 县级以上地方人民政府司法行政部门负责指导本行政区域的人民调解工作

县级以上司法行政机关主要工作为:(1)根据党的路线、方针、政策和国家法律、法规,依据本行政区域的特点制定有关人民调解工作的方针、政策、规章和规范性文件;制定本行政区域内人民调解工作的发展方向、目标和规划,提出具体任务和措施,并负责督促、检查和落实。(2)做好人民调解委员会的组织建设、队伍建设、业务建设和制度建设的指导工作。明确本地区人民调解建设的标准与要求,整体推进本行政区域的人民调解委员会的规范化建设。(3)根据本地区人民调解工作的实际情况以及民间纠纷的特点与规律,总结人民调解工作方法和经验,指导人民调解委员会改进工作。(4)总结交流经验,及时总结推广本地区以及全国其他地区人民调解工作的成功方法和经验,大力宣传人民调解工作的优秀事迹以及优秀案例。(5)加大本行政区域人民调解工作的宣传,尤其是人民调解在纠纷解决上的特点与优点,以加深群众对人民调解工作的认识。(6)对本行政区域内人民调解工作存在的困难与问题,提出有针对性的措施,及时解决。

另外,《中华人民共和国人民调解法》第 14 条第 2 款规定:"县级人民政府司法行政部门应当定期对人民调解员进行业务培训。"人民调解员的业务素质直接关乎人民调解工作的质量,是人民调解工作的核心,因此,加强业务培训是司法行政机关指导人民调解工作的重要职能。2003 年司法部下发的《关于加强人民调解员培训工作的意见》对人民调解员培训的指导思想、工作目标、培训内容、培训方式方法作了规定。按照相关法律法规的规定,县级司法行政机关要结合本地实际,制定完备的人民调解员培训规划,明确培训的目标、任务、人员、内容、方式、方法和经费保障等,并精心组织,定期实施,切实提高人民调解员的业务素质和调解能力。

3. 乡镇(街道)司法所负责人民调解日常工作的指导

乡镇(街道)司法所是县(区)司法行政机关的派出机构,贴近基层、网络健全、组织严密、工作便利,是司法行政机关指导人民调解工作的具体实施机构,主要包括以下工作内容:(1)负责解答、处理人民调解委员会或者纠纷当事人就人民调解工作有关问题的请示、咨询和投诉;(2)应人民调解委员会的请求或者根据需要,协助、参与对具体纠纷的调解活动;(3)对人民调解委员会主持达成的调解协议予以检查,发现违背法律、法规和国家政策的,应当予以纠正;(4)总结交流人民调解工作经验,调查研究民间纠纷的特点和规律,指导人民调解委员会改进工作。

二、基层人民法院对人民调解工作的业务指导

人民法院与人民调解委员会在化解民间纠纷的功能上具有相似之处。尤其是基层人民法院,其受案范围(民事纠纷)与人民调解受理范围(民间纠纷)有很大部分是重合的;两者在化解纠纷的技巧方面也有相通之处,特别是法院的司法调解与人民调解的工作方法可以互相借鉴。两者的区别主要在于,司法裁判的效力具有既判力,可以申请执行;人民调解协议的效力具有一般法律效力,需要司法确认才具有类似判决的效力。另外,在适用法律上,法官比人民调解员更为精通、精准,这正是人民调解员亟须加强的。基于以上原因,《中华人民共和国人民调解法》规定由基层人民法院对人民调解委员会调解民间纠纷进行业务指导,以便发挥基层审判机关的优势,增强业务指导的针对性和实效性。基层人民法院对人民调解进行业务指导可以从以下三方面进行。

(一)基层人民法院与司法行政机关密切配合进行指导

加强对人民调解活动的指导,需要基层人民法院通过与司法行政机关密切配合、通力合作,共同开展工作。县级司法行政机关和基层司法所应当主动加强与基层人民法院的联系与配合。根据《中华人民共和国人民调解法》第10条的规定,县级人民政府司法行政部门应当对本行政区域内人民调解委员会的设立情况进行统计,并且将人民调解委员会人员组成和调整情况及时通报所在地基层人民法院。

基层人民法院与司法行政机关密切配合,对人民调解工作进行指导的方式也灵活多样,在此简要介绍实践中采用较多且效果较为突出的几种做法。

1. 邀请基层法院的法官对人民调解员进行业务培训。县级司法行政机关在举办人民调解员培训班时,邀请基层法院的法官对人民调解员进行业务培训,通过讲授法律知识、传授调解技巧、分析典型个案等方式对人民调解员进行业务指导。

2. 组织人民调解员到法庭旁听、安排人民调解员参与庭审前辅助工作等,以提高人民调解员的业务能力。

3. 人民法院聘请人民调解员担任人民陪审员,提升其业务能力。根据《中华人民共和国民事诉讼法》及相关法律的规定,人民陪审员在人民法院执行职务期间,是所参加审判案件合议庭的组成人员,与合议庭成员有同等权利。人民陪审员有权查阅所审理案件的全部卷宗材料和参与调查核实案情。参加案件的庭审。庭审中,可向当事人、证人、鉴定人询问,核对事实和证据。参与合议庭评议案件。评议时,提出自己对案件事实的认定和处理意见,并在评议笔录及判决书

上署名,对判决书共同负责。人民陪审员享有参加有关法律知识和审判业务知识培训的权利,法院应当提供人民陪审员参与学习和培训的便利和必要条件。法律规定的其他权利。可见,聘请人民调解员担任人民陪审员,对于人民调解员法律业务的提高具有重要作用,是基层法院对人民调解员进行业务指导较为实用的方法。

(二)基层人民法院通过司法审查的形式对人民调解工作进行指导

《中华人民共和国人民调解法》第32条规定:"经人民调解委员会调解达成调解协议后,当事人之间就调解协议的履行或者调解协议的内容发生争议的,一方当事人可以向人民法院提起诉讼。"第33条第1款规定:"经人民调解委员会调解达成调解协议后,双方当事人认为有必要的,可以自调解协议生效之日起三十日内共同向人民法院申请司法确认,人民法院应当及时对调解协议进行审查,依法确认调解协议的效力"。最高人民法院《关于人民调解协议司法确认程序的若干规定》也对司法确认的程序作了详细规定。

基层人民法院可以利用司法审查的机会对人民调解进行指导。例如,在司法确认时,对人民调解协议在制作过程中适用法律、认定事实、司法确认申请程序等存在的问题,人民法院应当及时总结并反馈给当地的司法行政机关,以便及时发现、总结当地人民调解工作存在的不足与问题,采取有效改进措施。

(三)基层人民法院通过人民调解与司法调解衔接的方式进行指导

人民调解与司法调解可以实现有效的衔接。2000年后,在全国很多省市开展的"大调解"工作,正是人民调解与司法调解的有效衔接。具体措施因地而异,比较成熟的方法有以下两种:

1. 庭前调解机制的建立

在法院设立调解窗口,由有经验的法官以及优秀的人民调解员来负责处理。对未经人民调解委员会调解的家事案件、小额的债务纠纷以及小额损害赔偿纠纷、邻里纠纷等一般民事案件和因民间纠纷引发的轻微刑事案件,当事人到法院起诉的,立案庭应主动宣传人民调解工作的特点、优势,告知并建议当事人首先选择人民调解组织调解。当事人同意接受人民调解组织调解的,法院可将案件转移至调解组织处理。现在全国很多法院已经开设了调解窗口,纠纷解决的效果显著。

2. 构建诉讼中委托调解制度

案件进入诉讼程序后,对于有可能通过调解解决的案件,司法机关可以委托人民调解组织调解。法院也可以专门设置负责调解的法官与人民调解员一并进行调解。一方面,司法机关可以在保证公正与效率的前提下减少诉讼成本,节约司法资源,实现诉讼效益最大化;另一方面,人民调解组织通过参与司法调解,可以强化业务素质,提高业务水平。

另外,需要指出的是,加强对人民调解工作的指导,需要基层人民法院切实采取有效措施和制定相关制度,如把指导人民调解工作与审判质量效率评估体系建设结合起来,用制度来引导和激励广大基层法官在实践中努力实现审判活动与人民调解的协调运行。

第六节　对人民调解工作的支持

《中华人民共和国人民调解法》第 6 条规定:"国家鼓励和支持人民调解工作。县级以上地方人民政府对人民调解工作所需经费应当给予必要的支持和保障,对有突出贡献的人民调解委员会和人民调解员按照国家规定给予表彰奖励。"

一、国家鼓励和支持人民调解工作

《中华人民共和国人民调解法》明确了党和国家对人民调解工作的充分肯定和积极倡导。国家对人民调解工作的支持表现在以下两方面。

其一,从制度上、政策上对人民调解所需的物质条件与经费予以保障。1985 年,财政部与司法部联合下发《关于修订〈司法业务费开支范围的规定〉的通知》,对调解费性质、开支范围作了规定,将人民调解工作经费和补贴经费明确列入财政开支范围。但由于当时条件所限及后来情况的变化,这一规定在许多地区没有落到实处。1989 年,《人民调解委员会组织条例》将人民调解委员会的工作经费和调解委员的补贴经费,交由村民委员会与居民委员会解决。但由于县乡机构改革、税费改革和取消农业税等措施的实施,村(居)委会解决调解工作经费和调解员补贴经费已经难以落实,严重影响了广大人民调解员的工作热情,制约了人民调解作用的发挥。2007 年,财政部、司法部联合下发了《关于进一步加强人民调解工作经费保障的意见》,人民调解经费保障状况得到很大改善。2010 年《中华人民共和国人民调解法》的出台更是将人民调委员会的经费保障写入国家法律。

其二,国家出台相应政策、办法,对人民调解工作予以表彰奖励。1991 年,司法部出台了《人民调解委员会及调解员奖励办法》,《人民调解委员会组织条例》与《人民调解工作若干规定》中也有相关规定。

国家给予人民调解工作支持和保障,有利于提高人民调解工作物质保障能力,有利于激励和调动广大人民调解组织、人民调解员的工作积极性,有利于充分发挥人民调解的职能作用,必将极大地推动人民调解工作的发展。

二、县级以上地方人民政府对人民调解工作经费的支持和保障

(一)人民调解经费的范围

人民调解工作要有必要的经费开支。根据2007年财政部、司法部《关于进一步加强人民调解工作经费保障的意见》,人民调解工作经费的开支范围包括司法行政机关指导人民调解工作经费、人民调解委员会工作补助经费、人民调解员补贴经费。具体而言,司法行政机关指导人民调解工作经费包括人民调解工作宣传经费、培训经费、表彰奖励费等;人民调解委员会补助经费是指对人民调解委员会购置办公文具、文书档案和纸张等的补助费;人民调解员补贴经费是指发放给被司法行政机关正式聘请的人民调解员调解纠纷的生活补贴费。

(二)人民调解工作的保障主体

为人民调解工作提供保障的是县级以上人民政府,即县(市区)、市(地、州)、省(自治区、直辖市)三级政府,其经费来源为地方财政。具体保障方法为:

1. 司法行政机关指导人民调解工作经费列入同级财政预算。

2. 为支持人民调解委员会和人民调解员的工作,地方财政可根据当地经济社会发展水平和财力状况,适当安排人民调解委员会补助经费和人民调解员补贴经费。乡镇(街道)、村(居)委会、企业事业单位等设立人民调解委员会和人民调解员的机构应在各方面对其提供支持。

3. 人民调解委员会补助经费、人民调解员补贴经费的安排和发放应考虑每个人民调解委员会及调解员调解纠纷的数量、质量、纠纷的难易程度、社会影响大小以及调解的规范化程度。补助和补贴标准可由县级司法行政机关商同级财政部门确定。

此外,根据《中华人民共和国人民调解法》第12条的规定,村民委员会、居民委员会和企业事业单位应当为人民调解委员会开展工作提供办公条件和必要的工作经费。这既强化了人民调解委员会设立单位的保障责任,也是对政府财政保障的补充。

(三)经费保障的限度与管理

1. 经费保障的限度

县以上地方人民政府对人民调解工作经费应当给予必要的支持和保障。一是《中华人民共和国人民调解法》规定县级以上地方人民政府对人民调解工作所需经

费“应当”给予必要的支持和保障。也就是说,县级以上地方人民政府必须拨付人民调解工作所需经费,以确保人民调解工作顺利展开,这是一项硬性责任。二是给予“必要”的支持和保障,人民政府对人民调解经费的保障以“必要”为限。

2. 经费的管理

根据财政部、司法部《关于进一步加强人民调解工作经费保障的意见》,人民调解工作经费由各级财政部门会同司法行政机关共同管理。司法行政机关要每年编报经费预算,报同级财政部门审批;使用过程中要严格把关,杜绝弄虚作假、瞒报、虚报现象。财政部门要加强对司法行政机关人民调解工作经费管理的监督检查。

财政部门和司法行政机关要加强协调配合,及时研究解决工作中遇到的新情况、新问题,将人民调解工作经费保障落到实处,促进人民调解工作的进一步发展。

(四)政府提供财政保障经费不会影响人民调解委员会的性质

国家支持人民调解工作是因为人民调解需要成本,而人民调解委员会作为群众性自治组织并没有资金来源。为了充分发挥人民调解及时解决民间纠纷、维护社会和谐稳定的社会效果,国家应对其提供必要的经费保障。人民调解委员会的经费只是代表了国家对人民调解委员会与人民调解员工作的肯定。提供的费用只是人民调解工作的必要经费,而非工资。这样规定,一方面体现了人民调解委员会的非行政性,另一方面也体现了人民调解委员会的非营利性。经费保障只是国家支持和鼓励人民调解工作的具体表现,并没有改变群众自我教育、自我管理、自己解决自己问题的群众自治的性质。

三、对人民调解委员会和人民调解员的表彰奖励

广大人民调解组织和人民调解员扎根维护社会稳定的第一线,为了人民群众的安居乐业,为了社会的和谐稳定,为了国家的长治久安,默默无闻、无私奉献,为国家安宁和社会和谐作出重要贡献,理应得到国家、社会的表彰和奖励。近年来,每年都有4万多个人民调解委员会和近10万名人民调解员受到各级人民政府和司法行政机关的表彰和奖励,充分调动了人民调解员工作的积极性,促进了人民调解工作的开展和社会影响力的提升。

(一)表彰奖励的主体

表彰奖励的主体为县级以上地方人民政府,即县(市区)、市(地、州)、省(自治区、直辖市)三级政府,其表彰的性质属于政府表彰。各地方政府可根据本地的情况适时安排。一般情况可以以年为周期确定表彰奖励的次数,对有特殊贡献的集体和个人,可随时予以表彰奖励。

(二)表彰奖励的对象

表彰奖励的对象是人民调解组织和人民调解员。人民调解组织包含《中华人民共和国人民调解法》所规定的村民委员会、居民委员会设立的人民调解委员会;企业事业单位根据需要设立的人民调解委员会(《中华人民共和国人民调解法》第8条第1款);乡镇、街道以及社会团体或者其他组织根据需要参照《中华人民共和国人民调解法》有关规定设立的人民调解委员会(《中华人民共和国人民调解法》第34条)。此外,还包含了随着社会的发展出现的行业调解委员会、专业调解委员会等依照《中华人民共和国人民调解法》设立的新型调解委员会。

根据《中华人民共和国人民调解法》,人民调解员包含专职、兼职在内的各类人民调解员。也就是说,专职、兼职人民调解员在获得表彰奖励上的权利是相等的。

(三)表彰奖励的条件

表彰奖励的条件是人民调解委员会和人民调解员在人民调解工作中作出突出贡献。对突出贡献的认定,应当结合本行政区域内的矛盾纠纷情况、人民调解工作效果等具体确定。人民调解委员会的工作情况一般可以从其调解纠纷和防止民间纠纷激化工作成绩是否显著,其所在地是否有效降低刑事案件、群众械斗、自杀案件等恶性事件的发生率,人民调解委员会是否积极开展法治宣传教育,预防民间纠纷效果是否显著等方面考察。对于人民调解员给予表彰奖励,可以结合其工作态度、调解纠纷效果、业务理论水平、个案中的突出表现、紧急事件的处置情况、挽回人身财产损失情况等因素综合考虑。

(四)表彰奖励的形式

表彰奖励的形式主要有以下两种:

1. 授予荣誉称号。荣誉称号一般包括:模范人民调解委员会、模范人民调解员;优秀人员调解委员会、优秀人民调解员;先进人民调解委员会、先进人民调解员。事迹特别突出、贡献特别大的集体或个人,给予命名表彰。

2. 给予物质奖励。物质奖励一般以奖金的形式发放。

四、人民调解员的救助、抚恤与优待

根据《中华人民共和国人民调解法》第16条的规定,人民调解员从事调解工作,应当给予适当的误工补贴;因从事调解工作致伤致残,生活发生困难的,当地人民政府应当提供必要的医疗、生活救助;在人民调解工作岗位上牺牲的人民调解员,其配偶、子女按照国家规定享受抚恤和优待。

(一)困难救助

人民调解员在调解过程中也面临很多风险,特别是在处理群体性纠纷、重大复杂纠纷中,其人身安全常常受到威胁和伤害,有的甚至献出宝贵的生命。据不完全统计,全国每年有若干名人民调解员牺牲在调解工作现场,在调解工作中受伤的更是数以千计。根据《中华人民共和国人民调解法》第16条的规定,人民调解员因从事调解工作致伤致残,生活发生困难的,当地人民政府应当提供必要的医疗、生活救助。这里所指的“因从事调解工作致伤致残”,既包括人民调解员在开展调解工作过程中致伤致残,也包括其他情形,如因前往调解现场的途中遭遇交通事故等意外致伤致残,调解结束后被不法分子打击报复致伤致残等。这种救助责任并非赔偿或补偿责任,只是一种补充性的救助责任,是在人民调解员无法通过其他合理渠道获得赔偿、救助时,政府应承担的责任。

(二)抚恤和优待

根据《中华人民共和国人民调解法》第16条的规定,在人民调解工作岗位上牺牲的人民调解员,其配偶、子女按照国家规定享受抚恤和优待。这里所指的“在人民调解工作岗位上牺牲”,既包括在开展人民调解工作中被不法分子故意或过失伤害致死的情形,也包括在人民调解工作岗位上遭遇意外牺牲的情形。对此,应按照民政部门规定,确定抚恤和优待的具体内容,如符合烈士标准的,应追授烈士称号,其配偶、子女享受烈属待遇;符合见义勇为情形的,应授予见义勇为先进荣誉称号,并给予相应的抚恤金等。

思考题

1. 简述人民调解制度的发展历程。
2. 人民调解的工作流程是什么?
3. 人民调解工作同民事诉讼相比较,其特点与优势是什么?
4. 如何看待行业性、专业性人民调解委员会的价值?

第十七章　法 治 宣 传

本章要点

本章主要阐述了法治宣传的概念与特点、形成的社会背景、阶段性成果以及在当代的转型与创新。重点掌握法治宣传的概念与特点、法治宣传转型的必要性、法治宣传的创新机制。

第一节　法治宣传概述

在建设中国特色社会主义法治国家的进程中,全社会范围内公民知法、守法、用法与社会体制运转须厉行法治已成为必然。但是,"法律既不是铭刻在大理石上,也不是铭刻在铜表上,而是铭刻在公民的心里"①。因此,进一步推进法治宣传工作就显得更为重要。法治宣传不仅是我国法治建设及法治进程的重要组成部分,还是我国司法行政的重要职能之一。法治宣传不但能为当代经济、政治和社会的发展提供活跃的法治氛围,而且能为公民及时获取法治信息拓宽有效途径。

一、法治宣传的概念与特点

(一)法治宣传的概念

法治宣传亦称普法宣传,即在全体公民中开展以普及法律知识为内容、以树立法律信仰和提升全民法律素质为目的的宣传教育活动。② 以此定义为基础,法治宣传实质上还具有要把"法律交给广大人民,使广大人民知法、守法、树立法制观念,学会运用法律武器,同一切违反宪法和法律的行为作斗争,保障公民合法的权利

---

① [法]卢梭:《社会契约论》,何兆武译,上海商务印书馆 1997 年版,第 73 页。

② 参见司法部研究室:《〈中共中央关于构建社会主义和谐社会若干重大问题的决定〉有关司法行政工作的名词解释》,载《中国司法》2007 年第 3 期。

和利益,维护宪法和法律的实施”[①]的内涵。从20世纪80年代中期以来,我国已在全国范围内开展了一系列轰轰烈烈的全民法治宣传活动。实践表明,法治宣传是一项政府主导、全社会共同参与及适应社会经济政治发展需要的社会系统工程。

(二)我国法治宣传的特点

1. 法治宣传具有政府主导性特点

(1)由专门的政府机构担当法治宣传机构

中华人民共和国成立之初,司法部就设立法律宣传司,负责对公民的法制宣传工作。随着1979年司法部的恢复重建,司法行政工作也全面恢复。1980年12月,国务院批转司法部《关于全国司法行政工作座谈会的报告》,明确指出司法行政工作的任务之一是“组织领导开展法制宣传工作”,由此法制宣传[②]成为各级司法行政机关的重要职能。当时,全国普法办公室是全国法制宣传的领导机关,由中央宣传部宣传教育司和司法部法制宣传司组成,普法办公室主任由司法部部长兼任,副主任由中央宣传部和司法部的各1位副部长担任。法制宣传机构由全国统一自上而下地设立:中央设立了司法部法制宣传司,主管全国法制宣传教育工作;省(直辖市、自治区)司法厅局设宣传处,市(地区)司法局设宣传处,县(市辖区)司法局设法制宣传科,县以下的乡(镇)和城市街道办事处设司法所,开展法制宣传教育。当前,司法部机构设置中的普法与依法治理局统领全国法治宣传工作,其中该局所辖普法宣传处则是具体推进和落实各地方法治宣传工作的具体部门。

(2)政府负有实际支持法治宣传的责任

政府是法治宣传教育的实施者与推动者,是法治宣传工作成败的关键所在。政府在法治宣传活动中的主要职责是:①设专门工作机构,负责法治宣传教育长期规划的制定和落实;②将国家制定的法律、法规和政策告知公众,实现和保障公民的知情权;③组织实施与指导监督全国各地区、行业部门的法治宣传工作;④建立健全法治宣传的检查监督机制等主导性工作。自“一五”普法以来,法治宣传逐步形成了“党委领导、政府实施、人大监督、全社会参与”的工作机制。

由此可见,政府主导性虽是我国法治宣传的重要特点,但并不意味着政府要直接组织完成法治宣传的每一项具体活动,法治宣传的具体开展应在社会大众的广泛参与中进行,否则法治宣传就失去了它存在的社会意义。

---

① 王进义:《法制宣传教育的性质、价值及创新初探》,载《中国司法》2004年第10期。

② 从党的十八届四中全会于2014年10月23日通过中共中央《关于全面推进依法治国若干重大问题的决定》中明确从“法制宣传”改为“法治宣传”,为便于表述,后文一致使用“法治”。

2. 法治宣传具有对象的针对性、重点的突出性与最终目标的统一性特点

（1）法治宣传的对象具有较强的针对性

每一个五年普法都是结合当时社会的发展需要而肩负着不同的社会责任。所以，在普法对象、普法内容的选择上各有侧重，但归根结底都是为最终的统一目标而服务。例如，2016年，中共中央、国务院转发中央宣传部、司法部《关于在公民中开展法治宣传教育的第七个五年规划（2016—2020年）》（以下简称“七五”普法规划），其中就明确提出在“七五”普法期间，要抓住领导干部这个“关键少数”，并重视法治教育“从娃娃抓起”。一方面，要坚持把领导干部带头学法、模范守法作为树立法治意识的关键，加强完善以法治观念强不强、法治素养好不好、法治水平高不高作为衡量领导干部、公务人员是否“德才兼备”的重要标准。简言之，国家工作人员遵纪守法、依法办事应当是考察干部的基本内容。以领导干部为普法对象的侧重群体，目的就是要切实提高领导干部运用法治思维以及强化以法治方式去深化改革、推动发展、化解矛盾、维护稳定的执政能力。另一方面，要坚持普法从青少年抓起，尤其是把法治教育纳入国民教育体系中，从世界观确立、价值观养成、人生观塑造等方面全方位影响社会主义事业未来的接班人，使青少年在个人成长全周期中都能懂得理性待人、尊重社会、崇尚法律、忠于祖国，使青少年从成长中了解法律常识、树立法治意识、养成尊法习惯。总之，法治宣传的对象在不同普法阶段都会具有较强的侧重性，这既说明普法宣传工作始终是以密切结合我国法治社会实践变化而不断进行更具针对性、精细化需求的调整，也体现了当前及今后我国普法宣传将会更注重“源头化治理”“系统化治理”的运作机制改革，由此才能更有效地发挥普法宣传助力中国社会法治化进程的重要作用。

（2）法治宣传的内容具有重点突出性

“一五”普法的重点为：宪法、刑法、刑事诉讼法、民事诉讼法、婚姻法、继承法、经济合同法、兵役法、治安管理处罚条例以及与广大公民有密切关系的法律常识。“二五”普法的重点：以宪法为核心、以专业法为重点以及与公民生活、工作密切相关的法律。“三五”普法的重点：以宪法、基本法律和社会主义市场经济法律为主。“四五”普法的重点：学习宪法和基本法律，提高宪法意识，提高公民的法律素质，提高广大干部特别是领导干部的法制理论水平和依法执政的能力。“五五”普法的重点：学习宣传宪法和国家基本法律制度，学习宣传与经济社会发展、群众生产生活密切相关，与整顿和规范市场经济秩序、维护社会稳定、促进社会公平正义相关的法律法规。“六五”普法重点是：加强社会主义法治理念教育，继续开展法治城市（区、县）创建，做好“法律六进”活动，提升法治文化的作用，开展与民生、维护社会

稳定相关的法律法规的宣传,着重建立配套考核验收机制,落实督察责任制,深入开展形式创新化的法制宣传活动。"七五"普法的重点是要做到普法宣传教育机制进一步健全,法治宣传教育实效性进一步增强,依法治理进一步深化,全民法治观念和全体党员党章党规意识明显增强,全社会厉行法治的积极性和主动性明显提高,形成守法光荣、违法可耻的社会氛围。当然,法治在进步,则普法须跟进。随着人民群众在民主、法治、公平、正义等方面日益增长的新需要,司法部还将积极谋划"八五"普法及今后法治宣传深化和创新的方向,从而推动构建全民守法型社会治理的法治基础。

(3)法治宣传的最终目标具有统一性

无论法治宣传的对象与内容如何转化,其直接目标在于提高全民的法律素质,最终目标都是要为司法行政工作有效运行、为法治建设良性发展、为法治社会最终实现而服务。法治宣传的目的,从表面上看,是要通过对各种法治信息与观念的传播,教育公民个体树立法律意识和民主意识,引导每个公民实施合法行为;但从实质上看,就是要在全社会形成一种尊重法律、崇尚法律、维护法律权威的法治观念。个体法律素质的提高,只是法治宣传教育的直接目的而非终极目标,但只有在这个基础目标实现的前提下,才能促使个体法律素质提高由量变转化为社会整体法律素养提高的质变,从个体宣传对象素质的提高辐射到特定社会群体法律素养的提高,直至在全社会形成良好的法治环境,才能最终实现法治社会这一终极目标。

3. 法治宣传具有大众化与公益化特点

法治宣传对象的广泛性与多样性决定了法治宣传的大众化特点。法治宣传的最基本功能是为社会中不同的个体提供可供选择的多种行为方案,其也是传播文明社会基本良知的重要方式之一,正是通过这种方式使社会大众获得了预知法律后果和如何作出权利选择的途径。因此,作为一种面向全社会的宣传活动,法治宣传的对象必然具有广泛性。在我国,一切有接受教育能力的公民分布在各个社会阶层,他们都是法治宣传的对象,他们的生活环境和文化背景等方面都存在很大差异,因而对法律的认知程度与需求都各不相同,所以法治宣传的内容与方式就需要具有广泛性与多样性,必须走大众路线。同时,法治宣传工作虽以政府机构为主导,但新闻传播机构与各大媒体、企事业单位及其他从事法治宣传活动的各种社会团体和组织也须参与其中,故法治宣传活动的发展在具有大众化特点的同时,也必然趋于公益化。

法治宣传的公益化主要表现在国家机关、事业单位和社会组织,有义务运用各种资源,公开、免费向公众告知法律、法规和相应政策,无偿对社会公众提供法治宣传服务。法治宣传教育作为一项社会公益事业,在资金保障上,一方面,主要来源于政府财政拨款。中共中央、国务院批转的中央宣传部、司法部《关于在公民中开展法制宣传教育的第四个五年规划》中明确规定:法制宣传教育和依法治理工作所需经费列入各级政府的财政预算,保证工作的有效运转。另一方面,也需动员各类法治宣传主体增加法治宣传资源投入,既包括物力资源的投入,如项目活动经费、宣传设备的购置、宣传网络的建立等,也包括人力资源的投入,如法治宣传队伍的培养和人员的投入等,还包括无形资源,如公益类电视频道的借用、媒体的各类公益广告等。此外,还需充分而广泛地利用社会资源,如通过吸收社会捐款、建立法治宣传教育基金、扶持法治宣传志愿者队伍等措施,促使社会力量成为法治宣传所需的物质与人力资源的重要补充,推动法治宣传事业的持续发展。

4. 法治宣传具有形式多样、范围广泛的特点

在宣传的形式上,“一五”普法没有明确规定普法的方法与形式,各地根据情况自行决定。“二五”普法与“三五”普法注重以“面授”形式为主,充分发挥电视、广播、报纸、杂志等各种舆论宣传工具的作用,推进法治宣传日、宣传周、宣传月等活动形式,集中进行法律知识咨询并实行分类指导,通过法制图片展和文艺汇演等多种活动,努力创造法治宣传的社会氛围。“四五”普法和“五五”普法则采用“针对实际、狠抓落实、整体推进、条块结合、齐抓共管”的多样性、复合化的形式,集中开展法制宣传的主题活动,并随着电脑技术与网络的大力发展,宣传手段与形式更加多样化,信息获取更加简易化,群众更加容易接受,这些都大大推进了普法的进程。

在法治宣传的范围上,“一五”普法到“六五”普法涉及除香港、澳门、台湾地区以外的全国各地,地域十分广泛,还涉及各行各业各个部门,范围极为广泛。“七五”普法因新时代、新趋势的发展,在辐射范围上更为广泛。在今后的“八五”及一系列普法规划中,随着法治中国迈入高阶进程、科技不断进步、民众的民生诉求不断增多,法治宣传的形式、手段、场景、深度、广度等多维领域都会更为丰富、成熟。

二、我国法治宣传制度化的社会背景

从中华人民共和国成立之初,党中央、国务院就为建设一个法制国家进行了不懈的努力。1949 年 10 月中华人民共和国成立到 1954 年《中华人民共和国宪法》颁布,是中国社会主义法制的奠基时期。特别是 1954 年《中华人民共和国宪法》的颁布,这是我国法制进程的历史转折点,民主、自由、权利被纳入国家基本法的保护范畴。司法制度、律师制度、公证制度等相继建立,监察和法制工作也在陆续推进。由此,中国向民主法治的社会主义现代国家迈出了第一步。

但是,传统社会的"人治"思想并未退席,而现代民主法治观念又先天不足,义务本位、等级特权、无讼有德等惧法厌讼的消极理念占据社会文化的主导地位,行政命令的惯性思维在社会管理活动中色彩浓重,法律体系的完备化发展极度匮乏,立法欠缺规范化与科学化的制度设计。直至20世纪70年代,我国法制建设仍处于艰难探索的初期,法制宣传未被纳入国家的重要政策之中。

自20世纪70年代末以来,全党开始把工作重点转移到社会主义现代化建设上来,明确"依法治国"的原则。特别是党的十一届三中全会后,党中央提出健全社会主义民主、加强社会主义法制的目标,实行有法可依、有法必依、执法必严、违法必究的方针,标志着社会主义法制发展进入新时期。在法律体系建设方面,陆续出台了《中华人民共和国宪法》《中华人民共和国刑法》《中华人民共和国民法通则》《中华人民共和国刑事诉讼法》《中华人民共和国民事诉讼法》《中华人民共和国行政诉讼法》等一批基本法律。国家与社会开始客观面对中华人民共和国成立前的历史遗留问题,全面反思中华人民共和国成立初期法制建设进程中的现实教训,总结得出:社会主义法治文化建设相对落后,公民法治意识淡薄,社会各界对法律缺乏了解或漠然视之,这都极大地影响了法制建设的进程。因此,法制宣传不仅必然备受重视,而且必将随着社会主义民主法治改革进程的深入而日趋制度化、规范化、长效化开展。

特别需要注意的是,"六五"普法期间,党的十八届四中全会于2014年10月23日通过中共中央《关于全面推进依法治国若干重大问题的决定》,在该决定中明确了从"法制宣传教育"到"法治宣传教育"的基调变化,这意味着普法宣传工作的任务指标不仅是对法律体系、法律制度内容的宣讲,还需要加强对包涵制约权力、保障权利、体现人权价值的法治理念、法治精神、法治目标的传播与内化,为着力培养全社会范围内的法治思维(内在)主动化和法治方式(外在)自觉化营造良好的社会文化氛围。由此,"法治宣传"的制度化称谓正式确立。

第二节　我国法治宣传的发展进程

对我国法治宣传的发展进程进行系统化整理,全面掌握和总结多年来普法宣传的主要经验与不足,对于做好当前及今后的法治宣传工作具有深远意义。

一、我国法治宣传的概况

我国明确提出开展法制宣传活动始于1979年中共中央办公厅第64号文件的

规定,即“要运用各种宣传工具,采取生动活泼的方式,广泛、深入地对广大党员、干部和群众宣传法律,加强法制教育”。之后,1981 年中共中央第 21 号文件再次明确法制宣传工作是一项综合性工作,该文件规定:“各地区、各部门、各单位要结合自己的实际情况,有针对性地进行法制宣传教育,通过各种宣传渠道,使广大群众了解有关法律知识,懂得什么是合法的行为,什么是违法的行为,增强法制观念,自觉地遵守法律,调动干部、群众对各种违法现象进行抵制和斗争的积极性。”这说明法制宣传制度的形成与工作的开展需要各级党委和政府的领导,需要司法行政、法院、检察院、公安、宣传、文化、教育等多个部门的共同努力。为了有效地开展法制宣传,实现有计划、有重点、有针对性地提高全民的法律素质,中央宣传部和司法部向中共中央、国务院报送了《关于向全体公民基本普及法律常识的五年规划》。

截至 2017 年,我国已经制定实施了从“一五”到“七五”的七个五年普法规划(以下简称普法规划),历经了从计划经济到市场经济、从普及法律常识到弘扬法治精神的转变,标志着中国的法治宣传已从启蒙式普及阶段走向法治文化建设的理性成熟阶段。但我们也要清醒地认识到,已有的法治宣传与我国当前快速发展的经济水平、社会和人民群众对法治的期盼还有很大差距,尤其是在“促民生、保民利”方面的普法教育实践环节还相对薄弱。因此,中央宣传部、司法部于 2016 年 4 月召开了第七次全国法治宣传教育工作会议。会议要求,要深入贯彻实施中共中央、国务院转发的中央宣传部、司法部《关于在公民中开展法治宣传教育的第七个五年规划(2016—2020 年)》的要求,各级党委和政府要把法治宣传教育纳入当地经济社会发展规划,进一步健全完善党委领导、人大监督、政府实施的法治宣传教育工作领导体制,确保“七五”普法规划各项目标任务落到实处。

二、我国法治宣传的五个阶段

目前,我们把法治宣传的发展进程大体划分为以下五个阶段。

(一)法律常识普及阶段

1. 时间

1986 年至 1990 年的“一五”普法是法律常识普及阶段。1984 年 6 月,司法部根据中央加强法制宣传的指示精神,正式提出用大约 5 年的时间在全社会范围内普及基本法律常识。1985 年 6 月 9 日至 15 日,中央宣传部、司法部在北京召开了全国法制宣传教育工作会议,研究部署在全体公民中普及法律常识的工作。同年 11 月,第六届全国人民代表大会常务委员会第十三次会议通过了全国人民代表大会常务委员会《关于在公民中基本普及法律常识的决议》,从而拉开了新时期我国法制宣传的序幕。

2. 特点

(1)在普法目的上,主要针对我国公民长期受“人治”思想影响的现状,以进行法制启蒙教育和普及法律常识为目的。

(2)在普法对象上,主要以工人、农(牧、渔)民、知识分子、干部、学生、军人、其他劳动者和城镇居民中一切有接受教育能力的公民为主。

(3)在普法任务上,提出从1986年起,争取用5年左右的时间,有计划、有步骤地在一切有接受教育能力的公民中,普遍进行一次普及法律常识的教育,并且逐步达到制度化、经常化的工作目标。

3. 成效

“一五”普法是中华人民共和国成立后第一场规模巨大的全民普法运动,广大干部群众不同程度地了解了“十法一条例”[①]的基本知识,逐渐开始产生了法制观念与法律意识。截至1990年8月底,全国7.5亿普法对象中(占全国总人口的70%),有7亿多人参加了普法学习,占普法对象总数的93%。其中,县团级以上干部48万人,一般干部950万人,全民所有制企业干部和职工1亿多人,城镇居民4000多万人。中国人民解放军和武警部队,也分别完成了普法任务。全国多数大、中、小学不同程度地开设了法制课,大约有1.5亿在校学生接受了法制教育,各级党校、干部学校大多数也开设了法制教育课或法律讲座。

(二)法制宣传教育与法制实践教育相结合阶段

1. 时间

1991年至1995年的“二五”普法和1996年至2000年“三五”普法。

2. 特点

在“一五”普法的基础上,“二五”“三五”普法阶段迅速增强了人们的法制观念和法律意识,各地还涌现出许多学法、用法、护法的先进典型。这一阶段的普法具有以下特点:

(1)在普法目的上,“二五”普法与“三五”普法以学法与用法有机结合为依托,以逐步实现法制宣传自身的法制化与规范化为目的。在这10年的法制宣传活动中,侧重由“一五”的法律知识普及转向学用结合,由以法制宣传普及为目的转向以

① 《中华人民共和国宪法》《中华人民共和国民族区域自治法》《中华人民共和国兵役法》《中华人民共和国刑法》《中华人民共和国刑事诉讼法》《中华人民共和国民法通则》《中华人民共和国民事诉讼法(试行)》《中华人民共和国婚姻法》《中华人民共和国继承法》《中华人民共和国经济合同法》《中华人民共和国社会治安管理处罚条例》等基本法律,简称为“十法一条例”。

法制宣传教育发展为目的,使人们加强既学法又用法的意识,逐步实现了法制宣传与法制实践的结合。

(2)在普法对象上,“二五”普法的对象增加了“个体劳动者”,“三五”普法的对象则增加了“企业经营管理人员”。

(3)在普法任务上,主要是促使广大公民进一步增强宪法观念,提高维护宪法尊严、保障宪法实施的自觉性;使各级领导干部树立依法治国和依法办事的观念,提高依法决策、依法管理各项工作的自觉性;使各行各业的干部职工熟悉与本行业、本单位、本岗位密切相关的专业法律,自觉依法办事;使广大群众基本了解同自己工作、生产、生活密切相关的法律知识,做到依法行使公民权利和履行公民义务等。

3. 成效

通过这一阶段的普法,作为法制宣传重点的宪法和国家基本法律得到广泛传播并收到良好实效,一些城市先后制定法制宣传教育条例,法制宣传步入法制化轨道。

(三)普及社会主义市场经济法治教育与构建理性法治管理阶段

1. 时间

2001年至2005年的“四五”普法和2006年至2010年的“五五”普法是普及社会主义市场经济法治教育与构建理性法治管理阶段。

2. 特点

1999年《中华人民共和国宪法修正案》增加了“邓小平理论”和“中华人民共和国实行依法治国,建设社会主义法治国家”的内容。在此背景下的“四五”普法、“五五”普法具有以下特点:

(1)在普法目标上,“四五”普法以“两个转变,两个提高”为目标,即努力实现由提高全民法律意识向提高全民法律素质的转变,特别是各级领导干部的法律素质;由注重依靠行政手段管理向注重运用法律手段管理转变,特别是社会管理的法治化水平。“五五”普法在此基础上开始以“提升两化”为目标,即提升法治文化、弘扬法治精神和提升社会法治化管理水平。

(2)在普法对象上,“四五”普法与“五五”普法都不再进行列举,直接概括为一切有接受教育能力的公民。

(3)在普法任务上,进一步加强组织领导和保障,加强完善党委领导、人大监督、政府实施的领导体制,建立健全分工负责、协调配合的法制宣传工作机制,建立法制宣传奖惩激励机制,落实法制宣传经费保障,加强法制宣传队伍与宣传教育阵地的建设,强调法制宣传教育理论研究。

3.成效

这一阶段的普法,实现了从法制到法治的概念转变,基本满足全民对法律知识的现实需求,在全社会范围中倡导依法治国与以德治国的结合,发扬民主与人权,使法制宣传与依法治理紧密结合,与民主法制相互呼应,使普法工作更注重满足实践需求。例如,“五五”普法法制宣传进机关、进乡村、进社区、进学校、进企业、进单位的“六进”活动大大推动并实现了法制宣传的功效;开展“普法与和谐社会建设”和“普法与法治文化建设”网上论坛活动,有效拓展了法制宣传的受众范围,扩大了法制宣传的社会影响。

(四)贯彻“以人为本”的科学发展观为创新理念的法治宣传阶段

1.时间

2011年至2015年的“六五”普法是贯彻“以人为本”的科学发展观为创新理念的法治宣传阶段。

2.特点

在“五五”普法顺利完成后,2011年3月,中共中央、国务院转发中央宣传部、司法部《关于在公民中开展法制宣传教育的第六个五年规划》(以下简称“六五”普法规划)。同年4月,全国人民代表大会常务委员会作出《关于进一步加强法制宣传教育的决议》。这两份文件不仅充分体现了党中央、全国人民代表大会、国务院对法制宣传工作和司法行政工作的高度重视,还是新形势下进一步做好法制宣传工作的纲领性文件,这将为更好地维护社会和谐稳定、保障和促进“十二五”时期经济社会发展目标营造良好的法治环境。对此,“六五”普法规划的特点如下:

(1)在普法的目的上,深化和巩固已有的普法成果,夯实法治实践环节,强调社会主义法治文化的再建设与传播,努力促进全社会自觉学法、守法、用法的舆论氛围与制度环境的规范化发展,为满足人民群众的生活要求提供现实、有效的服务。

(2)在普法的对象上,仍然坚持法制宣传教育的对象是一切有接受教育能力的公民,再次强调要重点加强对领导干部、公务员、青少年、企事业经营管理人员和农民的法制宣传教育,把领导干部和青少年作为重中之重。这是因为:领导干部是中国特色社会主义事业的组织者和领导者,具有重要的表率作用,肩负着领导和管理国家各项事业的重要职责,故提高他们的法律素质和依法办事的能力对于深入贯彻依法治国的基本方略是极为必要的;青少年是国家的希望、民族的未来,引导青少年树立社会主义法治理念和法治意识,不但是培养社会主义合格公民的基础,而且对于青少年健康成长和国家长治久安都是至关重要的。

此外,“六五”普法规划提出要加强公务员在宪法、中国特色社会主义法律体系以及与履行职务相关法律知识方面的学习培训,提高其依法行政意识和运用法律手段解决问题的能力。加强对企业和事业单位管理人员、新经济组织和新社会组织管理人员的法治宣传教育,把依法决策、依法经营、依法管理作为考核管理人员的重要内容。要加大对农民法制宣传的力度,深化农村“两委”干部法制培训,不断增强广大农民遵纪守法意识,提高他们依法表达利益诉求、维护合法权益的能力。

(3)在普法的指导思想上,“六五”普法强调以邓小平理论和“三个代表”重要思想为指导,坚持科学发展观,强调“以人为本”的法治化创新机制,突出前瞻性和预见性,坚持法制宣传与社会主义核心价值体系教育相结合,与社会主义法治理念教育相结合,与社会主义公民意识教育相结合,与法治实践环节相结合。

(4)在普法的任务要求上,不仅要着眼规划制定之时的当地经济社会发展的现状,更要考虑未来若干年(至少5年)内广大人民群众对普法的实际需求,既要做到“边用边普”,更要体现“未用先普”。同时,突出学习宣传宪法,深入学习宣传中国特色社会主义法律体系和基本法律,开展社会主义法治理念教育,重视促进经济发展的法律法规、落实保障和改善民生的法律法规、强调社会管理的法律法规,继续加强反腐倡廉的法制宣传,积极推进社会主义法治文化建设,深化“法律进机关、进乡村、进社区、进学校、进企业、进单位”主题活动,提升对依法治理实践工作的指导价值。

(五)以学法、用法、依法办事强化法治观念培养与落实的阶段

1. 时间

2016年至2020年的“七五”普法是以学法、用法、依法办事强化法治观念培养与落实的阶段。

2. 普法目标

“七五”普法的目标是:普法宣传教育机制进一步健全,法治宣传教育实效性进一步增强,依法治理进一步深化,全民法治观念和全体党员党章党规意识明显增强,全社会厉行法治的积极性和主动性明显提高,形成守法光荣、违法可耻的社会氛围。“七五”普法规划从五个方面提出了“七五”普法的工作原则:(1)围绕中心、服务大局;(2)依靠群众、服务群众;(3)学用结合、普治并举;(4)分类指导、突出重点;(5)创新发展、注重实效。

3. 普法对象

“七五”普法再次强调领导干部和青少年是普法侧重的对象群体。

其一,坚持把领导干部带头学法、模范守法作为树立法治意识的关键。把宪法法律和党内法规列入党委(党组)中心组学习内容。例如,2016年中央组织部、中央

宣传部、司法部、人力资源和社会保障部印发《关于完善国家工作人员学法用法制度的意见》后，把法治纳入公务员录用考试和培训内容，列入党校、行政学院等必修课中，同时在其他各类培训课程中融入法治教育内容，保证法治培训课时数量和培训质量，切实提高领导干部运用法治思维和法治方式深化改革、推动发展、化解矛盾、维护稳定的能力，切实增强国家工作人员自觉守法、依法办事的意识和能力。再如，司法部、全国普法办公室会同最高人民法院制定实施了《关于推动国家工作人员旁听庭审活动常态化制度化的意见》，推动国家工作人员每年至少旁听庭审1次，并率先在中央国家机关领导干部中作出示范。此外，加强党章和党内法规学习教育，引导党员领导干部增强党章党规党纪意识，严守政治纪律和政治规矩，在廉洁自律上追求高标准，自觉远离违纪红线。健全并落实国家工作人员的日常学法制度，创新学法形式，拓宽学法渠道，把尊法、学法、守法、用法情况作为考核领导班子和领导干部的重要内容。

其二，坚持从青少年抓起。制定和实施《青少年法治教育大纲》，在中小学设立法治知识课程，确保在校学生都能得到基本法治知识教育，切实把法治教育纳入国民教育体系。完善中小学法治课教材体系，编写法治教育教材、读本，地方可将其纳入地方课程义务教育免费教科书范围，在小学普及宪法基本常识，在中考、高考中增加法治知识内容，使青少年从小树立宪法意识和国家意识。将法治教育纳入“中小学幼儿园教师国家级培训计划”，加强法治课教师、分管法治教育副校长、法治辅导员培训。充分利用第二课堂和社会实践活动开展青少年法治教育，在开学第一课、毕业仪式中有机融入法治教育内容。加强对高等院校学生的法治教育，增强其法治观念和参与法治实践的能力。强化学校、家庭、社会“三位一体”的青少年法治教育格局，加强青少年法治教育实践基地建设和网络建设。

其三，继续坚持以“一切有接受教育能力的公民”为普法对象。法治宣传始终秉承其对象为一切有接受教育能力的公民。因此，“七五”普法要求各地区各部门要根据实际需要，从不同群体的特点出发，因地制宜开展有特色的法治宣传教育。突出加强对企业经营管理人员的法治宣传教育，引导他们树立诚信守法、爱国敬业意识，提高依法经营、依法管理能力。加强对农民工等群体的法治宣传教育，帮助、引导他们依法维权，自觉运用法律手段解决矛盾纠纷。

4. 普法任务

“七五”普法的任务主要有七个方面：

其一，以深入学习宣传习近平总书记关于全面依法治国的重要论述为法治宣传基调。党的十八大以来，习近平总书记站在坚持和发展中国特色社会主义全局的高度，对全面依法治国作了重要论述，提出了一系列新思想、新观点、新论断、新要求，深刻回答了建设社会主义法治国家的重大理论和实践问题，为全面依法治国提供了科学理论指导和行动指南。要深入学习宣传习近平总书记关于全面依法治国的重要论述，增强走中国特色社会主义道路的自觉性和坚定性，增强全社会厉行法治的积极性和主动性。深入学习宣传以习近平同志为核心的党中央关于全面依法治国的重要部署，宣传科学立法、严格执法、公正司法、全民守法和党内法规建设的生动实践，使全社会了解和掌握全面依法治国的重大意义和总体要求，更好地发挥法治的引领和规范作用。

其二，以宪法宣传为核心，以宪法学习为重点。深入宣传依宪治国、依宪执政等理念，宣传党的领导是宪法实施的最根本保证，宣传宪法确立的国家根本制度、根本任务和我国的国体、政体，宣传公民的基本权利和义务等宪法基本内容，宣传宪法的实施，实行宪法宣誓制度，认真组织好“12·4”国家宪法日集中宣传活动，推动宪法家喻户晓、深入人心，提高全体公民特别是各级领导干部和国家机关工作人员的宪法意识，教育引导一切组织和个人都必须以宪法为根本活动准则，增强宪法观念，坚决维护宪法尊严，从而实现宪法教育在全社会的普遍开展，通过弘扬宪法精神，传播宪法权威。

其三，以中国特色社会主义法律体系为轴心、各个部门法为辐射的全方位法治宣传。以中国特色社会主义法律体系作为法治宣传教育的基本任务，大力宣传宪法相关法、民法商法、行政法、经济法、社会法、刑法、诉讼与非诉讼程序法等多个法律部门的法律法规。例如，大力宣传社会主义民主政治建设的法律法规，从而提高人民有序参与民主政治的意识和水平；为了推动全社会树立尊重和保障人权意识，需要大力宣传保障公民基本权利的法律法规，从而促进公民权利保障的法治化；在推动各级行政机关树立“法定职责必须为、法无授权不可为”的法治意识时，就需大力宣传依法行政领域的法律法规，更好地推动法治政府建设；打造全社会保护产权、平等交换、公平竞争、诚实信用的市场氛围与营商环境，则需要对市场经济领域的法律法规进行宣传，促进大众创业、万众创新，促进经济在新常态下平稳健康运行；在“四个自信”理念指导下，提升社会主义精神文明建设，就要广泛宣传有利于激发文化创造活力、保障人民基本文化权益的相关法律法规；在法治服务民生领域，则要将涉及教育、就业、收入分配、社会保障、医疗卫生、食品安全、扶贫、慈善、社会救助和妇女儿童、老年人、残疾人合法权益保护等方面的法律法规作为重点宣传任务；为了提高全民安全意识与国防观念、强化风险意识和预防能力，宣传国家安全和公共安全领域的法律法规、国防利益和保密条款的法律法规就显得极为必要；

针对我国多民族共同发展与进步的现实需要,宣传党的民族、宗教政策和相关法律法规,有利于维护民族地区繁荣稳定、促进民族关系及宗教关系和谐发展;深入普及环境保护、资源能源节约利用等方面的法律法规,为“金山银山不如绿水青山”的绿色生态建设发挥理念宣传的法治舆论功效;针对近年来中国信息科技的“井喷”式发展与应用生活场景的无处不在,积极宣传互联网领域的法律法规,教育引导网民依法规范网络行为,促进形成网络空间良好秩序。总之,普法宣传工作在传播法律知识的同时,要更加注重弘扬法治精神、培育法治理念、树立法治意识,大力宣传宪法法律至上、法律面前人人平等、权由法定、权依法使等基本法治理念,引导民众依法维权,破除“法不责众”“人情大于国法”等错误认识,强调法治化的和谐社会构建。

其四,深入学习宣传党内法规,实现法治宣传覆盖无死角。适应全面从严治党、依规治党新形势新要求,突出党章宣传,教育引导广大党员尊崇党章,以党章为根本遵循,坚决维护党章权威。注重党内法规宣传与国家法律宣传的衔接和协调,要求广大党员深入学习《中国共产党廉洁自律准则》《中国共产党纪律处分条例》等各项党内法规,坚持纪在法前、纪严于法,教育引导广大党员做党章党规党纪和国家法律的自觉尊崇者、模范遵守者、坚定捍卫者。

其五,以社会主义法治文化建设夯实法治宣传目标实现的社会基础。把法治文化建设纳入现代公共文化服务体系,推动法治文化与地方文化、行业文化、企业文化融合发展,充分发挥法治文化的引领、熏陶作用。一方面,繁荣法治文化作品创作推广,把法治文化作品纳入各级文化作品评奖内容,纳入艺术、出版扶持和奖励基金内容,培育法治文化精品;另一方面,利用重大纪念日、民族传统节日等契机开展法治文化活动,组织开展法治文艺展演展播。此外,还需要加强基层法治文化公共设施建设,将法治元素纳入城乡建设规划设计,并为公共法律服务体系顺利运转提供物质支撑,最终满足人民群众日益增长的法治文化需求,坚定使人民内心拥护、真诚尊崇的法律信仰能够在现实可用的载体中获得验证的信心。

其六,注重因多层次多领域依法治理的系统化法治宣传。法治中国以“法治国家、法治政府、法治社会”三位一体化的格局建立,这说明与法治实践相配合的法治宣传也应深入基层组织、不同部门、多种行业,为创建法治城市等活动发挥舆论先导的功效,进一步探索民主法治示范村(社区)创建、乡村(社区)法律顾问制度,引导基层群众自我约束、自我管理,提高基层社会治理法治化水平。同时,激发市民公约、乡规民约、行业规章、团体章程等社会规范中的积极因素在社会治理中的正向作用,支持行业协会、商会类社会组织发挥行业自律和专业服务功能,发挥社会组织对其成员的行为导引、规则约束、权益维护作用。

其七，注重法治教育与道德教育的二重呼应。大力弘扬社会主义核心价值观，弘扬中华传统美德，培育社会公德、职业道德、家庭美德、个人品德，提高全民族思想道德水平，为全面依法治国创造良好人文环境。强化规则意识，倡导契约精神，弘扬公序良俗，引导人们自觉履行法定义务、社会责任、家庭责任。发挥法治在解决道德领域突出问题中的作用，健全公民、法人和其他组织守法信用记录机制，完善守法诚信褒奖机制和违法失信惩戒机制。

第三节　新时代我国法治宣传的创新发展

普法宣传曾应改革开放之需而盛大启幕，又因法治中国面对多元化、复杂化的社会发展之需而成为历久弥新的时代话题。正如前文所述，自1986年以来，我国开始实施对“一切有接受教育能力的公民”进行全国性的“普及法律常识”的活动，历经“一五”普法到“七五”普法的阶段性普法规划工程建设，当前已步入普法的攻坚期。从宏观层面上看，经过三十余载普法宣传的洗礼，“依法治国”的理念已在全社会范围扎根生长，公民遵纪守法的意识获得普及。可以说，既有的普法成果确实不仅满足了社会主义民主与法制在巩固发展中的需要，还对改革开放和市场经济建设起到促进作用。

当我们环顾周边的生活情境时，仍会发现在社会中法律所设定的行为模式与价值标准等对不少人而言都是“应然”而非“实然”，有些人只是知法却不用法、不信法甚至违法。这说明，法治宣传工作不能驻足于既有成绩，而应放眼于社会发展的新领域，关注出现的新问题，满足提出的新需求，顺应时代的新趋势。尤其是在席卷全球的“互联网＋”大潮下，信息科技应用场景的强劲渗透力已经给当前社会带来运转流程、信息传播方式、民众价值观念的巨大变化，这就需要法治宣传因势而动，从法治舆论导向的角度更好地弥合人民日益增长的美好生活需要和不平衡不充分发展之间的矛盾，在社会新场景下深入检讨自身不足并开拓自身创新型发展，以便主动回应新时代下机遇与挑战并存的法治发展之需。

一、现有法治宣传机制存在的问题及成因

1. 法治宣传的观念认知仍需增强

2017年5月，中共中央办公厅、国务院办公厅印发《关于实行国家机关“谁执法，谁普法”普法责任制的意见》。2019年10月18日，落实普法责任制部际联席会

议在北京召开，会议再次强调，实行“谁执法，谁普法”的普法责任制，这是“七五”普法的标志性举措，是新时代全民普法理念创新、实践创新和制度创新的重要成果。落实“谁执法，谁普法”普法责任制，有助于规范“普法主体”，深化“法治实践”，落实“精准普法”，对推动全面依法治国具有十分重要的意义。可见，“大普法”成为当前及今后法治宣传工作的新格局，尤其是对于各级各类国家机关，“谁执法，谁普法”的责任理念将延伸为“谁主管，谁普法”“谁服务，谁普法”的社会型普法责任制。

现实中，在政策制定或治理项目落实等方面具有决策权与主导话语权的部分部门或领导干部，却对“谁执法，谁普法”的工作原则认知不足，对“谁主管，谁普法”及“谁服务，谁普法”的责任担当不够。

一种情况是，部分部门和领导干部在工作理念上仍未能从“唯政绩成果”向“重法治意识”转变，尤其是基层权力部门或对外窗口机构，最贴近百姓生活需要并负责日常社会事务管理，其是否依法办事，对法治政府的形象建设和法治社会的舆论传播而言，无疑是最生动的“法治大看台”。但是，实践中这些部门的个别工作人员，甚至是本应发挥模范带头作用的个别领导干部，却认为普法宣传工作是个不痛不痒的“虚任务”，是各单位的“额外”事项，从而对普法工作表现出轻慢态度未能充分履行普法责任。

另一种情况是，在普法宣传的思维定位上，“精英本位观”“传播者本位观”仍然存在。这是一种单向度的、独白式的、脱离群众基础的灌输式宣教，这样的普法宣传必然遭遇“供”非所“需”的尴尬，群众感知的是“事不关己，高高挂起”，从而对普法工作冷眼以待。很明显，这并不是当前“大普法”格局所希冀的法治状态。理论上讲，只有知法才能守法，法律的普及度提高一定程度上使违法可能性降低。反之，法律若不被知晓，则很有可能就被违反，如媒体经常报道某人犯罪的原因是“不懂法”“法律意识淡薄”等。

行为法学的研究表明，人的行为作出一般是“需要—动机—行动—目标—满足—新的需要”这样一个循环往复的过程。这为法治宣传的社会实效不充分尤其是基层普法功效不佳、民众热情度不高的原因提供了一个常识化的认识视角：接受并参与普法的直接动机并不相同或完全不同，有时甚至可能没有清醒的自觉意识，仅仅是出于从众心理。但从根本上来讲，只有满足受众群体的内在需要，提供与普法对象某种利益诉求相符，如心理疏导、共情感知、物化满足等，与普法对象多重利益实现紧密关联的普法内容与宣传方式，才能引起并激发普法对象自觉接收或充分认可法治调整的主动意愿。由此可见，法治的要义在于民众的认同与回应、社会的参与及配合。如果法治宣传中无视普适民众的普法需求，无视社会多元群体的主观感受与情绪体验，就会导致普法宣传效果出现学者们所言的“法治主体的整体性缺位与失落”，那么，法治社会的法治普惠性、共享性目标势必落空，又如何奢望实现全民化的“法治信仰”呢？那么，法治宣传的本源意义将无法实现。

2. 法治宣传的机制系统需要创新

随着我国法律体系的日渐完善，加之社会关系的日趋复杂，法律规范内容也随之适时调整、补充、再解释，这就是法治科学的表现之一。所以，法治宣传更应注重常态化、持续化、跟进度高的运转机理，以此才能有力释放法治舆论导航社会文化理性、社会观念更新、社会生活进步的正向机制功能。但在实践中，部分相关部门在履行普法宣传职责时却存在“一刀切”或“懒政化”的情况，不能以专业性的业务能力与精细化的任务安排，对受众群体的多样性需求或差异性接受度进行细分，尤其是在嫁接于当前网络科技“井喷”化场景的信息生成、传播、再发酵的舆论场域下，法治宣传职责的日常履行或工作开展，还仍抱守在某个特定的节假日或以类似挂横幅、发资料、送小纪念品等陈旧模式搞“定时”“定式”化的集中突击，形式枯燥乏味、内容生涩、难以理解，特别是基层执法单位或服务管理窗口由于资金、人员、技术、设备等限制，更是难以创新或者不愿意营造为群众喜闻乐见、深入浅出的普法工作新机制。由此，法治宣传所期望的群众法律认知和素养的提升很难在上述类似普法氛围下得以实现。

同时，对于法治宣传工作的清单梳理与考核指标也存在走过场、看台账、不痛不痒给评议的现象，普法宣传的日常推进与常态督导机制相对滞后。法治宣传的普及化工作未能以阶段性任务进行分解，未能以职能性内容进行分摊，部分相关部门在平时工作中忽视日常考核任务要求，甚至出现工作既不开展也不积累，忽略了日常普法宣传工作所具有的潜移默化、润物无声的重要法治价值。长此以往，普法成员单位可能会轻视“谁执法，谁普法”“谁主管，谁普法”“谁服务，谁普法”法治宣传工作原则的严肃性与必要性，这对各级各类部门的普法氛围营造和法治政府的创建和推进，可能产生掣肘效应和迟滞反应。

3. 法治宣传的路径选择稍显保守

法治宣传的主要渠道就是大众传播与组织传播。在传统媒介环境下，政府机关、权力部门依靠组织传播体系将普法目标、政策、任务等进行宏观规划，通过行政力量采用如发公文、召开会议、发放学习资料、开设讲座、举办咨询会等形式，自上而下地将法律意识、法律知识传递给公众。电视、广播、报纸、杂志等传统媒体作为政府的“喉舌”，在信息筛选的基础上，传播法律常识，报道法制事件。也就是说，传统媒介作为法治信息传播的主体与渠道，有力控制着法治宣传信息的主导权。但是，在互联网信息技术广泛应用于社交媒体与生活场景的当下，新媒体打破了政府与传统媒体对信息生产与传播的垄断，公众不但有机会接触到各种正面负面、真实虚假的法制信息，而且更为关注公共焦点事件背后的法律意义、政策走向、法治态度甚至政府形象。

面对鱼龙混杂的信息倾泻，夹杂着参差不齐的舆论干扰，社会公众无法准确辨别对错与真假，如若面临制度救济无法满足自身需求时，便会产生怀疑、抵抗甚至敌对情绪，这对于公众树立正确的法制观念和法律意识而言有极大隐患。况且，新媒体场景中，很多信息传播工具与渠道都是独立于政府与传统媒体的，每一个网民都是一个自媒体，他们可以通过各种发声渠道去宣泄对灌输式普法的不满，表达对传统法制观念与法律意识的质疑。而这些衍生性的信息经过网络媒体的发酵，不免汇聚为颇具蛊惑力、煽动性的意识形态与文化思想，极大地削弱了传统媒体传播的主渠道功能，甚至形成对社会主义法治理念深入推进、广泛覆盖的冲击力与阻碍阀，无形中增加了法治宣传的难度，对普法宣传的实施策略、成效收益提出了更高要求。

因此，面对搭载互联网信息科技的新媒体场景，法治宣传应冷静考量如何借助新媒体之势，如何有效利用互联网传播技术开展法治宣传，如何合理设计贴近网民认知习惯的普法内容，如何创新普法宣传的推广思路等，而不是固守传统领域中的普法宣传手段及模式。当然，互联网技术、新媒体应用并非灵丹妙药，但固守普法宣传的传统发展路径一定难以让法治宣传踏出符合新时代社会发展的节奏。

二、法治宣传创新转型的多重面向

（一）重新定位政府机关的法治宣传角色

法治宣传是基于传播者与受众者之间的有效互动才能产生信息互认的价值与效果。所以，各级各类行政机关在“大普法”格局中的角色，并非总是处于中心地位的传播者，纵使其所担当的普法任务与职责具有主导性。

1. 作为普法者，政府自身要知法、懂法、用法、信法、尊法。在法治宣传推广工作中，作为行政机关尤其是领导干部，更应强调自身的法治精神和法治意识的培养、积累与提升。因此，要严格设立并落实领导干部“学法用法”的完整性考核制度，强化对领导干部提拔的组织管理，认真执行领导干部任前法律知识考试制和任前宪法宣誓制，将法治意识培养、知识考核融入领导干部提拔的必备条件和门槛中，重视各级各类行政机关、窗口部门在日常实践工作中常态化履职的普法细则设计与监督。

2. 扭转行政机关“居高临下”的普法态度和“运动式”的宣讲状态，摒弃“管制型”政府行为和形象，转为“服务型”治理状态，以受众普法需求为导向，多思考群众需要什么而不是政绩能给什么，从而合理分配并提供优质化、实效性的普法资源，将行政机关的普法形象从“教育者”转向“分享者”。

3. 行政机关要引导全社会参与普法，如发起或者征集社会中具有专业性、行业化背景的普法志愿者团体，以他们宣传辐射的扩张实现“一对一”“点对点”的浸润式普法，打造新时代社会主义民主法治发展需求中“政府引导、行业参与”的社会参与型普法宣传品牌。甚至可以分类探索政府购买普法宣传服务的方式，通过政府采购的形式向社会公开招标专业普法服务力量和团队组织，使社会参与型的普法宣传服务更具专业化、规范化，赋予优质法律服务资源竞争性成长与合理化配置。

（二）夯实法治宣传责任制的落地生根

1. 明确“谁执法，谁普法”工作原则，落实“谁主管，谁普法”主体责任。强调“大普法”格局构建的核心是贯彻落实好“谁执法，谁普法”工作原则，明确落实到“谁主管，谁普法”的主体责任，尤其是各级党委、政府，须将法治宣传工作纳入本地国民经济和社会发展的总体规划与阶段性任务中，纳入党委政府年度工作要点和政府目标责任考核中，提升普法指标考核在年度机关考核分数中的比重，并定期由同级或上一级人大、政协督查听取普法办公室汇集相关普法履职部门的工作汇报。

2. 落实“以案释法”制度。明确“以案释法”的筛选标准与范围，诸如在信访、庭审、执法、新修订的法律法规颁布等人民群众关心的法治工作环节，选取社会广泛关注、舆论讨论激烈、具有警示教育意义的工作案例。建立并充实以案释法案例库，聚焦金融、环保、交通、消费者维权等领域，作为惠及民生、服务社会的法制宣传资料库。同时成立由法官、检察官、行政执法人员和律师等人员组成的“以案释法”咨询队伍，或依托“法律六进”开展“以案释法”巡回宣讲，发挥普法宣传效能。此外，还可以充分利用听证会、庭审开放日、模拟法庭等多样化形式，使“以案释法”的普法宣传深入公众日常生活。

3. 强化系统内部监督与社会外部监督，共促普法责任的有效落实。一方面，地方人大、政协应深入检查监督各单位普法责任履行情况，通过定期、不定期的走访调研、实地查看、听取汇报等形式，督促推进普法工作，及时分析普法过程中存在的不足或值得适时推广的有益经验，针对可能存在的制度性、机制性等上层构架问题，进一步开展专题调研、总结和汇报，充分发挥调研监督的推动、督导作用。日常普法宣传工作的监督责任主要在于普法办公室，普法办公室应充分发挥好“领头羊”的指导监督作用，通过统筹协调、监督检查、互动协调、绩效考核等方式，推动普法成员单位落实“谁执法,谁普法”原则,整合各方力量,集中人力、物力资源,推进构建“大普法”格局。另一方面,各级党委、政府以及机关工作人员要充分利用新闻媒体在舆论引导方面的积极作用,主动配合新闻媒体舆论监督,通过新闻媒体监督促进法治宣传工作,并且通过政务信息公开的方式,及时公开法治宣传工作的内容、考核方式、考评结果,保障新闻媒体信息来源的官方性、正当性、及时性;鼓励普通民众通过媒体对政府普法工作的监督,用活用好“两微一端”等多元化、科技性的现代媒体渠道,守好政府法治的舆论高地,杜绝虚构的、恶意的不良信息在社会舆论场域下的发酵与变质,特别是涉及重特大监督反馈信息,必须要做到第一时间回应,权威性发声。

(三)优化升级法治宣传的路径模式

1. 以精细化治理观念细分普法对象,改变“大水漫溉”式的普法模式。根据不同群体的身份、年龄、职业、性别、文化程度等多样性因素和差异性需求,开展错落有致、层次有别的合理化普法宣传与针对性法律咨询。围绕“谁执法,谁普法”“谁主管,谁普法”“谁服务,谁普法”的精神,将法治宣传工作落实到各个执法单位或管理部门中。如教育局应当做好学生与教师的普法工作;人事部门、工会应当引导好职工保护自身权利;环保部门要在执法过程中大力宣传有关环境保护与监测方面的法律法规;针对公务员尤其是领导干部的普法应集中在法治思维、依法办事理念的培养;对农民工则应侧重宣传合同签订、依法讨薪、证据收集等内容;对企业家要开展税法宣传,倡导契约精神;妇女、儿童、老年人、残疾人应当开展相对应的权益保护法宣传。还有诸如2020年5月颁布的《民法典》这类关乎社会民生、经济发展、体现法治中国里程碑的立法、修法等也应及时宣传与释义,增强社会民众在法治中国进程中的获得感与自信力。

2. 融合新旧媒体的各自优势,综合发挥多种信息途径的传播效能,充分彰显当代普法宣传的法治普惠效应。一方面,借势发力,法治宣传工作要对当前在“互联网+”大势下人们的社交习惯有全面的认识和理解。在新媒体传播和快节奏生活中,大多数人的日常信息接收会呈现甚至直接选择碎片化状态。那么,普法工作就应避免过多长篇大论的叙述和枯燥刻板的表达,因为这种宣传风格已难以在信息社会中立足。法治宣传要充分利用诸如微博热点、微信公众号推荐、App精准系列推送等形式开展碎片化普法,实现法治宣传与普法教育共同推进。另一方面,要兼顾传统媒体的普法新效能,针对网络条件有限,特别是在农村等欠发达地区以及对微信、微博使用较为陌生的社会群体,则仍需专注于以传统媒体普法为主、新媒体为辅的法治宣传模式。

3. 关注普法宣传机制中传播者与受众者之间的信息互认、吸纳内化的模式建构。在普法中也要强调宣传的供给与受众的需求之间的平衡，由此才能提高法治宣传的质量与成效。要认识到富有成效的法治宣传不是一朝一夕的功夫，不是一门一户的工作，法律发展不止则法治宣传不息。这就需要法治宣传机制创新设计、工作改革深化，要瞄准普法受众的痛点、难点、需求点，理解普法宣传对象的内心期待和诉求指向，切不可有群众懂得越多越容易惹麻烦的“懒政”心态。由此才可能真正实现法治宣传的双向互动。

思考题

1. 法治宣传对我国当前的司法行政工作有何意义？
2. 法治宣传是如何增强法律意识和提升法律素养的？
3. 信息科技时代的法治宣传改革应该着眼于哪些方面？
4. 你对移动互联网时代的法治宣传形式有何创新构想？

第十八章　法律职业资格考试

本章要点

本章需要掌握法律职业资格考试制度的概念、作用以及国家统一法律职业资格考试建立的必要性、相关法律法规和规章制度及内容。

第一节　法律职业资格考试制度概述

法律职业人员是指具有共同的政治素养、业务能力、职业伦理和从业资格要求，专门从事立法、执法、司法、法律服务和法律教育研究等工作的职业群体。担任法官、检察官、律师、公证员、法律顾问、仲裁员（法律类）及政府部门中从事行政处罚决定审核、行政复议、行政裁决的人员，应当取得国家统一法律职业资格。国家鼓励从事法律法规起草的立法工作者、其他行政执法人员、法学教育研究工作者参加国家统一法律职业资格考试，取得职业资格。①

与其他需要以专业知识为基础的职业比较，法律职业具有职业理念坚定性、职业主体特定性、职业专业法律性和职业伦理约束性等特征。合格的法律职业人员须经过专门的法学教育培养、严格的资格考试选拔，以及系统的职业技能培训，遵循法律职业队伍形成的一般规律，这已成为现代法治社会的基本共识。

一、法律职业资格考试的概念

法律职业资格考试，即国家统一法律职业资格考试，是国家统一组织的选拔合格法律职业人才的国家考试。初任法官、初任检察官，申请律师执业、公证员执业和

---

① 2015 年 12 月 20 日中共中央办公厅、国务院办公厅印发《关于完善国家统一法律职业资格制度的意见》。

初次担任法律类仲裁员，以及行政机关中初次从事行政处罚决定审核、行政复议、行政裁决、法律顾问的公务员，应当通过国家统一法律职业资格考试，取得法律职业资格。法律、行政法规另有规定的除外。①

从国家统一法律职业资格考试制度的组成来看，有狭义和广义之分。狭义的国家统一法律职业资格考试制度仅指法律职业资格考试制度，其他的相关制度是其配套制度。广义的国家统一法律职业资格考试制度则包括国家法律职业资格考试及其实施制度、法律职业资格制度和职前培训。

（一）法律职业资格考试制度

法律职业资格考试制度是关于法律职业资格考试模式的选择和方案设计的制度，即狭义的国家统一法律职业资格考试制度。关于国家统一法律职业资格考试制度的设计，一般需要考虑两方面的因素：一是考试的内部因素，如考试的方式、方法、时间、次数、内容、命题、考试实施、分数统计、录取原则等；二是外部因素，即与考试相关联的其他制度的关系，如考试与教育、教学的关系，与人事、劳动制度的关系，与社会、经济发展及地域差异等的关系。

从某种意义上讲，国家统一法律职业资格考试制度的实质就是确立从事特定法律职业必须取得国家认可的资格的制度。

（二）法律职业人员职前培训制度

法律职业人员职前培训制度是国家统一法律职业资格考试制度的重要内容和补充。一般来讲，通过法律职业资格考试的人员并不能直接从业，其要符合法律职业部门的要求，胜任岗位需要，还应符合其他的条件并接受进一步的培养。因此，任职前的培训对于国家统一法律职业资格考试制度的健全和完善，有着十分重要的作用。目前，几乎所有实行法律职业资格考试制度的国家都把统一的任职前培训或研修制度作为国家统一法律职业资格考试制度的重要内容和补充。

依据中共中央办公厅、国务院办公厅《关于完善国家统一法律职业资格制度的意见》，法律职业职前培训需要做到以下几个方面：

1. 建立法律职业人员任职前培训制度。按照“统一标准，分系统实施”原则，建立法律职业人员任职前培训制度。国家法律职业资格主管部门会同法治实务部门制定法律职业入职前培训的统一标准和相关规范，各相关部门按统一标准和规范分别实施培训。实行“先选后训”培训模式，培训合格者方可准予从事法律职业。落实“谁选谁训”责任，职前培训及培训考核由选任部门负责进行。法官、检察官职

① 2018 年 4 月 28 日司法部令第 140 号公布，《国家统一法律职业资格考试实施办法》。

前培训时间为1年。政府部门中从事行政处罚决定审核、行政复议、行政裁决人员职前培训时间由政府选任部门根据时间需要确定。律师、公证员、法律顾问、仲裁员(法律类)职前培训方式及时间由行业主管部门或行业自律组织自行确定。

2.统一职前培训的内容和方式。研究制定统一的职前培训规划,明确培训方式、内容、期限、教材、师资和考核标准。利用现有法律部门培训机构,分系统实施集中教学、岗位实习、综合训练等分阶段、有侧重、统分结合的职前培训。集中教学阶段主要讲授政治理论、职业道德和法律实务知识;岗位实习和综合训练阶段主要通过参与审判、检察、律师和公证等业务实践和辅助参与案件办理等,训练职业技能,提高参训人员实际工作能力。

3.加强职前培训的组织保障。成立职前培训指导委员会,统筹协调全国职前培训管理工作,指导、督促、检查各部门实施本系统职前培训工作。加强职前培训教学及实习基地建设。组织编写职前培训大纲,配套加强案例库建设。建立职前培训师资库,规范职前培训管理工作流程。职前培训相关档案、信息资料实行统一汇集管理。

二、法律职业资格考试的作用

法律职业资格考试本身作为一种选拔法律职业人员的形式,其终极价值是为了选拔出(或经过培养训练选拔出)适合从事法律职业的专业人员。换句话说,各国建立法律职业资格考试制度的目的,就是筛选出最优秀的法律人才,授予法律职业资格,组建和优化国家法律职业人员队伍,促进本国的社会经济全面发展和法治进步。就现实而言,法律职业资格考试的作用主要就是选拔能够满足现代法治需要的法官、检察官、律师等法律职业人员。尽管当今世界各国法律职业结构有所区别,对法律职业人员的素质要求及所采取的法律职业资格考试选拔模式也不尽相同,但无论何种法治模式和法律职业结构,现代法治对法律职业人员的要求大体上可以包括社会人文知识素质、法律专业知识和法律实务技能三个方面。单凭法律职业资格考试一个环节无法对考生上述三个方面能力作出恰当判断。通常而言,法学理论、法律专业知识可得益于高等法学教育的长期熏陶和培养,法律实务技能则需要在考生通过法律职业资格考试后,或者通过法律职业资格考试一定阶段后的专门司法实务训练或到实际业务部门实习来掌握。法律职业资格考试作为测试考生法律知识、法律综合素质的重要方式,具有重要的制度价值。如果考试内容、考试形式设计科学、得当,完全可以起到为国家和社会筛选高素质法律职业人员的作用。

三、法律职业资格考试制度的兴起

法律职业资格考试制度最早兴起于西方国家，是随着西方法律职业团体的出现而逐渐形成的一种选拔法律人才的制度。

法律职业阶层是社会分工和法治文明进步的必然产物。在世界大多数国家，法律职业阶层都是伴随着近代司法制度的确立而产生的。英国在12世纪至13世纪时就产生出了这一阶层。在13世纪，人们就已经把法律专业知识和技能作为法官任职的首要条件。英国国王在《大宪章》中承诺，只任命那些懂得法律的人担任法官，因此，职业法官要从精通法律知识和司法经验丰富的职业辩护律师中选任。同时，国王往往给予法官们相当丰厚的经济利益，这在无形中极大地提高了法官们的社会地位，并使法官群体迅速成为一个令人注目的社会阶层，众多的中小贵族子弟经过专门的法律训练进入法官群体。律师群体内部也存在严格分工，出庭辩护律师和诉讼事务律师必须是英国林肯、格雷、内殿、中殿四个历史悠久的律师公会的会员。在中世纪的英国，法官与律师之间的职业关系极为密切，律师在一定程度上处于法官的控制之下。

继英国之后，意大利、法国等欧洲国家也相继出现了法律职业团体，其后，根据各国不同的法律体系、政治模式、文化传统、法学教育，世界上出现了不同模式的法律职业资格考试制度。

中国法律职业资格考试制度建立于清朝，发展于中华民国时期。经过几十年的发展，创造出一套基本符合当时国情、设计合理的制度，从而使中华民国时期的司法官选任基本上做到有章可循，规范清晰。

1949年2月，中共中央发布了《关于废除国民党的〈六法全书〉与确定解放区的司法原则的指示》，明令废除国民党统治时期旧的法律体系，并确立了新的司法原则。同年9月27日，具有临时宪法性质的《中国人民政治协商会议共同纲领》（已失效）第17条明确规定："废除国民党反动政府一切压迫人民的法律、法令和司法制度，制定保护人民的法律、法令，建立人民司法制度。"这两个重要文件的发布，彻底废除了国民党旧的法律体系和法制体系，标志着中国新的具有无产阶级性质的法律体系和法律制度开始建立。鉴于当时环境的复杂和残酷，遴选法律职业人员把政治条件放在首位。中华人民共和国成立之初的法律职业人员是司法事业的拓荒者，筑起了司法事业的基石，但由于历史条件所限，这支队伍也存在先天不足，即专业素养欠缺，很多人需要边工作边学习。1957年直至1976年10月，司法制度建设发展缓慢，法律职业的发展也就此中断。1978年12月18日至12月22日，中国共产党第十一届中央委员会第三次全体会议在北京举行,提出拨乱反正,健全社会主义民主和加强社会主义法制。20 世纪 80 年代,伴随着国家法治建设进程的加快推进,中国法律职业人才培养选拔制度被提上日程。

1986 年建立了全国律师资格考试制度,这是中华人民共和国成立以来最早建立的职业资格考试制度。1995 年《中华人民共和国法官法》《中华人民共和国检察官法》通过并实施,根据两法的规定,两院系统分别建立起初任法官、初任检察官考试制度,即规定通过考试者方能提请人民代表大会任命为法官、检察官。法院系统 1995 年、1997 年、1999 年进行了三次考试,检察系统亦举行了三次考试。

上述三种法律职业资格考试在人员范围、科目设置、试卷组成等方面都有较大区别。针对法律职业资格考试不统一的情况,法学界一直呼吁应该建立国家统一的司法考试制度,法律职业实务部门多年来也一直向有关部门提出建议,希望统一法律职业资格。

2001 年 6 月,第九届全国人民代表大会常务委员会第二十二次会议审议通过了全国人民代表大会常务委员会《关于修改〈中华人民共和国法官法〉的决定》和《关于修改〈中华人民共和国检察官法〉的决定》,其中明确了关于初任法官、初任检察官和取得律师资格实行统一的司法考试制度,标志着国家统一司法考试制度在中国正式设立。2005 年《中华人民共和国公证法》规定,担任公证员应当通过国家司法考试。至此,初任法官、初任检察官、律师资格、公证员资格"四考合一",标志着国家统一司法考试制度正式形成。

第二节　国家统一法律职业资格考试制度

一、建立国家统一法律职业资格制度的必要性

国家统一法律职业资格考试工作是选拔培养法治人才的一项重要工作,能否把德才兼备的优秀法治人才选拔出来,直接关系到法治国家建设的成效。

(一)符合选拔培养法治人才要求

自 2002 年开始,实施了 16 年的国家统一司法考试制度为国家选拔了大批优秀的法治人才。但是,国家司法考试制度也面临着一些问题,如法治人才培养机制相对滞后,法律职业资格准入门槛偏低,考试方式方法有待改进,职前培训尚未统一,面向社会公开选拔法官、检察官的渠道不畅,司法考试引导法学教育与法律职业人才培养有效衔接的基础性作用尚未充分发挥,等等。上述问题和弊端,难以适应新

时代建设高素质与专业化法律职业队伍的要求,一定程度上影响了司法考试制度功能的实现。要实现培养选拔合格法治人才的考试目标,有必要将承担着单一的考试选拔功能的国家司法考试制度调整为集资格准入、考试选拔和职前培训于一体的国家统一法律职业资格制度。

中国共产党的十八届四中全会通过的中共中央《关于推进全面依法治国若干重大问题的决定》着眼于推进法治工作队伍正规化、专业化、职业化,提出“完善法律职业准入制度,健全国家统一法律职业资格考试制度,建立法律职业人员统一职前培训制度”。

(二)有利于培养高素质的法律职业共同体

改革开放以后,特别是国家司法考试制度建立以来,中国法学教育发展迅速。全国法学院校达600多所,每年全国法学本科以上毕业生达10余万人,形成了学士、硕士、博士教育为主体,正规学历教育体系和在职培训进修制度相互衔接的法治人才教学研究培养机制,为法治工作队伍建设以及法律职业人才培养提供了必要的人才资源和智力支持。这为进一步培养具有高度专业化的法律素养、实践能力和人文精神的法律职业群体奠定了必要的基础。同时,法律共同体的发展又进一步促进法学教育的发展,倒逼法学教育以培养具有共同的法治信仰、具备较高的职业伦理和职业技能、适应法律职业部门实际需求的高质量法律职业人才为目标,从而推动统一的法律职业群体的形成。因此,中共中央办公厅、国务院办公厅《关于完善国家统一法律职业资格制度的意见》明确国家统一法律职业资格制度是“选拔培养高素质社会主义法律职业人才的基础性制度”。

二、法律职业资格考试的指导思想和原则

2015年12月20日,中共中央办公厅、国务院办公厅印发《关于完善国家统一法律职业资格制度的意见》,明确了国家统一法律职业资格考试的指导思想和原则。

(一)指导思想

《关于完善国家统一法律职业资格制度的意见》提出,要以中国共产党的十八大、十八届三中、四中全会精神和习近平总书记系列重要讲话精神为指导,以建设一支忠于党、忠于国家、忠于人民、忠于法律的社会主义法治工作队伍为目标,通过建立健全国家统一法律职业资格制度,培育和发展社会主义法治工作队伍,为全面推进依法治国提供人才保障。

(二)基本原则

1. 坚持正确方向。坚持党的领导,贯彻中国特色社会主义法治理论,按照政治

过硬、业务过硬、责任过硬、纪律过硬、作风过硬的要求，选拔培养社会主义法律职业人才。

2. 坚持整体规划。加强顶层设计，注重整体谋划，确保国家统一法律职业资格制度各项改革措施的系统性、整体性和协同性。

3. 坚持遵循规律。遵循法治工作队伍形成规律，遵循法律职业人才特殊的职业素养、职业能力、职业操守要求，按照法治工作队伍建设正规化、专业化、职业化标准，科学设计和实施国家统一法律职业资格制度，提高法律职业人才选拔、培养的科学性和公信力。

4. 坚持积极稳妥。实行老人老办法、新人新办法，只对新进法律职业岗位人员实行考试和职前培训，促进新旧制度妥善对接。

三、国家统一法律职业资格考试制度

2017 年 9 月 1 日，全国人民代表大会常务委员会第二十九次会议通过了《关于修改〈中华人民共和国法官法〉等八部法律的决定》，明确将国家统一司法考试改为国家统一法律职业资格考试，并规定于 2018 年 1 月 1 日起实施。这为国家统一法律职业资格考试的实施奠定了基础。2018 年 4 月 25 日司法部部务会议审议通过《国家统一法律职业资格考试实施办法》（以下简称《法律职业资格考试实施办法》），标志着国家统一法律职业资格考试在中国正式推行。

（一）国家统一法律职业资格考试的性质

《法律职业资格考试实施办法》第 2 条规定："国家统一法律职业资格考试是国家统一组织的选拔合格法律职业人才的国家考试。初任法官、初任检察官，申请律师执业、公证员执业和初次担任法律类仲裁员，以及行政机关中初次从事行政处罚决定审核、行政复议、行政裁决、法律顾问的公务员，应当通过国家统一法律职业资格考试，取得法律职业资格。法律、行政法规另有规定的除外。"上述规定明确了国家统一法律职业资格考试的性质，即国家统一组织的从事特定法律职业的资格考试。

（二）国家统一法律职业资格考试的特点

1. 国家统一法律职业资格考试属于职业资格类考试。国家统一法律职业资格考试属于资格资质类行政许可项目，不同于招生入学考试、毕业结业考试，也不同于各种形式的就业考试。

2. 国家统一法律职业资格考试由司法行政机关统一实施。司法部会同最高人民法院、最高人民检察院等有关部门、单位组成国家统一法律职业资格考试协调委员会，就国家统一法律职业资格考试的重大事项进行协商。省、自治区、直辖市司法行政机关应当明确专门机构，按照有关规定承办国家统一法律职业资格考试的考务等工作。设区的市级或者直辖市的区（县）司法行政机关，应当在上级司法行政机关的监督指导下，承担本辖区内的国家统一法律职业资格考试的考务等工作。

3. 国家统一法律职业资格考试要确保公平公正。《法律职业资格考试实施办法》第3条规定："国家统一法律职业资格考试应当依法、公平、公正。"实施法律职业资格考试的主要目的就是通过统一规范的报考条件、科学严格的考试测评，选拔合格的法律职业人才，确保公正司法。

（三）报名条件

《法律职业资格考试实施办法》明确规定了国家统一法律职业资格考试的报名条件，主要包括积极条件和消极条件。

1. 积极条件

积极条件是指报名参加国家统一法律资格考试所应具备的条件。《法律职业资格考试实施办法》第9条规定："符合以下条件的人员，可以报名参加国家统一法律职业资格考试：（一）具有中华人民共和国国籍；（二）拥护中华人民共和国宪法，享有选举权和被选举权；（三）具有良好的政治、业务素质和道德品行；（四）具有完全民事行为能力；（五）具备全日制普通高等学校法学类本科学历并获得学士及以上学位；全日制普通高等学校非法学类本科及以上学历，并获得法律硕士、法学硕士及以上学位；全日制普通高等学校非法学类本科及以上学历并获得相应学位且从事法律工作满三年。"

2. 消极条件

消极条件是指不能或不允许报名的条件。《法律职业资格考试实施办法》第10条规定："有下列情形之一的人员，不得报名参加国家统一法律职业资格考试：（一）因故意犯罪受过刑事处罚的；（二）曾被开除公职或者曾被吊销律师执业证书、公证员执业证书的；（三）被吊销法律职业资格证书的；（四）被给予二年内不得报名参加国家统一法律职业资格考试（国家司法考试）处理期限未满或者被给予终身不得报名参加国家统一法律职业资格考试（国家司法考试）处理的；（五）因严重失信行为被国家有关单位确定为失信联合惩戒对象并纳入国家信用信息共享平台的；（六）因其他情形被给予终身禁止从事法律职业处理的。有前款规定情形之一的人员，已经办理报名手续的，报名无效；已经参加考试的，考试成绩无效。"

（四）考试内容和方式

根据《法律职业资格考试实施办法》第12条、第13条的规定，国家统一法律职业资格考试实行全国统一命题。考试的内容和命题范围以司法部当年公布的《国家统一法律职业资格考试大纲》为准。考试内容分为客观题考试和主观题考试两部分,综合考查应试人员从事法律职业应当具有的政治素养、业务能力和职业伦理。

国家统一法律职业资格考试每年举行一次,应试人员客观题考试成绩合格的方可参加主观题考试,客观题考试合格成绩在本年度和下一个考试年度内有效。具体考试时间和相关安排在举行考试3个月前向社会公布。国家统一法律职业资格考试实行纸笔考试或者计算机化考试。考试实行全国统一评卷,统一确定合格分数线,考试成绩及合格分数线由司法部公布。①

(五)违纪处理

《法律职业资格考试实施办法》第16条规定:"应试人员有违反考试纪律行为的,由司法行政机关按照有关规定,视其情节、后果,分别给予口头警告、责令离开考场并取消本场考试成绩、确认当年考试成绩无效、二年内不得报名参加国家统一法律职业资格考试的处理;构成故意犯罪的,给予终身不得报名参加国家统一法律职业资格考试的处理。应试人员及其他相关人员有违反治安管理行为的,由公安机关进行处理;构成犯罪的,由司法机关依法追究刑事责任。"

对于考试工作人员的违纪行为,《法律职业资格考试实施办法》第17条规定:"考试工作人员有违反工作纪律行为的,应当按照有关规定,视其情节、后果给予相应的处分;构成犯罪的,由司法机关依法追究刑事责任。"具体处理办法依据《国家统一法律职业资格考试违纪行为处理办法》执行。

(六)资格授予和管理

参加国家统一法律职业资格考试成绩合格,且不具有因故意犯罪受过刑事处罚的人员,可以按照规定程序申请授予法律职业资格,由司法部颁发法律职业资格证书。但以欺骗、贿赂等不正当手段取得法律职业资格证书的,由司法部撤销原授予法律职业资格的决定,注销其法律职业资格证书。取得法律职业资格人员有违反宪法和法律、妨害司法公正、违背职业伦理道德等行为的,由司法行政机关根据司法部有关规定,视其情节、后果,对其给予相应处理。

所有获得法律职业资格的人员,司法行政机关将有关信息,以及作出相应处理人员的有关信息,录入国家法律职业资格管理系统,在司法部官方网站上公布。②

---

① 《国家统一法律职业资格考试实施办法》第11~15条。

② 《国家统一法律职业资格考试实施办法》第18~21条。

(七)关于特殊政策问题

《法律职业资格考试实施办法》在附则部分就有关特殊问题进行了规定。

1. 妥善处理已入学或者已取得相应学历人员的报名专业学历条件问题。对《法律职业资格考试实施办法》施行以前已入学或已取得相应学历的人员,仍按照《国家司法考试实施办法》规定的报名专业学历条件执行,以充分考虑社会各界和考生的合理诉求及不同地区、不同部门对不同法律职业人才的需求。

2. 在艰苦边远和少数民族地区继续实施放宽政策。为认真贯彻落实中国共产党的十九大精神,充分满足人民群众对民主法治等方面的要求,《法律职业资格考试实施办法》明确对艰苦边远和少数民族地区的应试人员,在报名学历条件、考试合格标准等方面适当放宽,具体办法由国家统一法律职业资格考试协调委员会确定。

3. 规定港、澳、台居民及现役军人的考试政策。明确香港、澳门特别行政区永久居民中的中国公民和台湾地区居民参加法律职业资格考试适用《法律职业资格考试实施办法》,不再单独为港澳台考生制定考试实施办法。同时,考虑到军队系统考生的构成现状和军队法治工作队伍建设需要,《法律职业资格考试实施办法》规定,现役军人报考办法由司法部会同中央军事委员会政法委员会另行规定。

4. 延续司法考试相关工作做法。对国家统一法律职业资格考试的其他政策规定,经国家统一法律职业资格考试协调委员会确定后,在年度国家统一法律职业资格考试公告中公布。

四、国家统一法律职业资格考试制度的创新规定

同国家司法考试制度进行比较,《法律职业资格考试实施办法》主要有以下五个方面的新规定:

(一)需要参加法律职业资格考试人员有新规定

根据中共中央办公厅、国务院办公厅《关于完善国家统一法律职业资格制度的意见》和全国人大常务委员会第二十九次会议通过的《关于修改〈中华人民共和国法官法〉等八部法律的决定》,《法律职业资格考试实施办法》明确了应当参加国家统一法律职业资格考试取得法律职业资格的人员范围,在司法考试制度确定的法官、检察官、律师、公证员四类法律职业人员基础上,将初次担任法律类仲裁员,以及行政机关中初次从事行政处罚决定审核、行政复议、行政裁决、法律顾问的公务员,纳入法律职业资格准入范围。

(二)考试报名的专业学历条件有新规定

《法律职业资格考试实施办法》第9条对报名参加法律职业资格考试的专业学

历条件作了一般性规定，提高了法律职业资格考试的报名专业学历门槛，有利于从源头上保证法律职业人员的专业素养和专业能力。同时，遵循不动存量做好增量、确保各项举措能落实的改革思路，按照《关于完善国家统一法律职业资格制度的意见》确定的“老人老办法、新人新办法”原则，在该实施办法施行前已经取得高等院校学籍（考籍）或者已经取得相应学历的人员，属于“老人”，适用《法律职业资格考试实施办法》第22条的规定。

（三）不得报名的禁止性条件有新规定

为从源头上把好法律职业的入口关，根据中国共产党的十八届四中全会通过的中共中央《关于全面推进依法治国若干重大问题的决定》关于建立终身禁止从事法律职业制度和完善违法失信行为惩戒机制的规定，以及修改后的《中华人民共和国律师法》《中华人民共和国公证法》等的规定，被吊销法律职业资格证书、因严重失信行为被国家有关单位确定为失信联合惩戒对象并纳入国家信用信息共享平台，因其他情形被给予终身禁止从事法律职业处理的人员，不得报名参加法律职业资格考试。

（四）考试方式方法和内容有新规定

在统一组织、统一命题、统一标准、统一录取的基础上，《法律职业资格考试实施办法》对考试方式方法进行了完善。一是增加了计算机化考试的规定。《法律职业资格考试实施办法》第14条明确了国家统一法律职业资格考试实行纸笔考试或者计算机化考试的方式，为推广计算机化考试提供依据。二是采取两部分考试的方式。为进一步提高法律职业资格考试选拔的科学性和有效性，国家统一法律职业资格考试每年举行一次，分为客观题考试和主观题考试两部分，综合考查应试人员从事法律职业所应具有的政治素养、业务能力和职业伦理。同时，为充分发挥两部分考试的选拔功能，减轻考生复习备考压力，明确应试人员客观题考试成绩合格的方可参加主观题考试，客观题考试合格成绩在连续的2个考试年度内有效。

在考试内容上，明确考试内容和命题范围以司法部当年公布的《国家统一法律职业资格考试大纲》为准。

（五）对取得法律职业资格人员管理上有新规定

《关于完善国家统一法律职业资格制度的意见》赋予司法行政机关法律职业资格管理新职责。《法律职业资格考试实施办法》明确规定，取得法律职业资格人员有违反宪法法律、妨害司法公正、违背职业伦理等行为的，由司法行政机关视其情节后果给予相应处理，并将相关信息在司法部网站上公布，加强了对取得法律职业资格人员的日常和动态管理。

思考题

1. 简述西方主要的法律资格考试制度模式及其价值。
2. 中国法律职业资格考试的指导思想和原则是什么?
3. 简述国家统一司法考试制度建立的意义。
4. 国家统一法律职业资格考试制度的主要内容是什么?
5. 国家统一法律职业资格考试制度同国家统一司法考试制度比较,有哪些变化?

第十九章　司法国际合作

本章要点

本章主要阐述司法国际合作的概念、内容和意义，司法协助的概念、主体、依据及范围，以及司法外事工作的概念、基本原则、司法外事的内容与交流方式、司法外事管理制度等问题。

第一节　司法国际合作概述

一、司法国际合作的概念

司法国际合作包括国际司法协助和其他司法外事活动。国际司法协助有广义和狭义之分。广义的国际司法协助指国家依据国际条约、协定或依据互惠原则，由其法院或其他有关机关基于外国法院或其他机关的请求，进行民商事司法协助、刑事司法协助、引渡、诉讼移管、被判刑人移管和犯罪资产的返还与分享等活动，具体包括代为实施诉讼行为、代为送达法律文书、代为调查取证、代为执行外国法院的判决或外国仲裁机构的裁决等。狭义的国际司法协助只包活民商事司法协助和刑事司法协助。① 国际司法协助是协助国对属地管辖权作出的让步，也是被协助国家法律域外效力的体现。其他司法外事活动指司法部及其下属单位与国外司法部门和有关组织进行的司法交流工作。

二、司法国际合作的内容

（一）参与有关国际司法合作条约的草拟、谈判工作

如果主权国家之间既未缔结司法协助协定又未共同参加有司法合作内容的国

---

① 参见王晓鑫：《浅谈中国国际司法协助工作的历史与发展》，载《中国司法》2011 年第 9 期。

际条约,一般情况下双方是不能进行司法国际合作的。而建立正式外交关系的国家,可以依据国际惯例或者互惠原则建立司法国际合作关系。司法国际合作的条约包括两种:第一种是两国之间的双边协定或者协议,通过签订双边协定或者协议明确两国间的合作关系,明确司法合作的范围、途径和程序,实现双边司法合作。双边协议或者协定生效后,两国法院便负有向对方提供司法协助的义务。第二种是各国共同参加的多边国际条约,如关于国际司法合作最早的公约——《海牙公约》。参加国要严格履行国际公约中的协助规定,当然也可以声明保留。

(二)缔结承办被判刑人移管条约,承办国际司法合作条约和被判刑人移管条约执行的有关事宜

被判刑人的移管往往发生在两国互有对方国籍的在押囚犯的情况下,为了方便管理罪犯并达到更好的刑罚效果,一方国家将在其境内正在服刑的人员交由其案件牵涉国家或国籍国处理。

(三)承办国外司法机关处理的重要涉华案件司法合作事项,组织参与联合国预防犯罪和刑事司法领域的活动

违法犯罪行为不仅是危害一个国家的区域性行为,很多时候表现出国际性和全球性。在跨国有组织犯罪不断扩张、国际犯罪数量逐年增加的同时,传统的国内犯罪也在不断向境外延伸,恐怖犯罪、网络犯罪等非传统犯罪不断涌现,国际社会面临着各种国际性犯罪的严峻挑战。犯罪活动的国际化使一国的局部打击和单一预防变得非常乏力,刑事领域里的国际合作已成为各国共同打击犯罪活动的有效措施,并受到各国司法机构和立法机关的持续关注。

(四)其他事务

司法国际合作还包含组织和参与有关司法领域的多边或双边交流与合作、司法部管理机关和直属单位的外事工作、司法行政涉港澳台的具体事务、审核司法行政系统出国(境)项目等内容。

三、司法国际合作的意义

(一)有利于形成全球共商、共享、互利、互助,共同发展的新格局

司法国际合作作为主权国家和地区间的互利、互助活动,包含了国家利益和政治因素,具有重大政治意义。每个国家都希望自己的法律价值得到认可,希望应承担法律责任之人不因国界之限逃避处罚,使受害一方得到合理的补偿和公平对待。各国法律制度和文化的差别不应该成为共同法律价值和信仰的壁垒,人权中最基本的生存权、发展权、自由权指引着各国经济社会发展的方向,是人类共同追求的

目标。司法国际合作正是通过全球共商、共享、互助,解决影响全球经济共同发展的经济纠纷,铲除阻碍人类根本利益的违法犯罪活动。

(二)有利于构建国际人权保护的法律环境

在法律诉讼中,主权国家通力合作,有利于各国充分行使司法权,更加有效地将危害社会秩序的罪犯绳之以法,使国家政治秩序和权威尊严得到更好的维护和加强。特别是刑事国际合作的建立更加有利于实现跨国合作,打击国际犯罪,维护良好的国际社会秩序、保障人权、实现全球和平稳定。当然,司法国际合作并不局限于刑事方面,除了为国际人权保护提供法律环境之外,还延伸到经济、社会、文化等领域。

(三)有利于快速合理解决跨国民商事、刑事案件

随着改革开放的深化和国际经济交往的增多,国家之间的人口流动和资本流动加剧,涉外法律纠纷的数量迅速增加,经常会出现独立的民商事或刑事案件的当事人或标的要素处在不同的国家和地域的情况,产生了协同解决矛盾纠纷的现实需要。司法国际合作可以在达成协议或存在互惠关系的两国之间提供双方所需的司法资源,帮助请求国提高司法效能。司法国际合作的过程维护了协助请求国的司法利益,维护了经济社会秩序,对整个地区的经济、社会发展具有深远意义。

第二节 司法协助

一、司法协助概述

(一)司法协助的概念

司法协助,是指一国根据国际条约、国际协定或互惠原则,由法院或其他国家机关根据国外法院或其他机关的请求,在民事、商事、刑事等方面代为一定的诉讼行为或与诉讼有关的活动。司法协助的内容主要包括两方面:一是代为送达诉讼文书,代为调查取证等诉讼行为;二是接受外国法院或仲裁机构的委托,代为执行判决或裁决。

司法主权是国家主权的组成部分,也是国家的重要权利。国家间进行的司法协助,既是对本国司法主权的维护,也是遵照国际条约或协定在平等互惠的基础上对他国司法权的认可、支持和配合。国际司法协助的过程既是行使司法主权的过程,也是对外国的法律制度和司法管辖予以认可并提供支持的过程。国际司法协助有助于相关案件得到公正、合理的解决,有利于国际交往中法律关系的稳定和良

好秩序的维护,符合司法协助双方的共同利益。

(二)司法协助的产生与发展

国际上最早出现的司法协助活动是引渡。司法协助中的引渡最早出现在中世纪初期,到14世纪,欧洲出现了第一个引渡条约,但它所引渡的是异教徒和政治犯等,而不是普通罪犯。后来在1793年11月29日汉诺威领地与萨克森-科堡哥达公国所订的条约中,第一次出现了被认为具有现代意义的司法协助的相关规定。到19世纪,司法协助形成了一项完整的法律制度。20世纪初,民商事的司法协助开始迅速发展,特别是第二次世界大战后,国际上不但签订了大量的双边条约和协定,而且通过签订许多专门性的或载有司法协助内容的多边公约来规定国家间的司法协助,如1958年《承认及执行外国仲裁裁决公约》、1965年《关于向国外送达民事或商事司法文书和司法外文书公约》、1970年《关于从国外调取民事或商事证据的公约》、1970年《关于制止非法劫持航空器的公约》、1971年《关于制止危害民用航空安全的非法行为的公约》、1971年《海牙民商事案件外国判决的承认和执行公约》、1973年《海牙扶养义务判决的承认和执行公约》、1988年《联合国禁止非法贩运麻醉药品和精神药物公约》等。除此之外,国际上还签订了大量的区域性双边司法协助的条约和协定。这些国际条约的签订和协定的缔结成为世界上许多国家对外开展司法协助的主要法律依据,对促进和发展国际司法协助发挥了重要作用。截至2018年8月27日,中国已与38个国家签订了双边民事或商事司法协助条约,其中与34个国家的条约中约定了相互承认和执行法院判决的内容,意味着中国法院的判决有机会在这34个国家得到承认与执行,同样这些国家的法院判决也有机会在中国得到承认和执行。

中国司法协助的雏形可以追溯到春秋战国时期。根据《左传》的记载,鲁隐公四年,卫国公子州吁弑君自立,未被他国承认,随机流亡陈国,于是卫国请求陈国协助抓捕州吁。陈国接受卫国请求,但要求卫国派人进入陈国缉拿。卫国派人到陈国将州吁处死。唐宋时期,对外交往逐渐增多,出现了一些法律适用的问题,涉及属人主义、属地主义和共同国籍优先等原则,但和现代的司法协助还相去甚远。近代中国沦为半殖民地半封建社会后,在外国列强的胁迫下签订了一系列不平等条约,从风雨飘摇的清王朝统治末期,到辛亥革命以后军阀混战时期,再到中华民国时期,中国的司法主权一直受到外来殖民主义不同程度的压制,没有在国际上获得司法协助的可能性。中华人民共和国成立后的一段时间,由于西方国家的政治封锁,国际司法协助的理论和实践进程也相当缓慢。随着中国国际地位的不断提高,特别是1978年以来,党的十一届三中全会的胜利召开,在国家改革开放政策的推动下,经济、政治、文化领域的国际交流与合作日益频繁,社会主义法制化进程不断推进,真正意义上的当代国际司法协助工作也迎来了春天。① 改革开放进程不断深化,对外经贸合作和人员往来日益频繁,涉外民商事及刑事案件越来越多,自 20 世纪 80 年代中期以来,我国通过加强对外司法协助,打击犯罪,维护了正常的经济秩序、社会秩序,保护了法人、公民的合法权益。1982 年颁布的《中华人民共和国民事诉讼法(试行)》(已失效)最早对司法协助问题作出了专门规定。此后,在 1991 年颁布且经过 2007 年、2012 年、2017 年和 2021 年四次修改的《中华人民共和国民事诉讼法》,以及 1979 年颁布、经过 1996 年、2012 年和 2018 年三次修改的《中华人民共和国刑事诉讼法》中得到确认和完善。经过 30 多年的努力,我国在民事司法协助、刑事司法协助,尤其是引渡、被判刑人移管等方面都取得了显著的成就。国际司法协助工作在我国不但取得了长足的发展,而且日益成为我国开展国际合作的重要形式和渠道。截至 2018 年 9 月,我国已与 76 个国家缔结司法协助条约、引渡条约及被判刑人移管条约 150 项,平均每年审查、办理的司法文书送达、调查取证、引渡、被判刑人移管等司法协助案件 3000 件以上,覆盖全球 70 多个国家,有效维护了中国国家利益和中外当事人合法权益。但是,由于我国司法协助制度建立较晚,经验不足,尚不能完全满足国际司法协助实务的需要,且关于司法协助的立法不够完善,规定不够具体。随着全球化的加深与各国合作的依赖性加强,司法协助制度必将越来越完善。

二、司法协助的主体

司法协助涉及不同主权国家或地区的跨地域合作,即需要协助方与被协助方之间存在信任和互利的基础,也需要国家或地区内部建立一套结构科学的组织体系,实现合作高效的目标。按职能不同,司法协助的主体可分为中央机关与主管机关两大类。

(一)中央机关

按照 1965 年海牙国际私法会议缔约国《关于向国外送达民事或商事司法文书和司法外文书公约》的规定,中央机关是在司法协助过程中统一负责转递司法文书和司法外文书的国家机关,也是一国为进行司法协助工作指定建立的特定机关。中央机关由各缔约国指定,负责接收来自其他缔约国的送达请求书,并自行送达该文书或安排一适当机构使之得以送达。它改变了以往通过外交机关进行司法协助

① 参见王晓鑫:《浅谈中国国际司法协助工作的历史与发展》,载《中国司法》2011 年第 9 期。

的惯例,有利于国家间司法文书和司法外文书的转递。

中央机关作为司法协助的主体,其职权是接受其他缔约国提出的司法协助请求并进行审查、将司法协助请求转交本国主管机关执行、向请求国通知执行情况、向请求国转交本国主管机关制作的法律文书。除此之外的其他职权取决于国际条约和双边协定的规定。

我国司法协助的中央机关为司法部。1986 年 6 月,中央政法委决定原则上由司法部主管司法协助。1987 年 9 月,国务院在《听取第六届全国人大常委会批准中法司法协助协定的报告》中指出,“我国的中央机关为司法部”,从而正式确定司法部为我国司法协助的中央机关。1998 年国家机构改革时,国务院批准的司法部“三定方案”也把司法协助列为司法部的职责。2008 年国家机构改革时,国务院批准的司法部新“三定方案”再次确认了这一职能,①2018 年机构改革时,重新组建的司法部继续承担司法协助职能。截至 2018 年 9 月,中国已同 35 个国家签订了民(商)事或者民(商)刑事司法协助协定。在与外国缔结的 49 项双边协助条约(协定)中,指定司法部为中央机关的有 36 项;同时指定司法部和最高人民检察院的条约有 10 项;同时指定司法部和最高人民法院的条约有 2 项。在我国参加的多边条约中,《联合国打击跨国有组织犯罪公约》将司法部和公安部共同指定为中央机关。

为此,司法部于 1986 年建立了专门的工作机构——司法协助办公室作为具体职能执行机构。1987 年 6 月,国务院正式批准司法部成立司法协助局,编制 20 人,下设研究处、执行处、办公室等。1994 年,司法协助局改为司法协助司。1998 年国务院机构改革,司法协助司与外事司合并为司法协助外事司,2017 年 9 月 7 日司法协助外事司更名为国际合作局。国际合作局的主要职能是:参与有关国际司法协助条约的草拟、谈判工作;承办被判刑人移管条约的缔结,承办国际司法协助条约和被判刑人移管条约执行的有关事宜;承办国(境)外司法机关处理的重要涉华案件司法协助事项;组织参与联合国预防犯罪和刑事司法领域的活动;组织参与有关司法领域的多边或双边交流与合作;管理机关和直属单位的外事工作;承担司法行政涉港澳台的具体事务;审核司法行政系统出国(境)项目。

(二)主管机关

主管机关是指有权执行外国提出的司法协助请求,并且有权向外国提出司法协助请求的机关。鉴于各国传统做法的不同及对司法机关认识的差异,我国与外国缔结司法协助条约时,对主管机关亦作了不同的规定。中国对外缔结的条约中,

① 参见司法部司法协助与外事司:《三十年以来的司法协助工作》,载《中国司法》2014 年第 6 期。

一般指明主管机关是“法院、检察院和其他负责民事或刑事案件的机关”。而《中华人民共和国和比利时王国关于刑事司法协助的条约》中规定的主管机关仅笼统地约定是我国的司法机关,《中华人民共和国和蒙古人民共和国关于民事和刑事司法协助的条约》亦如此。《中华人民共和国民事诉讼法》以及我国与法国、波兰等国家签署的司法协助协定中,对哪个机关作为主管机关没有作出明确的指定,但在实践中,人民法院一直被默认为是我国司法协助的主管机关。

(三)外交机关

在请求国与被请求国之间无条约的情况下,只能通过外交途径进行联系和传递文书。外交机关一般负责解释条约争议和查明外国法律。例如,《中华人民共和国和波兰人民共和国关于民事和刑事司法协助的协定》第28条规定:“有关缔约一方的法律、法规、习惯法和司法实践的证明,可由本国外交或领事代表机关或者其他有资格的机关或个人以出具证明书的方式提交给缔约另一方法院。”

在司法协助的意义上,“中央机关”与“主管机关”是两个相互对应的概念。简单地说,前者是指负责对外联系的机关,即对外接收和提出司法协助请求的机关;后者是负责具体执行协助请求的机关。但这并不意味着“中央机关”的地位或权力高于“主管机关”,仅表示该机关处于联系枢纽的地位。

三、司法协助的依据

司法协助的主要依据包括有关国家立法,两国间签订的司法协助协定(双边条约),多国共同参加的国际公约以及国家之间认可的互惠原则。由于司法协助涉及国家主权问题,国家间没有相互提供司法协助的强制性义务。

我国目前对外开展司法协助、引渡及被判刑人移管方面的合作,与国际上司法协助的通常做法相似,主要有以下依据:

(一)我国与有关国家缔结的双边司法协助条约、引渡条约及被判刑人移管条约

由于世界各国在法律制度等方面的差异,制定国际通行的条约存在较大困难,因而大量的司法协助条约多以双边条约的形式表现出来。1987年5月4日,中法签署《中华人民共和国和法兰西共和国关于民事、商事司法协助的协定》。1987年6月5日,我国与波兰签署《中华人民共和国和波兰人民共和国关于民事和刑事司法协助的协定》。此后,我国分别与比利时、罗马尼亚、意大利、土耳其等国家签署了司法协助的双边协定。截至2018年9月底,中国对外缔结的民事和刑事司法协助条约共19项。

(二)互惠原则或个案合作

国家主权神圣不可侵犯。在无条约情况下国家之间进行司法协助的方式有两种:一种是按互惠原则办理;另一种是外交途径,由请求国外交部向被请求国外交部提出司法协助请求,被请求国审查同意提供司法协助的,交本国法院办理。根据国内法和司法实践,我国与尚无司法协助条约关系的国家,在对等互惠的基础上通过外交途径与外国开展司法合作的案件比较多。

(三)国际公约

根据载有司法协助和引渡条款的国际公约,国家之间可以相互请求和提供有关协助。自我国加入《承认及执行外国仲裁裁决公约》(《纽约公约》)、《海牙关于向国外送达民事或商事司法文书和司法外文文书公约》以来,已参加了近20项具有司法协助内容的国际公约,如《联合国打击跨国有组织犯罪公约》《联合国反腐败公约》《海牙送达公约》《海牙取证公约》等。

(四)国内法

国内法是一国进行司法协助的法律依据。多年来,我国重视通过国内立法,将国际司法合作落实为具体的操作规则。我国最早规定司法协助内容的国内法是1982年的《中华人民共和国民事诉讼法(试行)》,其就涉外民事诉讼程序作了特别规定,第二十三章为司法协助专章。1991年颁布的《中华人民共和国民事诉讼法》在2012年、2017年和2021年修订时均将第二十七章作为司法协助专章,涉及中国法院与外国法院相互请求、承认、执行判决和裁定的有关问题。2018年修订的《中华人民共和国刑事诉讼法》第18条,也对司法协助问题作出了规定。2000年12月,我国颁布《中华人民共和国引渡法》,该法吸收国际上引渡合作规则,规定了中国与外国开展引渡合作的具体准则、条件和程序,是一部非常重要的关于刑事司法国际协助的国内法。为了进一步保障国际刑事司法协助的正常进行,加强刑事司法领域的国际合作,有效惩治犯罪,保护个人和组织的合法权益,维护国家利益和社会秩序,2018年10月,我国颁布《中华人民共和国国际刑事司法协助法》。

四、司法协助的范围

根据我国国内立法和我国与有关国家缔结的涉及司法协助的条约规定,国际司法协助的范围一般为转递和送达司法文书和司法外文书、调查取证、承认和执行外国法院判决以及仲裁裁决、根据请求提供本国有关民事和商事的法律及民事和商事诉讼方面司法实践的资料、引渡、诉讼移管、被判刑人移管等。在此主要介绍其中五项内容。

(一)域外送达

司法文书的域外送达是一国司法机关依据国际条约的规定,或有关国家的国内立法或者互惠原则,将司法文书和司法外文书送交给居住在国外的诉讼当事人或其他诉讼参与人的行为。

我国送达司法文书一般采用下列方式:(1)依条约规定的方式送达,如《海牙送达公约》规定的中央机关送达程序;(2)委托我国驻受送达人所在国的使领馆向我国公民送达;(3)向受送达人委托的有权代其接受送达的诉讼代理人送达;(4)向受送达人在我国领域内设立的代表机构或有权接受送达的分支机构、业务代办人送达;(5)受送达人所在国允许邮寄送达的,可以邮寄送达;(6)通过外交途径送达;(7)不能用上述方式送达的,公告送达。

(二)域外调查取证

域外调查取证是指在涉外诉讼过程中,一国法院通过合法有效的途径获取与案件有关证据的活动。同文书域外送达一样,各国法院对是否允许国外法院或其他机关直接在本国调查取证,以及是否接受外国法院提出的关于代为取证的委托十分慎重。一般而言,须以存在条约或互惠关系为前提。我国的域外取证制度主要体现在我国国内立法的规定和我国缔结或参加的国际条约中。因为证据在案件中的重要性,各国都非常重视证据立法和取证。域外调查取证包括直接取证(外交或领事人员取证、特派员取证、当事人或诉讼代理人自行取证)、间接取证(提出取证请求、请求书传递、实施取证行为的依据和证据移交)和区际调查取证。

(三)承认与执行国外法院的判决

承认外国法院判决是指承认外国法院对当事人权利和义务的确定具有同本国法院判决同等的法律效力。执行外国法院判决是指在承认外国法院判决的基础上,该国法院运用其强制权力,强制当事人执行外国法院的判决。承认与执行国外法院判决是一国法院对涉外民商事案件作出的判决到另一国领域内发生效力或强制执行。外国法院判决的承认与执行主要在民商事领域,涉及刑事领域也仅是刑事附带民事部分。根据国际司法实践,各国承认与执行外国法院判决的方式一般包括发出执行命令、重新作出判决、登记执行等。根据主权平等原则,各国没有承认和执行外国法院判决的义务,但是随着全球化发展,在国际合作日益重要的今天,国家之间若不互相承认和执行法院判决就无法形成共赢博弈。综合各国国内法和有关国际条约的规定,承认和执行外国法院判决通常还应满足如下条件:外国法院具有适当管辖权,判决已生效或具有执行力,外国诉讼程序公正,不存在“平行诉讼或诉讼竞合”情况,判决的承认与执行不违反国内公共秩序等情况。

(四)引渡

引渡作为现代国家主权的一种形式而出现,它是指一国把一个正在其国境内而被他国指控为犯罪或判刑的人,依他国的请求,移交他国审判或处罚的一种制度。自1993年以来,我国先后和泰国、白俄罗斯、俄罗斯、保加利亚、罗马尼亚、哈萨克斯坦、吉尔吉斯斯坦、法国、西班牙和意大利等48个国家签订了引渡条约。

1. 引渡的特征

(1)引渡是一种国家行为。是否引渡,在何种条件下可以引渡,都是由国家决定。这是纯粹由公法解决的问题,不具有任何私法性质。

(2)引渡实际上还是一种国家的权力。国家有引渡或不引渡的权力,但没有引渡的义务。任何一个国家都不能强迫另一个国家引渡某个人给它。

(3)引渡的对象是受到犯罪指控的自然人,而不是法人或组织。如果出于其他政治或经济上的目的,任何引渡都是不能接受的。

(4)引渡是根据他国的请求进行的,一国只有在极其特殊的情况下才会主动将犯罪人移交给他国。如果一个国家不想让某个人居住在本国,它完全可以选择将其驱逐出境。

2. 实行引渡的基本条件

(1)特定罪行原则。引渡对象移交给请求国以后,请求国只能就作为引渡理由的罪行对被引渡人进行审判或者惩处。

(2)双重犯罪原则。被请求引渡人的行为依照请求国和被请求国双方的法律均构成犯罪,并应当处以一定刑罚才能实行引渡。

(3)一事不再罚原则。行为人因一种行为已经受到刑事处罚的,为防止其因为同一种犯罪行为而受到重复惩罚,不得再以同一事实和理由给予惩罚。

(4)政治犯不引渡原则。被请求引渡人如果被被请求国视为政治犯罪或者与政治有关联的犯罪者,不应予以引渡。

(5)本国公民不引渡原则。按照属人管辖原则,一国政府对于本国公民在本国领土以外的犯罪也拥有管辖权,同时,为了维护本国公民的合法权益,不将本国公民向外引渡。

(6)不引渡即起诉原则。对于国际公约或国际条约中规定的有关罪行,缔约国要么将罪犯引渡到对其有管辖权并且提出引渡请求的国家,要么在不予引渡的情况下对罪犯依照本国法律追究刑事责任。总之,缔约国有依法严惩罪犯的义务。

此外,2006年4月全国人民代表大会常务委员会批准生效的中国与欧美发达国家之间第一个生效的引渡条约——《中华人民共和国和西班牙王国引渡条约》,

首次确立了“死刑犯不引渡”条款,成为中国与发达国家开展引渡国际合作的历史性突破。

(五)被判刑人移管

被判刑人移管是指一国将触犯该国刑法并在该国被判处刑罚的外国人,移送其回国籍所在地服刑的一种司法协助活动。它是现代刑罚人道主义的产物。

这项国际刑事司法协助活动发端于20世纪70年代的欧洲,现已在世界范围内得到推行。随着全球化大潮汹涌而来,人口的跨国流动数量日益增加,一国的外国人因犯罪而被处罚的情况亦随之增加,这使探讨如何开展外国被判刑人移管的国际刑事司法协助活动具有了重要的理论和现实意义。

随着我国对外交流的扩大和发展,我国公民在外国被判刑和外国公民在我国被判刑的人数日渐增多。据统计,2005年,云南某监狱关押的外籍罪犯人数达到总在押人数的17.5%,从1949年至2000年,上海监狱系统关押的外籍罪犯涉及40个国家和地区共435人。[①] 我国1989年参加的《联合国禁止非法贩运麻醉药品和精神药物公约》是目前移管依据的主要法律规范。司法部官网要系《中华人民共和国国和西班牙王国引渡条约》为2005年11月14日签订,于2007年4月4日起生效。因此,2006年4月可改为2007年4月。截至2019年7月21日,我国已与16个国家签署了移管双边条约。[②] 外籍人员服刑人数的不断增加,不但在人力、物力、财力等方面给我国监狱造成了很大负担,而且因文化差异还给外籍犯教育和改造带来挑战。因此,有必要尽快与有关国家开展被判刑人移管合作。1993年,我国几家主管机关参照国际上的通行规则,在无条约的情况下与外国开展被判刑人移管合作,并确定了以下几项规则:遵循互惠原则;实行移管应以有关的被判刑人同意为条件;移管后执行国不应对判刑国法院的判决进行再审;如有申诉,应向判刑国的主管法院提出;移管后执行国依照本国法律执行刑罚;执行国应向判刑国通报被移管者的服刑情况,请求对方承担有关迁移活动的费用。《中华人民共和国国际刑事司法协助法》第56条规定:“向外国移管被判刑人应当符合下列条件:(一)被判刑人是该国国民;(二)对被判刑人判处刑罚所针对的行为根据该国法律也构成犯罪;(三)对被判刑人判处刑罚的判决已经发生法律效力;(四)被判刑人书面同意移管,或者因被判刑人年龄、身体、精神等状况确有必要,经其代理人书面同意移管;(五)中华人民共和国和该国均同意移管。有下列情形之一的,可以拒绝移管:(一)被判刑人被

---

① 参见麦林华主编:《上海监狱志》,上海社会科学院出版社2003年版,第477-478页。

② 参见高萌:《我国移管被判刑人法律制度研究》,中央民族大学2020年硕士学位论文,第14页。

判处死刑缓期执行或者无期徒刑,但请求移管时已经减为有期徒刑的除外;(二)在请求移管时,被判刑人剩余刑期不足一年;(三)被判刑人在中华人民共和国境内存在尚未了结的诉讼;(四)其他不宜移管的情形。”

第三节 司法外事

一、司法外事概述

司法外事工作,简称司法外事,是指司法部、司法部直属单位和各省、自治区、直辖市司法厅(局)的外事交流工作。司法部统一负责司法行政机关的司法外事活动,行使司法行政系统的外事管理权,确定司法外事工作的方向、方式和活动范围,并对外事工作进行具体的安排。

随着我国改革开放不断深化、经济发展和综合国力的增强,我国的国际地位得到进一步提升,司法外事工作在我国外交活动中的地位越来越重要,作用也日益凸显。1990 年第十四届世界法律大会之后,我国在 2005 年又举办了第二十二届世界法律大会,2019 年 12 月主办了世界律师大会,我国与联合国、国际人权组织和世界贸易组织开展经常性法治对话,启动了与欧盟、东盟、阿盟、上海合作组织等国际组织,以及美国、英国、德国、法国、澳大利亚等国家的多边与双边法治交流机制,促进了相互理解和信任。

1998 年国务院机构改革以来,司法部结合司法行政工作的新职能,有重点地开展了许多对外交流活动,许多国家均表示出进一步在司法领域与我国发展双边关系的强烈愿望,由此扩大了司法行政工作对外、对内的影响,巩固和发展了同有关国家的友好合作关系,使司法外事工作在国家外交全局中发挥更大、更重要的作用。

多年来,我国司法外事工作作为一个独特的外交活动领域取得了很大的成就,不但积极地促进了我国司法行政事业的发展,而且为我国现代化建设创造了良好的外部环境,也为我国在国际事务中发挥重要作用作出了应有的贡献。目前我国已同 83 个国家的司法部或相关部门建立了联系,并与其中一些关系密切的国家,开展了大量司法领域的交流与合作活动。

司法外事部门坚决贯彻执行党和国家的外交方针,形成了中外司法领域多渠道、多层次交流合作的格局。在对外交往中,司法外事注重在相关领域创造性地开展多种形式的交流与合作。在双边交流中,通过派员出国(境)进行业务交流、专项考察、专业培训及工作,发挥我国的作用和影响力;多边交流上,积极参加联合国和区域性国际组织的国际会议,宣传、介绍我国在预防犯罪和刑事司法领域取得的成就,并在一些重大问题上与发展中国家积极配合,有力地维护了我国及广大发展中国家的利益。其他多边交流活动还包括:组团出席亚太矫正管理者会议和世界犯罪学年会,在国际监狱矫正协会和亚太安全合作理事会等国际组织中发挥重要作用;参加国际拉丁公正联盟大会(目前已被接受为该组织观察员),以及派员参加《联合国打击跨国有组织犯罪公约》及三个附加议定书和《联合国反腐败公约》的谈判拟订工作。

二、司法外事工作基本原则

外事工作是一项很重要的政治工作,“外事无小事”。开展司法外事工作,必须坚持以下几项原则:

(一)为党和国家外交大局服务的原则

开展司法外事工作需要立足于司法行政的职能定位,增强全局意识和大局观念,自觉服从中央对外工作的总体部署,贯彻中央制定的统一的对外政策,执行中央的有关决策和指示;增强驾驭复杂外事事务的能力,积极维护国家利益和国家外交的整体形象,促进我国国际地位不断提升。

(二)以我为主、为我所用的原则

坚持以我为主、为我所用的原则,就是指在借鉴国外法制建设成果时,要充分考虑我国国情和法律文化传统,有针对性地吸取对司法行政工作发展和司法改革有益的经验,合理借鉴司法领域中人类共同的文明成果。要根据我国民主法治建设的需要,及时了解、跟踪国外法制动态,重视研究国外司法制度的有益成果和经验,为推进我国司法体制改革提供有价值、有分量的参考资料。积极推动社会主义法治理念的不断成熟完善,而不是全盘照搬外国制度模式。

(三)为司法行政中心工作服务的原则

司法外事工作作为司法行政工作的有机组成部分,必须坚持为司法行政中心工作服务的基本原则。司法外事工作的一项重要任务就是根据司法行政工作的实际需要,紧紧围绕司法行政工作改革发展中的重大问题,为司法行政工作改革发展必需的国际交流合作和借鉴吸取国外先进经验提供良好的服务。在当前外交工作加速发展的大趋势下,更需要拓展司法外事交流合作的深度和广度,充分发挥司法外事工作的独特作用,通过外事工作与司法行政工作的有机结合,促进中国特色司法行政事业的发展。

（四）统一领导、归口管理、分级负责的原则

司法外事工作是一项政治性和政策性极强的工作，必须坚持统一领导、归口管理、分级负责的原则。相关部门在对外活动中不能各行其是，要充分认识到外事工作授权有限，严格执行请示报告制度，建立科学高效的司法外事管理机制，不断完善司法外事的运行机制，推动司法外事工作向规模化、系统化方向发展。

三、司法外事的内容与交流方式

在司法外事交流的过程中，应根据交流内容的不同，选择相对应的交流方式。一般而言，司法外事交流内容与交流方式有以下几种：

（一）司法理论交流研讨

结合我国司法行政热点问题，加强司法领域内的学术交流，加强与各国在司法行政领域的理论研讨，是司法外事工作的重要内容。通过开展形式多样、内容丰富的专业交流活动，有针对性、分阶段地组织国际法律交流与研讨活动，可以使司法外事工作更好地服务于司法行政工作的改革与发展。近年来，司法部举办了一系列专业性强、影响力大的司法与法律研讨会，如2002年“WTO与法律服务”国际研讨会、2003年“公证与经济发展”国际研讨会、2004年中美“刑事司法最新发展”国际研讨会、2016年“上合组织成员国丝绸之路法律服务”国际论坛等。

（二）双边司法交流和法律互访

双边司法交流主要分两个层次：一是开辟高层对话的渠道，加强与外国司法部门的高层交流，如我国高层、部级领导率团访问和接待国外部长级代表团；二是注重举办专业赴外考察访问活动，专业考察团对相关业务工作的改革、发展与完善提供可资借鉴的经验，有益于今后业务工作的发展。这两种方式都是司法外事工作的重要组成部分。

在双边对外司法交往中，我国十分重视与周边及重点国家发展友好合作关系，保持与这些国家的定期互访。我国在致力于发展和这些国家的友好合作关系的同时，从多个层面上积极开拓新的交流渠道，拓展交往空间，全方位推进与世界各国在司法领域的交流与合作、了解与信任。

（三）参与司法领域的多边国际活动

在多边司法交流领域里，重点是通过与区域性和国际性组织的合作，扩大我国在联合国多边国际舞台的影响，在出席国际会议的同时，可以积极宣传我国政策主张，阐述我国法治与发展的立场观点。组织出席联合国预防犯罪和刑事司法委员会会议，可以加强在联合国预防犯罪和刑事司法领域的活动，巩固和促进我国与联

合国及国际组织的联系。这些既是司法外事工作的目的和意义，也是司法外事工作的具体内容。

（四）组织司法人员培训

为更好学习和借鉴国外的先进经验和先进的管理方法，提高司法人员的专业素质，司法外事的一项重要工作就是与外国相关机构组织进行司法人员培训。司法部《全面深化司法行政改革纲要（2018—2022 年）》指出，要大力发展涉外法律服务业、建立健全国际法治交流与合作工作机制。到 2022 年，培养 1200 名高素质涉外律师人才，我国律师事务所在境外特别是共建“一带一路”参与国设立至少 200 家分支机构，形成 50 个具有较强国际竞争力的大型知名律师事务所，筹建“一带一路”律师联合会。

近年来，我国与国外有关机构合作开展了一系列人员培训项目，如英国法律大臣办公室资助的中国律师赴英培训两个十年计划的项目，为 150 名青年律师提供了在英国接受培训并在律师事务所实习的机会。此外，充分利用的援助项目还包括联合国亚远所研修班等组织或机构人员培训合作项目、中欧法律与司法合作项目、澳大利亚人权项目、联合国人权高专办项目、中瑞司法人权项目、联合国开发署项目等。

（五）成立合作机构

与国外司法部门建立业务联系并成立合作机构是司法外事工作开辟的又一条对外联系通道，是司法外事工作的一部分。为配合我国深化公证体制改革、扩大对外交流，经司法部和外交部批准，上海司法局与法国方面合作成立了中法上海公证法律交流培训中心，在此组织开展各项专业活动，并取得了良好的成效。

（六）对港澳台的交流与合作

国家港澳台工作的一个重要组成部分是对港澳台地区的法律交流，这对于最终实现祖国统一和确保“一国两制”的成功具有重要作用。从 20 世纪 80 年代初开始，对香港特别行政区和澳门特别行政区的工作一直由外事部门协调，两地回归后，考虑到香港、澳门特别行政区实行“一国两制”及与港澳地区的联系中往往涉及一些政治性很强且在国际上有较大影响的问题，目前与港澳地区法律界和司法界的交往事宜仍由外事部门管理。实行“一国两制”后虽然内外机构进行了许多调整，但内地与港澳的关系不仅没有受影响，还得到了加强。司法部国际合作局下设有港澳台办公室，承担司法行政工作中涉及港澳台的具体事务，努力推动建立粤港澳三地的区际司法协助模式。

四、司法外事管理制度

根据《司法行政外事工作管理办法》的规定,司法外事管理制度包括司法外事管理体制、审批权限、司法外事工作审批程序和外事纪律等内容。

(一)司法外事管理体制

司法部国际合作局按照中央有关规定和司法部授权行使部分外事审批权,是司法部管理司法外事工作的职能部门。

司法部直属单位的外事活动在司法部的统一领导下,由国际合作局管理,由本单位实施,并在每年年底编制下一年度外事工作计划,于次年1月15日前送交国际合作局核准后执行。各司法厅(局)的外事活动,在当地政府和司法部的领导下,由当地政府外事办公室和国际合作局指导和管理,由各司法厅(局)实施,其筹办的年度外事工作计划须报国际合作局备案。

司法部政治部负责部级机关和直属单位人员出国(境)执行公务的政治审查或备案。司法部计财装备司根据外事工作任务年度计划,负责部级机关年度外交支出预算,审核各项涉外活动费用标准和涉外活动经费的支出。

司法部机关的外事活动由国际合作局计划、协调、管理和组织实施。国际合作局会商司法部有关业务司局决定或者上报司法部领导审批后办理的事项主要包括:监狱管理方面的涉外事项,如外籍囚犯管理、安排外国代表团组或者新闻媒体参观或采访监狱及对外提供有关在押犯情况等;律师管理与公证业务方面的涉外事项,如外国律师事务所在华设立办事处、派驻代表,外国律师事务所在华办事处的管理及中国律师事务所申请在外国设立办事处等;法学教育方面的涉外事项,如聘请外国专家来华讲学、派遣留学生、与外国建立校际交流关系等;外国记者采访、新闻发言人对外发布消息等事项。

(二)司法外事审批权限与审批程序

1. 司法外事审批权限

司法行政系统外事审批权限分为国际合作局审批和部领导审批两级。

(1)需由国际合作局审批或审核的事项主要有:上报部领导的事项;司法厅(局)副厅(局)长及其以下人员、部机关和直属单位处级及其以下人员出访、出国谈判或参加国际会议;部机关和直属单位司局级及其以下干部参加国内涉外活动;邀请外国处级及其以下官员或非政府人士来访;对外请求或提供一般的司法协助事项;一般问题的对外表态口径等。

(2)需由部领导审批的事项包括:上报国务院的事项;送请外交部等综合归口

管理部门审批或备案的事项；司法部机关年度外事工作计划；部领导参加国内外事活动；邀请外国副部长级和司局级代表团来访；部直属单位和司法厅（局）与外国签订合作项目协议；部机关司局级人员、直属单位领导及司法厅（局）长出访；以团体或个人名义申请加入国际组织；在华举办小型专业国际会议；对外请求或提供涉及重大或敏感问题的司法协助事项；提供有关重大事项的对外表态口径等。

2. 司法外事审批程序

司法部机关各司局、部直属单位、各司法厅（局）报批的外事事项，应首先送国际合作局审核，并遵循以下要求：（1）在华举办重要或大型的国际会议应在上一年度报送；（2）需上报国务院批准的事项，应提前45日报送，如拟邀请外国现任部长、前政要来华，加入国际组织等；（3）需请外交部等综合归口管理部门审批（会签）或备案的事项，应提前30日报送，如拟邀请外国现任副部长来华，与外国司法部签订双边交流、合作协议等；（4）需由部领导审批的事项，如在华举办小型专业国际会议、司法部直属单位和司法厅（局）与外国签订合作项目协议、部机关司局级人员和直属单位领导及司法厅（局）长出访、邀请外国司局级代表团访华等，应提前25日报送；（5）由国际合作局审批的事项，应提前20日报送，如部机关和直属单位处级及其以下人员以及司法厅（局）副厅（局）长及其以下人员出国执行公务、拟邀请外国处级及其以下官员和非政府人士来访等。各直属单位、各司法厅（局）按规定期限呈送的请示、报告，除应请示外交部或上报国务院批准的外，一般应在10个工作日内审批结束。临时出现的情况或部领导交办的事项，至少应提前3个工作日报送并说明原委，突发情况随时报告。

须报部领导审批的事项，一般按照分管外事的副部长、部长的顺序呈报。分管外事的副部长不在时，由代管其工作的副部长审批，未确定代管时直接报部长审批。需由司法部内多个职能部门会签的事项，按照国际合作局、有关业务司局、政治部、计财装备司的顺序会签。司法部收到外交部、驻外使领馆、常驻代表团或国内有关部门发来需立即办理的涉外事项的文电，由办公厅批转国际合作局进行先期处理并根据内容分送部领导或有关司局。我国领导人会见司法部接待的外国部长级代表团以及司法部领导与来访的外国代表团举行正式工作会谈，由国际合作局负责准备国际组织情况、国别情况、部际交流状况等材料，拟定谈话要点或会谈提纲，并由有关业务司局协助提供相关背景材料和可能涉及的敏感问题的表态口径。司法部机关和直属单位人员与外国驻华使领馆或联合国及其他国际组织的驻华机构联系或参加其举办的重大活动，应事先征得国际合作局同意；各司法厅（局）人员与外国使馆、总领事馆或其他外国机构联系或参加其举办的重大活动，应事先征得当地政府外事办公室的同意。

(三)司法外事纪律

鉴于外事工作的特殊性,在司法外事工作中,应加强政治观念、组织观念,坚持请示报告制度,严格遵守外事纪律和外事规章制度,认真贯彻中央的有关方针政策,做到统一规章制度、统一纪律要求。在对所有涉外人员的工作中应提高警惕,必须严格执行国家有关保密方面的法律和规定。因公出访必须有明确的公务任务和实质内容,严禁变相公费旅游。出访团组人员要少而精,必须按批准的方案行事,如遇航班缘故及其他特殊情况变更经停城市和延长停留时间的,要及时补报。不得擅自增加出访国家和地区,不得擅自绕道或延长在外停留时间。

司法行政系统因公出访的团组,应在出国前集中进行爱国主义、外事纪律和安全保密教育。司法部和司法部直属单位接待的外国团组需赴地方参观访问的,应由当地司法厅(局)统一安排。涉及司法行政系统敏感领域的出访考察、交流和出席涉及敏感问题的国际会议,由司法部统一组团。领导干部出访要与其公职身份相称。同一部门、单位的主要领导同志,原则上不得同团出访或者同时分别率团出访同一国家或地区。出访费用要严格执行财政部规定的标准,既不得接受国内企业的资助,也不得接受境外中资企业的资助。

非经司法部批准,各直属单位和各司法厅(局)不得组织跨地区、跨部门团组(所谓"双跨"团组)出访或出席国际会议。司法部机关及直属单位组织的"双跨"团组,由国际合作局报司法部纪检组、监察局备案;各司法厅(局)经司法部批准组织的"双跨"团组,向本地区纪检、监察部门备案。各直属单位经批准组织的出访,有地方司法行政系统人员参加组团的,应将国际合作局致该地方政府外事办公室的协商函、通知书发到该地方司法厅(局)。

此外,《司法行政外事工作管理办法》还规定,所有因公出访的党政干部和专业人员都必须按规定办理审批手续。凡可利用国内资源解决问题的事项,不得出访考察学习;凡可由较低级别人员完成的任务,不得派较高级别人员出访;凡可由专业人员完成的任务,不得派非专业人员出访。离退休人员一般不再被派遣出访,如确有需要,须征得原所在单位同意后,由派遣单位办理手续。各部门、各单位分管外事的负责人和外事工作人员,要忠于职守,廉洁奉公,严格把关。如有弄虚作假造成严重后果的,应给予党纪、政纪处分;因滥用职权、玩忽职守、徇私舞弊、贪污受贿构成犯罪的,要依法追究其刑事责任。

思考题

1. 简述司法协助的概念。
2. 我国签署的司法协助条约有哪些?
3. 司法协助的法律依据有哪些?
4. 引渡的条件有哪些?
5. 简述司法外事工作的基本原则。